Enzo Biagi

Racconto di un secolo

RAI·ERI Rizzoli

ISBN 88-17-86090-5

Prima edizione: maggio 1999

AVVERTENZA

Essendo uno specialista in niente, sento il dovere di informare che questo libro non è un saggio, ma una specie di diario di incontri, in qualche senso: appunti per le memorie di un cronista che, non disponendo delle risorse dello storico, del politologo o del romanziere, è sempre andato alla ricerca di fatti e quindi di personaggi.

Ovviamente di ogni tipo: grandi uomini e farabutti, grandi donne e fastose puttane (ce ne sono anche tra i maschietti).

Con la verità che si ritrova anche nelle carte dei cioccolatini, potrei dire: «C'est la vie» (in francese, sembra meno ovvio). Sono nato alla fine della prima guerra mondiale e sono stato testimone, e qualche volta anche piccolo e involontario protagonista, dei drammi che hanno segnato questo secolo.

C'ero quando alzarono, ad esempio, e quando demolirono il Muro di Berlino; ho incontrato la nipote di Lenin e conosciuto quelli di Stalin; ho parlato con i superstiti di tre ideologie: fascismo, nazismo, comunismo. E anche con le vittime: una mia inchiesta si intitola *Lubjanka.*

Ho girato un documentario su Auschwitz. Capisco e ricordo una frase di Bernanos: «Ci sono molti morti nella mia vita, e più morto di tutti è il ragazzo che io fui». Molti sogni sono stati cancellati dalla realtà; mi piaceva una frase, che è stata anche il mio modesto programma, di John Kennedy: «Sono un idealista senza illusioni».

Ho visto uscire i detenuti oppositori del regime imposto dai sovietici dalle carceri di Budapest, ho visto le ragazzine che si prostituivano a Sarajevo per qualche litro di benzina da spacciare al mercato, e le chiamavano «signorine Tanica», e gli allegri giovanotti che a Mogadiscio sparavano dai camion, non sapendo chi era il nemico; una volta, per Natale, ero a

Saigon, e a Pasqua a Varsavia: festeggiai con vodka e ravanelli, pagati quasi come se fossero d'oro.

Ho visto una donna che sul Gange spargeva petali di rosa in memoria di qualcuno; i bonzi battevano sui tamburi, credo, per richiamare l'attenzione delle anime, il lutto da noi è nero, in Oriente è bianco. Tutti però piangono nello stesso modo.

Mi considero una persona molto fortunata: sono ancora qui. Certe sere ho aspettato il sonno facendo una specie di appello di nomi, rappresentavano dei miti, o degli esempi: Gary Cooper: 7-5-1901, 15-5-1961: sessanta; Jack London (vero nome John Griffith) 12-1-1876, 22-11-1916: quaranta; Raymond Radiguet: 18-6-1903, 12-12-1923: venti.

Lo so che è una lotteria; quando estraggono il tuo numero si chiude. Vidi un ragazzo della Forza Expeditionaria Brasileira, sulla Linea Gotica, che festeggiava il ventesimo compleanno bevendo cattivo vino e cantando: «Rosamunda, che magnifica giornata», batteva il tempo con lo Sten, il mitra, e partì un colpo.

A parte quella che i giovani chiamano sfiga, credo sia vero che «il destino di un uomo è il suo carattere»: se non ce l'ha, mi disse un pioniere dell'aviazione civile, l'ingegner Velani, «è come un martello senza manico: non si può adoperare». Qualcuno, il mio, lo ha valutato brutto: mi sono consolato pensando che forse è meglio di niente.

Enzo Biagi

Racconto di un secolo

UN SECOLO DI POLITICI

KONRAD ADENAUER

«Mio padre» dice Ria Reiners «è un uomo dai gusti semplici. Non legge trattati di politica, ma romanzi polizieschi. Le bocce sono il suo svago preferito. Ha fatto costruire un campo anche nel giardino della Cancelleria. Alle undici di sera, prima di andare a dormire, gioca spesso una partita: mio fratello Paul è il suo avversario. Alle sei del mattino è sempre sveglio; è all'alba, spiega, che vengono i migliori pensieri.»

Il padre della signora Ria Reiners si chiama Konrad Adenauer. Per gli americani è il *great old Man*, il «vecchio grande uomo»; per i tedeschi è semplicemente *Der Alte*, il Vecchio.

«Da quando ero bambina,» racconta Ria Reiners «lo ricordo sempre così: preciso, paziente. Lei sa qual è il suo principio, vero? Non lasciare le cose a mezzo. Il dovere, ecco, il dovere adempiuto serenamente ci può rendere felici. Le sue abitudini non sono mai cambiate: ha sempre avuto pochi bisogni. A tavola, gli basta un uovo, un pezzetto di vitello, una fetta di pane nero, un bicchiere di vino, ma desidera che sia buono. Se ne intende. La birra non gli è mai piaciuta e ha fumato la prima sigaretta quando aveva quasi ottant'anni, durante il viaggio in America. La prima e l'ultima. Ha insegnato anche a noi figli il disprezzo per il tabacco; mio fratello Paul, quando ha proprio voglia di una boccata di sigaro, va a chiudersi nella sua stanza.»

Paul è monsignore e vive con il padre. Insieme fanno colazione, insieme cenano. Parlando una volta con un giornalista, Paul si confidò: «Nella nostra casa» disse «non vige il principio democratico, ma quello dittatoriale; come si addice a una famiglia. Mio padre si occupa di ciascuno di noi». Sta scritto, del resto, anche nel Vangelo; i genitori devono essere «onorati e temuti». È Konrad Adenauer che decide il trattato commerciale con l'Urss e dove vanno piantati i nuovi rosai, i dollari da versare all'America e il tipo di torta che devono cucinare le figlie, quando ci sono visite, o si festeggia qualche anniversario.

«Non è un dittatore» ha scritto il *Times*. «Non è vero che il suo carattere sia rigido e duro» conferma Ria Reiners. «È anzi affettuoso e pieno di premure; si informa sempre dei nostri piccoli problemi e di quelli dei nostri ragazzi, e se il tempo glielo consente ci rende partecipi anche delle sue preoccupazioni, ci parla della politica. Noi sappiamo come il dolore ha accompagnato la sua vita, e rispettiamo il suo silenzio. Ogni quindici giorni ci invita a Rhöndorf; nella nostra casa, c'è una lunga gradinata e lui la percorre ancora con passo energico. Ci sono alberi da frutto, e c'è l'orto, e le galline. Mio padre sa come vanno i raccolti e quante uova sono custodite in dispensa.

«Andiamo a messa con lui, alla messa solenne, quella delle dieci. C'è una panca che è della famiglia, e lì ci raccogliamo a pregare. Il parroco spiega il Vangelo; penso che la parabola che mio padre conserva più viva nell'anima sia quella del buon seminatore che, obbedendo al volere di Dio, estirpa le erbacce e aspetta che spuntino i germogli. La gente, all'uscita, lo saluta con rispetto e con una certa confidenza. Lo conoscono da tanto tempo. Gli dicono: "Buongiorno, signor dottore", e se ritorna da qualche viaggio all'estero, se, nella settimana, ha pronunciato un discorso importante, lo applaudono. Lui si toglie il cappello e ringrazia. È felice; questo è il suo Paese, sa che gli vogliono bene.»

«Non è affatto una mente politica» ha scritto del cancelliere Erich Kubi, un critico spregiudicato della vita tedesca. «È un reazionario integrale, è l'uomo dei banchieri di Colonia» dichiarano certi suoi avversari. «Dice sempre quello che pensa» afferma Ria Reiners «a qualunque costo e con chiunque. Ha il senso della giustizia. Crede nelle sue idee, e nel suo Paese, ma ama soprattutto la verità. Non è tenero con gli altri, ma neppure con se stesso.»

Anche gli avversari riconoscono, ad esempio, che la religione, che tanta forza ha nella regola del suo spirito, non ha influenzato in modo avvertibile, le sue decisioni politiche: è un cattolico tollerante. Esercita il potere ma con estrema discrezione: nessuno dei suoi familiari riveste cariche pubbliche. Un genero è architetto; l'altro, il marito di Ria, fa l'industriale, fabbrica da tanti anni macchine tessili. Nessuna chiacchiera, nessun pettegolezzo ha mai gettato un'ombra sul suo rigore. Dicono i tedeschi, a chi mette in dubbio la loro volontà di vivere pacificamente: «Se non credete alla parola di un uomo come Konrad Adenauer, a chi accorderete la vostra fiducia?».

Non ha mai permesso che la sua vita privata offrisse pretesti alle critiche. Un grande riserbo determina ogni suo gesto. Due volte all'anno riceve i ventuno nipoti, la notte di Natale e per la festa delle ciliege. Solo in quella occasione vengono ammessi al cospetto del nonno e possono accendere le candele sull'abete e ricevere i doni e intonare quelle cantilene di bambini che il vento porta nell'aria di ogni villaggio tedesco. «Solo il figlio maschio del primogenito si chiama Konrad,» dice la signora Reiners «noi rispettiamo la tradizione.»

«Il Vecchio» è nato nell'età guglielmina; c'era un posto per ogni cosa e per ogni creatura, un ordine e una disciplina. Persino troppa disciplina. Gli operai vestivano da operai, gli studenti avevano la loro divisa, un industriale lo si riconosceva dal taglio degli abiti e dei capelli; il cancelliere ha visto morire quel mondo e avanzare le fiaccolate di Adolf Hitler, i cappotti di pelle nera, le svastiche, ha sentito spegnersi i valzer, sommersi dal fragore delle bande e dai crudeli «heil», i crudeli «evviva» della folla.

Ha ricevuto in eredità una Germania sconvolta e divisa. Quando lo elessero, disse: «Spero che Dio mi conceda il tempo necessario per stabilire la rotta». Era già un vecchio signore, con le sue esperienze e i suoi princìpi ai quali non aveva mai rinunciato. Capiva che non bastava ricostruire le fabbriche e le case, ma bisognava riconquistare la stima degli altri duramente offesi negli anni – confessò – «nei quali si era scatenata la potenza del male». Pose la sua esistenza al servizio della sua gente; anzi, da allora risparmia ogni minuto. A mezzanotte va a coricarsi, quando si fa giorno è già intento alla lettura dei giornali. «Ha sempre dormito poco» dice la signora Ria. A mezzogiorno pranza da solo; non vuol essere distratto. Poi sale nell'appartamentino che gli hanno allestito nella

Cancelleria, si spoglia completamente – è uno dei suoi consigli – e riposa un'ora. Sempre che la situazione glielo permetta, che non ci siano casi difficili e urgenti da sistemare. Se può, ascolta qualche disco di musica classica; gli autori che preferisce sono Haydn e Brahms. Ama il silenzio e le lunghe passeggiate, la pace della casa di Rhöndorf, sulla collina: sotto scorre il Reno, lontane, nella bruma, si intravedono le luci di Bonn. Ha modo di pensare al suo lungo passato e di pregare Dio perché lo assista nelle giornate che verranno: «Signore, resta con noi perché ormai si fa sera».

WILLY BRANDT

Ho conosciuto Brandt, «il nostro Willy», come lo chiamavano allora i giornali, quando era ancora borgomastro di Berlino. Andai a trovarlo, per una intervista, nel suo ufficio al palazzo municipale di Schöneberg; poche volte mi è capitato di incontrare un politico che, come lui, fu poi coerente con quello che mi aveva annunciato.

Si rivelò in un momento difficile; la folla tumultuava, in una tetra sera d'un lontano novembre, davanti alla Porta di Brandeburgo, minacciava la rivolta; la freddezza, il coraggio e l'intelligenza del quasi sconosciuto Willy Brandt, modesto funzionario del Partito socialdemocratico, calmarono la gente e l'irreparabile fu evitato.

Affascinato dalla politica, per difendere le sue idee non ha badato a sacrifici. Cominciò da giovanotto, quando si chiamava Herbert Karl Frahm, a picchiarsi tenacemente con le camicie brune che stavano collaudando la tecnica delle fiaccolate suggestive e la forza di convinzione delle vetrine e delle teste rotte; scappò nel 1933, a vent'anni, quando Hitler diventò padrone assoluto, e non c'erano possibilità di opposizione; ha militato nelle truppe norvegesi, in lotta contro le divisioni del Führer che dilagavano sulle strade di Europa.

Gli hanno rimproverato di avere sostenuto, in qualche articolo, la tesi della colpa collettiva, di avere affermato che ogni tedesco è in parte responsabile dei delitti nazisti. Brandt ha risposto: «Se dovessimo rivangare nel passato e menzionare frasi dette o scritte da personalità che reggono le sorti della Germania occidentale, senza tenere conto delle condizioni in cui furono pronunciate, non credo di dover essere io il solo a difendermi da accuse più o meno immaginarie».

Non gli è stato risparmiato nulla: dall'insulto al tradimento. Nel corso di una seduta del Parlamento, un deputato si alzò per chiedergli: «È vero che lei è un illegittimo?»; Adenauer era solito chiamarlo «quel figlio di nessuno». Qualcuno ha scritto che la sua esistenza è stata doppiamente movimentata: due nazionalità, due cognomi, due mogli, quattro figli dai diversi matrimoni.

Sua madre era commessa in un negozio di alimentari; lui non ha terminato l'università, ma ha ricevuto sette lauree *ad honorem.* Il suo mestiere era il giornalismo, poi la politica. Il socialismo lo ha imparato da suo nonno, operaio in una officina di Lubecca. Cantavano insieme la *Marsigliese.* Sotto il nazismo il vecchio si uccise. È stato in Spagna, e le lotte tra i combattenti repubblicani hanno lasciato un segno nella sua formazione; è da quel momento che comincia il suo distacco dai comunisti. Ha detto: «Chi vuol bere Coca-Cola può farlo ovunque; chi vuol bere vodka deve andare a comprarla nell'Urss».

Ci sono due momenti della sua vita che sono fissati nelle istantanee dei fotografi: quando, a Varsavia, davanti al monumento che ricorda le vittime del ghetto cade in ginocchio, e quando gli consegnano il Nobel per la pace. Cattivo oratore, cattivo riorganizzatore, pigro e vanitoso, «spiccio fino alla brutalità, insofferente di consigli, incapace di subordinare la sua strategia alla complessa realtà internazionale», è stato «un portatore di idee». Ma i suoi piani sono parzialmente falliti: la *Ostpolitik* non ha dato i risultati che lui sperava. «Metti il Willy nel motore» gridava alla fine dei suoi comizi lo scrittore Günther Grass. A un tratto, il motore si è fermato.

Si è dimesso quando hanno scoperto che il suo segretario Günther Guillaume era un ufficiale dell'Armata popolare, una spia dell'altra Germania, quella verso cui Brandt tentava di gettare un ponte. È caduto nel mezzo di una crisi: qualche difficoltà nell'economia, un certo senso di malcontento, l'indisciplina dei sindacati, l'apertura verso l'Oriente che stagnava, provocando anzi le ritorsioni delle compagnie petrolifere americane. Era «una lepre impaurita da una muta di cani»;

c'erano i rifugiati che lo accusavano di cedimenti, c'era il bavarese Franz Josef Strauss che non poteva tollerare un personaggio così insolito, spregiudicato e libero nella storia tedesca. Il più bell'elogio glielo ha fatto un settimanale Usa, *Time*: «Si potrebbe dire che Willy Brandt ha reso la Germania accettabile in società».

Ha visto, di colpo, tutto crollargli attorno, ma lo scandalo non lo ha travolto; aveva detto: «Solo gli uomini che non sparano non sbagliano mai il bersaglio»; non si sentiva un capo carismatico. «Siamo eletti dai cittadini, non dal Signore.»

NIKITA SERGEEVIČ CHRUŠČËV

Con Nikita Sergeevič Chruščëv è finito il terrore come metodo di governo. Erenburg scrive un romanzo che esprime il nuovo clima: *Il disgelo*. Comincia la distensione, l'Urss riprende i rapporti con Tito, Chruščëv incontra a Vienna Kennedy, l'economista Liberman rivaluta la regola del profitto. Nikita spiega, con una espressione realistica, che per lui comunismo vuol dire «la pancia piena e i piedi caldi». Conversando con un parlamentare danese ammette che «l'opposizione è necessaria e che la critica fa bene a tutti».

La tolleranza che ha instaurato gli ha permesso di godere di un sofferto ma non drammatico congedo, senza che si ricorresse alla sopraffazione; l'ultimo che ha pagato con la vita i suoi errori è stato Berija. Agli altri, Lenin e Stalin, aveva provveduto la paralisi.

Lo mandano in pensione, nella sua dacia, con 300 rubli al mese. Può usufruire anche di una macchina con l'autista. Va a pesca, si dedica al giardinaggio, legge. Riceve anche qualche visita e rievoca i momenti più tesi della sua avventurosa esistenza, quando «si abbattevano gli alberi sani con quelli fradici e le schegge volavano».

Ogni tanto si domanda: «Perché sono sfuggito al destino che aveva colpito gli altri?». Attribuisce la buona sorte alla simpatia di Nadežda Allilueva, la seconda moglie di Stalin, la madre di Svetlana, che lo proteggeva.

Quando cade, spariscono i suoi ritratti dal negozietto dell'Arbat dove si vendono i manifesti della rivoluzione e le effigi dei grandi dirigenti. Nell'opera *Boris Godunov* c'è un ricco boiardo che ha nome Chruščëv. Viene eliminato dalle locandine. Suo genero, il giornalista Adžubej, è trasferito alla redazione di *Soviet Union*: un mensile senza importanza. Sua figlia Rada, che lo ha accompagnato in molti viaggi, continua a lavorare nella rivista *Scienza e vita*; oggi è in pensione.

Lo liquidano con un comunicato. Dicono che si è dimesso «a causa dell'età avanzata». Non gli danno modo di spiegarsi o di difendersi. Certo, ha fatto degli errori. Incontra un giorno Evtušenko che aveva aspramente criticato, parla dei suoi tumultuosi interventi nel campo culturale e vuole giustificarsi: «Capitemi, lo dovevo fare». Poi, al momento del congedo, dice: «Ragazzi, qualche volta venite a trovarmi».

Aveva confidato all'ambasciatore tedesco Kroll: «Voglio passare alla storia come colui che ha assicurato la pace e dato il benessere alla gente russa».

Gli rimproverano certi gesti volgari, come quella battuta di scarpe sul banco delle Nazioni Unite, o arbitrari, come il dono che ha fatto a Elisabetta d'Inghilterra dello scrigno dei Romanov o al primo ministro svedese Erlander di un anello di Caterina II.

Le persone più colte sono imbarazzate dalla sua ignoranza e cattiva educazione, e spesso si sgomentano per le sue stravaganze.

Chiama magari «piccioncina» la matura moglie d'un diplomatico occidentale; presentando Mikojan ad alcuni politici stranieri avverte: «Attenti all'orologio, lo sapete che gli armeni sono svelti di mano». I suoi interventi, i suoi dialoghi con i gerarchi, sono spesso umilianti e offensivi.

Chruščëv non è stato ammesso all'onore delle mura del Cremlino; riposa nel cimitero di Novodeviči, e un busto in bronzo riproduce la larga faccia del vecchio minatore che ora, «riabilitato», è considerato il precursore della *perestrojka*. Nell'aria tersa, tra faggi, acacie, betulle e lucide piante di meli, volano colombe.

Con Rada abbiamo parlato del passato, di come lo ha vissuto suo padre, di come lo ricorda lei, e poi del giudizio che può dare sulle vicende di oggi: «Non credo che avrebbe accettato l'aspra critica al movimento e agli ideali comunisti, anzi: era un uomo del suo tempo, formatosi in quell'epoca.

«Quando Stalin morì, e cioè all'inizio del 1953, io non ero più una ragazza, avevo ventitré anni, ma se valuto la mia percezione del mondo di allora, trovo che era molto infantile, non capivo tutto.

«Sono stata educata nella tradizione, come tutti quelli della mia generazione, e credevo di cuore che tutto ciò che veniva fatto, tutto ciò che veniva imposto dall'alto, fosse giusto.»

– C'era una qualche sensazione di quello che accadeva agli altri?

«Anche questo è uno stato d'animo complesso. Era come ci fossero due correnti parallele: da un lato noi vivevamo normalmente, lietamente, provavamo i normali affetti umani della vita; dall'altro, in qualche misura, in modo latente, c'era un sentimento non di critica, no, nella nostra famiglia non c'era affatto, forse di ansia interiore, ma è difficile spiegare; ecco, la sensazione che da qualche parte accadesse una tragedia non l'avevamo, di questo non sapevamo nulla.

«Lei mi ha detto di avere parlato con Sergo Mikojan: la mia migliore amica ai tempi dell'adolescenza era la sua prima moglie che è morta giovanissima, a neanche ventisei anni. E suo padre, Kuznecov, a quei tempi era il segretario del Comitato centrale; forse avete sentito questo nome, passò tutto l'assedio con Ždanov a Leningrado.

«Poi fu segretario del Comitato centrale a Mosca, aveva un posto molto importante, improvvisamente fu sollevato da tutti gli incarichi e poi arrestato, e questo accadde nel 1948 o 1949, e tutto ciò avvenne sotto i miei occhi.

«Un uomo che conoscevo bene sparì, anche la mamma della mia amica fu arrestata e rimase una famiglia di cinque figli, lei era la maggiore, e la nonna paralitica. Ciò nonostante, e qui è il paradosso, non feci alcuna domanda anche se non volevo credere che Kuznecov potesse essere accusato di qualcosa. Ecco una assurdità della nostra esistenza di allora.»

– Suo padre una volta disse: «Se Stalin batteva le mani, noi ballavamo il *gopak*».

«Non so se questa frase sia stata pronunciata, ma mi pare che non contenga nulla di politicamente serio. La situazione era tale che, io penso, noi tutti eravamo purtroppo partecipi, in maggiore o minore misura, di quella farsa atroce.»

– Nel 1956, al XX Congresso, Chruščëv lesse un rapporto

che illuminò un lungo e terribile capitolo della storia sovietica: di quei fatti lei ne sapeva nulla?

«Mio figlio mi dice spesso: "Possibile che non sapevate niente delle repressioni? È impossibile".

«Adesso sono apparsi tanti documenti, memorie di personaggi capaci di valutare quelle storie e di raccontarle più chiaramente di me. Per esempio, le memorie di Erenburg pubblicate quando lui non era più vivo. C'era una situazione stranissima; che anche ora, dopo gli anni vissuti, è difficile poter valutare.

«Nella mia famiglia non c'è mai stata una conversazione in proposito, e neppure celebravamo il culto della personalità di Stalin. Però quando è morto, come per milioni e milioni di sovietici, fu una specie di crollo. Non si sapeva cosa ci aspettasse nel futuro.

«Recentemente ho letto che la stessa impressione aveva avuto Korolëv, il costruttore dei razzi che aveva fatto anni di campo di concentramento e molto sofferto. Nelle sue lettere alla moglie scriveva di questa sensazione di sgomento. Io provavo lo stesso sconforto. "Come vivremo?" chiedevo. Non posso dire che Stalin era autore di repressioni sanguinarie. Anzitutto non lo sapevo, benché fossi già adulta e davanti ai miei occhi si compissero tragici destini.»

– Nikita Chruščëv si pentì mai delle rivelazioni fatte con quello storico discorso?

«Mai, mai. Anzi, anch'io penso che sia stato uno dei passi più importanti della sua vita. Riteneva che quella decisione fosse giusta e continuava a ripetere: "Cosa diremo ai nostri figli? Cosa diremo ai nostri nipoti? Dobbiamo pur rispondere davanti al popolo", perciò nessun rammarico.

«Anzi allora, quando si sono sviluppati gli avvenimenti, mi sembrava una cosa naturale; invece adesso, dopo tanti anni, giudicando, posso dire che mio padre era un uomo coraggiosissimo. Da parte sua è stato un atto di temerarietà senza pari.»

– Agli occhi della gente Chruščëv appariva una persona molto umana. In un libro che gli è stato attribuito si rimprovera di avere trascurato la morale per esigenze di potere.

«No. Con me non ha mai fatto discorsi del genere. Indirettamente parlava delle persone con cui aveva lavorato in qualità di dirigente dell'organizzazione del partito di Mosca, perché quasi tutti erano stati arrestati, spariti, morti fucilati. Erano suoi amici. Li ricordava spesso, diceva che non poteva supporre che fossero colpevoli. Ciò nonostante non aveva potuto farci niente.»

– Allora furono arrestati la moglie di Molotov, la nuora ebrea di Stalin, i figli di Mikojan. La famiglia Chruščëv aveva paura?

«Tra noi ragazzi, eravamo in molti, non c'erano timore e angoscia. In casa non si facevano discussioni sugli arresti, non si conversava di queste cose e non si ponevano domande.

«Adesso spesso mi chiedono: che cosa raccontava suo padre? Ma fino alla morte di Stalin non c'era l'abitudine di chiacchierare su certi argomenti e non si facevano discorsi inutili. Questa era l'educazione.

«Ma nel contempo fu arrestata una nostra parente molto stretta, la moglie di mio fratello maggiore. Egli morì nel 1943, era pilota. Tra l'altro era amico dei più grandi dei fratelli Mikojan, anch'essi aviatori. È morto vicino a Smolensk. Lui è caduto, lei è stata arrestata per contatti con gli stranieri.

«Passò lunghi anni al confino, non in prigione, come si chiarì in seguito. Tuttavia, anche se vicende come queste esistevano, si riteneva che in qualche modo dovesse esserci dietro un motivo, e insomma che fosse giusto. In ogni caso non c'era un rapporto critico e non si chiedevano spiegazioni.»

– Nei discorsi in famiglia che cosa raccontava suo padre dei vecchi bolscevichi che venivano processati e condannati a morte?

«Dopo la morte di Stalin, e quando cominciarono a cambiare le cose, ci fu il primo colloquio su questo argomento, e io decisi di chiedere se fosse vivo Kuznecov, il padre di Alla Kuznecova, ed egli tacque.

«Passeggiavamo su di un sentiero e io domandai semplicemente: "E Aleksej Aleksandrovič?", ma non rispose nulla.

«Dopo alcuni giorni mi disse: "Riferisci, per piacere, ad Alla che Aleksej Aleksandrovič non è più vivo, ma non era colpevole di nulla".

«Fu insomma la prima notizia su qualcuno caduto in questo inesorabile tritacarne.

«Poi ci furono racconti su altri compagni e alcuni ricomparvero anche a casa nostra. Per esempio, Ol'ga Grigor'evna Satonovskaja, un vecchio membro del Partito, fu ospite da noi, nella nostra dacia, dopo essere tornata dalla deportazione. Lavorava nella commissione per la riabilitazione, parlavano fra loro, era molto amica di Mikojan, di Anastas Ivanovič, discutevano insieme. Ma con mio padre non c'erano serate di ricordi: era un uomo riservato.»

– Dicono che l'anima nera di Stalin fu Berija. L'ha mai visto? E che cosa sa di lui?

«Ne so parecchio, adesso. Forse non tanto dai miei ricordi personali quanto da varie testimonianze di altri, scritte o orali. Sa, io l'ho visto, certo non da vicino, non esistevano relazioni personali, non fui mai a casa loro.

«C'è un episodio che ricordo. Avevo diciotto anni, studiavo all'Università di Mosca, i miei a quel tempo vivevano a Kiev. C'era un palazzo in via Granovskij, là vivevano molti membri del governo: Malenkov, là abitarono Budënnyj e Voznesenskij.

«Ed ecco che un giorno tornando dalle lezioni presi l'ascensore ed entrò insieme a me un uomo che non riconobbi di primo acchito come Berija, ma era lui. Salimmo insieme, andava al quarto piano da Malenkov e io al quinto, a casa mia. E devo dirle che, benché a quel tempo non avessi altro che venerazione per lui, ricordo ancora il suo sguardo sinistro. Be', è un'immagine proprio incancellabile.»

– E che cosa sa della sua fine?

«Ormai è stato scritto tanto e temo di non poter aggiungere nulla. Veramente quegli anni mi interessavano molto e furono una sorpresa per me tutti i documenti che mi diedero allora da leggere, che mio padre mi diede. Documenti che si mandavano alle organizzazioni di Partito, nulla più. E uno dei membri del tribunale che lo giudicò era un mio buon conoscente, l'ex segretario del Comitato centrale: Nikolaj Aleksandrovič Michajlov. E ricordo quando una sera – eravamo vicini in campagna – raccontava del processo, be' certo quello che era lecito. Onestamente, alcuni particolari non li ricordo e volevo chiedergli delle precisazioni, ma purtroppo morì all'improvviso e non potei farlo.»

– Oggi tutti raccontano: la moglie di Bucharin, la sorella del maresciallo Tuchačevskij, la figlia di Radek, la nipote di

Mejerchol'd. C'è qualcosa che potrebbe dire il nipote di Trockij?

«Penso che avrebbe molto da dire. Io, come di tanti altri, sapevo poco di Trockij, soltanto quelle verità ufficiose che circolavano nella nostra società. In tutta lealtà, quando adesso ho letto alcuni libri che sono usciti da noi – le riviste hanno pubblicato molti testi –, sa che cosa mi ha colpito? Tutto considerato Trockij è stato espulso dal Paese, ma non credo che la sua posizione politica fosse poi diversa da quella di Stalin. Ecco, se avesse vinto Trockij sarebbe stato ancora peggio. Ciò non di meno era un uomo istruito, scriveva, era uno che chiamava alla lotta, ma nel contempo l'opinione pubblica mondiale progressista stava dalla parte di Stalin.»

– Come si concilia una figura come quella di suo padre con un personaggio come Stalin?

«Mio padre fu un uomo che condivise quella concezione marxista, in qualunque modo la si voglia oggi valutare, che era alla base della Rivoluzione del 1917, e la scelse onestamente e fino in fondo, cioè pensava che doveva aver luogo una successione delle forze sociali, che il comunismo doveva subentrare al capitalismo e che non c'era un cammino preciso e ben disegnato.

«Non aveva compiuto studi superiori e mancava di cultura filosofica, e, benché io lo ritenga un autodidatta, era dotato di una intelligenza straordinaria, e c'era veramente da meravigliarsi che in quei tempi tremendi abbia conservato la sua anima, il suo cuore, e come questo l'abbia aiutato a trovare le posizioni giuste. Lui ha scritto che era proprio innamorato di Stalin in quel periodo in cui si pose il problema di scegliere con chi stare, Stalin o Trockij: ora ritengo che si trattava più o meno della stessa cosa.

«Era una concezione che condivideva e difendeva fino in fondo. Ancora adesso mi chiedo, alle volte, come abbia avuto la forza di rompere con tutto.

«Ora noi vediamo come è difficile, e lui ha avuto la coscienza che si poteva trovare un altro cammino rinunciando a Stalin; andare sulla stessa via, ma senza gli errori che sono stati commessi. In ciò consiste il grande atto di coraggio della sua vita.»

WINSTON CHURCHILL

A Londra, durante un weekend, ho conosciuto un giornalista inglese che si chiama Winston Churchill. È il nipote del grande Churchill.

– Trova faticoso chiamarsi Churchill?

«Di tanto in tanto. In certi momenti, come corrispondente di un giornale, mi trovo in situazioni imbarazzanti. Per esempio a Chicago nel 1968, quando, al tempo della Convenzione democratica, finii coinvolto in una protesta. Un enorme poliziotto mi venne incontro chiedendomi: "Come si chiama?"; "Winston Churchill" gli risposi, e quello sollevò il manganello e mi diede una bastonata in testa.»

– Quali ricordi ha di suo nonno?

«Non l'ho mai visto nei suoi giorni di gloria. Sono nato nell'ottobre del 1940. Avevo ventiquattro anni quando morì. L'ho conosciuto bene quando ero studente. Ogni volta che gli scrivevo da scuola, ricevevo sempre una lettera in risposta benché fosse primo ministro e impegnato in cose molto più importanti. Ho avuto con lui un rapporto molto affiatato, e rimpiango il fatto che la gente lo rappresenti nelle statue come un uomo molto duro, crudele, quasi come un mostro. Per me era la persona più gentile, educata, sagace, divertente e spiritosa con cui fossi mai stato.»

– Nelle critiche che gli vengono rivolte, si dice che era un grande capo in guerra ma non in pace. È vero?

«In un certo senso sì. Ma bisogna considerare che mio nonno è stato primo ministro durante la guerra. E poi, dal '51 al '55, quando ormai aveva quasi ottant'anni. E quello fu un periodo di grande pace, di prosperità che aumentava rapidamente per la Gran Bretagna. L'unico mio rimpianto è che il nonno non era più abbastanza giovane e abbastanza vigoroso da poter portare l'Inghilterra nella Comunità Europea.»

– Durante il conflitto ci furono alcuni momenti fondamentali. Potrebbe dirci qualcosa per ricostruire lo stato d'animo e le reazioni di Churchill in alcune circostanze determinanti? Per esempio, quando cadde Parigi.

«Fu per lui un grande shock. Ma l'emozione era arrivata il mese prima con l'invasione dei tedeschi a Sedan, dal 14 al 15 maggio 1940. La notizia venne accolta con stupore da mio nonno e da molta gente che apprezzava l'esercito francese e non si rendeva conto di come fosse crollato con tanta rapidità.»

– Suo nonno temeva che la Gran Bretagna fosse invasa?

«Sì, Hitler aveva piani precisi. Aveva ammassato una grande flotta di navi a fondo piatto nei porti del Canale della Manica che si affacciavano sull'Inghilterra, e se fosse stato in grado di raggiungere la superiorità con le sue forze aeree, avrebbe potuto far salpare la Kriegsmarine per l'invasione.»

– E come visse i mesi della grande battaglia aerea nell'estate del '40?

«Credo che quei duelli, con Dunkerque, furono i due momenti fondamentali della nostra guerra. Dunkerque fu un'operazione estremamente riuscita. Tutti gli ufficiali e gli uomini vennero portati in salvo in Inghilterra. Se avessimo perso quell'esercito, non ci sarebbero rimaste forze militari addestrate a difendere l'isola. La battaglia aerea della Gran Bretagna fu egualmente decisiva perché Hitler non poteva permettersi di trasportare le sue truppe al di là della Manica senza la superiorità aerea.»

– Churchill, parlando dei piloti della battaglia d'Inghilterra, disse che mai nella storia del conflitto umano tanto fu dovuto da molti a così pochi. L'azione della Royal Air Force fu davvero determinante?

«Fu un periodo decisivo della guerra, perché se Hitler non avesse potuto piegare gli inglesi in quel momento, sarebbe stato destinato a perdere tutto. Così l'avvenire del mio Paese stava nelle mani di quei giovani piloti di diciotto, diciannove, vent'anni al massimo. A un certo punto avevamo tutte le nostre riserve nel cielo e, se i tedeschi avessero insistito nell'attacco solo due giorni di più, ci saremmo trovati in una situazione in cui gli aerei sarebbero stati bombardati mentre si trovavano sulle piste per essere riforniti.»

– Che parte ebbe Churchill nello sviluppo dell'operazione militare in Africa?

«Si prese la responsabilità di mandare in Africa una intera armata al tempo in cui minacciavano di invaderci.»

– E che rapporti aveva con Montgomery?

«Ottimi. Lo ammirò enormemente come comandante. Spesso doveva scusarsi per lui con Eisenhower e appianare le divergenze tra i due, perché Montgomery era un grande generale ma non molto diplomatico.»

– Che cosa rappresentò el-Alamein nello svolgimento della guerra?

«Significò la prima vera sconfitta dell'Asse. Un mese più tardi arrivò Stalingrado e con queste due vittorie la fiducia di Hitler venne a mancare.»

– Segnò il principio della crisi italiana e uno dei primi duri colpi per la Germania?

«Non c'è dubbio, el-Alamein fu il punto di svolta. Fu la prima vittoria per gli Alleati e la prima grande sconfitta per le truppe tedesche e italiane, ma fu anche la conferma di quella che era la strategia di mio nonno: non stare fermi e cioè ripiegati sulla nostra piccola isola in posizione difensiva, ma combattere una guerra di movimento nel deserto. Dopo alcune ritirate iniziali come a Tobruk, riuscimmo a vincere a el-Alamein e da quel momento la sconfitta dell'armata di Rommel fu quasi sicura. Un mese più tardi ci fu Stalingrado, che volle dire la conferma strategica importante per quello che gli inglesi avevano già conseguito a el-Alamein.»

– Che idea aveva Churchill di Rommel?

«Lo considerava un buon comandante militare di una unità indipendente che combatteva nel deserto. Non credo avesse di lui l'immagine tanto colorita di Montgomery, che era solito tenere ogni notte, nella sua tenda, una fotografia di Rommel, così da poter vedere l'uomo contro cui stava battendosi.»

– Cosa pensava degli italiani?

«Mio nonno ha sempre amato l'Italia. Ho condotto una indagine interrogando chi, allora, durante il conflitto, era il suo segretario privato. Gli chiesi quale fu la reazione di Churchill quando l'Italia si dichiarò nostra nemica. Mi disse che la considerò come una grande tragedia. Disse che gli italiani erano i migliori del mondo nelle arti, i migliori scultori, i migliori pittori e i migliori architetti e che non avrebbero dovuto lasciarsi coinvolgere in cose nelle quali non erano competenti, come fare la guerra.»

– Che cosa pensava Churchill dei russi, della loro resistenza, dei soldati?

«Aveva un'altissima opinione di ciò che i soldati russi stavano facendo. Penso che chiunque abbia visitato Leningrado abbia visto dove è sepolto più di mezzo milione di abitanti e debba essere grato a quella nazione per i sacrifici che ha dovuto sopportare nella seconda guerra mondiale. Credo fu una mossa geniale di mio nonno rendersi conto che per sconfiggere Hitler bisognava stabilire un'amicizia con l'Unione Sovietica e con Stalin benché i due sistemi politici fossero antitetici.»

– Churchill considerava Stalin un grande capo militare?

«Ammirò Stalin. Forse lo ammirò troppo. Lo ammirò per il suo potere e per la sua forza. Fu forse uno sbaglio, ma ebbero certamente un ottimo rapporto di lavoro.»

– Riconosceva in Hitler un grande stratega?

«No. Ma lo temeva a capo di una Germania forte, potente, totalitaria.»

ALCIDE DE GASPERI

De Gasperi è, per i diplomatici, il trattato di pace. Si tratta, in realtà, di una lista di debiti. Che dobbiamo pagare. Rilegge le prime righe del suo discorso: «So che qui dentro mi è tutto contro, tranne la vostra personale cortesia».

Ha davanti agli occhi i novanta articoli: se ne vanno, sulle Alpi occidentali, i paesi Briga e Tenda, poi tutta l'Istria, con gran parte della provincia di Gorizia, Fiume, Pola, Zara, e poi Rodi. Alcune clausole stabiliscono regole militari, che limitano la nostra possibilità di difesa, anche per la Sardegna, la Sicilia e la Puglia. Dobbiamo pagare, a titolo di riparazione, 100 milioni di dollari alla Russia, 125 alla Iugoslavia, 105 alla Grecia, 25 all'Etiopia e 5 all'Albania. Provvederemo cedendo navi, attrezzature, prodotti, lavoro. Le Nazioni Unite possono confiscare anche beni esistenti sui loro territori se appartengono a connazionali «non abilitati a risiedervi». C'è chi se ne avvale. Se intendiamo riscattarli, dobbiamo provvedere con le nostre esauste finanze. In cambio, all'Italia è concesso di entrare, con tutti i diritti, all'Onu.

Il bilancio della guerra perduta si può riassumere in qualche cifra: oltre 400.000 morti; su cento abitazioni, cinque sono distrutte; la produzione industriale è ridotta, rispetto a prima del conflitto, del 75 per cento, del 50 quella agricola. I piccoli fatti danno, forse anche meglio, il colore grigio e incerto di quel tempo. Scarseggia anche il pane; si pensa di ridurre la razione a 150 grammi a persona. Una mattina il presidente del Consiglio, che vede incombere lo spettro della fame, è costretto a telefonare al sindaco di New York, Fiorello La Guardia, e a chiedere urgente soccorso. Alcuni piroscafi carichi di grano vengono dirottati dall'Inghilterra.

Si deve a De Gasperi gran parte del merito della ricostruzione e dello sviluppo economico, alle sue scelte, alla sua decisione. Si affidò alla sola alleanza allora possibile, all'America, e, oltre agli aiuti del Piano Marshall, ricevette un assegno di 50 milioni di dollari, un soccorso di urgenza, che mostrò compiaciuto ai fotografi: un dollaro si cambiava con 350 lire. Accettò le concezioni di Truman in cambio della protezione e dei finanziamenti: libera iniziativa, capitalismo senza limitazioni. Qualche conseguenza la paghiamo ancora.

De Gasperi fu sempre solo e, narrano i biografi, non aveva il senso del denaro, non ne conosceva neppure il valore. Da allora, gli studi finanziari hanno avuto enormi sviluppi. La villetta di Sella in Valsugana, in Trentino, gliela avevano regalata i compagni di fede, credo quando lo congedarono. Era anche ingenuo. Fu invitato alla inaugurazione della lussuosa residenza di un personaggio del governo e lo colpì l'abbondanza di marmi. «Ma come hai fatto a pagarla?» chiese. «Con la liquidazione che mi diede la Montecatini.» Restò sbigottito per la generosità delle società per azioni.

È sempre presente anche il ricordo del suo grande avversario, che è diventato un mito: Togliatti. Qualcuno lo accusa di cedimenti allo stalinismo, di avere taciuto quando imperversavano le «purghe» e anche i comunisti italiani, come Robotti, pagavano, innocenti, per quella illegalità che offendeva e colpiva tanti rivoluzionari; ma a lui e a Gramsci è riconosciuto l'onore di aver fondato e condotto al successo il secondo Partito comunista del mondo.

Ho incontrato la figlia di De Gasperi, Maria Romana.

– Signora – le ho chiesto – che impressione le fa sentire che Alcide De Gasperi è il solo grande statista che ha avuto l'Italia?

«Mi dispiace che sia il solo statista che ha avuto l'Italia dalla fine della guerra. Sarebbe meglio che ce ne fossero stati anche altri.»

– Lei gli è stata vicina. In quali momenti si è sentito più solo?

«Nelle grandi decisioni, direi. Nel momento di far uscire i comunisti dal governo, nel momento del trattato di pace: in momenti di questo genere.»

– Era un cattolico che sapeva dire di no anche al Vaticano. Come vedeva i cattolici nella politica?

«Pensava che essere cattolici era una cosa individuale. Cioè, una persona poteva essere cattolica, come poteva essere musulmana o altro. L'importante è essere una persona onesta. E come tale doveva lavorare in politica.»

– Che cosa lo ha più deluso?

«Qualche volta la mancanza di comprensione da parte di amici o di gente che gli è stata vicina.»

– Cosa avrebbe voluto ancora fare?

«Penso che avrebbe voluto lavorare ancora un po' per l'Europa.»

– Come viveva il rapporto con i comunisti e, in particolare, con Togliatti?

«Direi che, se anche c'è stata una collaborazione nei primi anni al governo, il suo giudizio su Togliatti era molto duro. Potrei leggere qualcosa di già pubblicato nel 1964. "Togliatti" diceva mio padre "non ha assolutamente spirito e non sa perdere. Dopo il 18 aprile, trovatosi battuto, non mi ha più salutato. Anche quando ci incontravamo alla buvette, alla Camera, si allontanava, fingendo di non vedermi. È freddo, metallico. La Russia ne ha fatto un bolscevico perfetto, una centrale di ricezione e di trasmissione, davanti alla quale l'entità uomo scompare." E questo lo ha detto in un momento veramente non sospetto, nel quale tutti pensavano che Togliatti fosse un grand'uomo o, comunque, una persona di grande importanza per la politica italiana.»

CHARLES DE GAULLE

Elisabeth De Gaulle ha sposato il generale Alain Henri Paul Marie Joseph Boissieu Dean de Luigné, gran segretario dell'Ordine della Legion d'Onore. Ha l'aspetto composto e un po' esangue dei nobili. Nella scheda informativa sono elencate le molte decorazioni militari e gli sport preferiti: caccia ed equitazione.

Racconta che vide Elisabeth, al primo incontro, in Inghilterra, nel corridoio di un albergo, vestita da infermiera, poi la ritrovò a Parigi nell'autunno del 1944; lui seguiva il generale durante la leggendaria sfilata, quando De Gaulle disse a Bidault e agli altri del governo: «Messieurs, un passo dietro a me». Due anni dopo, il matrimonio. Hanno un'unica figlia, che si chiama Anne ed era la prediletta del nonno, la sola ammessa nel suo studio; scoprirono che le spiegava pazientemente la geografia su un mappamondo.

Dice Alain Boissieu: «Ero in una colonna di prigionieri che attraversava il Belgio a piedi. Ci fermammo in una cittadina che si chiamava Beaurin. Ricordo una brava donna, si è avvicinata, ci ha dato del pane e ha detto: "Sapete, c'è un generale francese che ha appena parlato a Radio Londra, dice che non è tutto finito". Allora ho preso la decisione di continuare».

– Dov'era quando cadde Parigi?

«Il 14 giugno 1940 ero già stato preso dai tedeschi.»

– Quali furono, a suo parere, le ragioni della vostra sconfitta?

«Le cause della disfatta francese risiedono innanzitutto in un errato programma di guerra, di cui è stata attribuita la quasi totale responsabilità a Gamelin. Ma la manovra che egli aveva eseguito, e che consisteva nello spostarsi in Belgio, era stata approvata da una conferenza franco-britannica nel novembre 1939. Lo sbaglio è stato di spostare tutte le riserve blindate, sguarnendo la linea all'altezza della Champagne.»

– Due volte siete crollati a Sedan.

«Sedan è un punto strategico; quando l'invasore tiene le Ardenne ha vinto».

– Quando De Gaulle decise di ribellarsi?

«Il giorno del contrattacco di Moncornet. Vide come si battevano i suoi ragazzi, battaglioni sparsi, di svariate origini e disse: "Non finirà così: qualsiasi cosa accada, io continuerò".»

– Quale opinione aveva allora di Pétain?

«Ebbene, le ripeterò quello che mi disse a Londra: "Fu un gran brav'uomo, morto nel 1925".»

– Lei, come raggiunse De Gaulle in Inghilterra?

«Ero in un campo in Pomerania e, quando si evadeva, la maggior parte di noi veniva ripresa sul Reno, una frontiera difficile da superare. Siamo fuggiti in direzione dell'Urss. Non sapevamo assolutamente quale sarebbe stata la nostra sorte, ma abbiamo tentato. I sovietici ci hanno dapprima imprigionati, poi internati per sei mesi. Ho raggiunto la Gran Bretagna l'8 settembre 1941. Noi tutti, i francesi liberi, pensavamo che ci battevamo per una giusta ragione, però, mi creda, non eravamo sicuri allora di essere dalla parte dei vincitori. Ci bastava salvare la dignità.»

– Lei sa la tesi di Vichy: senza collaborazionismo la Germania sarebbe stata ancora più dura.

«Sono convinto del contrario, perché abbiamo pagato lo scotto più alto di qualsiasi altro Paese occupato. Il Belgio, l'Olanda, la Danimarca, la Norvegia non hanno subìto le stesse offese.»

– Cosa pensava De Gaulle dei tedeschi?

«Li conosceva bene, parlava la loro lingua, considerava che ci fossero in loro due elementi: quello che erano per natura, e quello che erano diventati per colpa di Hitler. Lo accompagnai quando andò sull'altra sponda del Reno, ed egli auspicò un'intesa che mettesse fine a quella lotta fratricida in Europa.»

– Quali critiche ferivano di più il generale?

«La malafede della stampa.»

– Lo accusavano di essere orgoglioso.

«Non lo era per sé; era convinto, in un certo senso, di incarnare la Francia: ed era vero nel 1940, e alla liberazione di Parigi, e il giorno della vittoria. Quando diceva: "Noi, Charles De Gaulle", era perché pensava di essere diventato il simbolo di quelli che combattevano.»

– Che cosa sopravvive di lui?

«Egli ha dato alla Quinta Repubblica quelle leggi che hanno permesso e permettono ai suoi successori di governare. Poi, un sistema di difesa autonomo, perché ci si batte bene solo per la propria indipendenza. Poi ha capito che, per diventare una nazione moderna, bisogna sviluppare le industrie. L'inizio è cominciato con lui.»

MUAMMAR GHEDDAFI

Ho incontrato il colonnello Gheddafi lunedì 14 aprile 1986 alle 4 del pomeriggio nella sua residenza. Gheddafi alloggia di solito nella caserma bunker di Bab el-Azizia: in arabo vuol dire la splendida porta. Sono arrivato a Tripoli la domenica, con una piccola troupe. Abbiamo atteso all'Hotel Al Kabir per un giorno e mezzo. Alle 12 del 14 aprile ci hanno dato il via; i libici sono stati molto cortesi, ma hanno ispezionato attentamente tutto il materiale: nessuno ci ha perquisito. Alle 2 ci siamo mossi, senza sapere in che direzione andavamo, destreggiandoci con molta rapidità in un traffico disordinato e convulso.

La caserma di Bab el-Azizia è sotto una rigida protezione: da varie parti spuntano carri armati e mitragliatrici. C'è una costruzione con una grande aquila di bronzo e, poco distante, una tenda beduina nella quale il colonnello Gheddafi lavora. Abbiamo atteso, sistemando le nostre attrezzature, sotto l'attento controllo della guardia del corpo di Muammar Gheddafi. Nessun occidentale, ma solo baldi giovanotti delle sue parti che vigilano su ogni movimento. In due baracche di legno sono installati telefoni che ogni tanto squillano. Ci hanno offerto succo di lampone e di arancia e finalmente il colonnello Muammar Gheddafi è arrivato.

– Signor colonnello, lei teme che da un momento all'altro gli americani attacchino?

«Non c'è assolutamente nessun motivo, sia logico sia politico; non c'è una vertenza bilaterale fra gli Stati Uniti e la Libia.»

– Ma se l'America attacca, conferma che reagirà puntando i suoi missili sulle città dell'Europa meridionale?

«Crediamo che un eventuale attacco alla Libia proverrà dall'Europa meridionale e sarà un attacco su città libiche, sulle nostre strade, sulle nostre case; noi siamo sicuri che in Libia non vi sono campi di addestramento per terroristi. Noi come principio siamo contro il terrorismo. L'obbiettivo saranno le nostre città, le nostre fabbriche la nostra struttura. Questo vuol dire uccidere noi, uccidere i nostri figli. Per reciprocità di trattamento noi dovremmo colpire le basi dalle quali verrà l'aggressione e avere obbiettivi equivalenti a quelli che verranno colpiti in Libia. Faremo questo nostro malgrado e se ci sarà una possibilità per evitarlo non la tralasceremo. Noi vogliamo bene ai popoli italiano, spagnolo e greco. Sono popoli amici.»

– È disponibile, signor colonnello, per esempio a sottoporsi a un controllo internazionale del territorio in modo che ci si possa sincerare che non esistono campi di addestramento?

«Noi siamo certi che non esistono campi di terroristi, ma supponiamo che venisse costituita una commissione di controllo e che non trovasse nessun campo di terroristi. Che vantaggio ne trarremmo? Potremmo proporre una condizione: che l'America, dopo il controllo, si autodichiarasse davanti a tutto il mondo uno Stato terroristico, fonte di un terrorismo ufficiale contro lo Stato libico e dichiarasse la politica americana aggressiva e ingiusta. Se l'America accettasse la condizione di cui ho parlato, noi accetteremmo il controllo di una commissione.»

– Gli americani vi ritengono responsabili dei recenti attentati, quello dell'aereo di Atene e quello avvenuto in una discoteca di Berlino.

«Noi sfidiamo l'America a portare delle prove inconfutabili. Anzi, noi siamo in possesso di prove che dimostrano il contrario.»

– Lei conta sull'appoggio dei sovietici?

«Noi contiamo sull'appoggio di tutto il mondo, perché noi siamo vittima della prepotenza dell'America e tutto il mondo è con noi.»

– Perché dichiarate la necessità di eliminare Israele?

«Noi ci battiamo insistentemente per la libertà del popolo palestinese e perché sia reso possibile il suo ritorno alla propria terra.»

– Ma Israele può esistere o no?

«Vogliamo che il popolo palestinese torni in Palestina e noi non siamo responsabili del destino degli invasori. Perché gli europei hanno cacciato gli arabi dalla Spagna dopo ottocento anni? Perché ci avete cacciato dalla Sicilia dopo trecento anni?»

– Ma se vogliamo fare tutte queste rivendicazioni, allora c'è da ripercorrere tutta la storia. Non era mica la vostra sede naturale la Spagna, o Napoli o la Sicilia.

«Anche la Palestina non è la sede naturale degli ebrei di nazionalità italiana, americana, francese, russa, araba, libica.»

– Certo, ma gli ebrei c'erano già anche prima, lì.

«Accettiamo gli ebrei che c'erano già, ma rifiutiamo quelli che sono arrivati da oltremare. Questa è invasione, come è intesa da tutti. Perché voi siete andati via dalla Libia? Perché era un'invasione, gli italiani erano invasori. Dirò di più, se l'Europa opprimesse gli ebrei per annientarli, noi combatteremmo a fianco degli ebrei.»

– Ha mai subìto attentati, signor colonnello?

«No, almeno non direttamente. Ma in America si sono scoperti parecchi tentativi per avvelenarmi, per assassinarmi, per ordine dell'amministrazione americana e una commissione del Congresso americano ha svolto un'indagine in merito. Il mondo non ha gridato al terrorismo e noi non abbiamo dichiarato guerra all'America per questo.»

– Ricorda, colonnello, quando l'Italia le ha restituito quattro terroristi?

«L'Italia ci ha consegnato quattro terroristi?»

– Sì.

«Quando?»

– Quattro terroristi libici che erano stati catturati all'aeroporto di Fiumicino sono stati riportati in territorio libico dai nostri servizi con un aereo italiano.

«Terroristi contro chi?»

– Erano in Italia, sono stati trovati in Italia.

«Ben venga la cooperazione per l'estradizione dei terroristi; io auspico questa cooperazione, ma non potrei mai definire le azioni palestinesi azioni terroristiche. Tutto il mondo ora è contro i palestinesi e fiancheggia gli israeliani, perciò i palestinesi combattono questo mondo che è a loro ostile. La violenza dilagherà. Questa è una questione che riguarda tutto il mondo, non è soltanto una questione libica. Il popolo palestinese è da quarant'anni nei campi profughi, cacciato dal proprio territorio, perciò sa di avere il diritto di lottare contro il mondo intero.»

Al termine del colloquio, dopo i saluti rituali, Gheddafi si è allontanato ed è entrato nella sua tenda. Mentre stavamo andandocene, è comparso ancora una volta, in fondo al viale; pedalava in bicicletta. Davanti a lui quattro cammelli attraversavano la strada. Ha alzato le mani in segno di saluto. Allontanandomi, ho notato due ragazzi che giocavano su un prato: non so se sono ancora vivi.

Alle 18 il nostro piccolo bireattore ha decollato, appena mezz'ora prima che chiudessero l'aeroporto. Otto ore dopo, il raid americano. Nel posto dove è stata realizzata l'intervista ci sono adesso i crateri scavati dalle bombe.

JOHN FITZGERALD KENNEDY

Un film discusso, *JFK,* ha riaperto la polemica e, forse, dischiuso gli archivi di Washington: chi ha ucciso il presidente degli Stati Uniti, John Fitzgerald Kennedy, e perché? Qualche servizio segreto, qualche capitalista texano o addirittura la mafia? Potremo scoprire tra le carte delle varie inchieste la verità? Ci fu un complotto o fu il gesto di un esaltato?

Il regista Oliver Stone sostiene la tesi di una congiura, e adesso un medico, che sta per andare in pensione, rivela che il proiettile che aveva colpito la testa del presidente non era stato sparato da dietro, dalla postazione di Lee Oswald, ma da un lato: e fu lui il primo che esaminò il corpo di Kennedy.

Sostavo all'Holliday Inn di La Crosse, una cittadina del Wisconsin, il giorno che lo assassinarono. La sala del ristorante era affollata: c'era un gruppetto di vecchie signore che chiacchieravano e ridevano, alcuni camionisti, qualche commesso viaggiatore. Una cameriera dai capelli rossi tornò correndo dalla cucina e gridò: «Hanno colpito il presidente».

Nell'ingresso dell'albergo il televisore era acceso; parlava Walter Cronkite, il numero uno dei commentatori della Cbs. La hall subito si riempì di gente. Cronkite era in maniche di camicia e dietro di lui battevano le telescriventi. Ogni tanto qualcuno gli passava un foglio. Aveva la faccia tesa, ma il discorso era pacato. A un certo momento si tolse gli occhiali e disse: «President Kennedy is dead». La cameriera dai capelli rossi scoppiò a piangere e mormorò: «Che cosa succederà adesso?».

Riapparve Walter Cronkite e raccontò che il presidente viaggiava su una limousine, prese in mano una foto e la mostrò: si vedeva John Kennedy che sorrideva, aveva accanto Jacqueline. Anche Jacqueline, che sembrava molto contenta, agitava una mano per salutare la folla; il governatore Connally aveva un fiore bianco all'occhiello.

Cronkite lesse i telescritti che arrivavano. Spiegò che Kennedy era spirato, dopo trentacinque minuti, al Park Lane Hospital, disse che Connally, quando si accorse di essere stato ferito, urlò ai poliziotti: «Badate a Nelly». Nelly era la moglie. Poi aggiunse che la signora Kennedy, quando le dissero che John era morto, mormorò soltanto: «Oh, no!».

Un anno dopo, per una inchiesta televisiva, andai a Dallas, a trovare la signora Marguerite Oswald, la madre di Lee.

Stava in una casetta verniciata di fresco, fuori era parcheggiata la nuova automobile. Per 150 dollari era disposta a chiacchierare. Disse: «Sono appena reduce da un giro di conferenze».

Si sentiva, in ogni caso, un personaggio: la mamma del killer, oppure della vittima innocente. Meritava una certa considerazione.

Mi diede la sua versione della storia: «Lee è il capro espiatorio di una organizzazione, di un intrigo nato tra gente della politica, gente che voleva che Kennedy fosse eliminato, e mio figlio è stato scelto come bersaglio proprio perché era un disertore, perché era marxista, perché aveva sposato una ragazza russa, e non nascondeva tutti questi fatti.

«Io credo che Lee fosse un agente del governo degli Stati Uniti e per questo incarico doveva studiare opere sovversive. Ma non si può proprio dire che fosse comunista: leggeva tutto. Faceva parte del suo lavoro.

«E non è neppure vero che sia stato un bambino violento, difficile. Andava a scuola regolarmente e se la cavava molto bene. Fino a quando ci trasferimmo a New York: una città grande e strana, e lui aveva voglia di scoprirla, di andare in giro. Scappava sempre allo zoo, amava molto gli animali. A New York sono molto severi per le assenze ingiustificate. Nel Texas, invece, non sono così duri. Due volte lo sorpresero mentre passeggiava tra le gabbie. Lo portarono anche in tribunale. Poi a tredici anni fu sottoposto a un test psichico e ne sostenne un altro prima di entrare nella Marina. Ciò prova che era moralmente e interiormente a posto.

«Per sei settimane fu messo in una casa di correzione, insieme a ragazzi che avevano commesso atti criminali. Non so se ha subìto trattamenti psichiatrici.

«La cosa più dolorosa è stato il funerale di Lee. Ho saputo della cerimonia soltanto un'ora prima che lo seppellissero. Non abbiamo avuto un prete; dovevano essere in tre, invece non è venuto nessuno. Il reverendo Zonne arrivò all'ultimo momento e disse soltanto poche parole sulla salma. È il capo delle chiese di Fort Worth, cercò di scusare gli altri pastori assenti, ma lui non è un ministro, non è un sacerdote. Si figuri che dimenticò perfino la Bibbia in automobile. Questa è la carità cristiana oggi.»

Parlai anche con la signora Eva Grant, la sorella di Ruby, l'assassino di Oswald. Aiutava Jack a mandare avanti due night. Voleva garanzie: che non fossimo comunisti, perché Jack era un patriota, un vero americano, e che non avessimo difficoltà a versarle 2000 dollari, trattabili. Con 400 si lasciò andare. Disse che Jack in carcere non nominava mai Oswald, ma lo chiamava «il morto», «il defunto», e quando annunciarono in tv che aveva ammazzato il presidente aveva commentato: «Ma guarda che verme, che essere abominevole».

Che avesse una pistola in tasca era del tutto normale; la portava sempre, perfino in sinagoga. Non c'era stata alcuna trama: Jack era molto sensibile e la sera dell'attentato di Dallas mangiò poco, pianse e confessò alla sorella: «Sai, non mi sono mai sentito così male nemmeno quando nostro padre e nostra madre sono morti».

In carcere passava le giornate facendo solitari. Non capiva, non ragionava. Aveva allucinazioni. Insomma, non sapeva nulla di Oswald, non lo aveva mai visto, mai sentito nominare: «Quando gli comparve davanti, ne fu talmente scosso, si emozionò tanto che perse ogni controllo. Estrasse il revolver e fece fuoco».

La signora Ruth Paine era amica degli Oswald e cenò con Lee e la moglie la sera prima dell'attentato. «Non accadde niente di speciale» ricordava. Diceva che Lee aveva ucciso per un morboso desiderio di affermazione, da molto tempo pensava di compiere un gesto clamoroso: «Non era una persona capace,» mi spiegò «ha cercato di andare in Urss, di tradire l'America e ha scoperto che nessuno lo considerava un eroe, nemmeno laggiù. Voleva imporsi sugli altri, voleva che dicessero: "Ecco, questo è un uomo straordinario".»

Ho conversato anche con George Thomas: era il cameriere privato del presidente; adesso fa l'assicuratore. Entrò in casa Kennedy nel 1946; serviva a tavola, teneva in ordine il guardaroba. «Il signore cambiava abito e camicia due o tre volte al giorno» ricordava «e qualche volta, la sera, se la spina dorsale gli faceva male, lo aiutavo a spogliarsi; ma era un tipo che cercava di non aver bisogno di aiuto.» Conservava un accendisigari che il presidente gli aveva regalato quando era ancora senatore e si recava due o tre volte ogni settimana in visita da Jacqueline e dai bambini. «La signora» mi spiegò «mi ha invitato ad andare spesso.» Lasciando l'albergo di Fort Worth, Kennedy gli disse: «Io me ne vado e ci vedremo più tardi». Quando gli chiesi cosa pensava dei fatti di Dallas rispose: «Questo è un argomento del quale preferirei non discutere».

Dave Powers è stato, forse, l'amico più intimo. È uno dei quattro irlandesi che, all'aeroporto di Washington, portarono la bara. Andava con Kennedy alle partite di baseball, gli faceva compagnia a colazione e in viaggio, lo seguiva sempre. In occasione di un compleanno il presidente gli regalò un piatto d'argento sul quale aveva fatto incidere queste parole: «Tre sono le cose vere: Dio, l'umana follia e il ridere. Le prime due sono al di là della nostra intelligenza. Perciò dobbiamo arrangiarci con la terza». Dave aveva la capacità di rallegrarlo.

Sono andato a trovare Arthur M. Schlesinger. Faceva il professore di storia all'Università di Harvard. Abbiamo chiacchierato in giardino, sotto la pergola. I due figli stavano seduti per terra, ad ascoltare. Sul tavolo c'era una grammatica della lingua russa. Schlesinger era uno dei consiglieri politici di Kennedy, il presidente che si circondò di intellettuali e di artisti, che leggeva i libri di Ian Fleming, le avventure del leggendario agente James Bond, ma anche i saggi di filosofia e gli studi degli economisti, che andava ai musical ma invitava a suonare nei saloni della Casa Bianca Pablo Casals.

Sono stato al cimitero di Arlington. Milioni di persone hanno reso omaggio alla tomba di Kennedy. Nella scuderia della vicina caserma c'è il baio scuro, bardato di nero, che seguì i funerali, e porta sempre gli stivali capovolti nelle staffe, e la spada d'argento legata alla sella, per onorare i soldati caduti in battaglia che vengono sepolti sotto i grandi alberi di quercia. L'automobile nella quale viaggiava il presidente quando fu colpito è stata riportata alla Casa Bianca. Ora pesa due tonnellate e mezzo in più per la corazza d'acciaio e i vetri infrangibili. Anche i copertoni resistono ai proiettili. Per due volte sono entrato alla Casa Bianca. Lo studio che fu di Kennedy era buio.

Sono andato anche al Rose Hill Cemetery di Fort Worth. Lee Harvey Oswald è sepolto per terra e una lapide ricorda il giorno della nascita e quello del delitto di Ruby. Aveva ventiquattro anni. Vicino a lui riposa un comune Bill Kennedy che se ne andò a settant'anni, naturalmente: cancro o infarto.

LENIN

Ho incontrato Ol'ga Ul'janova, nipote di Vladimir Il'ič, una signora colta e decisa che difende, anche con lettere di protesta ai giornali, la memoria e le opere dell'antenato. È rispettabile, ma per lei le critiche degli storici sono insinuazioni; trova per ogni scelta, per ogni gesto, una giustificazione. Anche per la violenza; del resto zio Il'ič aveva avvertito: «Il Partito non è l'Esercito della salvezza». La professoressa Ol'ga era comunista e nel suo cuore lo è ancora. Si può capire.

– Signora Ul'janova, cosa sa del suo antenato, il grande Il'ič, fratello di suo padre?

«Io ero ancora bambina quando è morto. Ma di lui ho saputo tante cose dai miei parenti e soprattutto da mio padre Dmitrij Il'ič e dalle mie zie Marija, Anja e da Nadežda Konstantinovna Krupskaja, moglie di Vladimir. Mi hanno parlato molto di lui. Bisogna dire che quella degli Ul'janov era una famiglia meravigliosa, nel senso che si sentivano legati non solo da un vincolo di sangue, ma anche spiritualmente, da idee, interessi, aspirazioni. E questa amicizia, che era nata nell'infanzia, rimase per tutta la vita.»

– Cosa significa per lei essere una degli Ul'janov?

«Per me questa è una forte responsabilità.»

– Cosa pensa di coloro che vogliono chiudere il Mausoleo e sistemare altrove quel corpo imbalsamato?

«È assolutamente un errore. Perché Lenin fu sepolto nella Piazza Rossa per volontà dei lavoratori di tutta l'Unione Sovietica. La gente voleva che i posteri, i discendenti, potessero vederlo così com'era. Vladimir Il'ič, vivo, non aveva mai espresso nessun desiderio sull'ultima destinazione. Perciò io penso che tutti gli "sfondabare" hanno torto e sono barbari. È il vandalismo del Medioevo.»

– Quali errori ha commesso il Pc dell'Urss?

«Forse si dovrebbe porre la domanda in una maniera diversa. Non quali sono stati gli sbagli del Partito, che è un'armata di tanti milioni di militanti, ma dei suoi dirigenti, che erano staccati dalle masse. I comunisti hanno fatto molto per la costruzione del Paese, per il miglioramento delle condizioni economiche. Hanno anche vinto la Germania hitleriana.»

– Cosa pensa di Gorbačëv?

«Il suo grande merito è che è riuscito a superare il confronto militare con le potenze occidentali.»

– Cosa pensa di El'cin?

«Io credo che Boris Nikolaevič El'cin, il presidente della Russia, adesso, è uno dei politici più grandi.»

– Molti hanno paura di un nuovo golpe. Lei cosa ne dice?

«Non è possibile, per me, che ce ne sia un altro. Ne dubito molto.»

– Cosa c'era di straordinario in Lenin?

«Bisogna dire che era un grande scienziato, un grande filosofo, riuniva in sé le capacità dello studioso e del realizzatore. Creò lo Stato sovietico. E fu il fondatore del Partito comunista, nell'anno 1903. Ma io devo affermare che la sua idea basilare era l'uguaglianza sociale.»

– In che cosa sbagliava Lenin?

«Non è proprio un errore, ma è stata la sua disgrazia: troppo tardi ha capito Stalin. Nell'anno 1918 fu ferito molto gravemente, e per di più con pallottole avvelenate. Questo attentato ha influenzato la sua salute e ne ha accelerato la morte. E quindi era già sofferente quando ha scritto che bisognava dispensare Stalin dalla sua carica, rimuoverlo dal suo posto. Ma evidentemente era fuori tempo.»

– Dicono che lo stalinismo deriva dal leninismo. È esatto?

«No, non è assolutamente vero. Sono due cose diverse. Il leninismo è la teoria di Lenin, la sua dottrina, le sue idee. Press'a poco negli anni Trenta sono apparse le formulazioni secondo cui, come si diceva allora, Stalin era "il Lenin di oggi", Stalin "fedele alunno di Lenin". Ma poi si capì che non era affatto così, mentre il popolo ci credeva. Fu Stalin a introdurre il Terrore e, per colpa sua, abbiamo avuto le terribili repressioni e sono scomparsi molti innocenti. Mentre Lenin, invece, era sempre stato contro quei sistemi. Posso dire, ad esempio, che quando il 30 agosto 1918 fu ferito da una socialista rivoluzionaria di nome Kaplan, Lenin appena rinvenne disse: "Bisogna salvarle la vita". Però era già stata fucilata.»

– Ma non furono creati proprio da Lenin i campi di concentramento e la Čeka?

«Lenin non fu l'inventore del gulag. La Čeka, la polizia politica, fu veramente voluta da lui e anche da Dzeržinskij, ma era cominciata la guerra civile. Contro la giovane Repubblica sovietica si battevano altri quattordici stati stranieri per soffocarla. C'era dappertutto sabotaggio, c'erano gli interventi controrivoluzionari, venivano fucilati dai "bianchi" operai e contadini, soprattutto se erano rivoltosi. Questa Commissione straordinaria, la Čeka, fu organizzata per poter combattere questi fenomeni.»

– Che responsabilità ha avuto Lenin nella strage dei Romanov?

«Nessuna. Lui non sapeva quello che sarebbe accaduto. Adesso la figura di Lenin viene alterata anche dagli storici, da tanti giornalisti, dagli scrittori. Così mi fanno ricordare Balzac, che diceva: "Quando una persona è al vertice del potere le appioppano tutte le virtù possibili. E quando cade in basso, le addebitano tutti i vizi che si possono trovare nel figlio vagabondo". La famiglia dello zar fu assassinata perché le persone che facevano parte del Soviet di Ekaterinburg, negli Urali, e dovevano evitare che venisse salvata dalle truppe monarchiche, decisero di eliminarla. Quindi il fatto che siano stati ammazzati non è da attribuire a Lenin.»

– Oggi risulta, da documenti, che lo Stato Maggiore tedesco, che fece rientrare Lenin in un vagone piombato, finanziò anche la Rivoluzione.

«Non è vero. Questo lo so di sicuro. Lo Stato Maggiore tedesco non foraggiò nessuno. E Lenin non era fuggito, ma quando, a febbraio e a marzo del '17, ci fu la Rivoluzione, lui e gli altri socialdemocratici (allora non si chiamavano comunisti, ma socialdemocratici) volevano tornare a Pietrogrado, ma non potevano riuscirci in qualche altro modo. Allora, un amico e compagno di Lenin, lo svizzero Fritz Platten, ha proposto quel piano, ma il vagone non era piombato: era considerato extraterritoriale. Sono cose diverse. Significa che chi viaggiava su quella carrozza non poteva scendere e non poteva comunicare con nessuno mentre attraversavano la Svizzera e la Germania.»

– È chiaro che allo Stato Maggiore tedesco interessava che Lenin ritornasse perché avrebbe firmato la pace. Questo, almeno, è provato, no?

«Non è provato per niente. Posso far vedere tanti documenti (ora non li ho con me) che dimostrano come Lenin non era d'accordo con nessuno, che non c'era alcuna intesa. Assieme a Lenin c'era anche la moglie Nadežda, mia zia, e lo so di sicuro: lei me lo diceva e anche mio padre lo confermava.»

– È vero che l'assalto al Palazzo d'Inverno fu effettuato da pochi bolscevichi che violentarono le donne che difendevano la reggia?

«È una bugia. Il 26 ottobre, secondo il vecchio calendario, o il 7 novembre, secondo il nuovo, del 1917, ebbe luogo la Rivoluzione che si può definire senza sangue. Veramente c'erano ragazze nell'edificio e c'erano anche alcuni giovani cadetti. Quante persone sono morte nell'assalto? Mi risponda, quante persone sono morte durante l'assalto al Palazzo d'Inverno? Sei persone. Solo sei persone. E nessuno è stato violentato. Anzi, le guardie bianche violentavano, durante la guerra civile, donne russe, donne ucraine, donne georgiane e di tutte le etnie. Incidevano le stelle rosse sul seno delle prigioniere.»

– Lei ha conosciuto la Krupskaja? Chi era?

«Non sarebbe esatto dire che l'ho conosciuta. Ho passato tutta la mia infanzia e la mia giovinezza non solo con i miei genitori, ma con Nadežda Konstantinovna Krupskaja con Marija e con Anja, le sorelle di Vladimir Il'ič. Le nostre case erano vicine. D'estate abitavamo a Gor'kij. A Gor'kij, dove è morto Lenin, abbiamo vissuto. Nadežda Konstantinovna era una persona eccezionale, dolce, affascinante. Io la ricordo già anziana: era cicciotta e aveva i capelli bianchi. Era molto intelligente. Non ha mai alzato la voce. Ma, secondo le fotografie, da giovane era bella, molto bella. Quando adesso scrivono che era brutta, ci rimango male. Capite? Era bella, tenera, intelligente, buona. Era anche una persona molto onesta, di una onestà particolare, severa. Da piccola lei mi chiamava sempre Lialia.»

– Ma Lenin non amava anche la compagna Inessa Armand, quella francese che poi morì di colera?

«Nessuno può sapere di chi sia innamorato qualcun altro. Mi scusi, signor Biagi, di chi è innamorato lei, nessuno lo sa. Forse, nemmeno sua moglie. E nemmeno mio marito sa di chi sono innamorata io. Quindi...»

– Ma la signora Kollontaj ha raccontato che Lenin, ai funerali, era disperato.

«Ma no. Inessa Armand era bella: lui, come uomo, poteva esserne invaghito. Lo accetto, lo posso ammettere. Lei può concedere che io, pur avendo un marito, possa affezionarmi a qualcuno?»

– Ma a noi fa piacere che il Santo della Rivoluzione sovietica apprezzasse anche le belle compagne. Non c'è niente di terribile, lo umanizza.

«Sono d'accordo. Ma lui amava molto la sua Nadežda, la sua Nadja. Lui la chiamava Nadjuška. Dicono che non ci sono lettere a Nadežda Konstantinovna. Ma come possono esserci, se erano sempre vicini? Stavano sempre insieme. Le due che sono rimaste sono di quel periodo del 1919, quando andò in viaggio sulla nave lungo il fiume Kama. Un viaggio di propaganda e di agitazione. E lui ha scritto due volte a Nadjuška. E anche dalla prigione, per dirle che l'amava e per chiederle di diventare sua moglie. Ma lei fu costretta a distruggerle.»

MAO TSE-TUNG

Hanno riaperto il Mausoleo sulla Piazza Tien An Men, due giorni ogni settimana. Occorre un permesso, e c'è una lunghissima fila. Sono straniero, e mi usano il riguardo della precedenza, nel corteo silenzioso che attende. I passi si spengono sulla moquette scarlatta che porta verso un monumento di marmo candido.

La Lunga Marcia: diecimila chilometri, superando 18 catene montuose, 12 province, 24 fiumi e 62 città. Quando partono sono centomila, con poche mogli e molti bambini, poi carri, armi, masserizie; all'arrivo ne restano soltanto ventimila. Ottantamila sono morti. Era previsto. «In un viaggio di questo genere» dice Mao «non si può retrocedere. I deboli cadranno. Ma moriranno da eroi.»

Ci fu già un altro che, nell'Ottocento, riuscì a tirarsi dietro una immensa colonna di ribelli: il figlio di un contadino del Kwangtung, un visionario. Il suo nome è Hung Hsin-ch'uan: la famiglia voleva che studiasse i classici per superare gli esami da mandarino, da funzionario dell'imperatore, ma non ce la fece. Lesse la Bibbia e informò il padre furente di considerarsi, in realtà, discendente diretto di Dio e fratello minore di Gesù, venuto al mondo per tentare di salvare l'umanità una seconda volta. Il Signore gli aveva anche conferito l'onorifico titolo di Re Celeste sovrano della Pace universale.

Hung, con i cugini e gli amici, mette insieme un piccolo esercito di tremila seguaci, tra uomini e donne, e gli impone dure rinunce: vendere tutto e versare i proventi al tesoro comune, austerità, disciplina. Adulterio, prostituzione, oppio, furto, saccheggio e stupro sono puniti con il taglio della testa.

Il programma è cacciare i demoni Manciù, liberare gli intellettuali dai pregiudizi della tradizione, elevare la Cina al livello degli inglesi. Dove le sue squadre arrivano, bruciano i titoli di proprietà e accoppano i ricchi. Quando approdano sulle rive dello Yangtze, questa armata brancaleone ha un milione di combattenti. Si chiamano *Taiping*; occupano Nanchino.

Mentre la guerra civile continua, con tutte le sue atrocità, i capi, come accade spesso, si abbandonano alle tentazioni del potere: alloggiano in palazzi, si inventano titoli nobiliari, si circondano di dignitari e di condiscendenti ragazze. Scoprono la dolce vita.

Il capo dell'ala sinistra, che critica quello sfacelo morale e il tradimento del programma, un ex operaio analfabeta che ha organizzato la rivolta, viene massacrato con i suoi sostenitori. Poi, le truppe imperiali, appoggiate dalla Gran Bretagna e dalla Francia, passano al contrattacco. Hung sparisce in un finale neroniano e, se si vuole, anticipa Hitler: organizza una grande festa nei giardini della corte, con la partecipazione delle spose e delle cameriere dei suoi dignitari. I soldati, con cordicelle di seta, tra effluvi di bougainvillee e di magnolie, strangolano consorti e concubine, che poi avvolgono in tappeti per deporle sulle tavole imbandite. Hung prende un calice di veleno e, con il seguito, brinda e stramazza morto. Precede, in definitiva, le capsule di cianuro dei gerarchi nazisti e i balli nel bunker della Cancelleria.

Il giovinetto Mao ascolta queste storie e legge libri che lo affascinano e suscitano in lui visioni e propositi: avventure di rivoltosi che si oppongono all'autorità e lasciano il villaggio per predicare l'insurrezione, o il racconto delle imprese di Washington, Napoleone e di Caterina di Russia. Dirà poi che, tra Robespierre e Bonaparte, le sue preferenze andavano all'ufficiale còrso.

Ha tredici anni quando assiste ai primi tumulti nazionalisti, e la carestia che devasta lo Hunan gli fa scoprire la miserie di un Paese dove, dice il dottor Sun Yat-sen, «non ci sono che dei poveri e dei più poveri». Il padre è un contadino facoltoso, forse anche un usuraio, che non gli dà mai soldi e a tavola gli passa riso e verdure; solo due volte al mese carne e pesce. La madre è una donna generosa, aperta alla pietà. Ricorda: «Mio padre pensava che un uomo che non era capace di aiutarsi da solo non poteva che subire il castigo del cielo e della terra. Mia madre lo criticava. Quando è morto c'era poca gente al suo funerale. Quando è morta mia madre ce n'era tanta».

È uno studente mediocre, detesta la matematica e le materie scientifiche, legge alla rinfusa, ma si forma convinzioni precise, come questa: «I filosofi farebbero bene ad andare a zappare per imparare la lotta di classe». Conseguente elogio della «Università verde della foresta», come scuola di vita.

Frequenta un istituto magistrale, si diploma nel 1918, e si abitua ai sacrifici: a Pechino, dorme con i compagni sul *kang*, il letto fatto di mattoni: «Quando dovevo voltarmi ero costretto ad avvisare prima i due che mi stavano a fianco». È incerto sulla strada da intraprendere: fabbricante di sapone, avvocato, insegnante, uomo d'affari. Ha già il culto del fisico: bagno freddo ogni giorno, con qualunque stagione, nuoto, marce in montagna a torso nudo con un amico, come cibo acqua e fagioli. I suoi gusti sono frugali; non i piatti raffinati di Pechino o di Canton, ma la cucina forte della sua terra. «Il pepe rosso è il nutrimento del rivoluzionario» dice.

È uno dei dodici padri del comunismo cinese, uno degli apostoli che in un memorabile giorno del 1921, dando la mancia al custode, si incontrano nel collegio delle suore di via Pobalu, a Shanghai, approfittando dell'assenza delle monache, partite per la villeggiatura estiva. Il professor Ch'en Tu-hsiu, che non può partecipare, ha mandato un suo allievo, l'aiuto bibliotecario Mao Tse-tung, che pone la sua firma sotto l'atto costitutivo del Pcc.

Mao ha una grande intuizione politica: rende i lavoratori dei campi protagonisti della lotta di classe, li conquista. Poi, una grande invenzione tattica: «Quando il nemico avanza ci ritiriamo; quando si ferma lo molestiamo; quando ci evita lo attacchiamo; quando si ritira lo inseguiamo».

Affronta cinque campagne di sterminio scatenate da Chiang Kai-shek, per il quale «i giapponesi sono una malattia della pelle, i comunisti del cuore», ma nessuno intasca la taglia di 250.000 dollari d'argento che pesa sulla sua testa. Quando arriva nello Shensi fonda la Prima Repubblica Sovietica. Con una composizione lirica celebra la storica impresa: «L'ampio cielo è tutto bianco, / l'esercito avanza nella neve, / situazione sempre più difficile. / Sopra la testa alte cime, / valicando l'aspro passo / il vento srotola le rosse bandiere».

André Malraux gli domanda come ha fatto a tirarsi dietro quei disperati; dà una pacata spiegazione: «Hanno visto che tra di noi non c'erano classi privilegiate. Hanno visto che mangiavamo tutti nello stesso modo, che vestivamo tutti i medesimi abiti. I soldati avevano libertà di riunione e di parola. Potevano verificare i conti della loro compagnia. Soprattutto agli ufficiali non era concesso bastonare gli uomini e insultarli».

Nel sepolcro, alle spalle della statua, c'è un enorme tappeto di seta che riproduce paesaggi con alture e piante dai rami fioriti; attorno all'edificio hanno messo arbusti arrivati da tutte le regioni, ultimo omaggio della patria cinese.

Ho visto le facce imbalsamate di Lenin e di Stalin; questa mi sembra meno autentica, meno reale. «Non abbiamo abbastanza esperienza nel settore» mi ha spiegato un funzionario, forse pensando a Vladimir Il'ič Ul'janov che da anni è esposto alla reverente contemplazione dei suoi devoti.

Il culto di Mao continua, ma di sicuro con meno fervore. Vendono ancora le sue fotografie, anche in formato tessera, ma si ha l'impressione che la richiesta sia meno frenetica.

Ci fu il tempo dei miracoli: parlavano di infelici che avevano perso la conoscenza, e riacquistavano la ragione fissando un busto di Mao Tse-tung; alcuni assetati, bloccati dall'uragano, recitando le sue massime, con un solo mestolo d'acqua calmavano l'arsura; i giocatori di ping-pong si allenavano studiando il suo pensiero, e battevano tutti gli avversari perché colpire la pallina era uno sforzo rivoluzionario e serviva alla causa delle masse; i minatori, nelle gallerie, superavano i rischi del gas e delle esplosioni rifiutando la «teoria della sopravvivenza», patrocinata dal traditore, rinnegato e poco di buono Liu Shao-chi.

Queste gesta prodigiose le raccontava l'Agenzia Nuova Cina e le diffondeva Radio Pechino, e così secondo quei testi campagne inondate si trasformarono in fertili orti, onde di fiume salirono fino a zone impervie e la produzione di grano crebbe enormemente.

Ho detto al vicepresidente dell'Accademia delle scienze, Ny Tsi-zé, uno dei «padri» dell'atomica cinese, delle riserve che c'erano in molti, una volta, sui benefici effetti che si potevano ottenere, in medicina, usando gli scritti del Maestro a scopo terapeutico.

Ha sorriso e mi ha risposto ripetendo anche lui una affermazione tratta dal libretto delle citazioni: «La filosofia e le scienze sociali non possono sostituire le leggi della natura».

Ny Tsi-zé ha numerose pubblicazioni anche in Occidente; nel 1935 è stato eletto membro del consiglio della Società francese di fisica, assieme ai grandi Joliot e Kapica.

«Mi vogliono trasformare in un Buddha vivente» diceva il saggio condottiero, che possedeva tanto il senso del limite, quanto quello dell'ironia. Ma lasciava fare; era stato impagliato anche il suo cavallo, quello che lo aveva portato dalle caverne dello Yenan fino al Palazzo del popolo, e che esponevano allo zoo per la consolazione dei visitatori.

Adesso lo discutono. C'è anche chi lo chiama «il quinto della Banda dei Quattro». Gli attribuiscono la responsabilità di avere gettato il Paese nell'anarchia, di avere provocato, con il discorso dei «Cento Fiori», l'indisciplina nei ranghi del Partito, e con il programma economico del «Grande balzo in avanti» un fiasco pauroso.

Non si fa più credito neppure alla sua poesia che, secondo Arthur Waley, «era meno cattiva della pittura di Hitler, ma non così buona come quella di Churchill». Che è senz'altro assai discutibile.

Quando parla con Nixon, Mao fa esercizio di umiltà. «Le mie opere» confida «non sono nulla. Non c'è niente di istruttivo in quello che ho scritto. Non ho potuto trasformare il mondo, ma appena qualche posto nei dintorni di Pechino.»

Ha sostenuto che, in ognuno di noi, c'è una certa duplicità, che siamo, nello stesso tempo, reazionari e per la rivoluzione. Solo la «linea giusta» e la pratica della critica e dell'autocritica permettono che il dissenso si ricomponga.

Ora si combatte la sua deificazione. Il *Renmin Ribao* (*Quotidiano del popolo*), l'organo ufficiale del Pcc, ha fatto sparire dalle pagine i neretti con le sue massime. Dopo trent'anni, per la prima volta, la Cina non sembra più una caserma. La bombetta di Charlot domina, con il seno della Lollobrigida, all'ingresso di molti cinematografi, i saloni dei parrucchieri sono gremiti, in una vetrina ho visto la sagoma di Topolino, e la pubblicità delle Linee aeree giapponesi, conta più essere esperto che rosso, al Club Internazionale anche qualche cinese, chi lo avrebbe mai detto?, ha ballato il valzer.

Pierre Cardin ha aperto a Pechino un ristorante che è la copia del «Chez Maxim's» di Parigi; circola, sia pure in forma molto ristretta, un quotidiano in lingua inglese, il *China Daily*, con notizie delle agenzie occidentali. A Nanchino stanno ultimando un albergo di 36 piani, che supererà ogni primato di altezza: 108 metri. Si vedono camicette estive marcate «It's Fun», oppure «O.K.»: c'è voglia di vivere, e le ragazze perdono tempo per ondulare i capelli. In tv, ha avuto molto successo, una serie americana, intitolata «Man from Atlantis»:

avventure ed eroismi dei già odiati *Yankees.* Ma la struttura del regime non cambia.

Mao incarnava la Cina, era la Cina. Aveva visto tante cose, nella tormentata esistenza: il regno corrotto dell'imperatrice Tzu-hsi e il nazionalismo illuminante del dottor Sun Yat-sen, poi le lotte ai Signori della Guerra, che con i banditi spadroneggiavano, poi i trionfi di Chiang Kai-shek, il nemico, e la nascita del comunismo contadino, poi il secondo conflitto mondiale, con l'occupazione giapponese e quindi la guerra civile.

Nell'altalena delle vicende, denuncia i suoi difetti: non sa bene alcuna lingua straniera, ha vaghe nozioni di economia e di scienze naturali, non è mai stato all'estero, tranne due rapidi viaggi a Mosca, e non ha approfondito il marxismo: «Ho molte lacune. Sono lontano dall'essere perfetto. Mi è capitato spesso di non potermi soffrire».

Non cita che raramente Marx, Lenin, Stalin, perché non li ha quasi letti, e immagina infatti una strategia rivoluzionaria cinese. Lo infastidisce anche l'adulazione; in un testo dove si parla di Grande Guida, Grande Comandante, Grande Maestro, lascia solo, modestamente, «maestro», e cancella la frase dove si esalta una «fama illimitata». Come ci può essere a questo mondo? si chiede.

Nel 1949, dalla tribunetta laccata, che ha ancora, al centro, il suo posto segnato, proclama la Repubblica popolare. Dice infatti una canzone: «Come amo la Porta della Pace Celeste, / là il rosso brilla alto, / il nostro grande dirigente, il Presidente Mao, / ci guida sempre più avanti».

Durante la Rivoluzione culturale, ogni parola che esce dalla sua bocca e da quella di sua moglie diventa legge. Lo venerano come un Figlio del Cielo e questo non è bene. Prima di morire, Ciu En-lai, intervistato da William Hinton, disse: «Se si fa della concezione di Mao un assoluto, non ci può essere uno sviluppo. Ciò bloccherebbe il progresso sociale. Non è giusto. Finiremmo per adottare una posizione passiva. E poi, ci sono tutte queste sculture e queste effigi, piazzate ovunque, senza tener conto dei momenti e delle circostanze. Anche questo non va. Il fine è distorto. Tutto ciò non è autentico né rispettoso».

Mao ci rideva sopra: aveva fatto «rieducare» l'ultimo imperatore Ch'ing, della dinastia Manciù, Hsüan-T'ung, chiamandolo semplicemente P'u Yi e dandogli un posto da giardiniere e perfino un seggio da deputato nell'Assemblea consultiva. Diceva: «Bisogna intrattenere buoni rapporti con Hsüan T'ung. Lui e il suo genitore sono i miei due predecessori diretti».

La venerazione provoca dunque parecchi inconvenienti, e anche se lui se ne rende conto ed esprime il suo disagio ai «quadri» con un linguaggio crudo ma esplicito: «Qui c'è un caos enorme. Mi prendo le mie responsabilità. Compagni, anche voi dovete assumervi le vostre. Se dovete cacare, fatelo. Se dovete scoreggiare, lasciatevi andare. Vi sentirete meglio. Alcuni si considerano delle tigri e pensano che nessuno oserà toccargli il culo. Si sbagliano».

Forse, come sostiene qualcuno, è sopravvissuto a se stesso di vent'anni. Nella sua vicenda ci sono periodi di «sinistra» che si alternano con pause nelle quali la politica indietreggia e si fanno avanti le ragioni pratiche. Riconosce la necessità del disaccordo, dell'opposizione, di esercitare, con un certo spirito liberale, l'esame dei fatti, poi, all'improvviso, taglia corto: «Tutte le parole e gli atti che si scostano dal socialismo sono totalmente cattivi». Se gli imputano di essere un dittatore, risponde con una frase di Lenin: «Se ce ne vuole uno, tanto vale che sia io». Fa, anzi, l'apologia di Shih Huang-ti, colui che unificò l'impero, duecento e passa anni prima della nascita di Cristo, facendo tabula rasa del passato, dando alle fiamme i libri e stabilendo che all'istruzione avrebbero provveduto i suoi burocrati. Fece seppellire, vivi, 460 letterati, considerati sovversivi. «E allora che cosa ha combinato di straordinario questo Shih? Ha fatto fuori quattrocentosessanta intellettuali? Noi quarantaseimila. Ci trattate da despoti, e noi ci riconosciamo volentieri questa qualità, ci dispiace soltanto che restiate al di sotto della verità.»

Le abitudini di Mao sono modeste, umile il suo costume.

Una volta, raccogliendo una scatola di cerini vuota, dice: «Gli operai hanno faticato per produrla e gettarla sarebbe davvero uno spreco; andate a comprare alcuni fiammiferi sciolti e la cassettina potrà essere usata ancora». Le sue camicie, le sue coperte, le sue scarpe erano logorate da molti anni d'uso.

Coltiva legumi, riposa su un semplice letto di legno; sul comodino le letture più consuete: *Il Capitale* e la *Storia della dinastia T'ang*. Esamina la carriera e le origini e si interessa agli studi dei militari della guardia, correggendo i loro compiti e insegnandogli ad adoperare il vocabolario.

Ogni sua campagna ideologica ha uno scopo preciso: quando parla dei «Cento Fiori» che devono sbocciare e delle scuole che è opportuno si confrontino, tenta di conquistare al regime gli intellettuali che disprezza, ma non ci riesce.

Diffida della loro sufficienza e fa alcuni esempi: «Solo due imperatori della dinastia T'ang si sono dimostrati all'altezza, T'ai-tsung e Chang-tsu. Uno era analfabeta, l'altro non conosceva che qualche ideogramma. Dopo di loro, quando i colti e gli studiosi prendono il potere, la situazione si deteriora. Leggere troppi libri può essere pernicioso».

Poi è il momento del «Grande Balzo in avanti»: cerca di mobilitare la nazione promettendo un rapido sviluppo dell'economia, ma si tratta, scrive il suo più devoto e attento biografo, Edgar Snow, «di un semplice saltello, compiuto su un piede solo, l'industria che si trascina dietro la gamba zoppa dell'agricoltura». Il disastro è tale che deve mollare la presidenza e tenersi soltanto il Partito.

Con la Rivoluzione culturale incita i giovani a «bombardare il quartier generale», e ha due obbiettivi. Primo: soggiogare la burocrazia che lo sfida (li odia: «Sono ignoranti e hanno vergogna di chiedere, esagerano e mentono, sfruttano il governo, ingannano i superiori e mistificano i subordinati, nascondono i loro sbagli e dissimulano le colpe»). Secondo: riconquistare un'autorità che gli sfugge. Altra sconfitta, e questa volta decisiva.

Poi la grande sfida. Tutto comincia un giorno di primavera, il 26 maggio 1966, all'Università di Pechino. Chi trama, più o meno nell'ombra, è Chiang Ch'ing, la moglie del Presidente. È la quarta, nell'ordine: il primo matrimonio, combinato dai parenti quando era ancora fanciullo, non fu mai consumato.

Scrive Nym Wales, che lo conobbe ai tempi epici: «Mao era proprio il tipo d'uomo al quale piacciono molto le donne, ma non le donne qualsiasi». Apprezzava la bellezza fisica, l'intelligenza, lo spirito brillante «e anche la fedeltà nel confronto della sua persona e delle sue idee». Non gli dispiaceva una certa indipendenza di pensiero, e non avrebbe avuto niente da obbiettare né al rossetto né ai capelli arricciati.

Chiang Ch'ing è una attrice, e Pëtr Parfënovič Vladimirov, consigliere politico sovietico presso il Partito comunista cinese dello Yenan, la descrive, sia pure con diffidenza, «sottile, vivace, con penetranti occhi castani, terribilmente fragile accanto al marito».

Per Robert Payne, altro testimone, «porta con sé il profumo dei fiori appena colti sulle colline». Secondo un compagno che c'era, Mao, appena la vide, «ne fu estasiato».

«Quando lo conobbi» racconta Chiang Ch'ing «Mao stava per sposarsi la quarta volta: era innamorato di una diciottenne, figlia di uno dei suoi generali, ma cambiò idea e si mise a corteggiarmi. Era romantico, dolce. Il suo fascino mi aveva conquistato; non avrei potuto immaginare la mia vita lontano da lui. Ci sposammo e nacque Fu-Chi, che significa Felicità».

Chiang Ch'ing ha venticinque anni meno del Sole degli Artisti, è cresciuta nell'ambiente urbano, lui nella provincia agricola; ha, anche lei, alle spalle, un paio di matrimoni falliti e una carriera senza gloria. La sua interpretazione più ragguardevole è un film intitolato *La spia dagli occhi verdi*, di categoria B. Orfana, fu adottata dai nonni, poi rapita da una carovana di girovaghi. Incominciò a recitare e più tardi si unì a una compagnia di intellettuali di sinistra. Sposa il critico cinematografico che le procura una particina, ma lo tradisce con un attore. Lang Ping (Mela Azzurra) è il suo nome d'arte, aderisce al Partito e raggiunge Yenan, dove i compagni vivono nelle caverne. Prende anche un nuovo nome: Fiume Verde, per esprimere il suo amore per i larghi corsi d'acqua che percorrono la Cina.

C'è una donna ogni diciotto uomini, e Mao la nota non solo perché è sempre in prima fila, alle sue conferenze, ma è anche molto truccata, indossa abiti vistosi, cammina con una falcata che impressiona favorevolmente gli stanchi guerrieri, applaude e prende perfino appunti. Le trova un lavoro nell'archivio della commissione militare e se la tiene vicina.

In quel momento la terza moglie, Ho Tsu-ch'en soggiorna in Unione Sovietica. Dicono che è una povera malata di mente: conseguenza delle ferite patite durante la Lunga Marcia e di un instabile equilibrio psicofisico.

Racconta Chiang Ch'ing, alla sua biografa, l'americana Roxane Witke: «Quando io arrivai Ho e Mao avevano già divorziato. Era stata lei a volere la separazione, non era mai riuscita a comprendere l'orizzonte politico del Presidente».

Ma è un discorso acre, con particolari pettegoli o addirittura inclementi: scene di gelosia per le civetterie di una affascinante divetta di Shanghai, e botte selvagge ai figli.

Il Comitato centrale è contrario a questo nuovo legame, ma Mao, raccontano, minaccia addirittura le dimissioni e annuncia il proposito di ritornare a lavorare i campi.

Interviene a una burrascosa seduta anche Fiume Verde e, mostrando il ventre ingrossato, annuncia serenamente: «Devo darvi una notizia che vi rallegrerà: il capo e io abbiamo iniziato la nostra vita in comune».

I compagni devono arrendersi all'evidenza e alla gravidanza, a condizione che Chiang Ch'ing non compaia mai a fianco del marito nelle cerimonie pubbliche, non si presenti come signora Mao e per vent'anni si impegni a non esercitare alcuna attività politica. Ma, così la descrive Roxane Witke, Chiang Ch'ing è una donna frustrata, piena di ambizioni, cosciente del proprio fascino. Si lamenta dello sposo, che non le usa troppe attenzioni: a Mosca, ad esempio, a causa di una improvvisa malattia, dovette entrare in clinica, ma lui proseguì il viaggio con Chruščëv senza telefonarle neppure una volta; però con il tempo lo influenza e pone in atto le sue macchinazioni. Si allinea con i membri radicali del Politbjuro; cercano, secondo le accuse, di formare un governo ombra e di portare dalla loro parte l'esercito per impossessarsi del potere; trama addirittura delitti, come il tentativo, fallito, di assassinare il primo ministro Ciu En-lai, o il nuovo presidente del Partito, Hua Kuo-feng.

Diventa la dittatrice della cultura, «la miglior interprete di Mao nel campo delle lettere e delle arti»: è lei che stabilisce quello che i cinesi devono leggere e vedere al cinema e a teatro, fissa i temi, decide gli esecutori, abolisce il repertorio classico.

Dicono che preferiva, alle produzioni locali – tutte «educative» e ispirate ai princìpi del marxismo-leninismo, per cui andare al cinema, o a un comizio era la stessa cosa – i film sexy importati dal decadente Occidente o da Hong Kong, mentre i suoi compatrioti hanno dovuto sopportare le innumerevoli rappresentazioni del balletto *Il distaccamento delle donne rosse*, portato sulle scene, sullo schermo e alla tv.

È dunque a Chiang Ch'ing che vengono in gran parte addebitati tutti i guai provocati dagli scatenati giovanotti e dalle loro compagne che, per una decina d'anni, con bracciale alla manica e agitando il libretto delle citazioni compilato da Lin Piao, il numero due del regime, a uso dei soldati, hanno invaso le piazze, bloccato lo sviluppo della Cina, devastato l'esistenza di milioni di individui.

Il 16 agosto 1966, con le loro uniformi cachi, si presentano sulla Tien An Men: c'è chi parla di un milione di energumeni. Mao, in divisa militare verde oliva, compare sulla terrazza della Porta della Pace Celeste e fa un discorso minaccioso: qualcuno, che sta al comando, ha messo in atto una dittatura borghese e bisogna provvedere. Poi scende tra la folla e una studentessa gli offre il distintivo. «Come ti chiami?» chiede il Grande Maestro. «Ping Peng, Gentilezza raffinata.» «Scegli piuttosto Combattente decisa.»

La nuvola di cavallette entra in azione ovunque: disorganizzano i trasporti, l'ordine degli studi e quello della giustizia, percuotono, uccidono, comandano. «Migliaia di famiglie terrorizzate» riferisce Emile Guikoyaty «assistono alla distruzione e alla confisca di quei loro beni che ricordavano l'antico, libri, documenti, oggetti d'arte.»

L'epurazione coinvolge intellettuali, funzionari, dirigenti di fabbrica; un disordine insopportabile, con scontri che impegnano anche operai e unità dell'Armata. Mao l'aveva detto. «La rivoluzione non è un pranzo di gala.» Ma avverte il saggio Ciu En-lai: «Quando il latte, troppo agitato, comincia a diventare burro, bisogna smettere», e Mao ammette: «Nessuno, neppure io, avevo previsto questa confusione».

Ha ragione Edoarda Masi quando scrive che Mao «è il più grande liberatore di uomini del nostro secolo», ma molti pensano che il prezzo sia stato troppo alto.

Il 25 gennaio 1981, Chiang Ch'ing, «l'imperatrice rossa», entra per l'ultima volta nella grande aula dove, con altri sei esponenti del Partito, viene processata. Ha sessantotto anni, ma è ancora fiera e intrepida, i capelli nerissimi, solo un auricolare denuncia la sordità.

È imputata di avere causato alla Repubblica 3650 giorni di caos e assassinii. Ma non ha né soggezione né timore: «Con questo processo» urla davanti alle telecamere e agli ottocento silenziosi spettatori della sua ultima recita «volete diffamare il compagno Mao. Volete infangare le Guardie rosse».

Il tribunale ha ricevuto un ordine: non si vogliono altri martiri. La condanna è a morte, ma le concedono ventiquattro mesi perché rifletta sui suoi peccati. Una prova di «umanità rivoluzionaria» e di saggezza politica. La scadenza è passata, ma nessuno ha parlato.

FRANKLIN DELANO ROOSEVELT

Ho conversato con James, il primo dei sei figli di Roosevelt, quello che gli è stato più vicino e che ne ha raccolto le confidenze. Ha un ufficio a Los Angeles, è negli affari. È molto cordiale e aperto, e ha un aspetto giovanile: la faccia abbronzata, l'atteggiamento franco.

– Signor Roosevelt, sono passati cento anni dalla nascita di suo padre. Gli americani come lo considerano?

«La maggior parte dei giovani lo pensano come un capitolo della storia. Naturalmente non ricordano la vita di allora, perché non l'hanno vissuta, ed è difficile per loro immaginare i grandi problemi che gli individui e la collettività hanno dovuto affrontare durante la Depressione. Penso venga visto con rispetto e con la sensazione che ha salvato il Paese da quello che sarebbe potuto essere il disastro totale e, naturalmente, anche come colui che ci ha portato alla vittoria nella seconda guerra mondiale.»

– Franklin Delano Roosevelt venne eletto per la prima volta nel 1932. In che condizioni erano allora gli Stati Uniti?

«Anche se è penoso doverlo ammettere, se la passavano molto male. Si trovavano nel cuore della crisi: il livello della disoccupazione era del 25 per cento, molti avevano perso la casa a causa del blocco totale dei mutui, tanta gente era letteralmente affamata e senza tetto; si cominciava a perdere la dignità, la speranza, perché non si riusciva a vedere una via d'uscita. Il 4 marzo 1933, quando mio padre iniziò il suo primo mandato, la situazione era veramente disperata.»

– Qual era l'idea del «New Deal», e cosa rappresentava?

«Il governo si prendeva la responsabilità di aiutare chi non ce la faceva da solo, e non per colpa sua.»

– Perché molti considerano la politica di Roosevelt rivoluzionaria?

«Perché ha sperimentato cose nuove che avrebbero potuto portare a disastri, a grossi scandali, se non fossero andate bene, e perché cercava di avviare un nuovo corso in settori dove non c'erano esperienze. Per esempio l'arruolamento dei giovani per la protezione civile, che portò via dalle strade quei ragazzi che non potevano trovare niente di buono da fare.»

– Quali sono state le maggiori trasformazioni?

«Un esempio è la previdenza sociale: non era mai stata adottata negli Stati Uniti fino a quando mio padre non andò alla Casa Bianca; non vi era nessun tipo di indennità sulla disoccupazione e chi perdeva il lavoro era spacciato; oggi c'è un contributo che può arrivare a trentanove settimane, così uno riesce a sopravvivere fino a quando non trova un altro impiego. Ora si possono fare depositi tranquillamente, il denaro può essere versato su un conto corrente e si ha la garanzia che verrà restituito fino a un massimo di centomila dollari in caso di fallimento della banca.»

– Quali sono stati i princìpi che gli hanno consentito di raggiungere il successo?

«Penso che il motto: "Non c'è nulla da temere al di fuori della paura" sia una buona indicazione dei mezzi da lui usati. E poi la radio, che gli ha permesso di parlare alla gente e di dire: "Questo è quello che ho in programma di fare per voi". E ricordo anche che aggiunse, usando il linguaggio del baseball: "Non batterò sempre al cento per cento, non ce la farò, ma vi assicuro che sarò all'altezza di un bravo giocatore. Per un terzo del mio tempo farò qualcosa di buono", e infatti c'è riuscito.»

– Roosevelt è stato presidente per dodici anni. Cosa era il potere per lui?

«Credo fosse la capacità e la soddisfazione di riuscire a fare le cose.»

– A qualcuno è sembrato una figura enigmatica. Per lei, chi era?

«Prima di tutto mio padre. E, inoltre, una persona impegnata nella vita pubblica. Sin dai miei primi ricordi, l'ho sempre visto in qualche posto ufficiale: sottosegretario alla Marina, poi governatore dello Stato di New York; quando diventò presidente, in quei giorni così difficili, penso di aver provato un senso di soggezione verso di lui, e ho pregato perché quel peso non fosse troppo grande per un sol uomo.»

– I critici lo infastidivano?

«No, penso che in un certo senso gli piacessero. Si divertiva a schermirsi dai loro rimproveri. Ricordo un episodio che riguardava Drew Pearson, uno dei più famosi giornalisti dell'epoca: aveva scritto qualcosa che non era assolutamente esatto e mio padre disse: "Via nell'angolo, e mettetegli il cappello da asino". E aggiunse: "Questo gli servirà di lezione perché non ci si può comportare così con il governo degli Stati Uniti. Deve imparare a essere preciso!". In effetti quello che aveva pubblicato era completamente falso e, quindi, per una settimana Pearson fu "il somaro" della stampa. Tuttavia credo che la dimostrazione migliore di quello che pensava degli oppositori la si abbia dal discorso che fece, mi pare nel 1944, a proposito del suo cagnolino, un caso che aveva avuto una grande pubblicità: raccontavano che era stato perso in Alaska e dicevano che mio padre aveva speso i soldi dei contribuenti per mandare un cacciatorpediniere a prenderlo per riportarlo a casa. Ma mio padre ci scherzò sopra, perché non era stato smarrito e perché tutta la storia era inventata. Si sentivano così liberi di attaccare mia madre, mio padre, me e i miei fratelli che erano arrivati al punto di prendersela persino con il nostro cane.»

– Com'era suo padre nei rapporti umani?

«Amava la gente e gli piaceva "giostrare" con gli altri. Se fosse andato da lui per un'intervista, e mio padre avesse pensato invece di poter ottenere da lei qualche informazione, avrebbe senz'altro trovato il modo di farla parlare. Se invece fosse andato da lui per chiedergli un piacere che non voleva concederle, avrebbe chiacchierato in continuazione, senza permetterle di fargli domande.»

– Quali erano i suoi hobby?

«Quando era giovane gli piaceva andare in barca a vela. Giocava poi a golf e anche un po' a tennis, ma non molto bene. In linea di massima direi che ha fatto attività fisica fino a quando gli è venuta la poliomielite. Dopo ha cominciato a interessarsi ai francobolli. È riuscito a mettere insieme una collezione fantastica.»

– Quelli di destra lo accusavano di essere socialista e quelli di sinistra di essere capitalista. Lui come si considerava?

«Spesso diceva di essere un po' più a sinistra del centro. Certamente non era un radicale, in nessuna delle scelte che ha fatto. Ma non va dimenticato che mio padre si è sempre considerato il salvatore del capitalismo, e se c'era qualcosa che lo faceva arrabbiare era che i cosiddetti ricchi non apprezzavano il fatto che la loro vita fosse protetta dai provvedimenti che lui cercava di realizzare.»

PALMIRO TOGLIATTI

Leonilde Iotti parla adagio, con dolcezza. La conversazione non ha un ordine, ma il tema è lui: Palmiro Togliatti. Piccole cose, magari un episodio, una frase. Comincio: – Le porto i saluti di Maria Romana Catti, la figlia di De Gasperi. Ha ascoltato una sua conferenza. Molto umana, mi ha detto –. Sorride.

– C'è qualcosa di comune, fra quei due uomini?

«La solitudine. È una pena, forse, di tutti coloro che devono comandare.»

– Onorevole Iotti, come visse Togliatti la sconfitta del 1948?

«Non in modo drammatico. Forse perché era un uomo che, prima di farsi delle illusioni, aveva sempre bisogno di guardare alla realtà com'era. E, quindi, io ricordo molto chiaramente come un giorno lui, prima delle elezioni, abbia detto: "Ma, parrebbe che i prefetti diano vincente il Fronte in tutta Italia. Però, chi lo sa se c'è da crederci. E, comunque, è sempre meglio aspettare i risultati". Poi, i risultati furono ben diversi da una vittoria. Ricordo che lui ne ricavò la conclusione che si sarebbe aperto un periodo molto difficile per il movimento operaio in generale. E anche per il nostro Paese. E che, quindi, bisognava impegnarsi con tutte le forze per risalire da una situazione che non era certamente positiva. Pensava che molto, di quello stato, fosse dovuto alla scissione del Partito socialista con la formazione del Partito socialdemocratico. Forse in questo c'era una verità, perché il Partito socialdemocratico raggiunse in quelle elezioni una percentuale di voti (il 7,8 per cento o qualcosa del genere) che non toccò mai più. E sentiva che la posizione del Partito socialista, in seguito alla scissione dei socialdemocratici, aveva indebolito tutto lo schieramento della sinistra.»

– Com'era Togliatti nei rapporti umani?

«Era una persona molto piacevole, molto tranquilla, molto affettuosa. Particolarmente con sua figlia adottiva. Era sempre rispettoso degli altri. E anche per le persone che formavano la famiglia, io e sua figlia, lui aveva un grande rispetto. E, nello stesso tempo, aveva un'altra qualità: era molto geloso del suo lavoro e non ne parlava mai. E rispettava il lavoro degli altri. Tra noi due parlavamo di politica perché era un po' difficile non parlarne, ma non lui del suo lavoro di dirigente del Partito né io, molto più in piccolo, del mio. Non parlare del nostro lavoro era una specie di impegno che c'era tra noi cui lui teneva moltissimo.»

– E nella vita di ogni giorno che cosa amava e che cosa non gli piaceva?

«Gli piaceva ascoltare la musica. Per alcuni anni, dopo che era entrata in tutte le case, lui non ha voluto la televisione. Si è deciso solo quando sono cominciate le tribune politiche. Forse, in quel momento, ha capito che la tv era uno strumento formidabile, tra l'altro, di propaganda politica. Amava molto leggere. Io e mia figlia abbiamo ancora in casa tutta la sua biblioteca. Era, come dire, un uomo molto tranquillo, con una conversazione sempre molto piacevole appunto perché molto ricca di cultura.»

– Quali sono stati i momenti più drammatici nella vita di leader comunista?

«Io credo che il momento più drammatico sia stato il '48. Non le elezioni del '48, ma il 14 luglio: cioè il giorno dell'attentato qui sulla porta del Parlamento. Devo dire che quel fatto l'aveva profondamente colpito, e non solo materialmente perché è stato molti giorni tra la vita e la morte, ma anche perché si era reso conto che essere il capo di un partito che si batteva per trasformare il Paese in senso socialista, significava concretamente anche esporre la propria vita. Forse lui, che era abbastanza sprezzante del pericolo, a questo fatto non ci aveva mai pensato prima.»

– Cosa pensa che gli debba l'Italia?

«Io penso che gli debba molto. Prima di tutto, per aver creato una grande parte del movimento operaio, che era rappresentato dal Partito comunista italiano, e poi per aver fatto una politica che era profondamente diversa da quella tradizionale dei partiti comunisti, cioè una politica nazionale: liberare l'Italia dal fascismo e dai tedeschi. Una politica che si legava molto all'intervento delle grandi masse di cittadini, di contadini, di braccianti, di operai. Si dice molto spesso che Togliatti ha rinunciato alla rivoluzione. Secondo me, lui aveva scelto la strada di una "rivoluzione" che venisse portata avanti dai grandi movimenti di massa che investivano la società e quindi anche gli altri. E creavano condizioni diverse, per cui le rivendicazioni potevano andare avanti in una lotta democratica. Io credo che tutto questo abbia dato molto al nostro Paese e anche ai lavoratori. Se l'Italia si è trasformata tanto profondamente, credo che lo si debba anche a Togliatti.»

UN SECOLO DI DITTATORI

ADOLF HITLER

Lo hanno giudicato in molti modi: «Questo uomo è una catastrofe» disse Thomas Mann. «Un nevrotico trepidante, vegetariano ed eterno celibe» aggiunse Emil Ludwig. Lo psicologo Walter C. Langer, che studiandone la vita aveva previsto il suicidio, precisava però che «era anche un grande politico, un trascinatore, un capo militare».

Bisogna ammettere che, come cancelliere del Reich, non si è dimostrato privo di iniziativa: aveva mandato le sue truppe a Vienna, festosamente accolte; c'è una fotografia che lo ritrae accanto alla Tour Eiffel; le armate naziste hanno preso il sole in Grecia e a Tobruk; sono arrivate nei sobborghi di Mosca; hanno aggredito l'Europa e sterminato gli ebrei. «Quel pazzo» scrive Brecht nei suoi *Diari* «non si preoccupa delle leggi della strategia, che naturalmente non sono obbligatorie.»

Qualcuno lo ha considerato «un errore della storia», o ha ingenuamente creduto che, dotato di diaboliche forze, avesse stregato una intera nazione. È andato al potere legalmente, ha sempre dichiarato il suo programma, realizzandolo senza incertezza: «Ich habe alles einkalkuliert», ho previsto tutto, diceva. Mann paragonava il suo successo al brutto anatroccolo della fiaba di Andersen. Lo hanno seguito con abbandono e con fiducia, poi con entusiasmo: «Il desiderio di un dittatore è desiderio di castrazione, di schiavitù o, per usare una parola oggi in voga, voglia di essere seguaci» commentava amaro Ernst Toller.

Piaceva agli operai, c'erano sei milioni di disoccupati, e trovarono un lavoro, e andava a genio agli industriali che lo consideravano «un domatore di leoni», piaceva ai soldati, ai quali aveva anticipato i suoi piani di conquista. Nelle scuole si insegnava: «Come Gesù salvò gli uomini dal peccato e dall'inferno, così Hitler salva il popolo germanico dalla rovina». Raccontavano anche ai bambini favole che portavano a questa conclusione: «Non devi fidarti delle volpi e dei giudei».

Aveva modi tanto garbati: odiava gli sport violenti, non mangiava carne, baciava la mano alla segretaria, era gentile con le donne e pieno di premure con Blondie, il suo cane lupo, temeva gli intellettuali e gli piacevano i film sentimentali o «le riviste con gran mostra di gambe», ha annotato Albert Speer.

Geli Raubal, la nipote e amante, figlia della sorellastra Angela, tratteggiava un quadretto più aspro: «Mio zio è un mostro. Nessuno può immaginare che cosa si aspetta che io faccia per lui». Adolf Hitler, come è noto, disegnava, e aveva anche qualche pretesa: c'è chi vide una serie di bozzetti pornografici, con posizioni e primi piani arditi.

Sono pochi coloro che gli furono accanto e possono raccontarlo: ecco i ricordi di alcuni di loro.

HANS BAUR

Tra i devoti di Hitler dell'ultima ora, c'è il Flugskapitän Hans Baur, che ha tutta la fiducia e la confidenza del Führer: che non sale su un aereo se alla cloche non c'è il suo pilota personale. È diventato generale e fa parte della ristretta cerchia degli intimi. È uno di famiglia, e siede alla stessa tavola del condottiero, e ascolta anche le conversazioni più riservate. Il 30 aprile 1945, l'ultimo colloquio. Hans Baur supplica il suo Führer perché si salvi; è pronto a volare in Argentina, o in Giappone, o in qualche Paese arabo, dove ci sono antisemiti amici. Ma Hitler non ha più fiducia nella svolta che può cambiare le cose. Salutandolo dice: «Voglio che sulla mia tomba sia scritta questa epigrafe: "Fu vittima dei suoi generali"».

– Generale Baur, quando ha incontrato per la prima volta il Führer?

«Già negli anni Venti. Di tanto in tanto si sentiva parlare di Hitler, io sono andato a una riunione, che mi è piaciuta molto, ma non ho avuto altri contatti con lui. Praticamente gli ho parlato per la prima volta nel 1932, in occasione delle elezioni. Prestavo servizio sulla linea per Roma, allora. Ho volato centinaia di volte laggiù. Ho anche ricevuto una decorazione dal re, "La corona d'Italia", con il titolo di cavaliere.

«Sono stato pilota per trent'anni, dal 1915 al 1945, ininterrottamente. Durante la prima guerra mondiale, hanno organizzato i trasporti postali militari, poi con la Lufthansa. Ho pilotato il volo inaugurale diretto a Milano, e una volta che provenivo da Roma sono atterrato a Monaco e mi è stato detto: "Signor Baur, deve recarsi in quella casa marrone, il signor Hitler vorrebbe noleggiare un aereo".

«Allora, se un privato possedeva sufficiente denaro, poteva farlo. Mi ha ricevuto molto cordialmente, dicendomi: "Signor Baur, tra poco avremo le elezioni. La propaganda elettorale ha senso unicamente se è immediata".

«Il Reich tedesco era allora molto esteso e percorrendolo in automobile o in ferrovia Hitler, nel caso migliore, avrebbe potuto partecipare solo a poche riunioni. Noleggiando un aereo era possibile presenziare a quattro o cinque comizi in ventiquattr'ore. Così è stato, in tre tornate siamo stati presenti su 183 piazze, tutte raggiunte con l'apparecchio. Si è trattato di una cosa fatta molto in grande e Hitler mi ha detto: "Signor Baur, se andrò al potere, costituirò un corpo di aviatori governativi e lei ne sarà il capo. Ho capito che anche per reggere un paese l'aereo rappresenta una necessità".

«Mi ha anche raccontato di avere volato un'altra volta e di essersi ripromesso di non farlo mai più. Gli ho chiesto: "Perché?". Allora era pilota il capitano von Greim, poi comandante supremo della Luftwaffe, poi feldmaresciallo, che possedeva una scuola di volo a Würzburg e nel 1920 Hitler ha volato da Würzburg a Berlino.

«Le condizioni atmosferiche erano molto cattive, l'aereo era un apparecchio da guerra, aperto, e Hitler aveva dovuto vomitare non una ma dieci volte. Il buon Greim prima di Berlino è rimasto senza benzina e ha dovuto eseguire un atterraggio di emergenza a cinquanta chilometri dalla capitale. Ha poi fatto il pieno e ha proseguito, ma Hitler si era ripromesso che mai più sarebbe salito su un aeroplano.»

– Quali altre personalità politiche ha trasportato durante la sua carriera?

«Chiunque avesse un certo nome. Quando si trattava di personalità veramente importanti, era sempre a me che venivano affidate. Ho trasportato Hess, Göring. Hess l'ho portato in volo cieco, che era allora una novità.

«Quando è scoppiata la guerra dovevo prelevare i feldmarescialli dal fronte per portarli dal Führer e poi tutti i capi di Stato, Antonescu, re Boris, Mussolini, Horthy, Mannerheim; ero io che dovevo prelevare e riportare tutte queste persone. Per questo motivo ho ricevuto una quantità di decorazioni, ben ventisei. Successivamente me le hanno tolte tutte, la sola che mi è stata lasciata è quella della prima guerra mondiale.»

– Lei ha avuto a bordo anche Mussolini?

«Sì, e non soltanto una volta, molte. Mussolini era lui stesso pilota, ma gli aerei Condor che avevamo in dotazione erano troppo per lui. Mussolini si era espresso con entusiasmo nei confronti dell'apparecchio, diceva che era meraviglioso, e il Führer mi ha detto: "Signor Baur, vorrei regalare un Condor a Mussolini", e io gli ho risposto: "Non lo faccia, mein Führer, perché poi qualunque cosa accada lei ne sarà responsabile. Per portare un aereo di questo tipo uno deve essere veramente un buon pilota".»

– Ha mai avuto problemi seri?

«A Friedrichshafen sono atterrato una volta durante la notte, verso le undici, il Führer voleva parlare a Radhofzell. C'era un campo di aviazione per gli Zeppelin, ma senza illuminazione. Hanno sparato dei razzi, che duravano mezzo minuto, e poi era nuovamente buio pesto. Al centro si trovava un dirigibile, e quando sono atterrato, me lo sono visto a cinque metri di distanza. Ho avuto fortuna.

«Una notte, a Brema, c'era una fitta nebbia e all'improvviso vedo delle mucche di fianco all'aereo; cosa ci fanno su un campo di aviazione? Siccome non c'erano voli notturni, il contadino aveva pregato il guardiano di lasciar pascolare le sue vacche. Il guardiano era contento perché gli toglievano l'erba. Siamo atterrati lo stesso. Una volta a Ulm sono finito in un prato, su un altopiano: "Mein Führer, stanotte non ripartiremo". In decollo l'aereo tendeva a sinistra e non c'erano punti di riferimento. "Vai in città a prendere lampade a petrolio" mi ha detto. Ne ho comprate una ventina, ho segnato la pista e sono riuscito ad alzarmi. "Mein Führer, cosa ne facciamo delle lampade?" "Lasciale lì, ci penseranno i contadini a rubarle".»

– Generale Baur, com'era la vita nella Cancelleria del Reich?

«Hitler era il migliore capo che uno potesse desiderare. Dopo le elezioni il Führer mi ha detto: "Signor Baur, ha svolto il suo compito in modo eccellente e la mia casa sarà aperta per lei giorno e notte, può andare e venire quando vuole". È stato così. A Berlino ero solo perché la mia famiglia viveva nel Sud, e tutte le volte che mi trovavo in città – dato che ero spesso in viaggio – pranzavo e cenavo con Hitler.»

– Di che cosa si parlava durante queste riunioni conviviali?

«Discorsi assolutamente normali, niente di eccezionale: se c'erano degli avvenimenti artistici si chiacchierava di quelli. Quasi ogni giorno c'erano ospiti. La sua vita durante la guerra era molto dura, e c'è da stupirsi che l'abbia sopportata per sei anni. Una normale discussione sulla situazione militare si teneva a mezzogiorno, l'altra era a mezzanotte. Quella di mezzanotte, nella maggior parte dei casi, durava fino alle tre o alle quattro del mattino. Dopo si passava alla cosiddetta "ora del tè", se c'erano invitati, veniva offerta qualche bevanda e qualche cracker, e il Führer aveva espresso il desiderio, o meglio dato l'ordine, che al mattino non si parlasse di guerra, ma si facessero unicamente discorsi privati per staccarsi dagli avvenimenti quotidiani. Per me non era niente di strano se riuscivo a dormire due ore per notte.»

– Lei ricorda del Führer i momenti in cui è apparso particolarmente provato o quelli in cui era contento?

«Ho vissuto entrambi. Quando c'era qualche vittoria era tutto eccitato, si dimostrava un buon compagno, quando si trovava in una cerchia ristretta, parlava liberamente e si curava molto di coloro che gli stavano attorno. Ricordo che allora mi ero appena sposato, e se una sera non mi presentavo a cena mi chiedeva dove ero stato, gli rispondevo, e mi diceva che le berlinesi sono belle ragazze, e non voleva che io tradissi mia moglie. Sono andato perfettamente d'accordo con lui per tutta la durata della sua vita.»

– Praticamente a Berlino era come vivere in un gruppo numeroso.

«Sì, proprio così, si era tutti buoni camerati, il comportamento era corretto, non c'erano litigi.»

– Cosa accadeva nel bunker durante le ultime settimane?

«Si trattava di un rifugio relativamente molto piccolo, c'erano celle come in un convento, la camera del Führer misurava due metri per tre, un piccolo divano per due persone. Davanti alla sua stanza c'era un locale che fungeva da sala da pranzo dove prendevamo i pasti.»

– Come ha vissuto la morte della famiglia Goebbels?

«È stata una vera e propria tragedia. Ricordo che il 15 aprile passeggiavo nel giardino della Cancelleria, guardavo gli allestimenti per la difesa, ero con il Führer, stavano rompendo le mura per inserirvi cannoni e mortai e dalla Hermann Göring Strasse, dove si trovavano gli automezzi, improvvisamente è entrata la signora Goebbels. Il Führer le si è subito avvicinato: "Cara signora, mio Dio, lei è ancora a Berlino? Le metto subito a disposizione la mia casa, là non può accadere nulla a lei e ai suoi bambini, vi faccio portare sul Berghof, andatevene, questa è ormai solo una trappola per topi".

«La signora Goebbels rispose in questo modo: "Mein Führer, devo rivolgerle una grande richiesta: per favore, mio marito è Gauleiter della capitale, se davvero i russi dovessero entrare lui cadrà assieme alla città. La vita non ha scopo alcuno per me senza di lui, sarebbe senza senso. Non ho messo al mondo i miei bambini perché vengano portati in giro per l'Unione Sovietica come attrazione da baraccone, come figli del propagandista Goebbels. Oggi nessuno di noi sa ancora ciò che il destino ci ha riservato e vorrei pregarla di lasciarmi stare accanto al mio sposo".

«Goebbels abitava da un paio di giorni nel bunker del Führer e da quel momento in poi anche la signora Goebbels vi ha alloggiato con i suoi figli. I bambini non sanno cos'è il pericolo. Sotto la nuova Cancelleria del Reich c'erano un migliaio di donne e di ragazzi, e seicento feriti che venivano curati. I bambini correvano e giocavano insieme, leggevano ad alta voce ai malati, cantavano loro canzoni. Quando il rumore della guerra si è avvicinato, i bombardamenti e le sparatorie erano assordanti e continui, i bambini saltavano e gridavano e avrebbero voluto ancora più baccano.

«Soltanto alla fine, negli ultimi tempi, ho visto la signora Goebbels in una piccola camera, sedevamo insieme davanti a un tavolino e mi ha detto: "Signor Baur, questa vita è molto difficile per una mamma. Ogni sera temo che ai miei piccoli venga iniettato del veleno, e non so mai se il giorno seguente essi si sveglieranno".

«Continuava a piangere. La fine è andata così: io l'ho saputo dall'ammiraglio Voss. L'ammiraglio era solo e stava mangiando. Improvvisamente è entrata la signora Goebbels e ha chiesto: "Signor ammiraglio, ha visto un medico entrare nella camera dei bambini?". L'ammiraglio ha risposto: "Sì, è appena passato qualcuno con un camice bianco, ma non ho fatto attenzione a chi fosse".

«La signora Goebbels è entrata nella camera, l'ammiraglio Voss è rimasto dov'era e dopo mezz'ora la signora Goebbels è ritornata, piangeva, si è avvicinata all'ammiraglio e ha detto: "Signor ammiraglio, per noi sarà più facile morire, abbiamo superato il peggio". In quel momento i bimbi erano stati uccisi.

«Goebbels è rimasto fino alla fine, fino alla morte del Führer si è occupato di tutto. Posso dire semplicemente che non era soltanto un grande propagandista, era anche un uomo d'animo forte. Quando mi sono congedato da lui mi ha detto: "Signor Baur, sarà molto difficile che usciamo da qui. Le auguro di riuscirci".

«Io avrei dovuto raggiungere l'ammiraglio Dönitz e mi ha detto: "Se dovesse farcela, gli dica che non abbiamo mai cessato di combattere e di lottare". Così è stato, Goebbels era un uomo degno di tutto il rispetto.»

– E come andò il matrimonio di Hitler?

«Non ne sapevamo niente. È stato il giorno in cui cercavano un certo capogruppo Fegelein, che era cognato del Führer perché aveva sposato la sorella di Eva Braun. Era scomparso, e spesso si trovava da Himmler. Non è stato rintracciato. Uno ha poi detto che Fegelein aveva una casa sulla Kurfürstendamm, ha telefonato e l'ha trovato. Gli ha detto: "Hermann, sono ore che ti cercano, devi venire immediatamente dal Führer".

«E Fegelein ha risposto: "Non posso".

«"Perché?"

«"Perché sono ubriaco, ed è noto che il Führer non vuole vedere persone sbronze."

«"Devi venire ugualmente."

«Non si è mosso e allora hanno spedito una camionetta a

prenderlo, ma si trovava già nel settore occupato dai russi e un uomo che sedeva nell'auto è rimasto ferito. Il capo delle SS, che era stato incaricato delle ricerche, ha ottenuto da Fegelein la parola d'onore che sarebbe venuto a piedi. Infatti è arrivato a mezzanotte, direttamente in camera mia. Gli ho detto: "Hermann, da ore ti stanno cercando, hai destato tutti i sospetti possibili e immaginabili".

«"Se è così devo essere giustiziato."

«Gli ho detto: "Non dire stupidaggini".

«È stato comunicato al Führer che suo cognato era arrivato e Hitler ha dato ordine alla polizia di svolgere un'inchiesta su una eventuale diserzione. Il risultato è stato che Fegelein intendeva davvero tagliar la corda. Al che il Führer ha dato ordine di rinchiuderlo in una cameretta blindata al Kaiserhof e ricordo che Eva è venuta da me e mi ha detto: "Signor Baur, Hermann è proprio un cretino a fare una cosa di questo genere, con mia sorella che, tra l'altro, aspetta un bambino. Hitler farebbe fucilare anche suo fratello per questi motivi. Cercherò di parlarne ancora stanotte con il Führer, perché lasci correre".

«Si trattava certamente della serata in cui c'è stato lo sposalizio, deve essere riuscita a influenzare il marito, in quanto è stato dato ordine di svolgere una seconda indagine. Il risultato è stato uguale a quello della prima, lo abbiamo saputo alle sei del mattino, ero presente anch'io.

«Hanno degradato Fegelein, eravamo tutti dei buoni camerati ed è stato uno dei momenti più tristi per me, quando gli hanno tolto tutti i gradi e le decorazioni. Poi l'hanno portato nel giardino del ministero degli Esteri e uno della polizia gli ha sparato. È stata questa la sua fine.

«Ho saputo solo dopo del matrimonio, nel bunker ci sono state diverse nozze, molti soldati delle SS sono venuti con le loro fidanzate poiché l'allora segretario di Stato, il dottor Nahmal, aveva l'autorità di celebrare sposalizi. Ci sono stati i festeggiamenti, mentre i russi bombardavano e sparavano. Il giorno dopo tutti se ne andavano via.»

– Nella Cancelleria del Reich si è parlato qualche volta delle persecuzioni contro gli ebrei?

«Questa è stata una sorpresa anche per me: quando ero in prigione i russi mi hanno detto: "Avete assassinato milioni di israeliti".

«Per me era come una fiaba, noi non sapevamo niente di queste storie. Se davvero è successo qualcosa, sono convinto che il Führer non ne era al corrente. Probabilmente il responsabile è Himmler, che ha fatto tutto di sua iniziativa, all'insaputa del Führer. Io non ne sapevo niente, anche oggi non ne so niente. La responsabilità di tutto viene imputata al Führer, ma non è assolutamente vero.»

– Si ricorda di Eva Braun?

«Naturalmente, l'ho frequentata per dodici anni.»

– Che tipo era Eva Braun?

«Posso solo dire che era una gran bella donna. Il Führer aveva davvero buon gusto. Era impiegata da Hoffmann, un fotografo.»

– Ricorda della reazione di Hitler ai tentativi di Göring e di Himmler di avviare trattative separate con gli Alleati?

«Sì, è stato il 25 aprile. È giunto un telegramma di Göring al Führer che diceva: "In base alla seduta del Reichstag in data tal dei tali, io sono stato nominato suo naturale successore. Dato che attualmente lei si trova accerchiato a Berlino e dispone di un potere di comando limitato, la prego di passarmi i poteri". Quando Hitler ha ricevuto questo messaggio ha fatto una smorfia e ha detto: "Ah, il buon Göring non può certo avere un'idea di come viviamo noi qui".

«Noi eravamo completamente tagliati fuori dal mondo esterno e gli uomini del servizio informazioni erano dotati di normali apparecchi radio, da cui apprendevano le notizie trasmesse dagli americani. Una fra tante diceva che Göring aveva avviato trattative con gli Usa e il Führer si è arrabbiato.

«Io dormivo in camera con Bormann e ricordo che a mezzanotte è venuto da me e mi ha detto: "Signor Baur, legga questo dispaccio, devo cercare di farlo avere a Göring". Il testo era pressappoco il seguente: "L'azione da lei compiuta è alto tradimento e secondo la legge tedesca viene punita con la morte. Tenendo in considerazione il servizio da lei prestato nei confronti del partito e del movimento mi astengo da tale punizione, ma esigo che lei mi presenti immediatamente le sue dimissioni dagli incarichi ufficiali". Da quel giorno in poi Göring è stato escluso dalle file nazionalsocialiste.»

– Signor Baur, quando ha lasciato Berlino?

«Proprio alla fine, il 30 aprile tutto era concluso e il 1°

maggio ce ne siamo andati. La sera prima mi ero congedato dal Führer, mi ha fatto chiamare e mi ha detto: "Signor Baur, vorrei accomiatarmi da lei".

«Gli ho detto: "Buon Dio, mein Führer, non vorrà farla finita?". "Sì, purtroppo è giunto il momento. I miei generali e i miei ufficiali mi hanno tradito e venduto, i miei soldati non mi vogliono più e io stesso non me la sento di continuare."

«Gli ho detto: "Mein Führer, abbiamo degli aerei che possono volare per diecimila chilometri, la posso portare dove desidera". Ero stato più volte in Egitto. "La porto in qualche località dove nessuno la troverà mai."

«Mi ha detto: "No, Baur, per me è assolutamente fuori questione lasciare la Germania. Potremmo resistere qui ancora qualche giorno, ma ho paura che poi cadrei nelle mani dei russi e per loro è molto importante prendermi vivo. Mi rinchiuderebbero in una gabbia di ferro e mi porterebbero in giro per il mondo, e questo vorrei proprio risparmiarmelo, quindi la faccio finita".

«Appeso alla parete c'era un vecchio quadro dipinto da Fritz von Kracht, non so dove era stato acquistato, valeva allora trentaquattromila marchi e Hitler mi ha detto: "Baur, vede questo quadro? Ha un grande valore storico e vorrei che si salvasse. Vorrei darglielo come regalo personale". Ho detto: "Mein Führer, lo accetto molto volentieri".

«Così mi è stato dato il dipinto e successivamente, quando me ne sono andato dal bunker a piedi, sono rimasto gravemente ferito, colpito a entrambe le gambe, al petto e a un braccio, mi sono rifugiato in una casa in fiamme, mi è stato tolto lo zaino e certo il quadro è bruciato assieme a tutto il resto e non c'è più.»

– Crede che Bormann si sia salvato?

«Bormann è uscito con me dal bunker, e poiché non poteva proseguire ha ingerito una pillola di veleno, si è tolto la vita e ciò è stato provato ufficialmente dalla polizia. Eravamo noi due, anzi eravamo in quattro, poi sono stato ferito per cui ci siamo divisi, e insieme c'erano anche il dottor Neumann e il dottor Stumpfegger.»

– Cosa è successo dopo la sua fuga dal bunker?

«Questo non lo posso proprio raccontare, sono stati veramente dei maiali per come mi hanno trattato. Ero ferito molto gravemente, sono rimasto per sei giorni nello Straussberg dove si trovavano i generali, ce n'erano dodici che erano stati presi dai russi. Ogni mattina si presentava da me un commissario e mi chiedeva dove avevo portato Hitler con il mio aereo. I russi sapevano benissimo che Hitler aveva fatto solo con me i suoi viaggi, non aveva mai volato con nessun altro e pensavano che io lo avessi aiutato a fuggire.»

– E poi come è andata?

«Prima di tutto sono stato ricoverato all'ospedale, dove c'erano cinquemila feriti. Per diminuire il dolore mi hanno ingessato e non hanno fatto niente altro. La fasciatura si è riempita di sangue, è venuto un professore e ha detto: "Ma cosa ti hanno fatto?". Ha ordinato di togliere le bende e immediatamente mi è stata amputata una gamba; se l'avessero fatto il giorno dopo, non sarei più vivo, era già subentrata la setticemia.

«Dopo sei mesi sono stato mandato in un sanatorio a Mosca, dove ogni giorno ci davano duecento grammi di acquavite, anche se non c'era niente da mangiare. Si trattava di una prigione, la Butyrka, e ci sono rimasto quattro anni, ero quasi morto di stenti.

«In seguito a uno sciopero della fame finalmente sono finito in un campo di concentramento. Ero il prigioniero più felice: mentre i miei camerati si lamentavano di tutto, io ero contento perché potevo finalmente vedere degli alberi e non soltanto un filo di cielo.»

HEINZ LINGE

Ha sessantatré anni. Dieci se ne sono andati accanto a Hitler. Nessuno, forse, lo ha conosciuto meglio di lui. È stato l'ultimo a parlargli. Gli chiese, disperato: «E adesso, mein Führer, per chi devo battermi?». «Per il mio successore» fu la risposta.

Lo svegliava ogni mattina, controllava che la divisa fosse stirata come si deve, gli metteva le gocce negli occhi stanchi e gli porgeva le lenti cerchiate d'oro. Con una piccola lampada gli faceva strada, di notte, sulla neve, tra gli abeti che circondavano il quartier generale.

Fu con Adolf Hitler a Compiègne, dove i francesi subirono la umiliazione dell'armistizio, lo accompagnò nei viaggi in Italia e nelle ispezioni al fronte russo, era nella «tana del lupo» quando scoppiò la bomba e nel bunker di Berlino per la scena finale. Rese al suo signore l'ultimo servizio: diede fuoco al cadavere e stette a guardare, sull'attenti, le fiamme che consumavano il passato.

Ricorda quando dovette dargli l'annuncio: «C'è l'invasione in Normandia». Hitler era ancora assonnato; non si scompose, parve quasi contento: «Gli americani sbarcano esattamente dove noi li attendiamo. Saranno presto respinti».

Ricorda i discorsi a tavola; il Führer beveva solo acqua, si accontentava di poco: una zuppa di cavolfiori, una razione, sempre la stessa, di pane, venti grammi di burro e un po' di formaggio fresco. Era vegetariano. Anche gli antichi romani, diceva, mangiavano soprattutto frutta e cereali.

Leggeva libri di storia, d'arte o di tecnica; mai romanzi. Hitler parlava e gli altri stavano compostamente a sentire. Qualcuno prendeva appunti.

Descriveva i suoi sogni per il futuro: Berlino, dopo la vittoria, avrebbe cambiato nome: si sarebbe chiamata Germania, una città fastosa, come quelle leggendarie dell'Egitto, o Babilonia, o Roma, per esaltare la gloria del Terzo Reich e per sbalordire i sudditi.

Dava giudizi, interpretava le vicende dei secoli o si lasciava andare a considerazioni sui sentimenti degne dei discorsi che si fanno in treno. Si abbandonava alla confidenza: «Sono diventato un politico contro la mia volontà. Ma la politica è soltanto un mezzo per arrivare allo scopo»; «L'errore è molte volte preferibile all'incertezza»; «In ultima analisi il diritto sta sempre nella forza»; «Mussolini è uno statista senza pari»; «Forse la camicia bruna non sarebbe mai nata se non ci fosse stata la camicia nera».

Poi, magari, passava alle massime da cioccolatini: «La donna sa amare molto più profondamente dell'uomo»; «Raramente due esseri che si appartengono per natura riescono a incontrarsi: questa è la grande felicità»; «Provo una gioia vivissima quando posso pranzare con una signora».

Lo Sturmbannführer delle SS Heinz Linge ha conservato quell'aspetto di gigante che favorì la scelta e incise sul suo destino: alto 1,87, pesa 110 chili, ma il tempo e la lunga prigionia in Unione Sovietica hanno lasciato i segni. Sono caduti i capelli che furono biondi, i movimenti si sono fatti pesanti, ma non si lamenta. Commercia in case prefabbricate, gli affari vanno bene; ha una villetta accogliente, il soggiorno è decorato da tenui acquerelli con immagini gentili, fiori un po' spenti, paesaggi marini; nel frigorifero c'è birra ghiacciata e in banca un conto rassicurante. E nel cuore – penso – tanta nostalgia.

Esibisce volentieri l'albo delle fotografie; lui, sullo sfondo, c'è sempre. Parla senza imbarazzo; è un racconto che ha ripetuto chissà quante volte e ogni battuta è prevista, ma si sente l'orgoglio di chi, anche quando i camerati delle prime risse e delle prime marce fuggivano, è rimasto al suo posto, rispondendo a ogni chiamata.

– Signor Linge, che mansioni svolgeva presso Hitler?

«Cominciai nel 1934, come cameriere privato, e alla fine del '43 divenni capo del suo servizio personale.»

– Aveva la sua fiducia?

«Sì.»

– Che ricordo ha degli ultimi giorni?

«Erano, naturalmente... Non so come spiegarmi, regnava uno stato d'animo di morte. Tutto lasciava ormai presagire la fine.»

– Del Führer o della guerra, o di tutti e due?

«Della guerra, di tutti e due.»

– Com'era Eva Braun?

«Molto simpatica, non inventava intrighi; neanche eccessivamente intelligente, ma molto carina.»

– Una donna comune, insomma?

«Sì, una donna.»

– Una padrona affabile?

«Veramente.»

– Quali erano le abitudini di Hitler?

«Amava lavorare di notte. Negli ultimi mesi, il suo impegno si prolungava talmente che andava a dormire verso le otto del mattino. Ancora una occhiata ai dispacci appena arrivati, e poi poteva riposare.»

– Questo significava lunghe attese anche per lei?

«Non sempre, non dovevo rimanere in ogni momento a disposizione.»

– Era un buon datore di lavoro?

«Sì, possiamo dirlo. Fin dall'inizio tutto fu ben regolato. Mi disse: "Lei è la persona che mi sta più vicina e, anche se non ne ha colpa, subirà i miei sfoghi, in modo che a sua volta lei possa sfogarsi con altri".»

– Ha conservato qualcosa di Hitler?

«No. Sono rimasto prigioniero dei russi per undici anni e ovviamente ho perso tutto.»

– Racconti, per favore, lo svolgimento di una giornata, le abitudini del Führer, i suoi gusti, le sue piccole manie.

«La mattina verso le sette, sette e mezzo, si deponevano i dispacci su uno sgabello davanti alla sua stanza. Quando si svegliava li prendeva e li leggeva restando coricato, e così i giornali. In tempo di pace si alzava, di solito, verso le dieci, si vestiva e si radeva da solo, e poi faceva colazione.»

– Sempre a letto?

«No, era già vestito. Si faceva servire nello studio. Era una lista spartana, e cambiava poco: a volte mangiava biscotti, o una mela grattugiata, ma beveva il solito tè o un infuso di camomilla. Poi gli veniva comunicato il programma. O gli dicevo io chi sarebbe venuto, chi era atteso, oppure ci pensava un aiutante. Quindi scorreva di nuovo la stampa o le comunicazioni giunte nel frattempo. Infine scendeva nelle sale di rappresentanza e salutava gli ospiti. Quando c'erano stranieri si recava nella nuova Cancelleria del Reich. Verso l'una, l'una e mezzo, gli invitati si erano riuniti nella camera da pranzo o nel fumoir. Allora il Führer andava a tavola. Seguiva sempre una dieta, vale a dire verdure o un piatto unico. Se non c'erano visitatori, il pomeriggio si ritirava. Durante gli anni di pace i commensali di solito erano Hess, Goebbels e personaggi del genere, con i quali si intratteneva e discuteva nel giardino d'inverno. Il pomeriggio e fino a sera aveva altri colloqui. C'erano nuovi camerati a cena, diciamo da sei a dieci. Dopo si chiacchierava o si guardava un film, in ogni caso i cinegiornali. Poi si passava nel salotto dove il dialogo proseguiva; spesso arrivava anche il ministro Speer che mostrava al Führer alcuni suoi disegni.»

– Corrisponde il suo giudizio a quello della storia?

«Ci sono varie opinioni, non è vero? Devo dire che molte cose le aveva viste giuste. Ma durante la guerra ha affrontato con esitazione problemi che prima aveva risolto con rapidità.»

– Dal suo punto di vista, quali errori commise?

«Vorrei dire che si è mosso troppo in fretta, ossia temeva di morire di malattia e pensava che il suo successore non avrebbe avuto la situazione in pugno come lui e che, soprattutto, non poteva contare sul suo seguito. Questo fu forse lo sbaglio più grave: l'impazienza. Era convinto che tutto si doveva compiere durante l'arco della sua vita.»

– Quando ha capito che il gioco era fatto?

«Già dopo Stalingrado, ma come tutti sperava che sarebbe accaduto qualcosa che potesse evitare il disastro. In questo il suo modello fu Federico il Grande, che attese a lungo e vide capovolgersi la sorte.»

– Cosa faceva nel bunker?

«Stare nel rifugio, naturalmente, non era gradevole, l'ambiente sottoterra non può essere salutare. Anche le stanze erano molto piccole, ma si usciva spesso all'aria aperta.»

– Quali dei capi nazisti ricorda?

«Quasi tutti, naturalmente.»

– Chi era simpatico?

«Simpatico? Hess, Goebbels, Dönitz, anche Keitel. Sì, questi erano i più cordiali.»

– Ha ricevuto regali dal Führer?

«Sì, per i compleanni, a Natale e anche quando celebrai i dieci anni trascorsi ai suoi ordini.»

– Come parlava Hitler di Stalin, Roosevelt, Churchill e Mussolini?

«Di Stalin parlava abbastanza bene perché, secondo lui, avrebbe fatto molto e in modo giusto. Di Roosevelt e Churchill non tanto favorevolmente; Mussolini lo considerava un amico.»

– Era presente agli incontri tra Hitler e il duce?

«Sì.»

– Ricorda il giorno dell'attentato?

«Molto bene. Dato che doveva venire Mussolini, ero indaffarato con i preparativi, e perciò non ero accanto a Hitler, e fui chiamato solo quando lo scoppio era già avvenuto. Giunsi che stavano medicandolo. Aveva schegge nelle gambe e i suoi pantaloni erano in brandelli. Il medico estraeva i frammenti e fasciava le ferite.»

– Le torna in mente qualcos'altro?

«Sì: per prima cosa Hitler mi ordinò di far perforare il pavimento del sotterraneo perché temeva che anche lì ci potesse essere dell'esplosivo. Ma quando uscii, un soldato della Wehrmacht mi disse che aveva visto una cosa interessante. Mi raccontò che era stato di guardia davanti alla sala operativa mentre si affacciava il generale Buhle chiedendo nervosamente della sua telefonata. Il soldato aveva risposto che non era prenotata nessuna chiamata. Ma Buhle affermava di aver incaricato il colonnello Stauffenberg di stabilire una comunicazione con Berlino. Il piantone aveva risposto che Stauffenberg aveva già lasciato il comando dirigendosi verso l'uscita del campo. Sentendo questo, Buhle si era adirato molto ed era appena rientrato quando avvenne la detonazione. Io dissi al giovanotto che Adolf Hitler sarebbe comparso di lì a poco e che avrebbe dovuto riferirgli l'incidente. Come Hitler uscì, gli comunicai l'episodio che avevo appena sentito. Il Führer ascoltò e disse immediatamente: "Da dove viene questo colonnello Stauffenberg?". Il colonnello della Luftwaffe von Below, rispose: "Sta con il tenente colonnello Fromm". Allora Hitler disse che senz'altro era Stauffenberg l'autore dell'attentato. Così tutto fu annullato e il piancito non venne più buttato all'aria. Alcuni operai che avevano lavorato alla costruzione del bunker erano stati nel frattempo arrestati. Quando fu tutto chiarito, Hitler andò poi a trovarli. Disse di aver subito capito che l'intrigo non poteva venire da uno di loro e che solo l'aristocrazia era capace di compiere un gesto simile.»

– Qual era, secondo lei, il motivo che aveva spinto i congiurati?

«Penso sia stato il dissenso di una parte degli ufficiali sul modo con cui Hitler stava conducendo la guerra. Credo che questa sia la ragione.»

– Quali errori commise la Germania?

«L'ho già detto: si mise contro tutti in una volta.»

– Di chi fu la colpa della sconfitta: di Hitler o dei suoi generali?

«Hitler stesso disse: "Soltanto il successo giustifica le azioni di un uomo". Egli era il comandante in capo, perciò anche il responsabile.»

– È sopravvissuto niente di quel mondo?

«No.»

– Ha qualche rimorso?

«No, rimasi con lui fino alla fine, e se mi fossi pentito di qualcosa, allora lo avrei dovuto anche lasciare. Questa è la mia posizione.»

– Si diceva che al Führer non piacevano le donne. Sono vere le storie d'amore che gli si attribuivano?

«Gli piaceva circondarsi di belle signore, ma ha amato soltanto Eva Braun, almeno da quando io ero con lui.»

Poi, la conclusione: «È morto a cinquantasei anni, ma pareva già un vecchio. Gli tremavano le mani, si trascinava una gamba, la vista si indeboliva sempre di più. Accadde, come tutti sanno, il 30 aprile 1945, verso le quindici. Ne avevano parlato anche durante i pranzi, lui ed Eva Braun, e si erano allenati con la pistola nel parco. Si congedò da Bormann, da Goebbels e dalla moglie del ministro; Frau Eva lo raggiunse poco dopo in camera. Quando entrai nella stanza – era passata, credo, mezz'ora – li vidi abbandonati sul divano: lei aveva preso il cianuro, lui si era tirato un colpo di rivoltella alla tempia destra, non in bocca, come dicono, con una Walther P.P. 7,65, modello della polizia. Con l'aiuto di Bormann e dell'autista li ho avvolti in due coperte di lana e li abbiamo portati fuori, poi ho versato la benzina. Bruciarono molto lentamente».

GOLO MANN

Sono andato a trovare Golo Mann, il figlio più giovane di Thomas, che ora vive a Zurigo, sulla collina di Kilchberg; qui una volta conversai a lungo con Katia, la compagna devota di Thomas, che mi confidò: «Non era facile essere sua moglie».

Il professor Golo non insegna più storia all'università, ma le sue giornate passano ancora tra i libri e lo studio.

– Professor Mann, come ricorda la presa del potere da parte di Hitler?

«Fin troppo bene. Allora avevo già ventiquattro anni: ho

seguito dall'inizio la crescita del mostro. A quattordici anni sono stato testimone del tentativo di impadronirsi di Monaco, il cosiddetto *Putsch* delle birrerie. Nel periodo successivo, Hitler non è stato preso sul serio, nemmeno da parte mia; sono seguiti quei giorni, più o meno belli, della prima repubblica tedesca. Nel 1929 ha avuto inizio la crisi, poi c'è stata la velocissima ascesa del Führer, del suo partito. Perfino dopo ero ancora talmente cieco da credere che Adolf Hitler fosse stato ingaggiato dai cosiddetti conservatori e che questi ultimi fossero i veri padroni del governo. Sono state sufficienti quattro settimane per capire che si trattava di una illusione; nel marzo del 1933 tutti sapevano chi era che comandava davvero.»

– Quando si è reso conto che Hitler era una persona fatale, deleteria?

«A partire dall'autunno del 1933 sapevo che si trattava dell'uomo più pericoloso su questa terra.»

– Cosa pensava Thomas di Hitler?

«Non c'era molta differenza tra me e lui, però mio padre non credeva alla possibilità di una guerra. In questo senso mia madre, come spesso avveniva sulle questioni concrete e pratiche, era più intelligente, più lucida. Li ho sentiti parlare sovente. Lui pensava che Hitler fosse capace solo di bluffare e che, in caso di conflitto, avrebbe perso l'autorità, sarebbero subentrati quelli che conoscevano il mestiere del soldato. Purtroppo si è sbagliato completamente».

– Come si viveva nella Germania degli anni Trenta?

«Sono rimasto fino al giugno del 1933. Per caso i miei genitori si trovavano all'estero già da gennaio: si trattava di un viaggio abituale nella stagione invernale, prima in Belgio, poi in Svizzera, ad Airolo, e non sono più tornati. Erano tempi di una miseria incredibile. Senza quella povertà, Hitler non sarebbe mai arrivato alla Cancelleria: ne sono convinto ed è facile provarlo. In occasione delle elezioni, nella primavera del 1928, ha ottenuto dodici seggi al Parlamento, al Reichstag. Due anni e mezzo dopo ne aveva centosettanta. Che cosa era successo? L'inizio del disastro economico, la disoccupazione che minacciava anche di estendersi, migliaia di fallimenti. Questo l'ha fatto salire e niente altro. Nel 1930-31 ero studente a Heidelberg; l'indigenza, la fame erano terribili. La politica del governo, soprattutto quella dei predecessori di Hitler, del cancelliere Brüning, ha avuto conseguenze catastrofiche, una fra queste una deflazione spaventosa e sempre maggiore. Il professor Keynes è perfino venuto per dare suggerimenti che allora erano quelli giusti, ora non lo sarebbero. Keynes conosceva il rimedio, ma Brüning non gli ha creduto.»

– La borghesia non si è resa conto che *Mein Kampf* già conteneva un programma e una specie di piano di viaggio per arrivare a Berlino?

«La gente non lo ha neppure visto, non lo ha letto nessuno. Se anche qualcuno lo ha fatto, non lo ha preso sul serio. C'è un proverbio tedesco che dice: "Non si mangia il cibo così caldo come quando lo si cuoce". È stato considerato demagogia, e d'altronde i tedeschi non erano né più acuti né più stupidi di coloro che vivevano fuori della Germania. Il libro circolava anche in Francia o in Inghilterra. Ho avuto una seconda grossa delusione giungendo a Parigi come giovane emigrante. I francesi, proprio come i miei compatrioti, non hanno capito il pericolo. Noi abbiamo recitato la parte di Cassandra, soli, disprezzati, derisi. Era desolante.»

– Lei crede che anche i finanziatori di Hitler, la borghesia, l'industria, si aspettassero quel finale?

«Il loro contributo è stato molto sopravvalutato. La grande industria ha sempre avuto un atteggiamento diffidente e restio fino al momento del successo. Allora è arrivato Krupp e ha dato un milione, ma prima non un centesimo. Quelli che han tirato fuori denaro erano vere eccezioni, come Thyssen, non una persona cattiva, ma un romantico che credeva in uno Stato cattolico e immaginava che il capo dei nazisti lo avrebbe creato. In seguito gli si è opposto e ha fatto una fine molto triste. Che la grande industria tedesca abbia foraggiato Hitler portandolo alla vittoria è solo una leggenda, non è vero, ma tutti lo credono.»

– Secondo lei, quali errori hanno commesso gli avversari del Führer?

«Lo hanno sottovalutato, lo ha detto lui stesso più tardi parlando con Rauschning: "Non posso farci niente se la gente mi prende per uno stupido, per accorgersi poi che stupidi sono loro". Un altro sbaglio lo hanno compiuto i partiti che fallirono completamente di fronte alla depressione. E ancora, e questo vale soprattutto per i socialdemocratici, credevano alla Costituzione anche quando non funzionava ormai più. Hanno preferito un Hitler, giunto legalmente al potere, al suo immediato predecessore, il generale von Schleicher, un uomo intelligente che per un certo tempo voleva governare senza il Parlamento.»

– Hitler è l'unico dittatore che ha raggiunto il suo scopo con un vasto consenso. Non pensa che sia stato l'interprete di aspirazioni ampiamente diffuse nel suo popolo?

«Devo fare qualche precisazione. Perfino alle elezioni che si sono tenute sei settimane dopo la presa del potere, quando già si era scatenata una violenza inaudita, quando tutti i deputati comunisti, una gran parte dei socialdemocratici e altri di estrazione democratica si trovavano già nelle prigioni, privati dei loro diritti, Hitler non ha ottenuto la maggioranza dei voti per il suo partito; l'ha ottenuta appena assieme a un'altra forza di coalizione. Comunque non nego – e chi potrebbe farlo? – che ha capito come mobilitare passioni latenti in una parte della nazione. Non si trattava assolutamente di antisemitismo; erano la necessità, la paura e un forte sentimento nazionalistico che serpeggiava fra i tedeschi, per esempio fra gli studenti, fin da quando era stata persa la guerra. Tuttavia senza la crisi economica anche questo fanatismo non avrebbe potuto essere suscitato.»

ALBERT SPEER

Il Terzo Reich cadde l'8 maggio 1945. Hitler era morto da una settimana. Sono rimasti in tre: «quel matto di Hess», come diceva anche il Führer, che occupa una delle seicento celle di Spandau; il grande ammiraglio Dönitz, che vive nei dintorni di Amburgo, tra i boschi e i ruscelli con i cigni che adornano le proprietà del principe Bismarck; e lui, l'architetto Albert Speer.

Tra poco uscirà il suo *Diario* dei vent'anni che ha passato in prigione; lo ha scritto di nascosto, su foglietti di carta igienica. I camerati sono scomparsi. «Ci incontravamo alla passeggiata, ma abbiamo parlato poco,» racconta «avevamo abolito i titoli, ci chiamavamo signore e ci davamo del lei.»

Speer abita sulla collina, nella villa che è sempre stata della sua famiglia. Ha passato i settanta, ma la figura è snella e la parola lucida.

Credo che, con Goebbels, fosse il più intelligente e colto dei gerarchi nazisti; e aveva anche una coscienza. È il solo che, a Norimberga, ha riconosciuto i suoi peccati, che ha accettato la condanna come espiazione, che non ha rinnegato il passato.

«Se Hitler avesse avuto amici,» disse «io sarei stato tra quelli.»

Non aveva vocazione per la politica, ma accettò la carica di ministro degli Armamenti. Quattordici milioni di uomini prelevati nei campi di concentramento o rastrellati per le strade d'Europa furono costretti a lavorare per quell'immensa macchina che era la Wehrmacht. Dimostrò di essere uno straordinario organizzatore: raddoppiò la produzione dei carri armati, moltiplicò quella degli aerei. Fino a quel momento lo avevano considerato, e si sentiva, soltanto un artista: aveva progettato la Cancelleria e lo stadio per le adunate del partito, con uno spazio tre volte più vasto della piramide di Cheope, e immaginata e disegnata la Berlino del futuro. In quei piani sfogava il sogno di vittoria e il gusto tedesco per il *Kolossal*: enormi blocchi di cemento, archi di trionfo mai visti. «Io» proclamava Adolf Hitler «costruisco per l'eternità.»

I diagrammi dell'industria e l'andamento della battaglia gli fecero capire che la guerra era perduta. Pensò anche di uccidere il capo pompando un gas tossico nelle stanze del bunker, ma, quando si accorse che il piano era irrealizzabile, confessò la disperata tentazione e venne perdonato. Si oppose all'ordine della «terra bruciata»: intendeva risparmiare la Germania per l'avvenire. Non volle mai vedere cosa c'era oltre il filo spinato, si rifiutò di sapere; fu, forse, la sua sola viltà, o un tentativo di allontanarsi dalla vergogna, ignorandola.

Il suo discorso è pensato e leale; non si nasconde e non cerca attenuanti. Mi dice che, quando Parigi si arrese, pensò che avrebbero vinto, e soprattutto agli immensi edifici che aveva ideati per celebrare la potenza del nazionalsocialismo, e che acquistavano il vero significato. E quando attaccarono l'Unione Sovietica, «io e molti altri» spiega «abbiamo creduto di vedere rafforzate le nostre convinzioni. Hitler faceva sempre il giusto».

Era ancora studente, e lo sentì parlare, e con i compagni e i professori ne rimase affascinato. Poi lo conobbe, e aveva ventinove anni: «Il Führer mi offrì di diventare il suo progettista, e non seppi resistere a questa tentazione». Ha scritto nelle *Memorie*: «Per una grande opera avrei venduto l'anima come Faust. Ed ecco, avevo trovato il mio Mefistofele».

– Come era – chiedo – nella vita privata?

«Cordiale, affabile; si poteva discutere con lui e contraddirlo. Dimostrava comprensione per le esigenze dei suoi collaboratori. Non era contrario, ad esempio, al fatto che in sua presenza le signore si truccassero, anche se in realtà ciò era contrario alla regola. Invece, con i suoi ministri e con i generali, aveva un comportamento rigido, non accettava obiezioni e dimostrava tutta la sua autorità.»

– Dottor Speer, lei crede che il nazismo sia una malattia tipica della Germania, o un pericolo per tutti?

«Penso che le premesse per l'avvento di Hitler e per il successo del suo movimento siano da ricercare nella situazione del nostro dopoguerra, la crisi economica seguita alla sconfitta, l'umiliazione per il Trattato di Versailles. Ma il rischio che l'uomo degeneri e venga portato a compiere cose inumane esiste probabilmente in ognuno, e ne abbiamo prove nella storia. Molto tedesca era la precisione con la quale venivano eseguiti gli ordini, l'obbedienza nei confronti dei superiori.»

– Come erano quelli che stavano accanto al Führer?

«Non si può dare un solo parere. I generali, per lo meno una parte, non sembravano indottrinati. Altri, che provenivano dal partito, si dimostravano fanatici. Goebbels, per fare un caso. Il suo era un credo pervertito: nonostante il suo intelletto, sembrava nato per quella fede ed era succubo del suo odio, del suo isterismo.»

– Chi era Himmler?

«Quasi l'opposto di Goebbels. Freddo, impenetrabile, non ci si poteva avvicinare, e non si sapeva quale sarebbe stato il suo passo successivo. Questo lo rendeva pericoloso agli occhi di tutti.»

– Cosa pensava Hitler dei suoi nemici?

«In base alla sua esperienza nel primo conflitto mondiale, considerava gli inglesi buoni soldati; ha sbagliato nel valutare gli americani. Credeva non fossero capaci di combattere sul serio. Per questo riteneva impossibile una invasione. Aveva stima dei francesi; dopo il crollo del 1940 ripeteva spesso che sarebbero stati bravi se fossero stati comandati da ufficiali come i nostri.»

– E dei russi?

«Li ha sempre ritenuti i più audaci, i più coraggiosi, e presto ha capito che erano più portati al sacrificio dei tedeschi, e ne ha avuto un certo rispetto.»

– E dell'alleato italiano, cosa ne diceva?

«Mi scusi, ma è un problema un po' scabroso. Al principio ci contava molto. Vide nel golfo di Napoli la flotta, fu impressionato in particolare dai sommergibili. Assisté alle manovre dell'Aeronautica e pensò che l'Italia potesse avere una parte importante. Rimase deluso quando, al momento dell'invasione della Polonia, Roma ci fece sapere che non era in grado di attaccare. Poi quando fallì l'azione contro la Grecia; in varie occasioni si lamentava perché era diventata più un peso morto che un aiuto. Aveva molta stima di Mussolini, ma il voltafaccia di Badoglio non costituì per lui una sorpresa. Giorni e settimane prima aveva previsto quello che poteva accadere e preso le precauzioni necessarie.»

– Lei che opinione ha di Mussolini?

«Retrospettivamente lo considero superiore a Hitler. Se Hitler avesse avuto le qualità e le idee del duce, ci sarebbero state risparmiate molte cose. Mussolini non ce l'aveva con gli ebrei. Essi vivrebbero ancora, e forse lui potrebbe avere un ruolo simile a quello di Franco. Con questo non voglio assolutamente dire che il fascismo e il nazismo rappresentino qualcosa che dovrebbe rinascere.»

– Che cosa significò la resa di Stalingrado?

«Indicò che i sovietici, nonostante le gravi perdite del primo anno, e lo smantellamento di parte dell'industria in conseguenza della nostra occupazione, erano diventati improvvisamente forti e con nuove armi e con truppe addestrate. Hitler restò sbigottito; pensava, dopo l'avanzata nel Caucaso, di avere ormai vinto. Stalingrado non significò ancora la fine, ma il punto di svolta.»

– Lei quando ebbe il senso della disfatta?

«È difficile dirlo. Già nel 1942 avevo detto a Hitler che se entro l'inizio del nuovo anno non fossimo riusciti a fare qualcosa di così decisivo da non permettere all'Armata Rossa di tornare ancora a combattere, addio alle illusioni. C'è però una differenza tra una mancata vittoria e una sconfitta totale. Ne fui certo quando la flotta aerea americana distrusse la nostra produzione di carburante. Accadde nel maggio 1944.»

– Come considerò il complotto del 20 luglio e la fine di Rommel?

«Allora non diedi un giudizio sull'attentato; oggi trovo che è uno degli avvenimenti memorabili. Mi spiacque che Rommel non fosse più in vita, senza sapere che era stato costretto a morire. Avevo per lui molto rispetto ed eravamo legati da buoni rapporti.»

– Anche lei ha pensato di sbarazzarsi del Führer e non c'è riuscito.

«I motivi di fondo sono diversi, le mie intenzioni erano differenti. I congiurati del 20 luglio sono idealisti, con una solida ideologia e una visione delle cose contraria al nazismo. Per me si trattava piuttosto di un gesto di autodifesa. Allora era chiaro che Hitler aveva l'intenzione di trascinare con sé nell'abisso incolpevoli cittadini, e forse era ovvio che anche coloro che gli stavano attorno cercassero di evitare quest'ultima tragedia.»

– Lei fu il solo che ebbe il coraggio di dirgli che tutto era perduto.

«A partire dal novembre del 1944, io gli ripetevo sempre nei miei rapporti che non ce l'avremmo più fatta e che la conclusione si avvicinava. Nell'ultimo bollettino del 5 marzo 1945 gli scrissi chiaramente che era nostro dovere fare il possibile per garantire, dopo il cessate il fuoco, condizioni di esistenza sicure per la nazione. Mi rispose che il popolo non era degno di sopravvivere, che i più valorosi erano caduti, i sopravvissuti dei vigliacchi. Non aveva nessuna pietà per questa gente.»

– Il 20 aprile Hitler compì cinquantasei anni. Lei andò nel rifugio a fargli gli auguri. Come ricorda quell'incontro?

«Vennero quelli che ancora contavano: Keitel, Goebbels, Göring. Fu una festa piuttosto macabra. Tutti erano taciturni e non si sapeva che cosa dire. Göring dichiarò improvvisamente, e con stupore, che quella sera stessa avrebbe lasciato

Berlino per andare sui monti dell'Obersalz. Dunque fu il primo ad abbandonare la nave che affondava. Rividi il Führer a distanza di tre giorni. Con un piccolo apparecchio da ricognizione atterrai in un viale vicino alla porta di Brandeburgo. Non si dimostrò meravigliato di rivedermi. Gli spiegai che non avevo ubbidito, non avevo fatto distruggere ogni cosa nei territori abbandonati. Stranamente ascoltò con calma, e poi ci furono i soliti discorsi sulla situazione militare che mi fecero capire che era ancora euforico e ottimista. Pochi momenti dopo cominciò a parlare della sua morte. Aveva preparato una descrizione che corrispondeva esattamente a quello che accadde poco dopo.»

– Lei è l'unico nazista che disse: «Sono colpevole».

«Non proprio così, ma: "Sono responsabile di tutto quello che è accaduto durante il governo di Hitler", perché, secondo me, è compito della giustizia trasformare la responsabilità in colpa. Mi preoccupavo che una confessione, diciamo, totale, non desse il via in qualche modo a una ripetizione dei clamorosi processi di Mosca. Ma oggi, dal momento che la mia pena è stata scontata, dico sinceramente e apertamente che sono stato colpevole.»

– Che cosa pensa allora di Norimberga?

«Per quanto sembri strano, quel dibattito rappresentava una speranza. Allora credevo che, attraverso il confronto, gli errori e i delitti che si attribuivano a tutti i tedeschi si sarebbero concentrati su coloro che devono essere considerati i veri imputati. Purtroppo, in quell'aula c'erano i principali accusati, ma non tutti: mancavano Hitler, Goebbels, Bormann e Himmler. Sarebbe stato meglio se si fossero posti davanti ai propri atti. Ancora oggi credo che il processo fosse necessario per punire chi aveva fatto il male, e per rivalutare le leggi dell'umanità.»

– Come si stava a Spandau?

«Nei primi tre anni fu dura. Eravamo trattati molto severamente e ricevevamo le razioni di cibo destinate ai civili che non lavoravano. Naturalmente erano molto scarse, ma non potevamo lamentarci. Poi le condizioni migliorarono rapidamente. Ricevemmo buoni libri, le biblioteche della città vennero messe a nostra disposizione. Ci passavano quattro quotidiani ogni mattina, e un periodico della Repubblica democratica. Anche i secondini diventarono più aperti. Avevamo un ampio giardino in cui all'inizio piantammo ortaggi e che poi trasformammo in un piccolo parco. Mi dava molta gioia passeggiarvi. Dunque subito si trattò di una vera prigionia, poi diventò sopportabile, si potrebbe paragonare alle norme, alle abitudini di un convento. Pesava la separazione dalle persone care. Eravamo solo sette detenuti, con lunghe condanne, e così era sconsigliabile far diventare troppo stretti i legami. È curioso che non siano nate amicizie a Spandau. Ognuno ha tenuto un comportamento riservato verso gli altri. Rifiutammo, quando ci venne proposto di mangiare insieme a mezzogiorno. Anche dopo che alcuni di noi furono scarcerati, non sentirono la necessità di rivedersi. Fui rilasciato con Schirach, mentre Dönitz era già fuori. Non ho più rivisto Schirach e feci visita a Dönitz solo quando si ammalò.»

– E di questa vicenda, che cosa le è rimasto?

«Penso abbia agito positivamente su di me; mi è stata utile per capire tutto quello che c'è nel mondo dello spirito, aiutato dai tanti volumi che ho letto di filosofia, di psicologia e anche di letteratura. Non avrei mai potuto scrivere la mia biografia in quella forma con lo scarso patrimonio culturale che possedevo nel 1945.»

– Chi è, insomma, Albert Speer?

«È sempre difficile giudicare se stessi. Posso dire: uno che desidera essere cancellato, e che vorrebbe che del tempo che ha vissuto non gli restasse che uno sbiadito ricordo. Noto con un certo piacere che sempre meno sono quelli che mi riconoscono. Fortunatamente, per i giovani, ormai, risulto quasi del tutto dimenticato.»

BENITO MUSSOLINI

Ma chi era, dunque, questo Benito Mussolini? Secondo Winston Churchill (1933) «il più grande legislatore vivente, ha mostrato a molte nazioni come si può resistere all'incalzare del socialismo». Gandhi, che è ricevuto in udienza per venti minuti, si dichiara «ammiratore del salvatore dell'Italia». G. B. Shaw si mette a studiare la costituzione fascista e a Oxford aprono una sezione per questa materia. Carnera, che diventa campione del mondo di pugilato, categoria pesi massimi, a spese di Sharkey, proclama: «Soltanto Mussolini poteva impedirmi di batterlo». Va alle manovre nelle Langhe con il re e gli dice: «Io non mi stanco mai». Aiuta i cannonieri, marcia con i fanti, lancia bombe, canta *Giovinezza*. Trebbia il grano nell'Agro Pontino, affronta ventotto colloqui in una giornata. I moribondi lo invocano: il capomastro Marco Larghi chiede di indossare la camicia nera, il camerata Arturo Criminelli sospira: «Alalà», e chiude gli occhi.

Annota Ennio Flaiano (1944): «Fu il superuomo dei poveri, più figlio di Verdi e di Leoncavallo che di Nietzsche e di Hegel: applaudito per oratore, ed era soltanto tenore. La gente spesso si accontentava del suo canto senza seguire le parole. Eppure era chiaro: sin da principio ci aveva promesso questa guerra e questa sconfitta».

Per Giorgio Pini, suo redattore capo al quotidiano del regime, «è stato grandissimo, soprattutto un giornalista imbattibile, insuperabile. Credo che dai tempi di Cicerone, no, lui non era di stile mussoliniano, non so, di Demostene, non ci sia stato oratore capace di eguagliarlo».

Per Alberto Moravia è «un oggetto della storia, più che un soggetto, ma è stato travolto da tante cose che non sapeva dominare. Era un demagogo che ha saputo interpretare un sentimento realmente diffuso nella piccola borghesia italiana di umiliazione e di volontà di competere con le grandi potenze, la Francia e l'Inghilterra».

Per Primo Levi è «un grande falsificatore, un grande ciarlatano e un acrobata che è riuscito a illudere non solo gli italiani, ma tutto il mondo».

Per Vittorio Vidali, comunista, leggendario comandante di reparti «rossi» in Spagna, «era una personalità, un nemico che contava. Lo prova il fatto che è rimasto al potere una ventina d'anni».

Puntò tutto su una rapida vittoria della Germania, ma poi vennero le sconfitte e il 25 luglio 1943...

GIULIO ANDREOTTI

Questa è la testimonianza del dottor Giulio Andreotti, di anni ventiquattro, presidente della Fuci (universitari cattolici) in sostituzione del dottor Aldo Moro, ufficiale alle armi.

«Anch'io ero militare, ma addetto ai servizi sedentari, per insufficienza toracica. Mi avevano aggregato al Collegio medico legale, ma secondo i regolamenti dovevo considerarmi in zona di operazioni, perché dipendevo dallo Stato Maggiore, con diritto, quindi, di fregiarmi dei nastrini, dei distintivi che competono a chi ha fatto la guerra, anche se soltanto a pensarci arrossirei come un'educanda. Così, ebbi fin da allora una idea del funzionamento della macchina statale.

«Frequentavo casa Spataro; mi aveva invitato perché partecipassi alla ricostruzione della Democrazia cristiana. C'era un gran traffico di politici di tutti i colori; i due che emergevano, ricordo, erano De Gasperi e Ivanoe Bonomi. Alcide De Gasperi lo avevo già incontrato alla Biblioteca Vaticana, ma ignoravo chi fosse, non sapevo nulla del Partito popolare.

«Si sentiva nell'aria qualcosa che maturava; il 19 luglio si ebbe la netta sensazione che il difficile equilibrio si era rotto clamorosamente. Dopo il bombardamento di Roma l'unica autorità presente fu Pio XII, e la gente gridava: "Viva il papa".

«Il 25 luglio, presto, ebbi qualche notizia da De Gasperi che ritornava da una riunione dal senatore Bergamini, a piazza del Popolo: Gronchi aveva fatto un resoconto preciso di come si era svolta la seduta del Gran Consiglio. Non ho mai chiesto chi lo aveva informato. C'era, tra gli uomini dell'antifascismo e il Quirinale, e Acquarone, una reciproca diffidenza: soprattutto non riuscivano ad accordarsi su quello che bisognava fare. Qualcuno sosteneva che toccava ai militari concludere l'armistizio, poi si sarebbe pensato alla formazione di un nuovo governo.

«Verso le cinque del pomeriggio, mi telefonò un amico della Fuci che lavorava al ministero dell'Interno, alle intercettazioni telefoniche: sì, è una tradizione. Non entrò in particolari, disse soltanto che aveva una cosa da raccontarmi. Fissammo l'appuntamento per un'ora dopo, in piazza Fiume. Camminando mi venne in mente che avevo in tasca alcune lettere inviatemi da giovani che si trovavano sul fronte iugoslavo, che erano stati denunciati al tribunale speciale. Per paura di una imboscata, le distrussi.

«L'amico mi disse che il maresciallo Badoglio era il nuovo presidente del Consiglio e che sul tardi la notizia sarebbe stata diramata. Rincasai, perché non volevo lasciare mia madre sola; mio fratello era in Africa. Chiamai qualcuno al telefono, per avvertirlo: "Ascolta la radio, stasera".

«Il giorno seguente, da Spataro, c'era una processione. Tipi che avevo visto nei giorni precedenti, altri che comparivano per la prima volta. De Gasperi commentò: "Oggi, alcune persone mi hanno salutato, mentre prima facevano finta di non conoscermi".

«Cosa feci poi? Andai da Severi, che era ministro della Pubblica Istruzione, e gli dissi che la prima riforma da fare all'università era obbligare gli insegnanti a risiedere dove avevano la cattedra. Molti problemi, insisto ancora, sarebbero risolti. Io di politica non mi occupavo per niente e non avvertivo neppure alcun segno di vocazione. Con il fascismo avevamo poco a che fare: c'era, nei confronti del Guf, uno stato di avversione, andavamo ostentatamente a comperare *L'Osservatore Romano*, che pubblicava gli "Acta diurna" di Gonella, per dimostrare il nostro spirito di opposizione, per fare un gesto controcorrente.

«In me, giovanotto inesperto, colpiva la trasparente serietà morale di quegli anziani signori che tornavano alla ribalta, e il loro linguaggio che era, come dire?, troppo formalista. Ho in mente che, alle prime riunioni clandestine, non mi convincevo dell'importanza di star a discutere per ore e ore su un aggettivo, o su un articolo di una mozione. Spataro era un esempio di organizzatore, infaticabile; Bonomi veniva considerato una specie di re, tutti gli riconoscevano un certo primato sopra le parti, era molto solenne anche nell'aspetto. Sentii che la concezione di De Gasperi era molto radicata culturalmente; per i settori in cui non si credeva preparato, cercava la collaborazione degli altri. Mi piaceva, perché era molto parco di parole e insofferente dei discorsi tirati per le lunghe.

«Mussolini lo avevo visto due volte: la prima, un 4 novembre, quando andò a cavallo, con tutto il seguito, dalla Madonna delle Grazie all'Altare della Patria; poi all'apertura della Società per il progresso delle scienze: stava seduto tra De Francisci e Bottai. Il professore che tenne l'orazione affermò, tra l'altro, che il duce era la fonte del diritto penale e De Francisci si chinò all'orecchio di Mussolini forse per spiegargli la bellezza di quell'intuizione che, se non favorì lo sviluppo degli studi, facilitò peraltro il trasferimento del docente da Milano all'agognata capitale.

«No, De Gasperi non mi parlò mai di Mussolini sul piano personale, non disse mai nulla. Ripeteva che bisognava stare attentissimi ai germi iniziali delle dittature; si preoccupava anche per gli articoli di certi giornaletti, era rigoroso ideologicamente e molto comprensivo nel rapporto umano. Nel 1922, si era illuso di portare i fascisti verso soluzioni costituzionali; un errore che fu poi pagato da tutti, e duramente.»

MATTEO MATTEOTTI

Questo è il racconto del 25 luglio 1943 dello studente universitario Matteotti Matteo, fu Giacomo, di anni ventidue, facoltà di scienze politiche.

«Eravamo andati ad abitare dagli zii, vicino a Genova; mia madre era morta nel 1938. A Cavi di Lavagna c'era un medico socialista, Fabrizio Maffi, condannato al domicilio vigilato. Noi giovani eravamo felici, pieni di fervore, convinti che si aprisse un grande sbocco, che cominciasse un altro mondo, ma il compagno saggio spense il nostro entusiasmo: "Se la guerra, come han detto, continua, la prospettiva è drammatica e ci saranno ore molto tristi. La monarchia, per un po', sarà ancora protagonista".

«Chiedemmo: "E noi, che cosa dobbiamo fare?".

«"Regolatevi come al solito, la liberazione bisognerà guadagnarsela."

«C'era con me un anziano operaio di La Spezia, un certo Bussoli, che sospirò: "Sono passati vent'anni, e per noi sono molti".

«Andai a Roma, avevamo costituito un gruppo di opposizione, tutti ragazzi, e Walter Fillach finì poi impiccato dalla guardia nazionale repubblicana, e Buranello, che era ufficiale, cadde nel 1944, durante uno scontro, abbattuto su un marciapiede.

«Avevo tre anni quando uccisero mio padre. È una storia per me confusa, lontana, niente di diretto, mi spiego. Mussolini l'ho visto due volte. Frequentavo il Liceo Mamiani, sezione B. Passai, con alcuni amici, da piazza Venezia. C'era un'adunata. Si avvicinò un agente provocatore: "Scusino, lo sanno dove abita il duce?".

«"No," rispondemmo "lo chieda alle guardie."

«La piazza era piena, gonfia di parole, le facce erano serie, ma affascinate da quello che stava lassù, sul balcone.

«In un'altra occasione, un prete ci aveva portati a giocare al calcio dalle parti del Foro Italico. Avevano indetto un raduno, tutti in divisa, ma il sacerdote disse: "Tornatevene pure a casa". Ci fece capire che, a lui, non gliene importava niente. Mussolini stava su una tribuna, circondato da tante piccole italiane che applaudivano. Se avevo rancore? Che cosa provavo? Ecco: disprezzo per l'istrione.

«Il fatto me lo raccontarono quando avevo già dieci, dodici anni. Ero sempre sorvegliato dai poliziotti. Si giustificavano ripetendo che dovevano proteggermi. Lo fece nostra madre, fu il resoconto di quella lunghissima giornata, quando l'aspettava e lui non arrivava mai.

«Più forte di tutti era la nonna Isabella, che rimase sempre come una roccia. La vecchia era dura; mia madre, invece, diventò completamente confusa, distante. Pio XI doveva ricevere la vedova dell'onorevole Giacomo Matteotti, e nonna Isabella l'accompagnò. Ma fu il cardinale Gasparri che le intrattenne, l'udienza era troppo compromettente. Alla fine sua eminenza, per concludere, per lasciare una buona impressione, penso, tirò fuori due rosari di perle, legati da una catenella d'oro, ma la vecchia scattò, irriducibile.

"Quelli della nostra terra che credono," disse "pregano con il rosario di legno" e respinse il dono. Raccontava: "Mi go dito: grazie, se li tegna".

«Mia nonna era polesana, mio nonno trentino, e faceva il battitore di rame. La vecchia Isabella aveva visto morire i due primi maschi, Matteo, di tubercolosi, Silvio, che aveva studiato con Einaudi, di polmonite, e quando ammazzarono Giacomo disse: "I me ga copà anche el terzo".

«Veniva ogni tanto a trovarci e ci portava fuori, in giro. Abituata a resistere, a soffrire, era molto religiosa.

«No, di allora la memoria non mi suggerisce niente. Ero troppo piccolo. Ecco: sì, rivedo tanta polizia, dappertutto.

«Il preside del Mamiani era un camerata, ma molto tollerante. Rimproverò un seniore della milizia che mi aveva espulso perché non portavo la maglietta con scritto: Opera Nazionale Balilla. Era un gran casinaro, poveraccio, e in certe festose circostanze gridava: "Viva la Patria!".

«Da bambini, io e mio fratello eravamo sorvegliatissimi, come ho detto, con la scusa che volevano difenderci dai malintenzionati; in realtà avevano paura che qualcuno ci portasse fuori, all'estero. Vivevamo con una zia che aveva sposato il giornalista Wronowski, nostro tutore. Ci parlava di Albertini, lui era un liberale, e delle giornate difficili del 1923.

«Anche Titta Ruffo, il famoso baritono, aveva sposato una sorella della mamma e si occupava di noi. Smise di cantare per protesta nel 1924; a Marsiglia, venne aggredito dai fascisti durante un concerto e decise che non sarebbe mai più salito su un palcoscenico.

«Dunque: quando Mussolini cadde, io andai a Roma, e trovai gli amici del Mup, Movimento di unità proletaria; ci incontravamo in casa Romita. C'erano Vecchietti, Vassalli, Zagari, e fu fondato il Psiup e nominata una segreteria collegiale, con Nenni, Pertini e Andreoni.

«Il nostro leader era Pertini, noi gli volevamo molto bene, sosteneva che era importante la tradizione, ma riteneva che per fare un partito vitale bisognava accogliere anche le forze crociane, anche quelli del Guf che erano, o si scoprivano, in posizione critica. Da giovane aveva sofferto tutte le disavventure e le persecuzioni; era stato anche con Turati. Quando gli proposero di andare a battersi in Alta Italia, di farsi paracadutare oltre le linee, accettò con entusiasmo.

«Mussolini se ne andò, anzi: lo cacciarono i suoi, e la sconfitta, il 25 luglio; il 27 io dovevo essere processato come renitente alla leva. Ma i guai non ci furono ugualmente risparmiati.»

RACHELE MUSSOLINI

Un cartello all'ingresso del paese avverte: «Predappio, zona particolarmente depressa». Negli stabilimenti della Caproni dove si fabbricavano parti di aeroplano («ali per gli aquilotti», secondo una definizione allora di moda), c'è un allevamento di pulcini olandesi. A Dovia, nella «casa natale del duce», abitano due famiglie di disoccupati.

Il cimitero è deserto. Pioviggina. Il custode è un giovanotto che cammina agitando un mazzo di chiavi. «Brutto tempo,» sospira «scommetto che non viene nessuno.» Due carabinieri fanno una inutile guardia davanti al cancello. La porta della cappella cigola un poco. La tomba del duce è nel sotterraneo. Un lume tenue rischiara la pietra dei sarcofaghi, illumina un gagliardetto nero, omaggio dei missini romani, quartiere Parioli, fa risaltare le bacche d'argento delle corone; sembra di essere nella stiva di un vascello sommerso. «Un giorno qui andrò io e qui tu, Rachele» disse una volta Mussolini alla moglie, e segnò il posto: accanto al figlio Bruno, fra i suoi genitori. «D'estate, sì,» dice il becchino «c'è movimento. Ho contato anche duecento persone, e vedesse i tedeschi.»

Hanno portato quassù anche Anna Maria, la figlia minore.

In una specie di vetrinetta sono raccolte le testimonianze dei fedeli. Le discusse medaglie del comandante di sommergibile Enzo Grossi, un pugnale che la camicia nera scelta Zerbini Benvenuto ha creduto opportuno restituire al capo: «Da te duce mi fu affidato,» dice la lettera accompagnatoria «a te ora lo rendo».

Anche l'Aliança libertadora nacionalista ha inviato, in segno di devozione, un esemplare della tessera degli iscritti. Il motto è «Dios, Patria, Hogar», Hogar sta per focolare. Si tratta di malinconici fascisti sudamericani.

C'è un mazzetto di spighe, per ricordare le opere di bonifica, e una squadra di balilla, strappata da un vecchio libro di lettura, marcia con innocente fierezza verso un incerto avvenire.

Dei gladioli che una sposa in viaggio di nozze ha deposto nel mausoleo – il lieto evento era stato celebrato nell'anniversario della conciliazione – è rimasta solo la garza inamidata che li avvolgeva.

Davanti al sepolcro, protetti da un involucro di plastica trasparente, sono conservati gli stivali e i pantaloni alla cavallerizza che Benito Mussolini portava al momento della fucilazione. Un cancelliere del tribunale ha compilato il burocratico biglietto che li classifica: «Corpi di reato numero 349».

A pochi passi, sotto il portico, una semplice croce indica il luogo dove è sepolto un altro predappiese, l'avvocato Adone Zoli, un avversario del duce che, quando fu presidente del Consiglio, permise che la salma del compaesano fondatore del fascio tornasse alla sua terra. Quando «donna Rachele», come la chiamavano durante i vent'anni, viene in visita, mette un fiore anche su quella lapide. «Poverino anche tu, hai visto come è difficile» l'ho sentita mormorare. Sui tumuli i ritratti di porcellana mostrano defunti in orbace, o vestiti da figli della lupa. Allora anche la morte aveva una divisa. «Fu un'epoca di questurini» ha scritto Corrado Alvaro. «Anche i letterati aspirarono a portare un'uniforme.»

«Questi fasci» spiega il sindaco «tornano sempre fuori. Ho impiegato quintali di vernice, ma non spariscono mai del tutto. Ne ho uno anche sulla mia scrivania. Devo tenerci sopra il portacenere. E abbiamo anche un certo numero di aderenti al Movimento sociale, e perfino nella giunta. C'è chi li aiuta. Si figuri che per restaurare la sede hanno ricevuto in regalo millecinquecento quintali di cemento. "Sta' a vedere che costruiscono una diga" ha detto la gente.»

Il sindaco è socialista, e si chiama Dervis Laghi. Questa è la patria dei nomi curiosi: ci sono figli di anarchici che si chiamano Ideale, figli di camerati che si chiamano Labaro. Il primo amministratore democratico, subito dopo la Liberazione, si chiamava invece Benito. Un peccato originale. Dal 1922 al 1929, a Forlì, più di settecento bambini furono battezzati così.

È un brav'uomo, Dervis Laghi, di mestiere fa l'allevatore di polli. Ci tiene a precisare che Predappio non è un paese di nostalgici, e che se nella tabaccheria si fa un notevole commercio di cartoline con la Rocca delle Caminate, la tomba, la casa natale, il fondatore dell'Impero che fa il saluto romano o va in bicicletta, è soltanto per una piccola speculazione turistica.

Per molti Mussolini è sempre *ch'al birichein*, quel biricchino (in Romagna non è un complimento) che voltò clamorosamente la gabbana: c'è un vecchio che conserva da più di quarant'anni una bandiera rossa sulla quale è ricamato il motto «Fate largo che passa il lavoro». Lo aveva dettato Benito.

Dicono, del resto, che anche la vedova non nasconde che la sua idea non l'ha mai cambiata: la «Chelina» socialista era e socialista sarebbe rimasta.

Per lei, anche la caduta del fascismo ha quasi l'aria di una faccenda domestica. Così ricorda il 25 luglio 1943:

«Quella mattina tornò verso le tre o le quattro, non so i minuti precisi, ma era tardi e albeggiava. L'ho aspettato, e gli avevamo preparato una tazza di brodo. Quando aprì lo sportello della macchina, gli dissi: "Bene, come è andata?".

«Lui rispose: "Abbiamo fatto il Gran consiglio".

«Chiesi: "Almeno li hai fatti arrestare tutti?".

«E lui: "Lo faremo".

«Sapevo che mio marito non ne sarebbe stato capace. E mi raccontò che doveva andare a Villa Savoia in borghese.

«E io gli dissi: "Guarda, ti vogliono in borghese perché forse fanno prima a fare quello che io penso".

«E Benito mi spiegò che era molto importante andarci, perché chi aveva firmato la dichiarazione di guerra non era solamente lui. La responsabilità era sua, ma anche di sua maestà il re. Io lo avvertii: "Ma ci vai? Tu non ritorni indietro".

«Abbiamo parlato un po' e poi, vedendolo così stanco – era già tardi –, ho preferito che andasse a letto. Ha bevuto una camomilla e siamo andati a riposare. E alla mattina si è alzato presto, e alle otto era già a Palazzo Venezia.

«La villa, il giorno dopo, era occupata. È venuto un colonnello e trecento soldati con i carri armati, con i cannoni.

«Io ero andata fuori per dare da mangiare ai polli, perché

ero rimasta sola, e ho visto che l'ufficiale mi è venuto incontro e mi ha chiesto se era quella l'abitazione del duce. Io gli risposi: "Sì". E cominciò a parlare.

«Mi disse: "Sa, ieri sera la radio ha dato la notizia che il signor Mussolini era scappato, e che l'hanno preso a Milano con una valigia piena di pellicce e gioielli".

«"Ah" gli risposi "è stato furbo stavolta."

«E allora lui entrando guardò e commentò: "Ma è una gran bella villa, questa".

«Dissi: "È una casa".

«E poi girò da una parte, e vide che c'era il busto di mio figlio Bruno.

«Lui disse: "Ah, era tanto un buon ragazzo. Abbiamo fatto le elementari a Milano assieme, quando stava in Foro Buonaparte".

«Mi chiese: "Lei, voi lo conoscevate?".

«Risposi: "Sì, lo conoscevo, perché era mio figlio".

«Mi venne vicino: "Ma non ce l'hanno detto che eravate qui. Adesso vado giù in portineria ad avvisare il colonnello, perché non lo sa neanche lui".

«E si misero a mia disposizione, e mandarono le guardie alla porta perché non mi facessero niente. Mi trattarono bene.

«E il giorno dopo venne un ragazzo all'ingresso di dietro e mi avvertì che sapeva dove era mio marito. Io credevo che scherzasse, ma lui mi assicurò: "No, si trova nella caserma dei carabinieri". Due giorni dopo mi mandò una lettera la principessa Mafalda che mi diceva di stare tranquilla perché non era morto.»

Ora la Rocca è inabitabile. Nelle grandi sale è passata la guerra. I soldati hanno distrutto, per far fuoco, i pavimenti di legno: sulla torre il faro tricolore, che si accendeva nelle notti d'estate, ha i vetri in frantumi, nel cortile un'aquila di bronzo ha perduto la testa, perfino la tazza del gabinetto, marca Turbine, è stata divelta.

Rachele Mussolini ha portato via i pochi oggetti rimasti: uno strano miscuglio di busti di marmo – Arnaldo Mussolini, Michelangelo, Virgilio –, una culla di legno, statuette con cavalli che hanno perduto il cavaliere, cassapanche sfondate, elmi arrugginiti; si pensa al disordine di un palcoscenico dopo la recita di una tragedia di Sem Benelli.

Visto da quassù il paesaggio è bello. Dalla stanza di Mussolini si vedono i colli avvolti nella luce bianca dell'inverno, nel parco il vento scuote i cipressi, i buoi dalle lunghe corna trascinano il carro nei campi molli di pioggia. Sono queste le immagini che vide per l'ultima volta alla fine del 1943.

GIANCARLO PAJETTA

Nel 1943 Giancarlo Pajetta ha trentadue anni: ne ha passati una decina dentro. Secondo i calcoli, gliene restano ancora sei: poi sarà libero. Sente che qualcosa sta cambiando: sul penitenziario di Civitavecchia sono cadute bombe, così lo hanno trasferito. Durante il viaggio, si è accorto che i passeggeri guardano con simpatia quei detenuti speciali, i facchini gli portano i pacchi; una donna grida: «Presto finirà!».

– Pajetta, dov'eri il 25 luglio 1943?

«Alla Badia del Morone, un carcere. Direi naturalmente, perché da dieci anni e sei mesi mi trovavo in prigione. Su un monte, a pochi chilometri da Sulmona, questo vecchio edificio ci ospitava. Eravamo arrivati da Civitavecchia, bombardata, e aspettavamo, direi più di quanto immaginassero i nostri custodi, il momento di uscire.»

– Cosa sapevate del mondo di fuori?

«Molte cose. Più del nostro direttore, ad esempio. Ma non eravamo tenuti al corrente giorno per giorno nemmeno dai giornali fascisti, benché verso la fine ogni tanto qualche guardia si lasciasse convincere a darcene. Invece avevamo molte riviste, pubblicazioni tecniche sulla vita economica e sulla politica internazionale; del cambio degli ambasciatori sapevamo quasi tutto. Insomma, eravamo in condizioni di poter riuscire come sottosegretari di Mussolini in qualunque momento.»

– Per te Mussolini chi era?

«Allora c'era un sentimento di odio; credo che lo valutassi più di quello che si sarebbe meritato. Però non l'ho mai considerato un'aquila. Devo dire che ne parlavamo molto poco. Non ci interessava, anche perché era chiaro che quando saremmo usciti noi non ci sarebbe stato più lui.»

– E visto adesso, alla distanza, chi era?

«Un uomo che ha dimostrato di conoscere abbastanza l'Italia e di giocare delle carte anche azzardate, ma non certo aiutato soltanto dalla fortuna. Intanto, conosceva i socialisti, e sapeva che una grande resistenza non gliela avrebbero fatta. Conosceva i borghesi, e sapeva che se gli avesse dato una qualche garanzia di organizzare la violenza entro certi limiti, avrebbe ricevuto non soltanto soldi – perché sono necessari nella lotta politica – ma anche un aiuto e una sottomissione di fatto. I borghesi rinunciarono al potere politico e alle sue lustre per una tranquillità che avevano sospirato negli anni del biennio rosso, e per la paura che avevano avuto per la Rivoluzione d'Ottobre, al suo espandersi in Germania e in Ungheria.»

– Come hai vissuto la notte del 25 luglio 1943?

«Voglio raccontarti la giornata. Noi uscimmo per prendere la spesa, e una guardia si voltò appena un detenuto mi disse: "C'è un altro governo". Tornai in camerone con la roba e cominciammo a discutere, interrompendo la lezione proprio sulle elezioni amministrative.

«Ci dividemmo in tre. Io, naturalmente, fra i più moderati, cercai di spiegare che in Sicilia, probabilmente, era stato costituito un governo dagli Alleati con i fuoriusciti. Qualcuno disse che, forse, a Roma poteva anche essere accaduto qualche cosa; ma fui rapidamente zittito come troppo ottimista e, soprattutto, prevalse la corrente di chi disse che non bisognava perdere tempo. Poi venne l'ora della minestra, ci fu un po' di agitazione, cercai di strappare ancora qualche notizia ed ebbi una conferma: a Roma c'è un altro governo. Venne l'ora d'aria e io dissi al compagno Cacciapuoti: "Prendi dal deposito due pacchetti di sigarette, non si sa mai come vanno le cose". E avremmo potuto anche dover festeggiare qualche avvenimento. E nello scendere le scale mi avvicinai alla guardia e le dissi: "Chi comanda a Roma in questo momento?". Che era già una domanda abbastanza strana, dopo tanti anni. Rispose: "Cosa dite?". Ormai era chiaro. "Se grido 'Abbasso Mussolini' cosa mi fate?" aggiunsi. Impallidì. Salii, appena arrivato in cortile, su una panchina di pietra e dissi: "Compagni, Mussolini è caduto. Adesso andiamo dal direttore e chiediamo che finisca anche per noi questa situazione illegale".

«Dopo pochi minuti eravamo nel suo ufficio; pallido, ci

spiegava che bisognava star buoni, e a un certo momento ci disse persino: “E state attenti perché se no...”.

«Al che io obiettai: “Guardi che lei ha detto una parola di troppo. Noi non l’abbiamo ancora minacciata, ma deve ricordarsi che le cose sono cambiate. Anzi, vorremmo leggere il giornale”.

«“Ma ne ho una copia sola” spiegò, sempre più spaurito.

«“A noi basta.”

«Gliela presi dal tavolo e la portai in camerone, dove leggemmo addirittura il manifesto che era stato pubblicato dai partiti del Fronte nazionale a Roma. Cantammo l’*Internazionale* e chiedemmo di avere il materiale per scrivere una lettera a Badoglio al quale domandammo, nella nostra fretta e nella nostra ingenuità, di essere arruolati per andare a combattere contro i tedeschi.

«Poi compilammo un numero straordinario dell’*Unità*, nel quale c’era perfino un notiziario dai Balcani con le ultime informazioni del passaggio delle nostre truppe ai partigiani di Tito, e della ribellione che dilagava; e chiedemmo che fosse anche fatto circolare negli altri reparti. E per qualche ora, direi, conquistammo il carcere, sempre con molto garbo, tutt’al più cacciando via con un’urlataccia una guardia che si era dimenticata di togliersi i fasci dal bavero e che non poté tornare da noi fino a quando non si fu ripulita.»

– Come hai vissuto il primo giorno di libertà?

«In treno, per cercare di arrivare fino a Milano. C’erano i resti delle truppe che venivano dalla Sicilia. Cercai di spiegare a un paio di soldati, che avevano ancora il fucile, che non dovevano, tornando a casa, buttarlo via, perché sarebbe venuto buono. Mi feci quasi arrestare da un ufficiale che parlava dei partigiani iugoslavi, e io intervenni dicendo che erano degli eroi. Lui, incerto, mi minacciò. Lasciai cadere il discorso, così potei arrivare fino a casa.»

– E l’incontro con la tua famiglia?

«Mia madre era commossa e per nascondere questa commozione mi mandò dal barbiere mentre mi cercava un vestito decente. Mio fratello, che aveva meno di diciotto anni, era già stato in carcere tre giorni, ma messo dentro da Badoglio, non dal duce, perché si era permesso di gridare “Abbasso Mussolini” assieme agli altri comunisti di Romagnano Sesia.

E mi fece vedere subito una copia dell'*Unità* clandestina. Poi trovai mia cugina con la quale avevamo cominciato a scriverci negli ultimi anni, ci vedemmo in mezzo a quella confusione. Finalmente, venne anche sera, e potemmo chiacchierare da soli e potei anche darle quel primo bacio che non le avevo mai dato. Poi divenne la mia staffetta, e anche la madre dei miei figli e mia moglie.»

– Che impressione ti fece l'Italia, vista da fuori?

«Mi pareva che gli altri fossero stupiti di quello che avveniva, mentre per noi era già tutto previsto e mi sembrava che non comprendessero l'eccezionalità delle cose. Tutto quello che seppero offrirmi a Torino fu un fantomatico posto di cronista sindacale alla *Stampa*. E capivano così poco che si meravigliavano che noi comunisti rifiutassimo di essere fotografati per finire sul giornale, e non si rendevano conto che noi sapevamo che di fotografie bisognava lasciarne in giro poche perché ci aspettava la guerra partigiana.»

GIORGIO PINI

Per sette anni Giorgio Pini è stato il redattore capo del *Popolo d'Italia*. Molto spesso il duce lo chiamava al telefono per parlargli dei problemi del quotidiano. Gli premeva, soprattutto, la tiratura. Ogni tanto, poi, lo riceveva in udienza. Lasciandolo, durante il colloquio, com'era consuetudine, in piedi.

«La notte del 25 luglio,» racconta «io andai al lavoro come sempre. Non sapevamo nulla della riunione a Palazzo Venezia, l'ufficio romano non ci aveva informati di niente. Certo, un infortunio. Io stavo nel mio studio, grandissimo, disegnato da Sironi, che ne aveva curato anche l'arredamento: c'era un tavolo enorme, di cristallo. Tutto nuovo, tutto moderno. I dispacci della telescrivente viaggiavano con la posta automatica, ma vidi entrare in fretta il commesso Zanardi con una cartella in mano; non uscì, ma rimase a guardarmi con gli occhi sbarrati. Voleva vedere la mia faccia, come reagivo. Scorsi le prime righe e capii il senso di quel comunicato. Cercai di parlare con Roma, ma le comunicazioni erano state interrotte. Arrivarono tutti i redattori, si aspettavano che io spiegassi il mistero, accorsero le autorità, ma che cosa potevo dire? Ripetevo: ignoriamo che cosa è accaduto, non abbiamo spiegazioni. Che cosa era successo del duce? Dovevo pur scrivere un pezzetto di saluto; era il nostro fondatore. Forse si trovava sotto processo, o in un'isola, o aveva inventato lui quel marchingegno per poi ritornare? Erano tutti d'accordo? Sapevamo, di certo, che la guerra continuava. Cominciai: "Con affetto filiale e imperituro rivolgiamo il nostro pensiero a Benito Mussolini che ha immensamente lavorato al solo scopo del bene dell'Italia". Misi anche una fotografia di Badoglio in prima pagina. Poi sentimmo un rumore di folla che saliva dal fondo di via Manzoni; avevano appena assaltato il "Covo" di via Paolo da Cannobio, portando via bandiere e vecchi moschetti, e c'erano donne con l'elmetto in testa. Chiudemmo i cancelli e gli operai della tipografia affrontarono i dimostranti con i getti delle pompe antincendio. Tirarono pietre e un sasso raggiunse il mio tavolo, ma senza infrangere il cristallo. Io non mi mossi. Le rotative girarono, ma i distributori non vennero a caricare i pacchi; gli edicolanti temevano qualche gesto violento, insomma non ne volevano sapere. Mandarono i soldati a presidiare il palazzo di piazza Cavour, un reparto di allievi ufficiali di sanità: non potei ritirare neppure i miei occhiali e la posta. Sparirono macchine da scrivere, calcolatrici, volumi, cancelleria. Ero solo e avvilito. Pensai all'ultima volta che avevo visto il duce, nella Sala del Mappamondo nell'inverno del 1942. Mentre stavo allontanandomi, mi aveva chiesto: "Pini, vi pare che io sia già morto?".»

Il 25 luglio, ricordo, ebbe una calda notte senza silenzio, piena di canti, apparentemente senza drammi.

Ce ne fu uno, poco dopo le 22, ma pochi se ne accorsero. Manlio Morgagni, un romagnolo brusco, sgradevole, presidente e direttore dell'Agenzia Stefani, e devoto del duce, ricevette il comunicato, lo lesse, suonò il campanello e ordinò all'usciere: «C'è da diramare questa notizia. Vada».

Aprì il cassetto, prese una rivoltella e si sparò. Il colpo non lo sentì nessuno.

IOSIF STALIN

GULA STALIN

Nella piazza di Gori c'è un gran monumento a Stalin. È rappresentato nella solita posa: una mano infilata nel cappotto slacciato, il volto sorridente. Sulla casa dove è nato costruirono, nei giorni del potere, un museo, con colonne di marmo e tappeti di velluto rosso. È aperto e i visitatori non mancano.

Il seminario dove imparò le prime nozioni della religione ortodossa è stato adibito a Istituto di agraria, ma una lapide ricorda l'eccezionale scolaro.

Iosif Vissarionovič Džugašvili fu qui, l'ultima volta, nel 1952; era stanco e di umore tetro, e i paesaggi della giovinezza, ormai, non lo rallegravano. La gente per vederlo, raccontano, rischiava di farsi travolgere dal treno.

Ho conosciuto, a Tbilisi, Gula Džugašvili, figlia di Jakov, nipote di Stalin; è con lei che ho visitato il paese del nonno. Gula è laureata in francese, lavora a Mosca, all'Istituto di letteratura mondiale dove, saltuariamente, andava anche zia Svetlana.

Suo padre è stato fucilato dai tedeschi, in un campo di concentramento; la madre è morta di cancro. Si chiamava Julija Isaakovna Meltzer, era ebrea, e per due anni Berija la fece imprigionare. Stalin non volle mai riceverla. Gula, adesso, è sola.

È una ragazza bruna, dalle fattezze minute, piccola; quando il nonno la vide per la prima volta disse: «Ma questo è il ritratto di Jaša». Del primogenito del «generalissimo» non sono rimaste che poche istantanee, anche Gula lo ricorda vagamente, nella dacia, su un'automobile, prima della partenza per il fronte.

Guloška, Gula, come la chiamano tutti, non ha fratelli. Non è mai stata all'estero: le piacerebbe fare un viaggio in Africa, e ad Algeri in particolare. Ha una mentalità aperta e una conversazione garbata. Vive con la pensione che le compete, come figlia di un ufficiale caduto, e con i proventi del suo lavoro.

Non aveva mai visto questi luoghi, che un tempo furono meta di pellegrinaggi, e non parla georgiano. Il paesaggio è lussureggiante e duro: i vigneti, le foglie scure del tabacco, i cipressi, gli eucalipti, l'odore di muschio bagnato e di menta; gli uomini neri e baffuti, che conoscono il volo dell'aquila e la tana della lince; le donne taciturne, che invecchiano chiuse nei lunghi abiti scuri, si vedono soltanto gli occhi nel volto pallido.

Entra, commossa, nella stanza dove suo nonno venne al mondo; Stalin era l'unico figlio di un povero calzolaio, che aveva preso in affitto una sola camera. C'è ancora il letto ampio, il samovar di ottone e uno specchio; la madre di Iosif Vissarionovič, che se ne è andata a ottant'anni e che ha sempre vissuto modestamente, è sepolta nella vecchia Tiflis, sulla collina. Accanto a lei, riposa un poeta classico, Važa Pšaveli.

Un diplomatico italiano, che fu console nella città, ricorda che una volta, recatosi in un palazzo del governo, chiese ad alcune persone che aspettavano in un corridoio dove si trovava l'ufficio di un funzionario. Una donnina insignificante gli diede l'indicazione, poi aggiunse: «Io sono la mamma di Stalin».

Era rimasta, fino all'ultimo, molto devota e in fondo le dispiaceva che «Soso», così lo chiamava, non fosse diventato ministro di Dio.

Lo salutò, forte e temuto, e fu come un congedo, nel 1935, e ho letto sulla *Pravda* di allora il suo racconto di quella visita: «Era tanto che non lo vedevo; non sto bene, sono debole, ma incontrandolo mi sono rallegrata che tutto sia passato. Ci siamo abbracciati e baciati. Ho chiesto dei nipotini. Li amo più di ogni cosa, la mia Svetlana, Jaša e Vaso».

Nelle teche del museo sono conservati molti documenti; c'è anche una poesia che Stalin compose da ragazzo. Si intitola *Mattina*, parla di corolle, di boccioli, del canto delle allodole e incita allo studio.

Una fotografia riproduce il piccolo Džugašvili nel coro della chiesa: è un bel bambino, l'hanno messo nell'ultima fila, ma pare che avesse una voce gradevole. Un'altra lo ritrae in seminario; assomigliava molto al giovane Iosif, il figlio di Svetlana: magro, il profilo affilato, i capelli corti. C'è la foto dell'ultimo discorso: è un ometto cadente, dalla faccia segnata, «un vecchio» lo ricordava Erenburg «con il viso sforacchiato dagli anni, la fronte bassa, gli occhi vivi e acuti». Conservano pure la maschera mortuaria, ricavata dallo scultore Manizer: il volto ha un'aria calma e solenne.

C'è anche un piccolo campionario dei doni che ricevette per il settantesimo compleanno, quando una lirica di circostanza, sull'organo ufficiale del partito, gli attribuì anche i non piccoli meriti di avere popolato la terra e fatto sbocciare la primavera.

Si tratta, in genere, di orribili cose, una colomba di pezza di ispirazione picassiana, ad esempio, una scatola di legno dipinta dal figlio Vasilij; mi chiedo dove sarà finita la lucida Alfa Romeo, omaggio dei comunisti italiani.

Com'era Stalin? È domanda che molti si sono posti. Anche Einstein disse a un ospite russo: «Avrei voluto sapere qualcosa di lui come uomo».

Hopkins lo descrive in modo sbrigativo: «Alto 1,67, deve pesare ottanta chili»; De Gaulle gli riconosce «una specie di fascino tenebroso»; Gilas lo trova «piccolo e mal costruito, con il torace breve e stretto, fianchi larghi, braccia e gambe troppo lunghe»; il compagno Barmine, poi emigrato, lo dipinge anche peggio: «la faccia butterata, gli occhi sono castani scuri, con qualche leggero riflesso più chiaro, la sua espressione non rivela mai il suo sentimento».

L'ambasciatore Pietro Quaroni mi disse che «il suo profilo non esprimeva nulla di straordinario, mentre il collo sprigionava una specie di forza bruta. C'era un senso di vuoto intorno a lui, e stabiliva sempre una certa distanza con gli altri».

Per Roger Garaudy è «un robusto contadino», per l'ironico Trockij: «la più eminente nullità del Partito»; Bucharin pensa che «la prima qualità di Stalin è la pigrizia». H. G. Wells lo trova «onesto, giusto e candido». Ha scritto Il'ja Erenburg: «Non lo amavo, ma per molto tempo avevo creduto in lui e lo avevo temuto. Parlandone con gli amici io, come tutti, lo chiamavo "il Padrone". Era uomo di grande intelligenza e anche di maggiore perfidia».

Il ritratto di Gula è, ovviamente, più appassionato e benevolo; lei gli voleva bene, e lui la chiamava «padroncina», appellativo concesso solo alla prediletta Svetka, alla figlia.

«A lui non piaceva rivolgersi alle persone di casa chiamandole per nome. Era buono, mi prendeva in braccio, mi accarezzava. Quando si toglieva il cappotto militare mi sembrava più piccolo, minuto, e questo mi pareva molto strano, e, quando se lo rimetteva, diventava quello delle fotografie e delle statue, e mi incuteva un po' di paura. C'era qualcosa che ci separava, non riuscivo ad avvicinarlo e a fargli capire il mio affetto. Una volta mi ha fissato e ha detto a Svetlana: "Guarda come quella lì mi osserva". Allora Svetka mi ha spiegato che bisognava essere più gentili con lui, andargli incontro e baciarlo, e queste parole mi hanno rattristata e ho cominciato a piangere.»

Stalin non aveva nessun gusto per l'eleganza, portava sempre la stessa divisa, lo stesso pastrano, per anni: non era soltanto trascuratezza, forse voleva che il popolo lo riconoscesse, finalmente, nella stessa immagine. «La modestia» affermava «è l'ornamento del bolscevico.»

Gula ha vissuto con Svetlana e il cugino Iosif al Cremlino; il nonno non gradiva, invece, le visite dei figli di Vasilij, con il quale aveva «rapporti confusi».

«Delle feste» dice Gula «ricordo molto bene quando preparavamo l'albero di capodanno nella dacia. Svetka, Iosif e io decoravamo l'abete, che era nella mia stanza. Poi venivano gli invitati e il personale. Non c'era per il nonno alcun dono, e nessuno gli mandava gli auguri.

«Quando il fronte si avvicinò,» rammenta Gula «noi fummo mandati a Kujbvšev; c'erano anche i parenti Allilueva, la nonna di Svetlana, e anche mio cugino Aleksandr, detto Jaša, figlio di zio Vasilij. Nadežda Allilueva, come ha scritto in un introvabile libretto la sorella Anna, era "timida e orgogliosa", e anche bella. Natalja Sedova, moglie di Trockij, diceva: "Ha il profilo delle madonne di Rublëv". Non si è sparata soltanto perché Stalin, durante un banchetto, l'aveva esortata sgarbatamente a brindare: "Ehi, tu, bevi", non fu quello che l'ultimo pretesto che esasperò una sensibilità già morbosa; Pavel Alliluev narrò a un amico la cronaca di quella turbinosa serata in casa Vorošilov, complice e organizzatore, si dice, di molte evasioni goderecce di Iosif Vissarionovič. Nadežda, durante il pranzo, criticò la politica agraria del governo, la collettivizzazione che aveva provocato la grande miseria e la polemica fu accesa. Nadja si sentiva ingannata dal marito e da quel socialismo spietato, era offesa come donna e come militante. Si era fatta, dice un testimone che la vide alla celebrazione della vittoria d'Ottobre, "pallida e magra", i suoi nervi non reggevano più a quell'usura.

«Ho frequentato una scuola comune,» continua Gula «come tutti. Ricordo che furono sfollati con noi anche i figli di Chruščëv. Uno era malato alla spina dorsale, si chiamava Sergej, Serjoža, e mi faceva pena. La bambina, Elena, invece, giocava sempre con me. Andavamo a fare il bagno al fiume, correvamo sotto gli alberi. Non so più nulla di loro. Aspettavamo sempre il nonno, ma lui non venne mai.

«In quei giorni, Berija ha calunniato mia madre davanti al nonno. L'ha accusata di spionaggio, senza precisare neppure a favore di chi. Mio padre era già caduto prigioniero, non sapevamo nulla di lui. È stata in una cella due anni, aspettando il processo. Nessuno l'ha mai giudicata. A me non dicevano niente e io mi sono abituata a vivere senza di lei, l'ho dimenticata. Prima era detenuta a Mosca, poi, quando i nazisti avanzavano, l'hanno trasferita a Engels, sul Volga, poi l'hanno riportata ancora nella vecchia prigione. In carcere non lavorava, era isolata, poteva leggere; una sola volta ha avuto una compagna. Non doveva avere contatti: non si doveva sapere chi era. Quando l'hanno messa fuori, nessuna scusa, nessun chiarimento, soltanto una parola: libera. Appena l'ho rivista, non l'ho riconosciuta; avevo timore ad avvicinarla. Mia madre non ha mai più rivisto il nonno, non venne neppure ai funerali. Non lo criticava, non diceva nulla, ma capisco il suo silenzio. Io posso dire che lo amo, e penso che certamente è stato un grande uomo. So una cosa: che Berija ha avuto un ruolo terribile nella sua vita, come nella vita di tutti in Russia. Del resto, quando spariva qualcuno della famiglia ero piccola.»

Lo Stalin dei congiunti è dolce, arrendevole, un cuore semplice: va a pescare nel Kura, sa sparare soltanto ai conigli selvatici nelle macchie del Caucaso, gli piace la fiamma del caminetto, contempla i ciliegi fioriti, gioca a bigliardo, o a *gorodki*, e ha la mossa pronta nel manovrare il bastone, ride come un fanciullo alle comiche di Charlie Chaplin, si intenerisce ascoltando le canzoni paesane.

Gula mi parla delle sue abitudini modeste; una stanza dove mangiava, leggeva, lavorava, dormiva: era il suo regno, e guai ai bambini o alle cameriere, se toccavano fogli o oggetti; non aveva il senso del valore materiale delle cose, non largheggiava né in parole, né in gesti generosi. Lui è rimasto vedovo due volte: Ekaterina Svanidze, mi ha detto un medico di Tiflis, fu colpita probabilmente dal tifo, ma la diagnosi della malattia rimase incerta. Nadja fu vittima dei suoi nervi e lo lasciò ancora più arido, ancora più solo. Aveva cinquantadue anni. Ogni giorno, sulla tomba di Nadežda, qualcuno deponeva due rose; i custodi dicevano che era lui che le mandava.

Gula ricorda l'ultima volta che vide Stalin, sei mesi prima della morte. Lei era in uniforme da pioniera, con il fazzoletto rosso al collo e la camicetta bianca; aveva quindici anni. «Sapevamo che doveva arrivare, e lo aspettavamo tutti nella dacia» racconta. «Mi accorsi che aveva l'aspetto molto affaticato, ma non poteva star fermo, tranquillo. Mi accarezzava, mi baciava. Ho in mente la sua faccia accesa, i baffi ispidi che mi pungevano. Non sapevo far niente, ma volevo inventare qualcosa per mio nonno, rendermi utile e ho cercato di servire il tè, ma non mi è riuscito molto bene. Lui ha fatto finta che fosse buono, e mi ha sorriso. Poi è andato un po' a riposare.

«Della sua morte io conosco la versione ufficiale. So che è stato trovato una mattina disteso sul pavimento del suo studio, incosciente, i medici ci hanno detto che era così da alcune ore, e poi è cominciata la sua lotta per sopravvivere. In qualche momento parve che riconoscesse coloro che gli stavano attorno. Della famiglia è andata soltanto Svetlana.»

Alle 21.50 del 5 marzo 1953, ora di Mosca, anche un mito tramonta. Nel primo giornale radio delle 6, il solito Levitan, la voce delle grandi occasioni, legge adagio adagio: «Il cuore del compagno d'armi di Lenin, dell'illuminato continuatore delle lotte di Lenin, del saggio maestro, del capo del Partito e del popolo, ha cessato di battere».

Gula dice ancora: «Non ho nulla che mi ricordi il nonno, nessun oggetto. Ogni tanto guardo una fotografia: c'è lui, con Svetka bambina, e zio Vasilij e mio padre, e il grosso Ždanov. Tutti hanno occhi contenti».

VALENTIN MICHAILOVIČ BEREŽKOV

Ho parlato con Valentin Michailovič Berežkov, che è stato per molti anni l'interprete ufficiale di Stalin e che, accanto al dittatore sovietico, ha preso parte a molti degli incontri che hanno cambiato la storia del mondo. È stato presente ai più importanti colloqui con Churchill e Roosevelt.

– Signor Berežkov, quando fu assunto come interprete ufficiale di Stalin?

«Fui chiamato, per la prima volta, nel settembre del 1941. Ero appena tornato da Berlino, dove lavoravo come primo segretario della nostra ambasciata. In quel mese arrivarono lord Beaverbrook e Averell Harriman, in rappresentanza di Churchill e di Roosevelt, per discutere i negoziati sulle forniture militari all'Unione Sovietica.»

– A quali grandi avvenimenti ha partecipato?

«Uno dei più importanti fu certamente l'arrivo di Churchill, alla fine dell'estate del '42. Il premier inglese era arrivato per spiegare a Stalin le ragioni per cui gli Stati Uniti e l'Inghilterra non potevano aprire il secondo fronte, come invece avevano promesso. E poi la conferenza di Teheran, nell'autunno del '43, in cui si incontrarono per la prima volta Stalin, Roosevelt e Churchill. È difficile trovare tre uomini tanto diversi tra loro.»

– Come era il capo nei suoi confronti?

«In generale era molto corretto, anche se i rapporti potevano sembrare freddamente cortesi.»

– Stalin era solito commentare l'esito degli incontri?

«L'interprete – allora non si usava il magnetofono né si chiamavano stenografe – doveva prendere anche appunti per stendere, in un secondo tempo, il verbale. I telegrammi invece venivano fatti immediatamente. Stalin aveva matite colorate, rosse e blu, con le quali faceva le correzioni. Talvolta, anche se di rado, mi ha rimproverato: "Lei ha tradotto, ma non ha capito il nocciolo della questione", e subito mi diceva che cosa dovevo fare.»

– Era possibile intuire qualcosa delle sue intenzioni? Si lasciava andare a qualche confidenza?

«Era difficile capire come poteva reagire Stalin di fronte a certe situazioni. Magari aveva preparato la decisione in anticipo, ma lui non la manifestava mai e così sembrava sempre presa all'improvviso.»

– Esigeva che lei traducesse anche le espressioni più dure, i giudizi più aspri?

«I negoziati, non esclusi quelli più importanti, si svolgevano sempre in maniera molto corretta, tranquillamente, anche nei momenti più gravi. L'unica volta in cui Stalin ebbe parole dure fu quando Churchill dichiarò che gli Alleati non avrebbero aperto il secondo fronte. Stalin obiettò che i russi avrebbero pensato di essere abbandonati e che tutto ciò avrebbe creato un'atmosfera di sfiducia nel Paese. Churchill uscì da quel colloquio molto cupo. Stalin anche. Ma la mattina successiva si incontrarono nuovamente e Stalin, poiché aveva capito che non c'era niente da fare, si comportò come non fosse accaduto niente. E poi, la sera, ci fu una cena e i due parlarono serenamente di tutti gli altri programmi.»

– Che cosa diceva di Churchill?

«I sentimenti anticomunisti di Churchill erano noti fin da quando era Primo lord dell'Ammiragliato, fin dall'epoca della Rivoluzione d'Ottobre. È naturale quindi che i rapporti con lui fossero più freddi che non con Roosevelt, il quale aveva capito che non si potevano mantenere preconcetti nei confronti dell'Unione Sovietica. In fondo la Russia aveva saputo sostenere l'attacco della Germania hitleriana e sarebbe uscita dalla guerra ancora molto forte. E poi l'Urss era più vicina all'America sulle questioni coloniali di quello che non fosse con l'Inghilterra.»

– Che cosa pensava di Eisenhower?

«Quando Roosevelt mandò un telegramma in cui era detto che, come comandante in capo per l'apertura del secondo fronte, era stato nominato Eisenhower, Stalin accolse bene questa decisione, perché lo considerava un generale molto capace e di grande esperienza organizzativa.»

– E che opinione aveva di Mussolini e di Hitler?

«Non ricordo che abbia mai parlato in particolare di Mussolini. Per quanto concerne Hitler, Stalin capiva che aveva a che fare con un sanguinario, un criminale: ma al tempo stesso lo considerava molto astuto, intelligente, cauto. Perciò non avrebbe mai pensato che Hitler avrebbe iniziato la guerra contro la Russia a metà dell'estate, quando l'esercito tedesco non era pronto per una lunga campagna ed era ancora impegnato nei Balcani e in Grecia, dove le forze armate tedesche erano corse in aiuto di Mussolini. Per questo Stalin si rifiutò, in principio, di credere che Hitler lo attaccasse. Certo, questo errore è costato molte perdite alla Russia.»

– Si è mai trovato in imbarazzo nel suo lavoro?

«A Teheran, Stalin aveva organizzato un pranzo per Churchill e Roosevelt. Avevamo lavorato tutta la mattina, non ero riuscito a far colazione ed ero affamato. Allora, tra un colloquio e l'altro, riuscii a tagliare un pezzo di bistecca e a mettermelo in bocca. Proprio in quel momento Stalin si rivolse a me per dire qualcosa a Churchill. Non potevo né inghiottire, né sputare quel pezzo di carne. Allora Stalin mi guardò e disse seccamente: "È venuto qui per lavorare o per mangiare? Lei ha trovato il tempo per sfamarsi? Che vergogna!".

«Mandai giù in qualche modo quel boccone e tradussi quello che diceva a Churchill, che si mise a ridere assieme a Roosevelt, sdrammatizzando così la situazione. Ma da allora, durante le ore di lavoro, non mi sono più azzardato a toccar cibo.»

– Anche lei, come tanti collaboratori di Stalin, era dominato da un sentimento di timore?

«Ogni volta che il suo aiutante mi telefonava e mi diceva: "Oggi lei deve fare da interprete", c'era sempre da parte mia un certo sforzo di concentrazione, di riflessione, per cercare di capire di quali problemi si trattasse. Personalmente non avevo timore di lui, forse perché ero giovane o forse anche per la venerazione che tutti noi gli portavamo. Per noi era un semidio, un genio. Sì, sapevamo che c'erano persone che sparivano, che qualcuno era stato accusato di essere nemico del popolo, ma avevamo anche la certezza che quando non si è colpevoli, non bisogna avere nessuna paura.»

– Quindi, che cosa era per lei?

«Ripeto: un superuomo, un saggio che sapeva tutto e che prendeva sempre la decisione giusta. Il XX Congresso è stato un trauma. Ma bisogna anche considerare che all'epoca di Stalin il nostro Paese era circondato da potenze ostili che cercavano di distruggerci, di soffocarci.»

– E quali episodi le fa più piacere ricordare?

«È difficile a dirsi. Però, ogni volta che, dopo un lungo intervallo, mi veniva comunicato: "Oggi lavorerai tu", mi prendeva un impeto di orgoglio. Mi dicevo: "Stalin! Vai da Stalin! Di nuovo con lui!". Se questi si possono chiamare momenti felici, allora ce ne furono molti.»

UN SECOLO DI SANGUE

GOTT MIT UNS

HERBERT KAPPLER

Nel penitenziario di Gaeta il «Reparto ufficiali» è occupato da due soli detenuti: Herbert Kappler e Walter Reder. Ognuno dispone di una stanza, e in più c'è una camera comune, con televisore, dove consumano i pasti. Passeggiano su una lunga terrazza; lo sguardo si posa sul mare (oggi l'acqua è colore verde cupo, ricorda il Baltico) o indugia su una vecchia torre, nella quale i falchi hanno il loro nido. Sotto c'è il pollaio del carcere, e al mattino cantano i galli.

Il colonnello Kappler possiede due piccoli acquari, e una scansia con qualche volume: c'è anche un libro sulla Germania, con tante fotografie a colori. Il maggiore Reder cura alcune pianticelle, ma una vite del Canada, che si arrampica attorno alla finestra, si va seccando.

Dice Kappler: «Impiego il mio tempo anche a fare la massaia. Altro che cameriere e attendente, come qualcuno ha scritto; e, come vede, non ho per me un appartamento di tre vani e cucina. Oggi mi sono preparato una polenta che è pronta in pochi minuti, poi ho aperto una scatola tedesca di carne, che ha molto sugo; per stasera, mi bastano due fette di pane biscottato con il formaggio. Da tempo sono diventato astemio, solo per il primo dell'anno bevo un bicchiere di spumante. No, non leggo mai i giornali; ogni tanto Reder, che segue la stampa, mi informa di certi aspetti della politica, e qualche iniziativa mi sorprende. Io credo che l'Europa debba unirsi, se vuole salvarsi. No, non sono un nazionalista anche se penso che ogni Paese ha il suo carattere, che va rispettato».

– Qual è la sua principale occupazione, oltre alla lettura e alla corrispondenza?

«I bambini spastici, immobilizzati negli arti. Ho inventato delle macchine per insegnargli a leggere. Mi dà una certa soddisfazione non sentirmi del tutto inutile. Mi sembra di essere un parassita della società. Il mondo è ipocrita, non fa niente per questi infelici. È comodo dichiararli non educabili. Io ho creato una serie di mezzi didattici che in Germania si chiamano *Kappler-Geräte*, e compilo speciali testi di istruzioni, uso le immagini che ritaglio dalle riviste e un linguaggio semplice, che possono capire. Qualche titolo? *La nostra terra, Miracoli quotidiani della natura, Che cosa l'uomo ha imparato dagli animali, che cosa gli resta da imparare.* Se noi fossimo capaci di comportarci come il delfino con i suoi simili, raggiungeremmo l'ideale etico.»

– Cosa fa di speciale il delfino?

«Ha una sua lingua, che gli serve per scambiare osservazioni ed esperienze. Nessuno ha mai visto due delfini lottare fra di loro, nessun delfino ha mai causato vittime tra gli esseri della sua specie. Fra questi mammiferi non esistono guerre, e sono sempre disposti ad aiutarsi reciprocamente. Se uno si trova in pericolo e chiede soccorso, tutti i fratelli che hanno udito l'appello accorrono. Quando una madre delfina partorisce, e a causa dei forti dolori non ha la forza di tenersi a galla per respirare, due compagne la sostengono e non l'abbandonano.»

– Dove si trovava nell'aprile 1945?

«Nei giorni della resa definitiva ero a Bolzano. Fu il crollo di tutto. Anche chi, fino a poco tempo prima, era cieco, cominciava a vedere. Come stato d'animo, pareva che qualcuno ti sparasse alla nuca. La disfatta, il crollo. Cominciarono i suicidi. Ricordo un giovane ufficiale delle SS che aveva perduto un occhio in combattimento e aveva mezzo piede artificiale: si tirò un colpo di pistola. Per Himmler chi si toglieva di mezzo non era degno della sepoltura con gli onori che spettano a un soldato. Una specie di scomunica, come quella della Chiesa. Io mi sono battuto, in questi casi, perché la cerimonia avesse il suo decoro. E poi che cosa ha fatto il capo? Ha preso le pillole al cianuro. In me è nato un profondo disgusto. Capisce a che cosa serviva la *Mensur*, il duello studentesco? Era una educazione all'autocontrollo, a sapere incassare, a restare diritto. Un corsetto, un busto morale che ti veniva messo per insegnarti a rimanere coerente con te stesso, con le idee in cui credi.»

– Qualcuno ha detto: «Il destino di un uomo è il suo carattere».

«Non mi sono mai ribellato alla mia sorte. Sono grato a Dio che mi ha permesso di maturarmi. Ognuno è più completo, se riesce con l'età a guardare dentro di sé. Mi capisca: non sono contento di star qui dentro per tutta la vita; non mi considero innocente in senso religioso e morale. Sull'aspetto legale, invece, avrei da discutere.

«Le leggi di guerra sono, di per se stesse, disumane e crudeli, la guerra è feroce, è indegna dell'umanità, ma esiste. Io ho rispetto per i morti, per chiunque sia caduto per il suo ideale. Ma non capisco quelli che davanti alle Fosse Ardeatine vanno a fare i discorsi; io porterei fiori, se potessi, e mi inginocchierei a meditare.»

– Come è stato catturato?

«Nessuno mi ha tratto in arresto. Un camerata mi disse: "Gli inglesi hanno un elenco di ricercati, c'è anche il tuo nome". Mi presentai a un capitano della Military Police: "È vero che sta dando la caccia a Kappler? Eccolo davanti a lei". Era un po' sorpreso, perplesso. Restammo d'accordo che mi sarei trovato due giorni dopo all'aeroporto, a una certa ora, e da lì mi avrebbero condotto per l'interrogatorio a Firenze. "Ci sarà?" mi chiese il capitano. "Senz'altro." E me ne andai. Guidai poi io stesso la macchina fino al campo d'aviazione, c'era un bimotore sulla pista che aspettava, caricò anche altri ufficiali, ritrovai anzi un amico che non vedevo da tempo. A Firenze mi portarono in una villetta, dove le camere erano state trasformate in celle. "Mi dia la sua arma" mi disse il comandante. Consegnai la rivoltella. Mi pare fosse il 6 maggio 1945. Da allora non sono stato più libero.»

– Non pensa di raccontare le sue esperienze?

«Di una cosa sono sicuro: non scriverò le mie memorie.»

– Che cosa l'ha spinta a questa decisione?

«Certe letture, certi memoriali come quelli dell'ambasciatore Rahn, o del dottor Dollmann. Dollmann è uno che dice sempre quello che l'ascoltatore si aspetta di sentirsi dire. Bravissimo. “Ma come fai?” gli chiedevo.»

– Allora, in quel tempo, in quegli anni, lei sentiva, lei sapeva di essere odiato?

«Sì, ma non dalla folla. Come persona non ero noto. Ero un avversario, e più volte hanno attentato alla mia vita. Io ho smontato un ordigno destinato a farmi saltare, l’ho disinnescato, perché conosco la tecnica. Una sera, dopo una dura giornata di lavoro, ero libero; mi cambio, metto i pantaloni lunghi, mi preparo a uscire, avevo combinato, mi pare, una cena con gli amici. Salgo in macchina, corro lungo il Muro Torto, e quando giro verso via Veneto mi accorgo che davanti all’Albergo Flora c’è uno sbarramento. Scendo, chiedo che cosa è accaduto. Mi dicono che sono esplose due bombe, e che ce n’è ancora una su una finestra. Ci sono alcuni ufficiali, ma nessuno si muove. In quel momento mi sono detto: “Kappler, vinci quella paura che hai dentro, se no ti vergognerai di te stesso, fallo per te”. Sento un brivido nella schiena, poi sudo, ma mi controllo. Faccio puntare un riflettore sul davanzale, prendo il binocolo, osservo, vedo che c’è una miccia, ma è spenta. Vado avanti, prendo quell’arnese sotto il braccio e salgo all’appartamento del generale Mältzer, che era un fifone. “Guardi che cosa ho trovato.” “Ma Kappler, è matto, che cosa fa? Lo porti via subito.”»

– Qual era il suo stato d’animo, allora?

«La gente, le dicevo, sapeva chi doveva colpire, e io sapevo chi dovevo eliminare. Kesselring, al momento dello sbarco alleato, era stato chiaro: “Lei” mi avvertì “risponde con la sua testa di ciò che accadrà alle spalle dei combattenti di Anzio e di Nettuno”. Io non provavo nessun odio per il generale Fenulli o per il colonnello Montezemolo; io pensavo che bisognasse rendere innocui gli avversari di una certa importanza. Il rancore è scoppiato quando il mio nome è diventato sinonimo delle Fosse Ardeatine, ma questa identificazione non è giustificata: non lo dice nemmeno la sentenza. Si legge nei giornali: “Il responsabile delle Ardeatine”, ed è una falsificazione della realtà, anzi, anche della cosiddetta verità processuale. La strage delle Ardeatine non l’ho voluta io, non l’ho decisa io. Il generale Fantini e gli altri giudici dovevano condannarmi e hanno la mia comprensione, ma ogni volta che mi sento attribuire la colpa di quel fatto, provo un senso di ripugnanza.»

– Si sente vittima di un'ingiustizia?

«No, altrimenti non sarei così sereno come sono, mi creda.»

– Lei prega mai?

«Io prego, e non solo in chiesa, e non sono superstizioso. Molti anni fa mi sono fatto battezzare, un ufficiale che era qui è stato il mio padrino, fu una decisione maturata in cinque anni.»

– Fu lei a preparare l'arresto di Ciano?

«Io ho organizzato la fuga di Ciano, con un trucchetto poliziesco. Da Berlino chiedevano di aiutarlo, di farlo scappare. Senise, il capo della polizia italiana, seppe che era fuggito quando il conte era già in volo verso la Germania. Creammo artificiosamente un ingorgo stradale con quattro macchine, un camion era pronto in un cortile di via Margutta. Ciano scese da casa sul marciapiede, si fece un po' di confusione, lo facemmo salire sull'autocarro che lo portò subito a Ciampino.»

– Frau Betz, quella bellissima signora tedesca che andava a trovare Ciano a Verona, nel carcere degli Scalzi, era stata sua segretaria?

«Era piacente, graziosa, non bellissima, la chiamavano Felicita, non è mai stata mia segretaria, ma dipendeva dal camerata Löss, e proveniva dalla Divisione VI, il Servizio informazione politico di Berlino. Era molto intelligente. Non so com'è finita.»

– Dicono anche che è stato lei a far prigioniera Mafalda di Savoia, la principessa morta a Buchenwald.

– È una grossa bugia. È così che si distrugge la reputazione di un uomo. Kesselring mi disse: "Dal quartier generale del Führer mi chiedono di far trasferire la principessa, perché laggiù c'è il marito. Mi può aiutare?". Con un espediente la feci invitare alla nostra ambasciata, dove c'era ad attenderla un ufficiale della Luftwaffe, al quale venne presentata, e una nostra ausiliaria in divisa, tutti e due inviati da Kesselring. Io, del resto, al quartier generale avevo visto il principe d'Assia e sono certo che Kesselring era in buonafede, non immaginava le intenzioni di Hitler, né il destino di quella povera donna.»

– Dopo l'8 settembre, lei avrebbe trovato, sul tavolo di Badoglio, una specie di confessione del maresciallo Cavallero, sul cui suicidio gravano ancora molte ombre.

«Non ho mai visto il tavolo di Badoglio. Ho incontrato Cavallero dopo l'armistizio dell'Italia. Fui io che mandai il capitano Wehner a liberarlo a Forte Boccea, dov'era detenuto. Cavallero venne condotto alla nostra ambasciata, era pieno di riconoscenza, fece un discorso molto retorico e alla fine, per sbaglio, gridò "Viva il re". Lo rifocillammo nella cantina dov'era sistemata una mensa, c'erano anche altri personaggi, militari e gerarchi, molti indossavano un cappotto sul pigiama, alcuni passeggiavano nel parco, erano stati portati via all'improvviso e alla svelta. Qualcuno chiese di poter raggiungere la famiglia senza scorta, bastava gli prestassimo una pistola. Da un sacco, che si trovava in una baracca, tirai fuori alcune rivoltelle. Erano nuove, lucide d'olio, le avevano appena sequestrate. Li avvertii: "State attenti, non sono ancora pulite". Così Cavallero si è ucciso con un'arma che gli avevo dato io, ma non è vittima di una mia macchinazione. Ho conosciuto meglio Graziani, di lui anzi dicevo: "Odia molto Badoglio, per questo non ci lascerà".»

– Nella deportazione degli ebrei di Roma, qual è stata la sua parte?

«Ho fatto il possibile per evitarla, perché la ritenevo una bestialità politica, una idea cretina. Non mi hanno infatti condannato per questo reato.»

– Lei era antisemita?

«Sulla questione razziale non ho mai avuto una opinione; non li amavo perché erano ebrei, ma non li odiavo nemmeno. Da ragazzo, avevo un compagno di scuola israelita, qualcuno gli faceva dei dispetti, ma io trovavo questo comportamento sciocco. L'antisemitismo è assurdo, ma ugualmente assurdo è condannare chi critica una persona che è ebrea. Sono dell'idea dello scrittore Schlamm: vorrei essere autorizzato a dare del mascalzone a uno anche se è circonciso. Non capisco identificare nell'ebreo razza e religione; l'ebreo italiano è concittadino dell'israeliano. Ma un italiano che va alla chiesa anglicana non è nello stesso tempo inglese. Vorrei cercare di spiegarmi meglio con un caso personale. Io non vidi a suo tempo, e probabilmente per miopia mentale, nulla di male e nessuna discriminazione nella legge che vietava matrimoni tra ebrei e tedeschi. A me non sembrò molto dissimile dalle disposizioni ecclesiastiche che, per quanto mi risulta, considerano indesiderabili le nozze tra cattolici e non. E non so se oggi in Israele sono ammessi sposalizi tra ebrei e non ebrei. Ma quando, molto più tardi, sarà stato nel 1943, in uno dei miei brevi viaggi da Roma a Berlino, incontrai per la prima e unica volta due persone con quell'abominevole, per chi l'ha decretato, s'intende, pezzo di stoffa giallo con la "stella di Davide", allora tutto diventò diverso per me. Questa sì fu come una rivelazione. Ancora oggi ho davanti agli occhi quella coppia, evidentemente coniugi, che a braccetto mi venne incontro sul marciapiede della Budapesterstrasse. Decentemente vestiti, lui con un soprabito nero a doppiopetto e lei con uno marrone, con passo tranquillo ma non lento, sicuri di sé, dignitosi ma non provocatori, con la testa alta mi passarono vicini. Io non ero in divisa, e non portavo alcun distintivo, essi non mi guardarono, ma io non riuscii più a cancellare dalla mia mente l'immagine di quelle due persone e mi vergognavo. Mi sono sentito piccolo piccolo, quasi come un verme, di fronte a loro che con tale dignità sopportavano quella vera discriminazione imposta dalla mia gente. La guerra, quella cosiddetta "totale", quello stupido e orrendo fenomeno che spero sia, nel creato universale, limitato alla cosiddetta umanità di questo pianeta, ha fatto e continua a fare strage non solo di uomini "in armi", ma anche di vecchi, di donne, di madri e delle loro creature in fasce e in grembo.

«Io cerco, forse per istinto di conservazione, di non tenere vivi nella mia memoria certi ricordi. No, non soltanto quello del fatto in cui, nel più disgraziato, nel più vergognoso e nel più orribile giorno della mia vita, io ebbi parte attiva. Ma anche tutte le altre vicende vissute personalmente, o apprese dai racconti dei superstiti che, per esempio, hanno visto i loro cari bruciare vivi. E in parte riesco anche a non tenerli troppo accesi, certi pensieri, certi episodi che, a mio parere, non sono che frutto di incomprensione, di invidie, di intolleranza e infine conseguenze di quell'odio che spesso ad arte viene inculcato nei cervelli delle masse, pressappoco come faceva Pavlov con i suoi cani dai riflessi condizionati. Ma quella coppia, quell'incontro fuggevole e casuale della Budapesterstrasse di Berlino, io lo voglio tenere presente nella mia memoria.»

– Una volta il presidente Heuss mi spiegò che i tedeschi riconoscevano un solo buon esempio: Schweitzer. C'è qualcuno dei suoi compatrioti che lei ammira?

«Sono d'accordo con il giudizio di Heuss, ma non vedo una figura che vorrei imitare.»

– E in che cosa consisteva il fascino di Hitler, la sua capacità di suggestionare?

«Aveva qualcosa di sinistro e di buono. La definirei, oggi, un'attrazione quasi demoniaca. Faccio adesso un tentativo per rendermene conto, ma non riesco proprio a dire in che cosa consisteva questa influenza. L'ho visto diverse volte, ma non gli ho mai parlato a quattr'occhi.»

– E quale parte le toccò nella liberazione di Mussolini al Gran Sasso?

«Fui io, con pochi uomini, che condussi l'indagine per stabilire dove lo avevano nascosto, in collaborazione con Skorzeny, il soldato di ventura che era indispensabile per condurre l'impresa al successo.»

– Ci sono trentasei ore della sua vita che hanno deciso di tutto.

«Non voglio parlarne. C'è ormai un distacco nel mio intimo. È un fatto che ha segnato la mia esistenza. Non auguro al peggiore nemico, al nemico più odiato, di trovarsi in quelle circostanze, nella mia situazione. Ma io so davvero che cosa è l'odio? Se è vero che chi non sa odiare non è in grado di amare, forse in me non c'è neppure una grande capacità di affetti.»

Tutto accadde nel pomeriggio del 23 marzo 1944. Un plotone di militi del battaglione Bozen passava per via Rasella. Ci fu un attentato, scoppiò una bomba, caddero 26 militari, 60 restarono feriti e 15 mortalmente. Hitler dalla Wolfsschanze, dalla «tana del lupo», diede ordine a Kesselring di uccidere dai 30 ai 50 italiani per ogni morto, e di far saltare il quartiere con tutti gli abitanti.

Era, quel giovedì, un giorno di primavera, e le camicie nere di Salò celebravano il XXV annuale della fondazione dei fasci. Gli Alleati attaccavano senza risultati a Cassino; De Gaulle, ad Algeri, criticava il liberalismo. Sul *Corriere della Sera* c'era la fotografia di un motociclista tedesco fra le rovine e il fango di Nettuno. A Milano, al Teatro Lirico, si svolgeva la stagione della Scala bombardata, davano il *Boris Godunov*. Al cinema Corso era in programma il film *Ho tanta voglia di cantare*, con Ferruccio Tagliavini, all'Odeon *In cerca di felicità*, con Rabagliati e Tito Schipa. La radio annunciava per le ore 17 un discorso di Roberto Farinacci e alle 21 una trasmissione di canzoni di guerra. Kappler, allora, aveva trentasette anni. Passò, dal momento dello scoppio alla fucilazione degli ostaggi, trentasei ore senza dormire. Mältzer e von Mackensen, superiori del colonnello Kappler, processati e condannati per la strage delle Ardeatine, si professarono innocenti. Kesselring invece dichiarò: «Se c'è un colpevole per l'eccidio, quello sono io».

Deposizione di Herbert Kappler sull'attentato.

«In via Rasella, ove il grosso ordigno esplosivo era scoppiato, c'era un caos indescrivibile: i militari germanici superstiti, gli uomini della polizia italiana accorsi, le guardie nazionali repubblicane avevano iniziato una fitta sparatoria a casaccio contro le finestre delle case e contro le terrazze, supponendo che vi fossero appostati franchi tiratori. Bastava che la tendina di una finestra facesse il più piccolo movimento perché i vetri cadessero sotto le raffiche di mitra. Cercai di far cessare il fuoco, di disciplinare i movimenti scomposti di tutta quella gente, di dare uno sviluppo razionale alle indagini. Feci continuare con ordine le perquisizioni delle case che Mältzer aveva iniziato. A un certo momento cinquanta persone si trovarono allineate con le mani in alto lungo il muro di Palazzo Barberini. Nel primo momento non fu possibile accertare il numero dei morti che erano quarantadue.

«Mältzer prima di congedarmi mi incaricò di preparare l'elenco di coloro che dovevano essere fucilati. Mi feci portare le liste delle persone fermate in via Rasella. Le feci esaminare per accertarmi se vi fosse fra loro qualche persona sospetta. Fu per tale indagine che mi recai personalmente dal questore di Roma, Pietro Caruso, perché consentisse a mettere a disposizione dei miei agenti gli archivi italiani. Tornato assai tardi in ufficio ricevetti una telefonata dal maggiore Böhm che mi disse: "Per ogni soldato ucciso fucilate dieci italiani, entro le ventiquattro ore". Restai un po' sorpreso di codesto termine del quale von Mackensen non mi aveva fatto cenno nella conversazione telefonica. Böhm precisò allora che l'ordine era stato trasmesso dallo stato maggiore di Kesselring. Telefonai allora alla sede del feldmaresciallo che si trovava al Soratte e parlai con l'ufficiale di servizio. Gli chiesi se era a conoscenza dell'ordine trasmesso; mi rispose di sì e aggiunse: "Esso è partito da molto in alto". Interpretai tale frase nel senso che doveva essere stato lo stesso Hitler o almeno il suo quartier generale a darlo.»

– Signor Kappler, cosa pensa del suo avvenire?

«Non credo agli amici che a Natale mi scrivono: per le prossime feste ci vedremo fuori; non credo a quelli che vengono a trovarmi e alla fine del colloquio mi dicono: "La prossima volta converseremo in un altro luogo". Verrà Natale, io dico, e scambieremo gli auguri, verrà un'altra estate, e io chiederò che ti concedano un altro permesso di visita. No, non ho perduto la speranza, ma so collocare al loro posto i sogni. Da quindici anni non ho più illusioni. Certo, ho detto a qualcuno: "Se potessi evadere", ma ormai so adattarmi a queste pareti. Anche il corpo, con gli anni, non sopporta gli antichi esercizi ginnici e la mente non può continuare a inseguire gli stessi fantasmi. Devo conservare il mio equilibrio.»

– Se potesse andarsene...

«Se fossi libero, vorrei ritirarmi nell'angolo più riposto della terra. Però ho una madre, e vorrei darle ciò che una mamma si aspetta dal figlio.»

– Che cosa le fa compagnia, che cosa l'aiuta a sopportare?

«Mia madre, una volta, mi disse: "Perché non tieni qualche piccolo animale? Ti sentiresti meno solo". Da ragazzo io avevo tartarughe, farfalle, presi anche alcune vipere, e la mamma protestava, a sedici anni avevo costruito uno strumento astronomico per misurare gli spazi celesti, per vedere meglio le stelle. Mi sarebbe piaciuto prendere dei canarini, ma cantano, e disturberebbero Reder: il muro che ci divide è troppo sottile. Una amica mi ha regalato un piccolo acquario, e io ho imparato ad allevare piccoli pesci, non fameliche murene, come hanno detto. Ora possiedo una famiglia di platy-pappagalli, si chiamano così per i colori, il corpo giallastro, la coda rossa, delle squame blu, io li guardo, nascono i piccoli, i vecchi muoiono, io li nutro, senza di loro mi mancherebbe il contatto con la natura; in senso psicologico, è come se facessi una passeggiata nel bosco.»

WALTER REDER

Walter Reder ha i capelli bianchi e le guance flaccide; è lontano il ricordo del bel ragazzo che le Fräulein battezzavano «faccia d'angelo». «Veramente,» spiega «il mio nomignolo, fin da quando ero recluta, è sempre stato Bubi: me lo diede un donna, perché sembravo un bambino e per la mia vivacità, e così mi hanno sempre chiamato anche colonnelli e generali, e tutti i miei camerati.»

Il nome del maggiore Reder «prigioniero di guerra, detenuto in espiazione di pena nel Reclusorio militare di Gaeta», come informano i documenti giudiziari, è associato dalla gente a quello di Marzabotto. Chi dice 1830 morti, chi meno; la sentenza gli attribuisce invece la responsabilità per la perdita «di circa 300 civili, caduti nel settore di attacco del suo battaglione».

– È vero che riceve molti aiuti?

«Il governo regionale dell'Alta Austria (sono nato in Slesia), mi manda, ogni mese, l'*argent de poche* e due pacchi di viveri. Poi ho la pensione di invalido.»

– Ho notato che con il signor Kappler mantenete le distanze. C'è tra voi cordialità, ma anche molto rispetto della forma.

«Ci siamo conosciuti qui dentro e abbiamo deciso, di comune accordo, di trattarci con il lei; ciò costituisce un freno, mantiene un certo distacco, così non abbiamo mai avuto discussioni. Siamo molto occupati tutti e due, mangiamo insieme quando c'è un cibo che soddisfa le diverse esigenze; spaghetti, ad esempio, perché lui soffre di fegato e io di ulcera, e seguiamo diete differenti. Guardiamo ogni sera la televisione.»

– Vuol dirmi qualcosa della sua giovinezza, della sua famiglia?

«Mio padre era un industriale, possedeva una segheria, ma nel 1919, dopo la sconfitta dell'impero, non ha optato per la Cecoslovacchia, ha venduto tutto e siamo ritornati nella piccola Austria. Il suo nome era Rudolf, mia madre si chiama Franziska, ma per tutti è Fanny. Sono l'ultimo di tre fratelli, quello che voi chiamate "il cocco di mamma".

«Andammo a vivere a Steyer, e il babbo aprì un panificio.

Stavamo bene, ci siamo fatti una villa, appartenevamo al ceto agiato. Da ragazzo, i compagni mi sceglievano sempre come capo delle bande. Sono alto 1,81, ma nel mio plotone, da sottotenente, ero il più basso. Fin da allora tutti dicevano: "Questo prima o poi diventerà comandante". Ho studiato all'Istituto tecnico di Linz latino e inglese; il latino poi mi è servito per imparare l'italiano e aiutarmi a difendermi. Facevo tutti gli sport, ero iscritto alle associazioni ginniche.

«I miei fratelli sono morti: mia sorella e il marito, un ingegnere italiano, uccisi a Parigi da una fuga di gas; mio fratello per una scommessa durante una scalata.

«Quando il Reich invase l'Austria io provai una grande felicità. Era il 1938; da quattro anni ero scappato in Germania per arruolarmi nelle SS: truppa non polizia. Provenivo dalla Hitlerjugend: mi piaceva quella vita. Prima ero stato boy-scout, ma nei reparti nazisti si facevano più marce, più gare. Un amico mi disse: "Vieni con noi", così è cominciata la mia storia.»

– C'erano ebrei fra i suoi compagni?

«Conoscevo delle signorine Klein e delle signorine Deutsch, anzi a una ragazza Deutsch facevo la corte. Mi dissero che dovevo smettere di frequentarla, ma io quelle differenze, quelle faccende di razza, non le capivo. Nelle SS mi distinsi subito, facevo parte della guardia d'onore, suonavo il piffero nella fanfara. Eravamo clandestini. Dollfuss aveva proibito il nazionalsocialismo. Dollfuss venne poi ucciso alla Cancelleria sotto un quadro della Madonna, ma il governo di Vienna ha stabilito che io non c'entravo.

«Ho preso parte all'occupazione con un reggimento motorizzato, il nostro aiutante stava in piedi sulla macchina scoperta, l'entusiasmo era grandissimo. A Salisburgo l'esercito austriaco reggeva i cordoni, i doganieri ci avevano aiutato ad abbattere le sbarre di confine, le donne lanciavano fiori. Io giurai fedeltà a Hitler, comandante supremo, con i miei concittadini arruolati nelle forze armate. Diventai subito commissario della propaganda, facevo comizi, organizzavo adunate. A Brno, Praga era già caduta, andai a far pratica in un battaglione di addestramento. Che meraviglia: c'era l'opera, buona birra, buon vino, belle ragazze. Per me è stato sempre chiaro: vivi e lascia vivere. A ventiquattro anni ero il più giovane comandante di compagnia.»

– E quando cominciò la tempesta, dove si trovava?

«Ero a Berlino, dove stavano costituendo la divisione Totenkopf, sì, aveva per simbolo un teschio. Sentii parlare, eravamo nel marzo del 1940, della campagna di Francia. Il mio lavoro non era stare a tavolino, ma guidare gli uomini, addestrarli. Fui invece destinato come ufficiale d'ordinanza al comando di reggimento. Dall'Olanda, dal Belgio, puntammo sulla Francia settentrionale. Durante l'avanzata finii una notte contro un carro armato inglese. C'erano alcuni *Tommies* feriti. Io portavo sempre in macchina cognac e champagne. Mi lavavo anche i denti con lo spumante. Gliene offrii, ma rifiutarono. Avevano paura che fosse avvelenato. Ricordi, forse, della prima guerra. Arrivai solo su una collina, sotto c'erano molte luci rosse, un reparto corazzato britannico. Quando raggiunsi finalmente il comando mi credevano disperso. Informai del concentramento di carri e al mattino, all'alba, arrivarono gli Stukas e li distrussero. Allora i collegamenti erano perfetti.»

– Lei fu dunque testimone della sconfitta dei francesi.

«Vidi Pétain che, con un corteo di automobili, si dirigeva verso Pau. Un vecchio triste. Nel marzo del 1941 (marzo e settembre sono per me due mesi fatali), a Berlino, durante un raduno di ufficiali addetti alle informazioni, seppi che avremmo attaccato la Russia. Non dovevamo dire nulla nemmeno ai nostri superiori. Si stava bene, in quel tempo, ci si divertiva, eravamo certi di vincere. Göring predicava che era sicuro di battere l'Inghilterra da solo. "Se non ci riesco, chiamatemi Mayer" affermava.

«Mi mandarono a Madrid in borghese, per prendere accordi per una nostra operazione contro Gibilterra. Nei bar degli alberghi si beveva, tutti insieme, tedeschi, inglesi, francesi, da buoni nemici, e uno sapeva dell'altro. Ci fu anche un colloquio di Franco con Hitler a Hendaye; io dovevo guidare la colonna del Führer al riparo nei Pirenei nel caso di un'incursione aerea.

«Mi presentai al Führer sul treno speciale e lui mi disse: "Vada al vagone ristorante". Sono le sole parole che Hitler mi ha rivolto. Quando ritornò, io stavo con gli aiutanti di Ribbentrop e di altri gerarchi, non disse niente del colloquio, ma si lamentò perché le campane, in Germania, svegliavano presto la gente che aveva magari passato la notte in rifugio.

«Rinunciai alla carriera nello Stato Maggiore per andare a combattere. In maggio la Totenkopf venne concentrata nella Prussia orientale. All'inizio noi pensavamo che i sovietici ci avrebbero fatti passare dal Caucaso per prender gli inglesi alle spalle. Poi cominciarono corsi di russo per ufficiali, vennero delle istruttrici, ci insegnarono i caratteri cirillici e un po' di lingua, cominciammo a studiare le manovre sulle carte.

«Il 21 giugno 1941, io ero andato a caccia al cervo con un grande possidente terriero che aveva una riserva, ma mentre eravamo nella foresta mi raggiunse un portaordini. La compagnia era in allarme. Il primo combattimento lo abbiamo avuto sulla vecchia linea Stalin. "Arriveremo presto a Leningrado" dicevano. Noi andavamo, agli ordini di von Manstein, come dei diavoli. Mi portavo dietro una bella giacca bianca per andare a spasso d'estate e due bottiglie di cognac che avevano cinquant'anni, avute in dono in Francia. Il padrone del mio quartiere di alloggio era il vicepresidente della Hennessy. Io cercavo sempre una camera nei castelli, perché avevano il bagno. La figlia del mio ospite era una bella ragazza, invitava le amiche, io portavo altri ufficiali e facevamo baldoria. Quando partii la padrona di casa prese fuori da un armadio due bottiglie polverose e mi disse: "Vanno aperte soltanto in casi eccezionali. Voi tedeschi non sapete bere: glu glu glu, invece va preso a piccole dosi". Una la aprii per dare il benvenuto ai nuovi ufficiali che venivano a sostituire i compagni caduti o feriti; l'altra la tenevo per celebrare la presa di Leningrado.»

– Una bevuta mancata.

«Già. Nel settembre del 1941, uno dei miei soliti mesi neri, il colpo di un tiratore scelto mi ha trapassato il collo e mi è uscito dietro, sfiorando tre centri vitali. Eravamo a Demjansk, c'era un bosco pieno di russi, avevo una carta topografica in mano e sono caduto per terra.

«Passai a casa la licenza di convalescenza, ero capitano, poi raggiunsi ancora il mio reparto chiuso in una sacca. Avevamo fame, e noi motorizzati non potevamo mangiare i cavalli. Gli Ju 52, su una pista improvvisata, scaricavano prima munizioni, poi carburante, poi viveri. Le sentinelle montavano di servizio solo per mezz'ora; svenivano per lo sfinimento. Nella mia compagnia c'era un propagandista del partito che aveva molta chiacchiera. Io presi una slitta, ci attaccai un cavallino russo, di quelli che mangiano anche la paglia dei tetti, e mandai l'oratore in giro a convincere qualche anima tenera a darci un po' di carne dei ronzini; con la più dura facevamo polpette, spezzatino, ma almeno i miei soldati avevano da riempire la pancia. Sugli Junker che decollavano salivano solo i feriti e i tecnici che andavano a ritirare pezzi di ricambio. Il mio uomo tornava invece con cassette piene di vodka. Il termometro segnava anche 50 gradi sotto zero, il vento dell'est ci staffilava la faccia.

«Quando arrivò il disgelo, le buche si riempirono d'acqua. Noi e i russi fummo costretti a vuotarle, a spogliarci e ci fu, sotto il primo sole, una tregua piena di allegria. Poi, nella notte, da tutte e due le parti, ricominciammo le sortite. I russi erano combattenti fantastici, e anche se feriti gravemente sparavano fino all'ultimo.»

– Lei non ha mai avuto paura?

«No. Non ho mai pensato di morire, avevo dalla mia una fortuna sfacciata, ero preso dall'entusiasmo di guidare i miei uomini. "Caramba, caraco ein whisky" era il mio grido per tirarmi dietro il plotone. Correvo in avanti, coglievo il nemico di sorpresa, quando cominciava il fuoco di sbarramento dell'artiglieria ero già passato. Sempre all'assalto, mai di riserva. Se c'erano guai, il colonnello mi chiamava: "Bubi, devi farcela tu". Una volta, un cecchino russo mi aveva preso d'infilata la compagnia. Io lo aggirai e gli piombai addosso con la mia MP. Era un ragazzo di diciott'anni, un biondino, non ho avuto il coraggio di sparare. Lui mi guardava stupefatto. Gli ho urlato: "*Ruki Vverch.* Mani in alto", e l'ho spedito verso le retrovie, disarmato, da solo.»

– Qual era la sua tattica di combattimento?

«Non far pensare. Certe volte siamo saltati in una trincea così rapidamente che gli avversari non hanno trovato neppure il tempo di sparare. Io dicevo: "Svelti, che ci riuscirà facile".

«Prima dell'assalto davo la mano a tutti, li fissavo e capivo: questo oggi muore. I loro occhi guardavano oltre di me, erano di vetro, c'era l'ombra del presentimento. Si dice che nella fossa fatta da una granata non ne cade subito un'altra. Il mio sostituto diede l'orologio all'attendente e disse: "Dàllo alla mia mamma". Saltò nella buca e fu subito colpito da un altro proiettile.»

– Lei ha avuto molte decorazioni per il suo valore.

«Sono stato promosso per meriti speciali, poi la Ritterkreuz, che è la vostra medaglia d'oro, e poi la Deutscheskreuz Gold, che corrisponde all'Ordine militare di Savoia.»

– Quando è stato ferito, come ha perso il braccio?

«È accaduto nel gennaio del 1943, in Ucraina. Stavo dando istruzioni al comandante di un carro sui tiri da effettuare: i russi tenevano il panzer sotto il loro tiro. Ricordo il paesaggio: si vedevano un'isba e un ruscello. Le schegge di una granata mi han tagliato netto l'avambraccio sinistro che è rimasto legato solo da un tendine. Il carro armato innestò subito la marcia indietro: io, trascinandomi in ginocchio, riuscii a portarmi dietro la casa. Arrivarono un infermiere e quattro soldati, anche l'altra mano era paralizzata, il sangue mi spruzzava sul volto. Ordinai: "Voi correte al riparo, io vengo per ultimo".

«Il medico prese con una mano una bottiglia di cognac e me la infilò in bocca, con l'altra tagliò il moncone che cadde in un cestino. Io dissi: "Attenzione, c'è un anello", e il dottore: "Bubi, sei proprio indistruttibile".»

– E come ha fatto per ritornare al fronte?

«Volevano utilizzarmi come istruttore, ma io desideravo tornare a combattere, da volontario. Il medico disse: "Abile, ma a suo rischio". C'era anche un mutilato che attaccava la gamba di legno all'autoblindo. Il generale Simon fu felice di affidarmi il comando del 16° battaglione da ricognizione.

«Quando Horthy, in Ungheria, pensò di fare come Badoglio, mi spedirono laggiù. Non ebbi complicazioni. Gli ufficiali della Honved mi diedero la parola d'onore che non avrebbero mancato agli accordi, facemmo qualche bevuta insieme, ballavano la czarda sui pianoforti. Ho visto, mentre attraversavamo la puszta, la Fata Morgana. C'era davanti ai nostri occhi, in fondo alla grande pianura, un villaggio bianco, ma non lo abbiamo mai raggiunto. Ero già diventato maggiore.

«Poi mi trasferirono in Italia, sulle postazioni fra Cecina e

Piombino, il mio comando era in una fattoria del marchese della Gherardesca, conte di Bolgheri. Ricordo un viale di cipressi di cui parla Carducci.

«Io ero severo anche con i miei, proibii ai soldati di strappare i rami degli olivi per mimetizzare i camion e le batterie, vietai di cacciare le lepri e di spaventare i contadini. Disponevo di millecinquecento uomini motorizzati, autonomi, con reparti di pionieri, Flak, anticarro, obici, salmerie. Avevo le funzioni di comandante di reggimento. Il mio gruppo, il Kampfgruppe Reder, era stato definito "i pompieri del fronte". Venivamo chiamati dove c'era più pericolo. Abbiamo combattuto per dieci giorni contro gli americani a Suvereto, non ce l'hanno fatta e io e la truppa ci siamo guadagnati una menzione speciale. A Massa Marittima c'erano i partigiani, ma ce l'avevano solo con i fascisti, viaggiavo anche di notte solo con l'autista e nessuno mi diede noie. Veramente, informarono con la radio gli Alleati del rifugio dei miei automezzi, ma io lo seppi e un'ora prima del bombardamento sgomberai il bosco.»

– Dicono che lei è stato anche a Sant'Anna, e ci furono parecchi morti, uomini, donne, bambini, poi si fanno altri nomi e si parla sempre di stragi.

«Con Sant'Anna io non c'entro, risulta da due sentenze, e anche dal sopralluogo che io volli. Mi portarono pure a Pietrasanta e a Val di Castello, ma nessuno mi riconobbe.»

– E l'attacco alla divisione partigiana Lunense?

«Un'operazione militare. Bisognava far sgomberare le formazioni di ribelli che agivano alle nostre spalle. Era il 24 agosto. L'attacco a Gragnola, Monzone, Santa Lucia, Vinca fu sferrato dalle Brigate Nere. Io ricordo un caccia inglese che era sceso in picchiata e aveva colpito una nostra autoambulanza, ho detto a tutti i miei di sparare con i fucili, con le mitragliatrici, con ogni arma, e lo abbiamo abbattuto. I miei uomini volevano vendicarsi con il pilota, io l'ho rimproverato, gli ho offerto delle sigarette e l'ho spedito a un campo di prigionieri. Sono io che con i miei camion ho portato i viveri alla popolazione di San Marcello Pistoiese.»

– Signor Reder, vogliamo parlare di Marzabotto?

«Settembre 1944, 26 settembre 1944, sempre uno di quei mesi. Rivedo la mia vita nitidamente, come in un film, ma qualche volta dimentico i nomi. Mi mandarono in Emilia, in un posto che si chiama Rioveggio, e lì fissai il mio comando. Eravamo in riserva, le truppe erano stanche e avevano bisogno di riposo. Nella casa abitavano una vecchia con la figlia, una giovinetta di sedici anni, io chiesi una stanza a piano terreno per me e due aiutanti. Il mattino dopo fui convocato alla divisione, mi sottoposero un piano, lo spiegò prima il comandante, poi il maggiore Lõos. Dissero che c'erano dei partigiani da eliminare, fissarono la raccolta dei prigionieri a Sasso Marconi. Vennero delineati i settori e stabiliti gli ordini tattici, il posto dell'ospedale, degli approvvigionamenti, delle munizioni. Comandava il generale Simon. Io non avevo mai sentito nominare il paese di Marzabotto.

«Dunque, nel pomeriggio, radunai i comandanti di compagnia e il mio aiutante scrisse gli ordini. Disponevo in tutto di quattrocento uomini e non credo che il piano comprendesse l'impiego di più di mille. C'erano anche alcuni mongoli russi. Nessun carro armato. La Flak avrebbe sparato per proteggerci, dovevamo raggiungere le posizioni di partenza all'imbrunire. L'attacco era previsto all'alba, ore 5, obbiettivi monte Sole e monte Caprara. Comunicazioni con radio e portaordini: impossibile l'uso del telefono per l'asperità del terreno. Gli autisti dovevano portare avanti le munizioni e indietro i feriti. Finito il rapporto andai a letto e mi addormentai.

Il 29 settembre 1944 tutto cominciò verso le 6. Albeggiava, il tempo era brutto e ogni cosa è grigia nel mio ricordo. Scattò l'attacco, ma la radio non funzionava sempre per colpa dei burroni. Non era facile mantenere i contatti. Verso le 10, al mio comando arrivarono Simon e il maggiore Lõos; nel settore assegnatomi le truppe incontravano la più forte resistenza. Si vedevano i primi fuochi. Lõos era con un interprete, iniziò l'interrogatorio dei prigionieri concentrati a Sasso Marconi, i miei ne avevano catturato una decina. A mezzogiorno il generale se n'è andato. La lotta era dura. Ci siamo trovati contro anche russi in divisa tedesca, non ho mai saputo dove sono andati a finire. Ho avuto ventiquattro morti, fra i quali un certo tenente König, e una quarantina di feriti. Nel pomeriggio ho mandato il mio aiutante in seconda sulle colline per vedere quello che stava accadendo, è tornato con la spallina di una divisa, c'era sopra una stella rossa; l'abbiamo mostrata a un partigiano che l'ha riconosciuta: "È del Lupo", per questo si è detto che il comandante della brigata ribelle era caduto sul campo.»

– E poi, signor Reder? Cosa accadde il giorno dopo?

«C'era da ripulire il terreno da sparuti gruppi di sbandati, ma al mattino ricevetti l'ordine di ritirare subito i reparti e di trasferirmi a Lagaro, perché durante la notte gli americani avevano aperto una breccia, dovevo contrattaccare e ristabilire la linea. Quando fu buio ci muovemmo e li ricacciammo indietro. Ho messo piede a Marzabotto soltanto la sera del 4 ottobre. Il paese era intatto. Arrivai a Cerpiano, un villaggio, il 5 mattina. Ho visto che la chiesa e le case di Casaglia erano bruciate, c'era un grande silenzio. Nessuno mi ha detto niente. Durante la giornata sono arrivati gli Alleati che hanno localizzato il mio comando, perché si vedevano le antenne degli apparecchi riceventi. Hanno cominciato a sparare e siamo andati tutti in cantina, anche i civili, abbiamo bevuto, io stavo dormendo, un amico è venuto a svegliarmi, mi ha detto: "C'è una ragazza, io ci sono stato", ma io non l'ho violentata, ero ubriaco, avevo sonno, non ho fatto nulla, ho in mente solo donne di mezza età, c'era anche una bambina, non ricordo più.»

– Dov'era, signor Reder, alla fine della guerra?

«Ero in Stiria, in un ospedale. Presi la divisa e la pistola e uscii, perché volevo andare prigioniero con i miei uomini. Ma tutto era ormai finito.»

– Quando seppe che i fatti di Marzabotto le avrebbero procurato guai?

«Subito, fin dall'ottobre del 1944. Ascoltai Radio Bari che diceva che ero un criminale di guerra. Mi hanno preso nel settembre del 1945, e l'ufficiale americano che mi ha avuto in consegna mi ha dato il permesso di raggiungere una Gasthaus dov'erano i miei genitori perché potessi salutarli. Poi sono stato per due anni a Wolfsberg, un campo inglese, e c'erano anche Kesselring, Simon, von Mackensen, Mältzer, e ho avuto tante occasioni per fuggire, ma eccomi qui.

«Ho saputo che i morti di Marzabotto erano in gran parte civili quando ero nel campo di concentramento americano, da un maresciallo. I caduti del mio settore erano 270-300; non sono io il comandante dell'operazione, anche quelli di Pioppe di Salvaro vengono addebitati a me, dalla Toscana, da

Sant'Anna in su una sola traccia di dolore, dicono, e per colpire, me, per ferire "il mostro".

«Stellacci, l'accusatore del processo, detestava le SS, disprezzava tutto quello che è tedesco. Dopo la sentenza è venuto in carcere. "Lei mi odia?" mi ha chiesto. "Io no, io non odio nessuno." Ma non doveva dire: questo assassino, queste mani che grondano di sangue. Nessuno è colpevole, in Inghilterra, in America, fino alla sentenza. Mi spiego: per me non si trattava di una rappresaglia, ma di un'operazione militare. E poi, di quale giustizia si parla? Kesselring fu libero dal 1952, Simon dal 1954, e sono i miei superiori. Stellacci chiese la condanna a morte perché ci sarebbero stati alcuni bruciati vivi con i lanciafiamme, ma non era vero, allora ha dovuto ripiegare sull'ergastolo, ma la sua domanda non mi fece impressione.»

– Che cosa spera, signor Reder?

«Spero di tornare fuori, in Austria. Gli amici, i parenti mi hanno proposto tante cose. Forse mi dedicherò al commercio.»

– Lei prega mai?

«Resti tra noi: io prego ogni sera per mia madre.»

– Io penso che se la liberano lei diventerà un mito per certa gente, il simbolo di qualcosa che è bene dimenticare.

«No, lo so, capisco, ma io non mi presto.»

– Non le pesa sentire associato il suo nome a quello di Marzabotto?

«Non sono mai stato là nei giorni dal 29 al 1° ottobre. Marzabotto non ha niente a che vedere con Lidice o con Oradour, non è una rappresaglia, ripeto, ma un'operazione militare, quante volte devo ripeterlo, nella quale si mescola anche la popolazione civile, armata e no. Dico: non sono mai stato nel paese, nella località chiamata Marzabotto, formata da case, da strade, da una chiesa.»

– Signor Reder, nessuno dei suoi aiutanti le ha mai parlato di quei caduti, di quella gente, contadini, vecchi, preti, ragazzi?

«Per soldati che fanno da quattro anni la guerra i morti sono una cosa naturale. Li ho visti anche in Russia. Molti camerati che andavano in licenza dicevano: "Non ho trovato più la mia casa, ho visto cadaveri nelle strade, non ho più notizie dei miei amici", non sapevano che cosa fare e qualcuno tornava prima. Questa è la guerra e questi sono i suoi brutti frutti.»

– Quando finì per lei?

«Il 5 maggio 1945, a Graz, e in modo onorevole. Io sapevo che ero ricercato, ma non mi sono mai mosso. In settembre, una donna mi ha denunciato a un gendarme che mi ha detto: "Voi siete nella lista". Come sa, venni interrogato da un ufficiale del Cic ed ebbi alcuni giorni di permesso sulla parola per sistemare le mie faccende personali. Dopo una settimana mi presentai in carrozzella. Erano con me Bertha e i miei genitori, e il capitano mi disse: "Ero certo che lei sarebbe tornato".»

– Che cosa le manca di più?

«I miei cari, il loro affetto di ogni giorno. Li vedo solo quando possono venire. Ma la corrispondenza per me è come un colloquio.»

Reder toglie dalla borsa un ritaglio di giornale: «Conosce questo articolo?».

– L'ho scritto io.

«Lei pensa ancora che io sia un volgare assassino?»

– Io credo anche alla responsabilità di chi permette che altri uccidano, come fu fatto a Marzabotto. Io non credo che lei possa sparare freddamente su donne e bambini. Ma non sono il suo giudice. Nella lettera indirizzata al sindaco di Marzabotto per chiedere perdono lei parla di «rimorsi sempre più pungenti». A me basta.

L'«INGEGNERIA DEL TERRORE»

GLI ANNI DELLO STALINISMO

Il Terrore della Rivoluzione francese non è paragonabile a quello staliniano: che è tanto, tanto più crudele. Ma tutti tacciono: anche Trockij, anche Bucharin. Del resto, diceva Bertolt Brecht, «più innocenti sono, più meritano di morire». In Russia sparisce anche una attrice tedesca, una sua amante. E spesso le uniche prove sono le confessioni degli imputati.

Stalin si diverte a raccontare l'allegra vicenda di quel professore che litiga con il vicino di casa, ignorante, ma ufficiale dell'Nkvd. Un giorno l'insegnante, disperato, grida: «Ma stia zitto, lei, che non sa neppure chi ha scritto l'*Evgenij Onegin*».

L'altro, che su Puškin non ha alcun sospetto, arresta il coinquilino e poi si vanta: «Sono riuscito a fargli confessare che è stato lui».

Berija e i suoi non si preoccupavano affatto della ricerca delle prove e del rispetto della «legalità socialista». Quando è operante il patto Ribbentrop-Molotov, consegnano alla Gestapo cittadini tedeschi, anche comunisti ed ebrei, tra cui Margarethe Buber Neumann che passa dall'Nkvd (Narodnyj komissariat vnutrennych del, Commissariato del popolo per gli affari interni) alle SS.

Né i giudici sono da meno. Leggetevi qualche battuta dell'interrogatorio del compagno Lev Kamenev; chi pone le domande è il procuratore generale Vyšinskij:

– Vyšinskij: «Come valuta gli articoli da lei scritti nel 1933 nei quali professa devozione al Partito? Menzogne?»

– Kamenev: «No, peggio della menzogna».

– Vyšinskij: «Perfidia?».

– Kamenev: «Peggio».

– Vyšinskij: «Peggio della menzogna, peggio della perfidia, cerchiamo la parola. Tradimento?».

– Kamenev: «Lei l'ha detta».

– Vyšinskij: «Tradimento, perfidia, doppiezza».

– Kamenev: «Sì».

Andrej Vyšinskij, procuratore generale dell'Urss, è istruito, acuto, codardo e servile: lo chiamano «topo di fogna». La sua carriera è fondata sulle falsificazioni e sulla calunnia. Alla fine di una requisitoria grida: «Chiedo che tutti questi cani impazziti siano fucilati, tutti».

Il suo linguaggio è volgare e spietato: «Sporchi traditori del comunismo, sarete puniti e i vostri cadaveri marciranno».

Andrej Gromyko, quando lo incontra dopo la guerra, resta colpito dal garbo e dalla capacità di esprimersi del vecchio procuratore generale. Lo vede spesso, immerso nei suoi pensieri, non sa quali idee gli passino per la testa, ma Stalin conosceva bene la biografia di Vyšinskij, e questo doveva indurlo a profonde riflessioni.

Lo ricorda come una figura sinistra, un carrierista privo di onore e di coscienza. Il suo compito era quello di annegare la verità in un mare di bugie, ricorrendo a mezzi sordidi per sottomettere le vittime. Ma quando sentiva la voce di Berija scattava in piedi.

Quando invece trattava con i collaboratori, partiva sempre con un atto di accusa e con minacce. «Io credo che la gente vada presa in punta di spada» diceva.

I processi sono una farsa tragica, ma ben preparata. Vengono invitati ad assistervi i corrispondenti dei giornali occidentali e i diplomatici. Molti credono alla correttezza del dibattimento: tra i più convinti, l'ambasciatore americano Davies.

Lev Kamenev, finito l'interrogatorio, dichiara: «Non importa quale sarà la mia condanna, io la considero giusta in anticipo». Quando ascolta la sentenza, rimane sbigottito: forse si illudeva. Gli vengono i capelli bianchi in una notte. Gli spara un giovane tenente dell'Nkvd, che prende a calci il corpo, poi scarica ancora la pistola sul cadavere.

Si parla di tre milioni di esecuzioni (ma le cifre, quando si tratta di Unione Sovietica, hanno sempre un valore relativo: quanti sono i caduti nell'ultima guerra? Venti milioni, trenta, trentaquattro: la revisione continua).

A Leningrado, c'è la fila davanti all'ascensore che porta ai sotterranei. Ogni uccisione viene sbrigata in due minuti e mezzo. Tutto calcolato. C'è una tela incerata che copre il pavimento: una donna, ogni tanto, provvede a ripulirla.

Il condannato Litvinij, mentre lo conducono alle cantine,

grida: «A che scopo?»; David Bergelson, uno scrittore ebreo, declama un salmo: «Terra, o terra, non coprire il mio sangue».

C'è anche da rispettare una specie di cerimoniale: alla Lubjanka i condannati consegnano i loro indumenti e restano con un camiciotto bianco. Una cella è adibita al «servizio» e l'arma usata è una «TT» automatica, con otto colpi. Un medico certifica il decesso.

«Spesso» mi ha detto lo storico Robert Conquest «erano necessari due o tre colpi, perché i proiettili di piccolo calibro non uccidono molto velocemente.

«Poi c'erano le esecuzioni che venivano svolte in prossimità di fosse comuni, in aperta campagna, come nel caso dei polacchi di Katyn. Nell'Urss ci sono parecchi luoghi, come quello famoso di Kurupati, vicino a Minsk, dove centinaia di persone venivano colpite alla testa con i fucili, e seppellite nelle fosse comuni che loro stessi avevano scavate.

«Anche i capi della polizia segreta seguirono lo stesso destino: Jagoda perché non aveva ucciso abbastanza, Ežov perché aveva ucciso troppo, Berija perché aveva creato problemi ad alti personaggi politici. È sempre stato un mestiere pericoloso fare il boia in un regime dispotico.»

Non esistendo prove della colpevolezza, tocca alla vittima inventarsi la propria confessione: «Tutto l'interrogatorio» dice Conquest «si basa sulla falsità. Talvolta viene distorto persino il credo politico dell'accusato. Così capita che un nazionalista borghese è condannato come trockijsta.

«C'è un manualetto scritto da alcuni addetti agli interrogatori, che è ancora inedito. I carcerieri dicono alla vittima: "Sei colpevole. E adesso raccontaci cosa hai fatto".

«Poi si passa alle torture e alle sottili sevizie: alle percosse selvagge, giorni e notti senza dormire, oppure alla *stojka*: il detenuto deve stare in piedi fino allo sfinimento.

«Ai politici dicono: "Devi parlare per servire il Partito, o morire in disgrazia. Fallo, se vuoi salvare tua moglie e i tuoi figli".

«Così fu per Kamenev, o per Aleksandr Petrovič Smirnov, bolscevico dal 1903, considerato un oppositore. Cadde nell'agosto del 1936. Di solito, bastavano due o tre mesi per ottenere l'ammissione del delitto, ma ci fu chi non cedette.»

Quasi sempre l'interrogatorio avviene di notte. Le guardie

che accompagnano il prigioniero dalla cella all'ufficio, dove lo aspetta l'inquirente, fanno schioccare la lingua, o tintinnare le fibbie della cintura: è il segnale. I corridoi devono essere sgombri, nessuno deve riconoscere il detenuto.

Prima domanda, con avvertimento: «Sapete dove vi trovate? Siete nel cuore del servizio segreto sovietico. Perché credete di essere arrivato qui?».

Ci sono molte risorse per indurre l'imputato alla loquacità: oltre alla *stojka*, c'è il «bocconi», un gesto umiliante e doloroso: rovesciargli in testa, ad esempio, una sputacchiera, dargli botte sui genitali; oppure c'è la «cinghia»: un dialogo incalzante, senza soste; dopo una settimana di questo trattamento crollano anche i più forti.

Lubjanka, Lefortovo e Butyrka sono i tre punti di raccolta dei politici: a Lefortovo sono specialisti in punizioni. Appena arriva, l'arrestato è sottoposto a una perquisizione fisica e a un accurato esame degli indumenti: gli tolgono non solo i lacci, ma anche i bottoni.

Alla Lubjanka, che si affaccia su piazza Dzeržinskij, poco lontano dal Bol'šoj, arrivano tanti bei nomi. Le celle sono, di solito, molto affollate; in alcuni reclusori si arriva anche a trenta persone per metro quadrato. Le finestre sono bloccate con imposte che lasciano intravedere un pezzo di cielo. Dalle 11 di sera alle 6 di mattina, riposo: obbligo di non nascondere le mani sotto la coperta. Chiamano la razione giornaliera «Ežovščina», da Ežov, l'inventore: cinquecento-seicento grammi di pane nero, venti di zucchero, due razioni di zuppa di cavoli, acqua calda tre volte.

Alla Butyrka c'è anche una minestra di fiocchi d'avena, o di pesce; alla Lubjanka funziona una biblioteca con volumi di storia, scientifici o di autori classici.

L'aria odora di acido fenico, alla sveglia c'è il tempo per un rapido lavaggio e per altre necessità; ogni dieci giorni, a Mosca, c'è il turno dei bagni. Gli abiti vengono disinfettati.

Ogni cento sentenze, dieci sono di condanna a morte. L'affollamento, che costringe il detenuto a dormire sul pavimento, facendo anche il turno per sdraiarsi, favorisce il contagio; così si diffondono le malattie della pelle. Tutti soffrono alle gengive e molti di cardiopatie.

Il primato della durezza spetta a Fortrable, destinato ai militari: i supplizi sono ordinaria amministrazione. Penso che il termine sia appropriato: Pëtr Jakir, figlio di un comandante dell'esercito giustiziato, finisce dentro a quattordici anni, e con una tecnica già in uso nel Medio Evo gli legano le braccia dietro la schiena, lo sollevano con una fune e lo lasciano dondolare.

A qualcuno perforano i timpani, a un capo comunista ucraino violentano la figlia davanti agli occhi. Picchiare a sangue il prigioniero è un uso assai diffuso.

Ma ci sono, per chi ne ha voglia, anche gli svaghi: si può giocare a scacchi con pedine fatte con il pane, è permesso fumare, e tra le donne c'è chi riesce a predire la sorte con i fiammiferi.

I parenti degli incarcerati alla Lubjanka vanno, ogni mese, in Kuznecskij Most, numero 24, a versare 50 rubli per il congiunto in attesa del giudizio, che è affidato alla «Trojka»: un rappresentante dell'Nkvd, uno del Partito e un procuratore.

Perché parlano, perché confessano? L'ho chiesto ad Artur London, un superstite. L'ho incontrato tanti anni fa nella sua casa di Parigi, un grigio appartamento piccolo borghese, ed era già molto malato. Tutto gli costava fatica: mangiare, leggere, parlare, forse anche sorridere. Ti trovavi davanti a un signore stanco e buono, che incuteva rispetto.

Artur London se ne è andato portandosi dietro una storia crudele: quella di un comunista che per amore del Partito fu indotto a confessare colpe mai commesse, e per questo venne condannato all'ergastolo, mentre i suoi compagni, Vlado Clementis e Rudolf Slánský, anche loro innocenti, finirono sulla forca. Artur London, detto Gérard, ha scritto un libro di ricordi, *La confessione*, dal quale è stato tratto un film con Yves Montand: nel novembre del 1952 fu processato a Praga; quattordici imputati, undici impiccagioni.

L'arrestarono la prima volta a sedici anni: era un rivoluzionario; combatté con le Brigate internazionali sul fronte spagnolo, poi la resistenza in Francia con il *maquis*, poi Mauthausen: e la tubercolosi gli aveva distrutto i polmoni. Era il tempo della glorificazione di Stalin; e «la legalità socialista» mandò sul banco degli imputati devoti militanti, dipingendoli come traditori, agenti degli americani e servi del capitalismo.

Erano tempi difficili. Sulle rive della Moldava venivano organizzate per Stalin le più toccanti manifestazioni di affetto; tra i monti Tatra c'era una vetta che lo ricordava, un francobollo ne portava in giro l'ironica effigie, un monumento di cui non si vide mai l'eguale si specchiava nelle placide acque del fiume. Ci sono voluti molti martelli pneumatici per demolire quella colossale testimonianza di devozione al «padre dei popoli».

London non parlava, parlò Lise Ricol, la moglie, una francese, anche lei credente nel marxismo-leninismo. Un volto regolare, dalle linee forti, gli occhi vivi e, in qualche momento, dolcissimi. Deve essere stata molto bella. Ha sempre dovuto lottare; i tedeschi la condannarono a morte; era incinta, così si limitarono a metterla dentro.

«Ci siamo conosciuti a Mosca, nel 1934. Ero andata laggiù per lavorare come dattilografa – avevo diciotto anni – ed ero già sposata. Qualche giorno dopo il mio arrivo, alla mensa del Comintern, mentre facevo la coda per prendere il pasto, girandomi scorgo un giovane biondo, alto, fermo in mezzo alla sala; mi osservava, ed era come paralizzato, stava rovesciandosi sulla manica il tè che teneva in mano, e quando ci siamo incontrati con lo sguardo è diventato scarlatto. È il nostro primo incontro.

«Poi ci siamo rivisti e devo dire che io parlavo molto male il russo, mentre Gérard se la cavava con disinvoltura, aveva una straordinaria facilità per imparare le lingue, e allora avevamo il mio russo, che nessuno avrebbe capito, ma che diventò il nostro russo, il nostro primo linguaggio d'amore.

«Chi mi ha dato in un certo senso la forza per tener testa a tutte le pressioni che mi venivano fatte dagli amici, dai compagni, dalla famiglia perché non rompessi il mio matrimonio fu Palmiro Togliatti.

«Si preparava il VII Congresso dell'Internazionale, e lui doveva elaborare la relazione più importante, e io dovevo batterla a macchina.

«Togliatti aveva l'abitudine di dettare passeggiando; qualche volta il flusso delle parole era molto rapido, in altri momenti si fermava e rifletteva, e io restavo in attesa, e i miei pensieri erano ben lontani da quei problemi. A un certo punto mi sono messa a piangere, e lui si è accorto che avevo la faccia piena di lacrime, e mi ha detto: "Ma non è possibile, Lise, perché fai così? Che cosa ti succede?".

«Gli spiegai la mia angoscia e mi consolò: "Ascolta, Lise, se gli vuoi proprio bene, allora riuscirai a superare tutti gli ostacoli".

«Pur avendo vissuto in paesi diversi, il nostro cammino era straordinariamente simile. L'infanzia trascorsa in una città del carbone, mio padre minatore a Saint-Étienne, Gérard cresciuto a Ostrava. I nostri genitori, comunisti, ci avevano insegnato fin da quando eravamo piccoli che quella era l'unica strada che poteva condurre alla salvezza dell'umanità.

«Quando conobbi Gérard era affascinante – anche questo conta per una donna –, era molto tenero, garbato, e poi aveva l'aureola di chi, per la causa, ha già conosciuto la galera.

«Mio marito è stato arrestato nel gennaio del 1951. Non l'ho rivisto fino a sei mesi dopo la sentenza. Il solo contatto che esisteva fra noi erano le lettere che gli mandavo e nelle quali mi esprimevo secondo quelle che erano le mie idee e i miei sentimenti di allora, perché così ero stata educata; una fede incrollabile nel Partito, nella sua giustizia.

«Mi accorgo che erano tanto ingenue, ma di una assoluta sincerità, che non può non commuovere perché gli dicevo: "Gérard, forse hai commesso alcuni errori, forse sarai obbligato a pagare, ma sappi che sarò al tuo fianco. Stalin ci ha insegnato che l'uomo è il capitale più prezioso, che bisogna aiutarlo, bisogna, quando rischia di annegare, dargli un palo per farlo uscire dall'acqua. Io sarò la tavola alla quale ti aggrapperai".

«Comunque, pensavo, dovrà saldare il conto, perché la nostra morale esige che ogni sbaglio sia punito.

«Il giorno in cui si aprì il dibattimento, noi, i parenti, non eravamo stati avvertiti. Ignoravo anche quali erano le imputazioni. Ho saputo che figurava tra gli accusati mentre andavo al lavoro, alle cinque del mattino; sul tram, c'erano persone che leggevano i giornali, spiccavano titoli cubitali, si parlava della "banda dei traditori": nell'elenco figurava anche il suo nome.

«Trasmisero le udienze per radio. Io pensavo: "C'è qualcosa che non mi spiego, qualcosa di indecifrabile, ma quando sarà il suo turno, Gérard respingerà ogni imputazione, si difenderà".

«Non accettavo che in un regime che si diceva socialista potessero essere applicati metodi capaci di portare un innocente a dichiararsi reo, a confessare di essere un criminale. Ma quando sentii le prime frasi di mio marito che confermava ogni addebito, tutte le denunce, è stato il crollo.

«Io conoscevo il suo coraggio; anche di fronte ai nazisti aveva resistito con dignità. A quel punto ho espresso il mio dolore di madre, di moglie, il mio terribile dolore di sapere che l'uomo che amavo, il padre dei miei figli, era un traditore, un traditore della Patria, un traditore del comunismo. E non potevo non approvare il fatto che un governo socialista si difendesse dai suoi nemici, anche all'interno.

«Che cosa ha potuto piegare non solo Artur London, ma le vittime dei processi di Mosca o di Budapest? C'erano interrogatori che duravano senza interruzione, senza che potesse mai dormire, per quasi una settimana. Arrivava un'ora in cui per lui non c'era più né realtà né immaginazione, tutto si confondeva, sconvolto dalle allucinazioni, anche da sveglio. Poi, le percosse, le torture psicologiche. I referenti gli dicevano: "Se non ammetti quello che vogliamo, tua moglie sarà messa in carcere: è straniera, e quindi ci sarà facile dire che è una spia; chiuderanno i tuoi bambini in un istituto di correzione, e anche i tuoi vecchi saranno imprigionati".

«Poi c'era un altro tipo di costrizione, che è più difficile da capire, ma che riusciva immancabilmente; consisteva nel portare il detenuto, un comunista di vecchia data, ad accettare questo concetto: "Se ti si chiede di fare questo è perché il Partito ne ha bisogno, e tu *devi* obbedire".

«Mio marito è rimasto assolutamente solo per due anni e mezzo, in un isolamento totale, e in queste condizioni il cervello non funziona più come quello degli altri, il mondo è alla rovescia, le convinzioni, i fatti di un'esistenza sono alterati, in disordine, qualcosa scoppia. Non c'è più niente, solo un fantasma che cerca ancora, alla fine di tutto, di essere utile alla propria causa.

«Dopo il processo ho chiesto il divorzio. Il giudice aveva domandato se si potevano far vedere i bambini al padre, qualora lo chiedesse, e io avevo detto di sì, ma mi domandavo:

"Come farò adesso, io comunista, a spiegargli che cos'è un traditore? Perché lo conosceranno, gli vorranno bene e in loro nascerà un dilemma, un'incomprensione".

«Fu allora che gli scrissi una lettera spaventosa, veramente crudele, anche se è una fortuna che gliela abbia spedita, perché ho avuto poi la possibilità di rivederlo.

«Gli chiarivo le mie ragioni: "Devi considerare come parte della tua pena la rinuncia ai tuoi figlioli; per non complicare il mio compito, devi aiutarmi a farne dei veri comunisti, rinuncia, quindi, ad incontrarli".

«Per lui fu uno scritto sconvolgente. Il referente che lo capiva, e cominciava ad avere qualche sospetto, quando vide il dramma di Gérard gli promise che avrebbe fatto il possibile perché ci rivedessimo, perché io non avevo alcun diritto, diceva, di impedirgli di riabbracciare i tre piccoli.

«Successe quello che era inevitabile; alla prima visita avevo riacquistato tutta la fiducia in Gérard. Appena uscita dal parlatorio, ho ritirato la domanda di divorzio.

«Quando Artur London fu arrestato, ero impiegata alla radio, alla sezione francese. Mi fecero sapere che non potevo più continuare, che dovevo entrare in uno stabilimento. Dissi al funzionario che non avevo alcuna esperienza e gli domandai il perché. Rispose: "Nell'Unione Sovietica si fa così. Quando uno è arrestato, la moglie deve andare in fabbrica".

«Io osservai: "Ma è uno strano modo di considerare il lavoro fisico. Allora vuol dire che, secondo voi, la classe operaia sconta una colpa".

«Via dall'ufficio, dall'appartamento, non un solo tegame, un po' di biancheria, neppure un soldo. Ho faticato a trovare un alloggio, ma con le mie mani sono riuscita a sfamare cinque persone.

«Anche Artur era cambiato. Le sue qualità umane, che mi avevano fatto innamorare, erano diventate ancora più grandi. L'ideale era rimasto intatto. Non avevano colpito l'aspirazione generosa del socialismo che vuole l'uomo felice. È tornato con la più profonda saggezza.

«Fu proprio Karl Marx che, quando gli domandarono qual era la qualità che apprezzava maggiormente, rispose: "Il dubbio". Ecco la sua, la nostra conquista.»

IL'JA GRIGOR' EVIČ ERENBURG

Dei settecento scrittori che hanno partecipato al I Congresso nel 1934, solo cinquanta sopravvivono per intervenire al II, venti anni dopo. Tra le vittime Babel', Pil'njak, Mandel'štam; Stalin è imprevedibile: pare preferisca salvare quelli non troppo coinvolti nelle vicende politiche, gli indifferenti.

Andai a trovare Il'ja Erenburg: era il solo superstite della generazione di Pasternák, un sopravvissuto, non amato in patria e insultato fuori.

Raymond Cartier lo ha descritto come «un tipo orgoglioso, vanitoso, servile con i potenti, sprezzante con gli altri».

Certo, la sua storia è piena di ombre: nel 1907, a sedici anni, è incarcerato come bolscevico, e dopo alcuni mesi di prigione i genitori, assai ricchi, lo tirano fuori e lo fanno emigrare. Esce dal partito perché non gli piacciono i dogmi di Trockij, ed è un oppositore della Rivoluzione.

Poi si adegua: e Bucharin lo aiuta a pubblicare la sua prima opera famosa: *Julio Jurenito.* Passa parecchio tempo tra Mosca, Berlino, Parigi, come corrispondente delle *Izvestija.* Si mette al servizio del despota al quale «rende dei servizi, alcuni dei quali vergognosi».

Ma, dice Robert Conquest, «questo non significa una totale disonestà». Ha spiegato Evtušenko: «Ci insegnò a sopravvivere». Anche Erenburg aveva una sua opinione, non del tutto entusiasta, sul clamoroso poeta: «Si pente spesso,» mi disse «non ha un gran talento, ma è molto battagliero. Vorrebbe essere Majakovskij, però senza fare la stessa fine».

Condivido la prudenza di Conquest: «Chi non ha attraversato una esperienza sovietica non è in buona posizione per dare giudizi».

Del resto, Erenburg lo ha ammesso: «Che cosa non si adatta a fare un uomo soprattutto nelle epoche definite storiche?... Hanno criticato tanto i miei libri, quanto la mia vita. Non intendevo ammaestrare nessuno, non mi propongo come esempio». Raccontava: «Ho visto gente che commetteva atti disonorevoli per vantaggio personale, tradiva compagni e amici; le mogli rinnegavano i mariti, i figli intraprendenti coprivano di ingiurie i padri sfortunati».

Tutti vivevano nell'incubo ed Erenburg confessava: «La

paura non l'ho provata sui vari fronti, non in Spagna, non sotto i bombardamenti, ma in tempo di pace, nell'attesa di una scampanellata o di un bussare alla porta».

Aveva un barboncino che aveva imparato a chiudere l'uscio della sala da pranzo quando gli invitati cominciavano a parlare in modo guardingo. Premiato con un pezzo di salsiccia, diventò espertissimo.

Andando in redazione alle *Izvestija*, notò che avevano tolto le targhette con i nomi fuori dagli uffici. Mormorò l'usciere: «Oggi sono qui e domani non ci sono più».

Conobbi Erenburg a un congresso di scrittori europei, a Leningrado, nel 1963. Polemizzò anche con i suoi compagni: «Vi sono membri di questa Unione che non sanno scrivere. Non abbiamo mai detto che intendevamo eliminare gli imbecilli ma soltanto gli sfruttatori».

Difese l'arte impegnata; il poeta, affermava, non può isolarsi: nella *Commedia* Dante esprime le passioni del suo tempo, Stendhal respira l'aria dei suoi contemporanei. Non negò che tra i sovietici vi fossero contraddizioni ed errori. Ma li giustificò: «Noi viviamo nel primo secolo del comunismo. Non abbiamo una lunga esperienza alle spalle».

L'ho visto poi nell'appartamento di Mosca, tra i Picasso, e a Novo Ierusalimsk, in campagna. Poco lontano c'è Istra, il capoluogo: un tempo il medico condotto era il dottor Anton Čechov, che vide il bosco nel quale ancora tremano «le care, modeste betulle», ed entrò in una villa, tra i campi, sotto gli alberi rossi d'autunno, dove vivevano tre sorelle che gli suggerirono la storia e il dolore di Maša, di Irina e di Ol'ga.

Parlammo per quattro, cinque ore, così, senz'ordine: Stalin ed Esenin, gli ebrei e Pasternák, Chruščëv e la guerra di Spagna.

La parola di Erenburg era lucida, ironica, ma anche quando raccontava un fatto paradossale, un fatto che sembrava divertente, sentivi che su quelle vicende pesava un'ombra di tristezza.

Diceva che c'era una statua di Gogol', su una piazza, ma Gogol' aveva la faccia depressa, e stava seduto, e quell'aria afflitta non piacque a Stalin, che lo voleva allegro e in piedi, e così ora Nikolaj Vasil'evič Gogol' sembra un giovane danzatore.

Diceva di sperare che Kosygin e Brežnev non si occupassero delle faccende dell'arte. «Oggi,» ammetteva «l'intellettuale è più tranquillo. Ma io so poco, e anche di quello che so non capisco tutto.»

Si illudeva. Aveva sempre difeso il diritto della scelta; non gli erano mai piaciuti i romanzi sui colcosiani o sui trattoristi. «Non bisogna» insisteva «riprodurre, come in fotografia, la realtà.»

Mi mostrò un disegno che era attaccato sopra il suo letto; era il ritratto di una ragazza, «une petite russe», fatto da uno sconosciuto pittore italiano che la conobbe tanti anni fa, a Parigi; lui si chiamava Modigliani, spiegava compiaciuto, lei Anna Achmatova.

Mi fece vedere un bozzetto di Picasso, aveva frequentato lo studio di Matisse e capiva perché i giovani si elettrizzavano alla visione di una brutta copia di *Guernica.* Si sentiva sulle spalle stanche le esperienze politiche e morali di mezzo secolo d'Europa: il tempo in cui «il destino dei libri era altrettanto incerto di quello degli uomini» aveva lasciato un segno nella sua avventura.

Cercò una istantanea che lo ritraeva con Aleksej Tolstoj. «Di tutti gli scrittori che conobbi prima della Rivoluzione» disse con freddezza «non è rimasto nessuno.»

Tacque per un attimo, poi sorrise: «Majakovskij, a guardarlo di fuori, sembrava violento, sembrava sicuro, pareva proprio un gigante, ma aveva un carattere debole. Era perseguitato dalle ossessioni: quella dei microbi e del contagio, ad esempio. Portava sempre in tasca sapone e salvietta, e appena stringeva la mano a qualcuno correva a lavarsi. Se si sedeva al caffè, usava una cannuccia di paglia per bere, non voleva toccare i bicchieri».

«Esenin» continuava Erenburg «era un contadino sconvolto dalla Duncan, dai viaggi all'estero, dal bere. Questo è un male della Russia e dell'America: la metà degli artisti sono alcolizzati.

«Negli ultimi tempi non vedevo Pasternák, ma credo che sia morto contento perché, almeno all'estero, aveva pubblicato *Il dottor Živago,* perché pensava di avere ragione. Dopo Blok, io lo considero il più grande poeta del nostro secolo.»

Ogni tanto, fra noi cadeva il silenzio, ma erano pause che

non creavano imbarazzo. Lo sguardo correva nei prati, c'era un garzone che sorvegliava un branco di capre bianche, cadeva sui frutti di Armenia che luccicavano in un vassoio, sulle violecciocche che si consumavano in un vaso, ultimo segno della breve estate nordica.

«Questa casa» diceva Erenburg «fu distrutta prima dai tedeschi, poi dalle fiamme. Io l'ho ricostruita con i diritti dei miei libri. I tedeschi arrivarono a diciotto chilometri da Mosca, stavano già puntando i cannoni sulla Piazza Rossa e anche la cattedrale di Istra, laggiù, è mezzo diroccata. L'aveva disegnata Rastrelli, un architetto italiano. Una volta la visitavano turbe di pellegrini, il viaggio dalla capitale durava tre giorni; anche la moglie di Lev Tolstoj veniva qui a implorare la protezione divina.»

La guerra ritornava nei suoi ricordi, la Wehrmacht che dilagava nell'immensa pianura, e anche le trincee della Catalogna; mi mostrò una raccolta di fotografie ingiallite, macerie e bambini affamati, miliziani e squadriglie con la croce uncinata in picchiata, camicie nere e comizi della «Pasionaria».

Poi il pensiero correva ancora indietro, alla sua infanzia di bambino ebreo a Kiev. Suo padre era direttore di una fabbrica di birra. «Papà e mamma» diceva con tenerezza «parlavano l'*yiddish* solo per non farsi capire da me, quando l'argomento era scabroso»; per andare all'università bisognava che i giovani israeliti fossero molto bravi, c'era il numero chiuso, erano ammessi solo i figli dei mercanti di prima categoria o di soldati di carriera promossi sottufficiali.

Lui aveva i voti più alti (la sola volta che nella sua voce echeggiava un qualche orgoglio) e così poté studiare. «I tedeschi» diceva «hanno ucciso la metà degli ebrei dell'Urss, e quelli che erano fuggiti non sono più rientrati nelle loro città, non ne hanno avuto il coraggio, si sono dispersi.»

Era ebreo, si sentiva ebreo: «Io appartengo a coloro che per consuetudine vengono insultati» diceva.

Insegna un proverbio russo: «È duro vivere per chi ricorda tutto», e il passato lo inseguiva, quasi lo ossessionava, con i suoi tanti perché: «Molti dei miei coetanei sono finiti sotto le ruote del tempo. Io sono sopravvissuto non perché fossi più forte o più accorto, ma perché vi sono giorni in cui la sorte dell'uomo fa venire in mente non una partita a scacchi, giocata con tutte le regole, ma una lotteria».

Ricordava gli altri, i caduti davanti ai plotoni della Gpu (Gosudarstvennoe političeskoe upravlenie, Direzione politica di Stato), le vittime di Stalin: un amico, il grande attore Solomon Michoels, ucciso in una strada della periferia di Minsk dagli agenti di Berija, misteriosamente. Lo misero in una bara, lo truccarono: sembrava vittima di una disgrazia. La sventura che perseguita gli ebrei, dai «pogrom» degli zar alle stragi delle SS, all'antisemitismo che sempre serpeggia nelle coscienze di tanta gente dell'Est.

Che colpe hanno, si chiedevano, Chaplin e il filosofo Bergson, Kafka e Modigliani, Milhaud e Soutine, ed Einstein che, quando rivelò la teoria della relatività, venne accusato di avere escogitato «un trucco da israelita»?

Non nominava mai i suoi nemici, diceva che non voleva ricordarli, non voleva nemmeno polemizzare. Rammentava una lettera di Čechov alla sorella: «Se mi sparassi darei una grande soddisfazione ai nove decimi dei miei amici e ammiratori». Tra le molte definizioni che lo riguardano ci sono «scettico», «sardonico», «nichilista», e anche «il trasandato Il'ja».

Era stato testimone e protagonista di tanti drammi, e talvolta aveva dovuto accettare un ruolo poco onorevole di propagandista o di difensore di cause sbagliate; ma pensava che la storia non si fa su ordinazione, e si era rassegnato. Cercava di evitare il peggio: «A poco a poco feci il callo ad accuse di ogni genere». E poi diceva, forse per consolarsi: «Nessuno può mai scegliere la sua epoca».

Ebbe, anche lui, la sua esperienza alla Lubjanka, nei giorni duri della Rivoluzione, accusato di essere un agente di Vrangel'. La sede della Società di assicurazioni Russia era stata da poco adibita a quartier generale della Čeka (Črezvyčajnaja komissija, Commissione straordinaria per la lotta contro la controrivoluzione). Dovette spiegare, tra l'altro, all'inquisitore che cosa vuol dire cubismo.

Penso che nell'intimo fosse in disaccordo con il tempo che gli era toccato di vivere. Lenin si inteneriva ascoltando l'*Appassionata*, credeva non ci fosse nulla di più bello, la considerava un prodigio. «Ma» confidò a Gor'kij «non posso sentire spesso la musica, mi innervosisce, fa venire voglia di dire tenere sciocchezze, di accarezzare le teste degli uomini. Però oggi non puoi farlo, ti mordono la mano, e bisogna picchiare sulle teste anche se noi, sul piano ideale, siamo contrari alla violenza.» Picchiarono. Erenburg aveva assistito, a Pietrogrado, ai comizi al Circo Ciniselli, aveva visto, al Palazzo d'Inverno, le stanze degli zar arredate senza gusto, colme di cianfrusaglie da borghesucci, e guardava a ciò che accadeva da semplice osservatore: per i ricchi c'erano ancora negozi che vendevano vasi di Sèvres e sigari Avana; nei caffè servivano il tè addolcito con il miele, perché mancava lo zucchero, e, invece dei pasticcini, fette di pane bianco spalmate di marmellata di uva spina, di lampone, di ribes nero: i profumi e i sapori della lontana adolescenza.

La Grande Rivoluzione non da tutti è considerata con impeto epico: Iosif Brodskij, Nobel per la poesia, racconta che non fu in realtà che un semplice golpe, e incruento per giunta.

Al colpo sparato a salve dall'incrociatore *Aurora*, oggi trasformato in museo, un plotone delle appena nate Guardie rosse entrò nel Palazzo d'Inverno, senza incontrare alcuna resistenza, e stuprò metà del reparto femminile che sorvegliava l'edificio. Due rivoltosi furono abbattuti a fucilate, uno annegò nel vino delle cantine imperiali. Qualche ministro del governo provvisorio venne arrestato.

Robert Conquest ricorda che il regime degli zar, «il più dispotico d'Europa», secondo una ricostruzione di Solženicyn dal 1826 al 1906 fece impiccare 894 oppositori. Dopo le sommosse del 1905, ci furono 2200 esecuzioni.

In otto mesi, nelle province centrali, Lenin fece andare all'altro mondo 16.000 reazionari. Durante le «purghe» di Stalin, più di un milione di sospettati finirono dentro, e 600.000 vennero abbattuti, e altrettanti mandati nei campi di lavoro. Tra carestie, torture, plotone e Gulag, dieci o quindici o forse venti milioni di cittadini e compagni ebbero a che fare con l'Nkvd. La ghigliottina, sulle piazze di Parigi, tagliava le teste dei nobili; nelle cantine di Mosca non si fanno distinzioni: c'è un plotone per tutti.

Poi Erenburg aveva visto impiccare dai comunisti, quando il temporale sembrava placato, un compagno come il ministro cecoslovacco Vlado Clementis, che non aveva mai tradito, incontrava gli amici della giovinezza costretti a tacere, imparava che li avevano deportati, per tante notti aveva temuto, con una valigetta sempre pronta, accanto al letto, che qualcuno arrivasse con un'automobile nera.

La sua colpa più grave era di avere vissuto. Anni della Parigi del Fronte popolare, anni della Berlino di Grosz e del cantastorie Brecht, anni delle guerre e delle crisi. «A un tratto, » diceva «ho sentito quanto è lunga la vita. Forse la vecchiaia prende tutti alla sprovvista. Non si esauriscono le passioni, ma soltanto le forze.» Era stupito dal fatto che «Il'ja il trasandato», come lo chiamavano, fosse passato attraverso l'uragano, senza capire perché.

Ebbe come un sussulto: «In quel periodo non era facile commuovere la gente perché tutti ormai si erano abituati alla morte».

Uscimmo a passeggiare tra i piccoli tigli che Erenburg aveva piantato: sotto scrosciavano le acque dell'Istra. «Fra poco,» mi disse «sarà tutto bianco.»

L'OLOCAUSTO

MAREK EDELMAN

Marek Edelman è l'unico sopravvissuto di quel gruppo dirigente ebraico che organizzò la resistenza antinazista nel ghetto di Varsavia, condannato da Himmler alla distruzione totale. È autore di un libro, *Memorie del ghetto di Varsavia.*

– Signor Edelman, allo scoppio della guerra quanti ebrei risiedevano in Polonia?

«Erano circa tre milioni e mezzo, e 350-360.000 nella sola Varsavia.»

– Quanti sopravvissero alla guerra e allo sterminio?

«È difficile stabilirlo, ma in tutta la Polonia, probabilmente, non sono rimasti che 20-30.000 ebrei.»

– In che modo la guerra ha cambiato la vita nel vecchio quartiere ebraico di Varsavia?

«Il regime di terrore introdotto dai tedeschi era spaventoso: i soldati picchiavano la gente per strada senza motivo; per esempio, agli ebrei che indossavano il costume chassidico tagliavano la barba, oppure li percuotevano a sangue. Poi con la Gestapo apparvero le prime ordinanze con le quali si obbligavano a risiedere in un quartiere separato, il cosiddetto "ghetto". Di conseguenza, in uno spazio dove prima abitavano 150.000 persone ne furono ammassate, in condizioni di vita terribili, più di 300.000.»

– È vero che entro i confini del ghetto gli ebrei cercarono di conservare qualche parvenza di normalità?

«Certamente. Si tenevano anche concerti. Il teatro era vietato ma gli spettacoli si svolgevano lo stesso, illegalmente, nei cortili, dopo il coprifuoco. Venivano organizzati comitati culturali: ai bambini si insegnava a leggere, a scrivere e a contare perché le scuole erano proibite. I comitati si prendevano cura anche dei più piccoli, provvedevano al loro sostentamento. Mancavano i viveri, in generale di cibo ce n'era spaventosamente poco (l'ottava parte di una pagnotta a testa, al giorno). Quando il ghetto venne chiuso sorse il contrabbando: i bambini uscivano nel settore cosiddetto "ariano" passando attraverso i varchi aperti nelle mura, oppure scavalcando il filo spinato, e portavano le patate. Non pochi furono uccisi dalle sentinelle tedesche.»

– Quando si venne a sapere nel ghetto dell'esistenza delle camere a gas?

«Nel 1941. Noi lo sapevamo, le organizzazioni clandestine lo sapevano e addirittura stampavano volantini e giornali avvertendo gli ebrei. Ma l'uomo della strada non riusciva, non voleva crederci.»

– Ed è vero che i tedeschi offrivano chili di pane e un chilo di marmellata a tutti gli ebrei che si presentavano?

«È vero. Le messinscene dei tedeschi per mantenere l'ordine nel ghetto e per nascondere il vero tragico obbiettivo dei trasferimenti all'Est assumevano gli aspetti più diversi.»

– Come fu presa dagli ebrei del ghetto di Varsavia la decisione prima di resistere e poi di insorgere nell'aprile del '43?

«Nel ghetto non c'erano armi, comprarle fuori e farle entrare era certamente difficile. Ma la scelta di resistere nacque molto presto. C'erano organizzazioni ebraiche giovanili che decisero di difendersi. La prima organizzazione di lotta vera e ben coordinata sorse soltanto il 15 ottobre 1942. Nel giro di qualche mese, però, si svilupparono ventidue gruppi di combattimento. Ma erano male armati: pistole e granate e null'altro.»

– Cosa accadde quando i tedeschi del generale Stroop attaccarono il ghetto?

«Entrarono nel ghetto da parti diverse, con carri armati e cannoni. Si radunarono su una piazza e noi sfruttammo l'elemento sorpresa assalendoli per primi con lanci di bombe a mano e fuoco di fucileria. I tedeschi incominciarono a ritirarsi e vedendo che non riuscivano a spuntarla diedero fuoco alle case, una dopo l'altra. La lotta continuò per quasi tre settimane. Nel frattempo i nazisti deportarono gli ultimi 60.000 ebrei. Al termine della battaglia rimasero quaranta combattenti che passarono attraverso le fognature nella parte ariana della città. Poi andarono nei boschi dove si unirono ai partigiani. Solo un piccolissimo gruppo di combattenti sopravvisse all'insurrezione e resistette nelle fogne del ghetto finché giunsero le truppe sovietiche.»

UNA DONNA DI NOME ISRAEL

Quando la incontro, la signora Israel ha da poco compiuto quarant'anni. È nata ad Auschwitz, in Polonia. È nata ebrea. Solo per questo ha una storia. Era una fanciulla felice quando andò sposa a un giovane professore di filologia: «Un ragazzo straordinario,» dice con fierezza «una mente». Si volevano bene, stavano bene insieme. Nel 1939 nacque Leszek e cominciò la guerra. Le colonne della Wehrmacht avanzavano rapidamente; con il bimbo in fasce, la signora Israel si rifugiò da una sorella. Il marito scappò al suo paese, nella Galizia occupata dai russi. Si rividero per un solo giorno, si abbracciarono fiduciosi: «Arrivederci,» dissero «arrivederci presto».

Domani è il secondo compleanno di Leszek. La signora Israel è molto occupata in cucina. Vuole preparare una torta con la frutta candita e sopra due candeline. È una mattina di ottobre, il vento porta folate di nebbia. Leszek trotterella attorno alla mamma, è contento.

Bussano alla porta: è un graduato delle SS. «Desidera?» chiede la signora. Lo sa, è una domanda ingenua. «Deve venire con me.» Niente altro. Si toglie il grembiule, infila il cappotto. Fa freddo. Bacia il bambino, bacia sua madre, non vuole prendere nemmeno una valigia, altrimenti Leszek si impressiona. «Mamma,» dice il bimbo «torna subito.» «Certo» dice la signora Israel, e lo bacia, lo bacia ancora. «Certo, subito subito.» «Promesso?» chiede Leszek. La mamma tace. «Accendi le candeline,» raccomanda, andandosene, alla nonna «fate festa a Leszek.»

Quando Leszek ha due anni e mezzo, gli fanno una bella fotografia: indossa un cappottino foderato di pelo, con il collo di agnellino bianco. Ha in testa un colbacco di martora, dal quale escono due piccole orecchie a sventola, e un ciuffo di capelli chiari chiari spunta sulla fronte. «Aveva i capelli biondi, colore dell'oro» dice la signora Israel. Leszek ha un visetto rotondo e gli occhi furbi e un poco stupiti. Dietro la fotografia il nonno scrive: «Alla mia amatissima mamma, Leszek», e una data: 1° febbraio 1942.

La mamma di Leszek riceve quella fotografia in un campo di concentramento. È con tante altre donne, e molte hanno lasciato a casa un bambino. Qualche volta arriva una lettera e porta quasi sempre cattive notizie. Le donne del campo lavorano. C'è una ragazza che tiene il diario e nei pomeriggi di domenica, quando la sorveglianza si fa meno attenta, ci si può raccogliere nella baracca e si ascolta il racconto di quelle interminabili giornate: sembra quasi impossibile che si possa sopportare tanta disperazione. Anche la signora Israel scrive: poesie. Una ventina di poesie.

Nell'estate del 1943 la signora Israel viene condotta a Sasnowitz. A Sasnowitz si è stabilita anche la sua famiglia: il piccolo Leszek e i suoi nonni. Solo 20 chilometri dividono la signora Israel dal piccolo Leszek, da suo padre e da sua madre. Ogni giorno una staffetta militare va a Sasnowitz. Ogni giorno la signora si inginocchia, piangendo, davanti a quel soldato e lo prega di una grazia: «Porti una lettera ai miei genitori. Dica che sono qui, che venti chilometri ci separano».

Tutte le donne si uniscono, cercano soldi, li offrono a quel soldato, che finalmente accetta. Quando ritorna porta un foglio con poche righe. È la madre che le scrive: «Mia cara, non so se ci vedremo ancora una volta in questo mondo. Sono costretta a farti sapere che sei vedova. Tuo marito è stato fucilato insieme con suo fratello e dieci amici». Ora la Germania combatteva anche contro l'Unione Sovietica e gli intellettuali ebrei dovevano scomparire. Il giovane professore di filologia e i suoi compagni dovettero scavarsi la fossa e finì così la loro breve esistenza.

Poi, fra quelle donne dai vestiti di panno a righe, si diffonde una voce: il ghetto di Sasnowitz è stato annientato. Li hanno presi tutti, li hanno portati ad Auschwitz. «Forse» pensava la signora Israel «si sono salvati, non è possibile che anche Leszek, che anche lui così piccolo...» Guardava la fotografia che portava sempre con sé, e rileggeva quelle parole: «Alla mia amatissima mamma».

«Sa,» dice la signora «una madre non può mai credere veramente che il proprio bambino sia stato ucciso. Può sempre accadere un miracolo. Ucciso così, capisce, come fa una mamma a pensarlo?»

L'8 maggio del 1945 la signora Israel era in una baracca, fra gli alberi di un bosco, in Slesia. Arrivarono alcuni carri armati, i guardiani fuggirono. «Siete libere» disse un ufficiale. Ma alla signora Israel, ora, poco importava la libertà.

PRIMO LEVI

Una lunga conversazione con Primo Levi, a Torino, in un ufficio di Einaudi. Barbetta e occhiali, uno sguardo che sa leggere nelle avventure umane. Ha un'aria tranquilla, pacata, severa. Diffonde sicurezza. Dottore in chimica, ha scritto due libri che, e non solo per me, sono classici. Ricordano l'antico dramma di Giobbe: il giusto oppresso dall'ingiustizia. Ha narrato le sue esperienze, Auschwitz e le peripezie del viaggio di ritorno, per liberarsi (ma non ci riuscì) da un peso.

Quella lontana estate del 1938! Tutto cominciò con qualche recensione di opere antisemite, due o tre articoli di giornali, e molti si illudevano che si trattasse «di qualche eresia del fascismo, poi si è visto che non era così».

Primo Levi racconta:

«Io mi sentivo ebreo, da una stima vaga, al venti per cento: mio padre e mia madre e i miei nonni lo erano, ma praticanti abbastanza poco, l'equivalente della comunione ogni tanto, e più che altro per ragioni sociali, tradizionali. L'appartenenza a una certa cultura devo dire che era molto scarsa; il fatto di essere quasi integralmente assimilati, di parlare la lingua degli italiani, di avere le stesse abitudini, di vestirsi nella stessa maniera, un aspetto fisico che non si distingue in nessun modo erano fattori di rapida assimilazione. Ho letto poi alcune statistiche: anche senza quelle leggi, l'ebraismo sarebbe sparito perché i matrimoni misti erano molto numerosi.»

Non frequentava la sinagoga, la comunità si ritrovava per la vita religiosa, poi c'era un orfanotrofio, una scuola, una casa di riposo per gli anziani e per i malati.

Continuò a studiare, arrivò alla laurea. C'erano tante piccole angherie: proibita la radio, ma poi, siamo sempre in Italia, te la davano lo stesso, vietata la donna di servizio, ma poi la tenevano ugualmente. Ma altri casi erano più tragici: impiegati dello Stato, insegnanti, che si sentivano magari fascisti, e che venivano scaraventati fuori. C'è il caso di uno, Di Jesi, mutilato di guerra in Africa e medaglia d'oro, che si sentiva ancora camicia nera nonostante tutto, ma andava a spaccare le vetrine dei bar di via Roma dove avevano scritto: «Gli ebrei non sono desiderati». Commenta Levi: «Era rimasto entrambe le cose».

Nonostante gli avvertimenti, chiudevano gli occhi «per questa stupidità intrinseca all'uomo in pericolo»: ascoltavano i racconti degli scampati che riferivano fatti spaventosi, ma li vedevano lontani o romanzeschi, o frutto della propaganda: si tende sempre a ingigantire le atrocità dell'avversario. Il ragazzo Levi dà esami e va, anche con gli amici cristiani, in montagna «con il vago presentimento che l'allenamento al freddo, alla fame e a decidere avrebbe servito».

– E quando è arrivato l'8 settembre?

«Io stavo a Milano, lavoravo regolarmente per una ditta svizzera, la Wander, quella dell'Ovomaltina, perché non era così impossibile trovare un impiego, anche ben pagato; siccome la maggior parte degli italiani non ebrei erano sotto le armi, le occasioni non mancavano. L'8 settembre sono ritornato a Torino dove c'erano i miei, sfollati in collina, per decidere il da farsi e avevamo pensato che era meglio star fuori dalla città perché, a questo punto, la minaccia era veramente troppo vicina. I tedeschi erano già venuti.»

Infatti, il 1° dicembre 1944 la Repubblica Sociale inaugura i campi di concentramento. E Primo Levi, che fa il partigiano in Val d'Aosta, viene catturato e gli dicono: «Se sei ebreo ti mandiamo dietro i reticolati a Carpi, se sei un ribelle ti mettiamo al muro».

– Che cosa vuol dire lager?

«In tedesco, almeno otto cose diverse, compresi i cuscinetti a sfere. Significa accampamento, luogo in cui si riposa, giaciglio, magazzino, ma nella terminologia attuale, anche in Germania, è il campo di concentramento, un luogo di distruzione. Auschwitz era qualcosa di poco reale, lo sbarco in un mondo imprevisto in cui tutti urlavano, in cui si faceva fracasso a scopo intimidatorio. Siamo stati privati dei bagagli prima, degli abiti poi, delle famiglie subito. Penso che a sopravvivere mi ha aiutato principalmente la fortuna, perché non c'era una regola che stabilisse che doveva farcela il più colto o il più ignorante, il più grasso o il più magro, il più devoto o il più incredulo; poi, a molta distanza, la salute e una mia curiosità che non mi ha permesso di cadere nell'atrofia, nell'indifferenza, che era mortale. Chi si riconosceva in una fede, religiosa o politica, chi percepiva se stesso non più come individuo, ma come membro di un gruppo ne era molto aiutato;

anche se me ne vado, la mia sofferenza non è vana. Ma io quella fede non l'avevo.»

Mi spiega la differenza tra i lager del Reich e quelli sovietici: i russi hanno avuto un numero di vittime paragonabile ai nazisti, ma c'era una diversità fondamentale: Stalin voleva lo sfruttamento e stroncare una resistenza alle sue decisioni, Hitler lo sterminio di un popolo.

Rievoca anche qualche momento di vita umana: «In un giorno di sole, di luce, durante una marcia, ho cercato di insegnare l'italiano a un mio compagno di prigionia, recitandogli il canto di Ulisse, che non sapevo bene, così a brandelli; era un francese e aveva capito quanto fosse importante ripescare in fondo alla memoria un ricordo di scuola, un ricordo di poesia.

«E poi, il giorno del Kippur, del digiuno, che nessuno rispettava, perché eravamo tanto affamati; in fila per la zuppa della mia baracca, davanti a me c'è uno che conoscevo poco, un lituano, che si è presentato davanti al Kapo, un politico, comunista tedesco, un gladiatore, un omaccione grande e grosso, pieno di cicatrici, molto svelto con i pugni, e il piccolo ebreo lituano si è messo sull'attenti come era prescritto, e ha detto: "Signor superiore, per piacere, non mi dia la razione, me la tenga fino a domani, perché io stasera non posso mangiare", e l'altro, sconvolto dallo stupore ha detto di sì e gli ha chiesto: "Perché lo fai?" e quello: "Perché sono credente e privandomi del cibo non solo faccio ammenda dei miei peccati, ma anche di quelli degli altri e forse anche dei suoi, Herr Kapo".»

– Che cosa significa essere ebreo?

«Un'infinità di posizioni, uno spettro che va da un estremo all'altro. Da una parte c'è l'ebraismo totale: è un fatto religioso, tradizionale, linguistico, nazionalistico, se vogliamo, con molte sfumature; e dall'altra c'è l'ebraismo anagrafico che consiste nel rifiutare tutto, se è possibile: la tradizione, la cultura, la fede, e comportarsi esattamente come il popolo presso cui il singolo, appartenente alla minoranza, abita. Nella realtà, ogni ebreo si sceglie una sua nicchia in qualche punto di questo spettro e la vive come desidera o come può.»

– Come ha vissuto ad Auschwitz?

«Sono stato un anno non nel campo centrale, ma nel più

grosso dei sottocampi di dodicimila prigionieri, che era incorporato nell'industria chimica, il che è stato provvidenziale per me perché io ero, e sono tuttora, laureato in chimica, e dopo dieci mesi passati come manovale ho avuto la possibilità di trascorrere gli ultimi due mesi, ma erano i più freddi, in laboratorio.

«C'erano due allarmi al giorno e la mia attività consisteva nel portare in cantina tutte le apparecchiature e riportarle su appena suonava la sirena del cessato pericolo, ma tutti i vetri erano saltati, mancava l'acqua, mancava il gas, mancava la corrente elettrica e quindi era un lavoro puramente fittizio, con i russi a quaranta chilometri, già alla portata delle artiglierie.»

– Che cosa mancava maggiormente? La facoltà di decidere, si sentiva il disagio fisico...

«In primo luogo il cibo. Questa era l'ossessione di tutti, di cui non ci si liberava mai.»

– Non pesava di più la nostalgia?

«Pesava soltanto quando i bisogni elementari erano soddisfatti. Perché è un dolore umano, un dolore ragionevole, un dolore al di sopra della cintola, diciamo, che riguarda l'uomo pensante, che gli animali non conoscono, e la vita del lager era animalesca e le sofferenze che prevalevano erano quelle delle bestie, appunto la fame, il freddo, essere mal coperti. E poi venire picchiati, quasi tutti i giorni, quasi tutte le ore. Anche un asino soffre per le botte, per la fame, per il freddo, anche un cane, e nei rari momenti in cui capitava che le sofferenze primarie cessassero, e accadeva molto di rado, allora affiorava quest'altra categoria di dolori fra cui la nostalgia, l'esilio, la famiglia perduta, il pericolo, la paura della morte, anche. Stranamente, l'angoscia della morte era relegata in secondo ordine. Io ho raccontato nei miei libri la storia di un compagno di prigionia condannato alla camera a gas: lo sapeva, ma sapeva anche che in quella baracca, per usanza, si concedeva una seconda razione di zuppa a chi doveva andare a morire e lui, siccome avevano dimenticato di dargliela, ha protestato. È andato a dire: "Ma signor Kapo, io vado nella camera a gas, quindi devo avere un'altra razione di minestra".»

– Lei ha raccontato che nei lager si verificavano pochi suicidi: la disperazione non arrivava che raramente a portare all'autodistruzione.

«Sì, l'ho visto ed è stato poi studiato da specialisti, da sociologi, da fisiologi. Il suicidio era raro. Le ragioni addotte dagli scienziati sono molte: personalmente ne propongo una, ed è quella che dicevo prima: cioè che gli animali non si ammazzano. E noi eravamo piuttosto animali che uomini.»

TVUSI NUSSBAUM

La Propaganda Staffel celebra la vittoria. Un fotografo scatta una scena che diventa un simbolo: c'è un ragazzino, con un berrettuccio di panno, un cappotto ormai troppo corto che lascia scoperte le gambe magre, lo sguardo sgomento, le braccia alzate: si chiama Tvusi Nussbaum e ora fa il medico e vive a Rockland, vicino a New York, in una graziosa villetta circondata da prati verdi. Ha quattro bambine. Sono andato a trovarlo. Ecco il suo racconto.

«Ritorno con la memoria a quel giorno. C'eravamo rifugiati a Varsavia dall'ottobre del 1942. Quasi ogni settimana qualche persona gentile veniva da noi e diceva che, se non le avessimo dato del denaro, avrebbe riferito alla Gestapo dove stavamo nascosti. E noi pagavamo.

«Abbiamo saputo che i tedeschi avevano intenzione di rimandarci indietro. Mia zia aveva la possibilità di ottenere un visto per gli Stati Uniti, era una donna molto carina, riusciva a camminare per strada senza paura di essere riconosciuta come ebrea, e mi ha portato con sé perché ero l'unico della famiglia con un passaporto palestinese.

«Quando siamo arrivati all'Hotel Polski, dove davano le autorizzazioni per emigrare, c'era una signora, mi pare si chiamasse Shoched, e anche lei aveva un salvacondotto per Tel Aviv. Mi ha fatto passare per suo figlio, perché le ho detto che i miei genitori erano morti, il che rispondeva a verità, e che avevo un fratello di cui non sapevo più nulla.

«Un paio di giorni dopo i miei zii, che si prendevano cura di me, capirono che era inutile nascondersi in città e decisero di andare all'Hotel Polski. C'era sempre una lunga fila di gente. Io cominciai a piangere. L'idea era quella di cancellare il mio nome come figlio della signora Shoched e di aggiungerlo a quello dei miei parenti, ma sembra che il cambiamento non sia stato fatto.

«Un paio di giorni dopo, credo che fosse il luglio del 1943, il 13 luglio, i tedeschi ci dissero di andare in cortile e di stare tutti insieme, suddivisi per gruppi familiari. Chiamavano un nome dopo l'altro e dicevano che si andava in Palestina, ma in effetti ci hanno portato a Bergen Belsen. Quando urlarono i nomi di mia zia, di mio zio, di un altro zio, il mio nome non era nell'elenco. Ricordo quel momento perché mi è stato detto: "Mani in alto". I tedeschi chiamavano tutte le famiglie e io ero un bambino isolato, senza nessuno attorno, pensarono che io non facessi parte di quel gruppo; è il momento che ricordo meglio, l'immagine di me con le mani levate.»

– Com'era composta la sua famiglia? Lei con chi viveva?

«Sono nato in Palestina il 31 agosto 1935, i miei genitori erano accesi sionisti e credo siano arrivati laggiù dopo il matrimonio. Nel 1937-38 gli arabi sparavano agli ebrei, li uccidevano. Probabilmente viste dall'Europa le cose sembravano molto peggiori di quanto in realtà non fossero. La mia famiglia in Polonia era molto ricca, Sundobi, Starnovski, è da lì che veniva, e continuavano a scrivere a mio padre e a mia madre: "Verrete uccisi, tornate".

«Nel 1938 ritornammo. L'anno dopo nacque mio fratello. Quando i tedeschi uccisero la maggior parte della mia famiglia, nel settembre-ottobre 1942, i miei zii, che allora erano una giovane coppia, andarono a Varsavia e chiesero a una signora di andare a Sundobi a prendermi. Pagarono un fotografo perché nascondesse mio fratello e me, ma questi, per ragioni che non conosco e che non sono mai stato in grado di accertare, portò solo me all'appuntamento e la signora che venne – si chiama Miriam e vive tuttora a Tel Aviv – trovò solo me.»

– Cosa significava essere un bambino ebreo?

«Ho dimenticato molte cose, probabilmente le ho rimosse dalla memoria. Mentre eravamo nascosti ho avuto la scarlattina e c'era il problema se far venire o no un medico, perché saremmo stati facilmente identificati. Decisero di sì, in tal modo sono stato curato.

«Ricordo un incidente, credo che mia zia e io stessimo traslocando in un altro appartamento, perché ogni volta che qualcuno veniva e ci ricattava avevamo paura che si ripresentasse, quindi ce ne andavamo. Ci spostavamo da un nascondiglio all'altro. Il figlio della donna che ci nascondeva era un uomo molto cortese, che ci trattava come esseri umani. Credo ospitasse anche una donna e suo figlio che erano riusciti a fuggire dal ghetto. A quell'epoca l'accensione del gas non era visibile mediante una spia, e il bambino, penso fosse più piccolo di me, inavvertitamente ha acceso il fornello e lentamente svenivamo e mia zia, capendo quello che stava accadendo, mi prese e corse fuori dalla casa e ricordo alcune persone che ci inseguivano gridando: "Tedeschi! Tedeschi! Chiamate la Gestapo!". Siamo riusciti a salvarci.»

– Parla di quel tempo con le sue figlie?

«Sfortunatamente molto poco. Mia moglie è americana e io coscientemente, o probabilmente inconsciamente, cerco di rimuovere il passato. Fino a ora ho sempre cercato di vivere per il futuro, credo che questo mio atteggiamento risalga al periodo di Bergen Belsen. Cercavamo sempre di tenere un po' di cibo per il domani, in modo che se i tedeschi non ci avessero dato un giorno un pezzo di pane o una minestra, avremmo avuto del pane avanzato dal giorno prima o dalla settimana prima. Forse è questo il motivo per cui non ho mai parlato con le mie figlie di ciò che è stato. Le due piccole oggi sono più interessate, discutiamo insieme e credo che il quadro che hanno di me bambino ha fatto loro capire profondamente quanto è accaduto al nostro popolo.»

– Come è riuscito a salvarsi?

«L'unico motivo per cui riuscii a salvarmi fu che i miei zii sopravvissero e mi adottarono. Riuscimmo a farcela perché io ero nato in Palestina. Se non fossimo stati in quell'elenco di persone destinate ad andare in Israele non saremmo sopravvissuti.»

– Se uno aveva i soldi era in grado di comprarsi una protezione?

«Probabilmente se uno aveva quattrini era in grado di sopravvivere più a lungo nascondendosi, e in quell'Hotel Polski era possibile acquistare documenti, un passaporto per Tel Aviv o per gli Stati Uniti. Una persona ricca aveva più speranze di farcela di chi non lo era.»

– Come viveva un bambino in un campo di concentramento?

«Il trattamento che noi ricevevamo era un'eccezione rispetto agli altri lager. Eravamo un piccolo gruppo di persone destinate ad andare in Palestina e probabilmente i tedeschi ci tenevano a trattarci bene nel caso in cui avessero dovuto effettuare uno scambio tra noi e qualcun altro. L'unica cosa che ricordo è che non lavoravamo, eravamo tutti insieme, uomini, donne e bambini, avevamo ben poco da mangiare, sentivamo l'odore dei corpi in decomposizione a Bergen Belsen, l'odore delle fosse comuni. Ma in confronto ad Auschwitz, ad esempio, non eravamo trattati male.»

– Quali sono i suoi ricordi della primavera del 1945, della liberazione?

«I tedeschi ci fecero salire su un treno – era il 7 aprile 1945 – e ci restammo per cinque o sei giorni. Molti soldati in ritirata ci passavano accanto e ci sparavano, forse solo per invidia perché loro dovevano camminare. Quando il convoglio si fermò, a sedici chilometri da Magdeburgo, a quell'epoca stavano arrivando gli americani e gli ufficiali della Wehrmacht si toglievano i gradi dalle uniformi per far credere di essere dei poveretti che ubbidivano agli ordini. Il 13 aprile 1945 siamo stati liberati dalla 9ª Armata degli Stati Uniti.»

DAVID RUBINOWICZ

Di lui è rimasto ben poco: una pagella, alcuni quaderni, la fotografia di una gita scolastica. Si chiamava David Rubinowicz, era figlio di un lattaio. Scomparve a dodici anni, nell'autunno del 1942. Morì solo perché il suo nome era David.

Sono andato a cercare il ricordo di questo piccolo polacco sulle colline del suo villaggio, nel bosco dove trovò rifugio durante un rastrellamento, dove raccolse i funghi e la legna, e vide la volpe che gli faceva paura; ho visto la vecchia scuola, dove imparò a leggere e a osservare la vita: ora il tetto è coperto di muschio. Ho osservato, dalla soffitta dove si nascondeva, i ragazzi che pescavano, come allora, sul ponticello di Bodzentyn e mettevano i pesci ancora vivi nei vasetti della marmellata, ho visto le carrette dei contadini sulla piazza, attorno alle ruote che pompavano l'acqua, ho ritrovato la vicina di casa dei Rubinowicz, Franciszka Szlufik: è una donna precocemente invecchiata e gestisce l'emporio di Krajno; ho incontrato Tadeusz Janiki, il compagno di banco di David: ha la faccia segnata e i capelli grigi. Oggi David sarebbe anche lui un piccolo commerciante. «Gli piacevano tanto le favole» mi ha detto la sua maestra «ed era molto bravo a fare i conti.»

Di David Rubinowicz non sapremmo nulla, forse nemmeno che c'è stato un bambino che si chiamava così, perché la sua casa fu incendiata, la sinagoga, dove nei giorni d'obbligo andava a pregare, fu buttata per aria e adesso è diventata il cortile di un'officina. Di tutti i Rubinowicz è rimasta solo una cugina di David, che vive in Israele; ma il caso ha voluto che il ragazzo sopravvivesse alla sua sorte. Per due anni, ogni giorno, egli ha annotato i suoi «strani pensieri», le vicende di due paesi, Krajno e Bodzentyn, sotto l'occupazione tedesca: la piccola cronaca, l'andamento delle stagioni, le ore animate dalla speranza o segnate dalla morte.

David non è Anna Frank: è un contadino, forse non ha mai visto il cinematografo o ascoltato un pianoforte, la sua fantasia si è sperduta soltanto nei magici racconti dei cartelloni murali appesi dietro la cattedra della signora Krogolec, non ha intuizioni precoci, ma narra con semplicità, e con distacco, i terribili eventi di cui è protagonista, e la sua coscienza li giudica.

Non scopre, come Anna, l'amore, e non ha il linguaggio che Shakespeare offrì a Giulietta, ma avverte ogni angoscia, e trova, nella purezza dei sentimenti, la rassegnazione per accettarla. Il giorno che uccidono una ragazza «che era un fiore» è sgomento: l'offesa è tanto grave che non può esservi salvezza. «Ormai» scrive «verrà la fine del mondo.» Quando gli portano via il padre, non sa farsene una ragione: «Forse» annota «se lo sarà meritato da Dio».

«La colpa di tutto è Abramo» scrive David, che va a cercare nella severità crudele della Bibbia una qualche spiegazione. Riempie, con calligrafia paziente, quattro quaderni e li lascia in un cassetto quando arrivano le «guardie» (lui, le SS, le chiama così) e lo mettono in colonna con tutti gli altri ebrei di Bodzentyn.

I quaderni dalle larghe righe finiscono in un ripostiglio e, quando tutto è finito, una donnetta che vuol rimettere un po' di ordine li butta via, ma passa una madre e pensa: «Forse li ha perduti qualcuno dei miei figli», li raccoglie, così capitano sul tavolo di una scrittrice, poi da un editore e le parole del bambino del lattaio di Krajno vengono stampate in tutte le lingue del mondo.

L'ultima data del diario è il 1° giugno 1942; la pagina comincia con questa frase: «Giornata di felicità». «Felicità» è una parola troppo difficile per David. Arrivano «le guardie». Il 21 settembre di David Rubinowicz si perde ogni traccia.

«Era un bimbo curioso;» mi dice la signora Krogolec «io lo ricordo benissimo. Biondo, con gli occhi azzurri, un po' smarrito. Quando i tedeschi proibirono agli ebrei di frequentare la scuola, pianse. Lo trovai, nell'ora della ricreazione, in un angolo del cortile. Si sentiva solo. Più tardi, tornò in classe a comperare i quaderni sui quali ha raccontato la sua vicenda.»

«La madre di David si chiamava Tabu;» racconta Franciszka Szlufik «era una bellissima donna; il padre aveva nome Josek. Guadagnava poco, si arrangiava con qualche affaruccio; la vendita del foraggio o delle fascine. Erano molto uniti, una famiglia per bene, gente di sinagoga.

«Li portarono via una mattina, la casa di legno prese fuoco. Addio, disse Manja; addio, disse David. Il camion sparì in fondo alla discesa, laggiù, dietro la grande betulla.»

LA MORTE DAL CIELO

DRESDA

Sul monumento che ricorda le vittime sta scritto: «Quanti morirono?». Di preciso, credo, non si saprà mai . «Più che a Hiroshima» dice Sir Robert Saundby, maresciallo dell'Aria, che fu coinvolto nella questione. Adesso, ripensandoci, trova che questo dramma non ha giustificazioni, neppure strategiche, ma il suo capo, il comandante Harris, li aveva tranquillizzati, incitandoli a far tacere i dubbi morali. «Il successo delle nostre armi è l'unica cosa che conta.»

«Centotrentacinquemila» afferma lo storico David Irving, che ha dedicato alla «tempesta di fuoco» un documentato volume. «Meno, centomila di meno» mi spiega Walter Weidauer, che è stato per dodici anni, dopo la liberazione, borgomastro della città.

Il signor Weidauer vive da pensionato in un'accogliente villetta, sulla collina del Cervo Bianco. In gioventù faceva il carpentiere ed era comunista, le vicende della politica lo portarono al Reichstag, poi, con l'avvento di Hitler, lo costrinsero a fuggire, a emigrare. La Gestapo lo ripescò in Danimarca, venne condannato a quindici anni di prigione; ma il compagno Weidauer era anche un bravo operaio, e c'era tanto bisogno di manodopera; così lo spedirono nei campi di lavoro.

Parla volentieri di quei fatti, di quella notte, la notte di Dresda.

«La gente» dice «non può dimenticare. Ce l'hanno ancora con gli inglesi e gli americani, non possono capire quella strage; fu un gesto di crudeltà e di follia.» Ha studiato la cronaca di quelle ore e ha scritto un libro, *Inferno Dresden*, per offrire il suo contributo alla ricerca della verità.

Nel febbraio del 1945 la disfatta era ormai sicura; le truppe sovietiche si trovavano a 150 chilometri, i treni che arrivavano dalla Slesia, dalle terre dell'Est, scaricavano una folla di profughi. La popolazione era raddoppiata, più di un milione, ma la vita aveva un'aria assurdamente normale: erano aperti i teatri, i cinematografi, i ristoranti, si era diffusa la convinzione che la «Firenze tedesca» non sarebbe mai stata colpita dalle bombe. I russi stavano avanzando, ma non avevano chiesto, in quel settore, l'appoggio dell'aviazione alleata. «Ho ricevuto una lettera del maresciallo Konev» mi dice l'ex borgomastro «che smentisce ogni complicità dell'Armata Rossa: a Mosca non sapevano nulla della terribile e inutile decisione.» (Ne furono invece informati, ma è certo che non l'avevano sollecitata; Churchill volle deprimere, con un intervento massiccio, il morale della Germania e dare a Stalin una prova della potenza della Raf e della U.S. Air Force.)

Walter Weidauer, la sera del 14 febbraio 1945, era a Lipsia, dietro i reticolati di un lager. Stava lì, con altri disgraziati, che i poliziotti conducevano in giro a disinnescare bombe e a sgombrare macerie. Fu spedito a Dresda sei giorni dopo, e nel centro, racconta, «c'erano in piedi soltanto due strade, e le avevano già riempite di cadaveri».

«Il 13 febbraio 1945» ricorda Walter Graf, primo cameriere dell'Hotel Astoria «era un martedì, era anzi il martedì grasso. Molti bambini indossavano il costume di carnevale, all'Opera rappresentavano, mi pare, il *Cavaliere della rosa* e le signore si erano messe gli abiti migliori. Io ero autista della protezione antiaerea, ed ero un uomo di quarantasei anni che aveva visto la guerra, ma quello che accadde quella notte me lo porterò dietro per sempre.»

Le sirene suonarono una volta sola; le 22.10 erano passate da trenta secondi. Il cielo era nuvoloso, la gente stava uscendo dai locali pubblici, al Circo Sarassani era appena cominciata la sfilata finale: i pagliacci correvano a cavallo degli asini, e il pubblico applaudiva divertito. Sui campi di Inghilterra, agli ordini del «Bomber Commander» Harris, stavano entrando in azione 6000 aviatori e 1400 apparecchi: Lancaster, Mosquitos, Panthfider e Liberator erano allineati sulle piste, pronti per il decollo. Alle 22.10 caddero dunque i primi bengala rossi, verdi, bianchi, e illuminarono le zone da colpire. I cittadini correvano nei rifugi, i ragazzi guardavano sbalorditi quelle luci vivide e fosforescenti. Erano bagliori crudi, che facevano risaltare i vecchi muri dell'Altmarkt, le linee barocche dello Zwinger, il castello che aveva visto le feste dei prìncipi e dei margravi, le cupole della Hofkirche, le nudità delle ninfe di marmo spruzzate dagli zampilli delle fontanelle, i ponti sull'Elba, le larghe piazze dipinte dal Canaletto, nell'antico tempo della pace, con le bancarelle dei mercanti, sacchi di frumento e mazzi di galletti, le carrozze dei ricchi con i palafrenieri dalle palandrane rosse, le dame in crinolina e i nobili con il tricorno. La gloriosa capitale del re di Sassonia viveva gli ultimi istanti della sua grandezza.

Nessuno era preparato ai bombardamenti. Cominciò il primo attacco: il lancio delle incendiarie. Durante le tre ondate ne furono lasciate cadere, precisano le statistiche, 650.000. «Dresda» ha detto uno degli aviatori che partecipavano all'impresa «era una città che aveva ogni strada disegnata dal fuoco.» «È un buon lavoro» osservò con tecnica imparzialità l'osservatore dell'aereo-guida, guardando dall'alto quel mare di fiamme. «Disgraziata patria» commentò un pilota della caccia tedesca, mandato inutilmente a ostacolare il nemico.

«Andai a cercare mio padre che abitava vicino alla stazione,» dice Walter Graf «e la sua casa non era stata toccata. Lo trovai in cantina, era solo. Non furono molto danneggiate le ferrovie, e nemmeno le fabbriche. Lo aiutai a scappare verso la campagna, tutti correvano in direzione dell'Elba, per sfuggire al fumo e agli incendi, e arrivò il secondo attacco e certi treni che erano stati portati fuori, erano appena rientrati sotto le pensiline, e vennero colpiti. Fuggirono le belve dello zoo e quelle del Circo Sarassani, i cavalli erano impazziti, vidi un cammello che correva verso il fiume, le scimmie si lamentavano, c'erano bambini morti in costume da Pierrot e signore in toelette da sera.

«Passai davanti alla Hofkirche, e attraverso la porta aperta scorsi un prete che stava raccogliendo qualche oggetto sacro. Gli uomini morivano asfissiati o bruciati, l'aria era irrespirabile. La terza ondata completò il disastro, arrivarono su Dresda senza che ci fosse nessuna reazione, dicono che da settanta chilometri era possibile avvistare l'immenso incendio. Alle quattro del mattino, finalmente, cominciò a cadere la pioggia, mescolata al nevischio, ed erano gocce nere, pesanti, sporche di cenere, e cominciarono anche a imperversare i ladri, venne fucilato un prigioniero inglese che aveva rubato un prosciutto in un magazzino, e uno spalatore che aveva riposto in un sacchetto quasi duecento vere nuziali. I carbonizzati conservavano anche nella morte atteggiamenti umani; una madre tentava inutilmente di proteggere il suo bambino.»

«Su oltre trentacinquemila edifici» dice Walter Weidauer «solo 7421 rimasero intatti o non del tutto distrutti. Ora abbiamo ricostruito il novanta per cento di Dresda, e nel 1970 l'avremo totalmente rifatta. Abbiamo restaurato l'Altmarkt e riaperto i musei e i piccoli cantori danno ancora concerti nella cattedrale.»

Mi ha mostrato con orgoglio fotografie di stabilimenti, elettronica, chimica, automazione; ecco la Ernst Thälmannstrasse, carica di neon, e i nuovi palazzi di buon livello architettonico, negozi dalle vetrine ben fornite, ecco il reattore atomico di Rossendorf e le fontanelle del bagno delle ninfe spruzzano ancora sulle belle bagnanti, dai seni piccoli e dalle lunghe trecce, come le ragazze di Cranach nella vicina galleria, acqua limpida; ecco i tavolini del Café Prag gremiti, suona l'orchestrina, e giovani e vecchi ballano, avvolti da un profumo di birra e di salsicce. La vita è forte.

Trentacinquemila, centomila, duecentomila, duecentocinquantamila: sono le cifre della polemica che ha per tema i morti di Dresda nella notte fra il 13 e il 14 febbraio 1945, ultimo giorno di carnevale. Poveri inutili morti che servirono ad alimentare opposte propagande.

HIROSHIMA

La vita di Minoru Sakuma si è svolta all'insegna dell'atomo. Oggi è ingegnere nucleare, ma, a quindici anni, si trovava a Hiroshima quando esplose la bomba. Al polso reca l'ombra indelebile del suo orologio: il dono ricevuto dalla prima esplosione nucleare.

– L'atomo ha giocato un ruolo decisivo nella sua vita. Lei era marinaio a Hiroshima quando scoppiò la bomba?

«Sì, c'ero, ma in realtà ero un ragazzo di quindici anni. Il Giappone si trovava ormai agli sgoccioli. Io ero (non saprei come spiegare) una specie di riserva della scuola della Marina, cioè un allievo. E mi trovavo in un'isola vicino a Hiroshima, su una piccola nave: e proprio mentre ero impegnato in alcune esercitazioni venne sganciata la bomba.»

– Che cosa pensò?

«In quel momento fui soltanto molto sorpreso. Naturalmente non sapevo che si trattava di un'atomica. Era mattina, verso le 8.15, e in quel momento noi eravamo su una imbarcazione della Marina per le esercitazioni previste. Ci fu un lampo improvviso e ci gettammo tutti in mare, come per fuggire. Più tardi seppi che ero stato colpito dalle radiazioni e che si trattava di una atomica. Fu un notevole shock e penso che abbia avuto molta influenza sulla mia vita.»

– I bambini che stavano per nascere nell'agosto 1945, e che oggi sono uomini, come sono cresciuti?

«Pare che, fra coloro che hanno subìto le conseguenze delle radiazioni, la percentuale dei nati con malformazioni di vario tipo non sia così alta come si disse in un primo tempo. Ma ciò che non siamo ancora in grado di prevedere è che cosa avverrà in futuro. Dal lancio della bomba sono passati poco più di quarant'anni, cioè in pratica una generazione. Anche se le opinioni degli esperti sono divise, molti sostengono che gli effetti genetici si rivelano solo nel corso di molte generazioni. Inoltre, l'influenza delle radiazioni è certamente diversa per coloro che allora erano nel ventre delle madri e per quelli nati in seguito. Non è possibile quindi affermare nulla di preciso sugli effetti a distanza. Ma sono convinto che coloro che hanno subìto radiazioni a Hiroshima e a Nagasaki vivono con un costante senso di preoccupazione.»

– E nella storia dei giapponesi Hiroshima che cosa vuole dire?

«Non dimentichi che a Hiroshima, in un attimo, i morti furono quasi centomila. Ancora adesso vi sono, sia pure raramente, persone che muoiono di leucemia o per altre cause dovute alle radiazioni dell'atomica. Forse fra costoro vi è chi prova rancore dal punto di vista psicologico. Anch'io, personalmente, non posso dire di non avere nutrito alcun sentimento di vendetta. D'altro canto, come sostengono spesso gli americani, se non ci fosse stata l'atomica il Giappone si sarebbe trovato in una situazione peggiore: la continuazione della guerra sarebbe stata ancora più terribile; entrambe le parti avrebbero subìto perdite durissime. Io non penso che la guerra sia terminata perché c'è stata Hiroshima. Ma è anche un fatto che Hiroshima e Nagasaki hanno probabilmente contribuito ad accelerare gli eventi. Una cosa si può aggiungere: Hiroshima e Nagasaki hanno dimostrato che un uso errato dell'energia nucleare, cioè bellico, porta a conseguenze catastrofiche, a una crisi per l'umanità. Hiroshima e Nagasaki sono eventi che non bisognerà mai dimenticare.»

UN SECOLO DI CONDOTTIERI

CHIANG KAI-SHEK

Formosa, in cinese, si dice Taiwan. I portoghesi, che vi sbarcarono per primi, la chiamarono «isola bella». Nel mare schiumoso si agitano dei pescecani; da queste parti navigò, sfidando i tifoni, il veliero carico di spezie e di sete che aveva, fra la gente di bordo, Marco Polo. Ha grandi montagne e cupe foreste, e sulla cima dell'Ali c'è un albero che, raccontano, da tremila anni rinnova le foglie.

I sedici milioni di abitanti coltivano la terra, piantano gli ananassi, gli asparagi e i funghi, raccolgono gli agrumi, e quelli che stanno sulla riva vanno a pesca. Cinque su cento indossano la divisa del soldato e si esercitano nell'arte della guerriglia e dello sbarco. Aspettano, ma senza fretta e senza molta convinzione, «l'ora» e molti hanno tatuato sul petto scritte che esaltano la lotta, o sfidano la morte, che non fa paura perché, dicono i saggi, «nudi arriviamo e nudi ce ne andiamo».

Per cinquant'anni questo Paese, che è più piccolo dell'Olanda, è stato occupato dai giapponesi, che gli indigeni chiamarono «cani»; poi nel 1949 arrivarono i fuggiaschi di Chiang Kai-shek, che gli indigeni chiamarono «porci».

La Repubblica nazionalista è divisa in cinque province e sedici contee, gli analfabeti sono meno del 10 per cento (ce n'è di più in Sicilia), stampa trentuno quotidiani, di cui tre in lingua inglese, ha un museo, con tremila pezzi rari: bronzi, porcellane e giade, l'industria più importante è quella dello zucchero, il cibo preferito il riso, il filosofo e l'apostolo più apprezzato Confucio.

Taiwan ha tre partiti, ma due non servono. Aveva un capo, Chiang Kai-shek, padre di due figli maschi, di professione generali, e il maggiore ha ereditato il potere. Si chiama Chiang Chiang-kuo. È una democrazia di tipo orientale: si elegge uno che non può essere mandato via. Il governo è bonariamente definito paternalista.

Trovo gli appunti della mia intervista con Chiang Kai-shek. Gennaio 1967. Lao Chiang, il vecchio Chiang, ha ottant'anni. Le sue abitudini sono severe: non fuma, non beve e respinge perfino il tè. I sudditi lo chiamano «Gemo», abbreviazione che sta per Generalissimo. Chiuso, riservato, inflessibile, sfugge la gente e in particolare i cronisti e i fotografi; difficilmente si lascia andare alla confidenza.

A Taipei, dove approdò fuggiasco nel 1949, con 3000 generali, 20.000 colonnelli e 50.000 capitani (troppi, per un milione di poveri soldati), ha fatto buone cose. Il reddito è superiore alla media asiatica, c'è un'efficiente assistenza sanitaria e gli abitanti leggono più di noi. Non so se è riuscito a realizzare il programma che gli suggeriva un consigliere americano: «Dovreste fucilare tutti i cinesi disonesti e traditori». «Il guaio» rispose Chiang «è che non abbiamo abbastanza munizioni.»

L'incontro è avvenuto in una sala dell'Hotel Evergreen sulla collina che sovrasta il lago del Sole e della Luna, vicino a Taichung. Ho corso in auto per sette ore, tra campi di riso maturo e boschi di palme; nelle botteghe dei villaggi si vendono farfalle trafitte, sete dipinte e mandarini.

All'Evergreen sono alloggiate molte coppie di sposi in viaggio di nozze, ma tra le piante dai fiori rossi, tra i bambù e le azalee, montano la guardia soldati con il mitra imbracciato.

Per qualcuno il vecchio Chiang è «il Napoleone d'Oriente», ma forse il pensiero nasce da due destini che si concludono, dopo lo splendore delle vittorie, su una piccola isola; Trockij lo definì, con viva intuizione, «il Piłsudski cinese»; per Stilwell, l'alto ufficiale americano che gli fu accanto per molto tempo era, soprattutto, «un approfittatore»; Chruščëv non lo prese sul serio: «È stato» disse una volta con cattiva ironia «una specie di intermediario per la consegna delle armi elargite dagli Stati Uniti a Mao».

Ma ha governato la Cina, comandava un esercito di cinque milioni di uomini, trattava con Churchill e con Roosevelt, che lo considerava «un politico di vasti orizzonti e di grande coraggio», e perfino Stalin gli fece molto credito; è stato il protagonista di alcuni capitoli della storia di questo secolo.

Quando, in gioventù, soggiornò a Mosca per imparare la tecnica militare e i segreti della rivolta, Trockij gli spiegò che «pazienza e attività sono i due fattori essenziali per un partito rivoluzionario». Comunque lo si consideri, queste due doti non gli difettano: eccolo qui, ad aspettare l'ora della rivincita, pronto ad approfittare di ogni debolezza, vera o presunta, dell'avversario.

Perché i soli princìpi che Chiang ha rispettato sono quelli che si conciliavano con il suo bisogno di eccellere e di dominare; ha avuto un'unica filosofia: il potere. Creava i sindacati, e si accordava con i finanzieri; metteva gli operai contro i generali, e li lasciava scannare; escogitava alleanze con i comunisti che odiava, ed era una lotta, con gli stessi metodi, a chi sparava per primo. E ora vorrebbe sbarcare sul continente, sulla terraferma, con le sue truppe armate e istruite da Washington (600.000 soldati), ed è divorato da quella che Adlai Stevenson definì «una impazienza patetica», perché, per fortuna, non è stata incoraggiata dai fatti. Ma non ha dubbi; un proverbio di Shanghai assicura che «nessun banchetto sotto il cielo è senza fine»; basta dunque attendere.

Chiang Kai-shek è arrivato nella sala riservata alle udienze alle 4 del pomeriggio. Nella mattinata, aveva ricevuto una delegazione del Vietnam del Sud. Una voce ha annunciato: «Il Presidente», e gli ufficiali del seguito, e gli alti funzionari, si sono piegati in un profondo inchino. Il «Gemo» è venuto avanti appoggiandosi al bastone, ma con passo deciso, e dava il braccio a Madame, la prima signora, Soong Mei-ling, che ha sposato in seconde nozze nel 1927.

Da trent'anni, ogni giorno, Mei-ling, che vuol dire «spirito di bellezza», gli legge un brano della Bibbia e gli suggerisce, dicono, qualche mossa politica. Con lei ha trovato, afferma, «la pace del cuore», e la fede nella dottrina dei protestanti metodisti, per lei ha lasciato la prima moglie che, strano caso, si chiamava Mao, e gli insegnamenti di Confucio.

Madame sfoggia un costume che concilia la tradizione nazionale con la moda di New York, gonna con lo spacco, ma scarpe con il tacco alto e sottile, occhi truccati con l'ombretto, unghie laccate, e porta un solo gioiello, una spilla di perle autentiche; Chiang indossa una divisa senza gradi, di panno color oliva.

Mi fanno sedere di fronte, su un divano, e l'interprete sta accanto al Generalissimo; la signora conosce l'inglese alla perfezione, ha studiato in America e, anche di recente, ha passato un anno negli Usa per chiedere aiuti. Un grosso cane lupo si sdraia ai piedi dei più importanti cittadini di Formosa. L'ambiente è arredato con sobrietà: sul caminetto sono disposti ninnoli di giada, per terra è distesa una moquette rossa, al centro del tavolo è disposto, in un vaso d'argento, un fascio di rose, il Presidente sorride, e Madame lo ascolta assorta, guardando fisso davanti a sé il lago sul quale sta scendendo una sottile nebbiolina.

So che posso fare cinque domande e Chiang si riserva di rispondere o no, ha il diritto di scegliere. Il colloquio non dovrà superare i dieci minuti.

Comincio.

– Che differenza c'è tra il suo sistema di governo e quello di Mao?

«Noi abbiamo adottato una politica basata sui tre princìpi del popolo del grande Sun Yat-sen, il padre della patria, che sono: nazionalismo, democrazia e benessere; dall'altra parte stanno schiavizzando i cittadini con metodi brutali.»

– Qual è la sua opinione sugli sforzi che molti paesi fanno per giungere a un compromesso con i comunisti?

«Il vero comunismo ha come scopo la dominazione totale; non c'è possibilità di compromesso con i veri comunisti. Adesso ci sono i revisionisti, dobbiamo vedere se con loro si può coesistere; il futuro dovrà provarlo, per ora non si può dire.»

– Qual è, a suo parere, il significato dei recenti avvenimenti che pare stiano sconvolgendo la Cina popolare?

«Le lotte interne del Partito, e l'odio del popolo verso i capi e i metodi delle Guardie rosse, sono clamorose indicazioni della stanchezza delle masse e del rancore che circonda il regime.»

– Pensa che le relazioni fra Pechino e Mosca peggioreranno? E qual è il suo giudizio su Mao?

«La lotta fra i comunisti cinesi e il revisionismo è senza ritorno, non c'è possibilità di conciliazione; è difficile per Mao trovare un posto adatto per morire. Negli ultimi trent'anni egli ha commesso tutti i crimini possibili, e l'ostilità della gente aumenta. D'altra parte, anche il resto del mondo comunista gli è contro, e anche tra i suoi seguaci è scoppiata una forte opposizione. Mao si regge su Lin Piao e sul suo esercito, ma anche là si annidano i dissidenti. Mao è alla fine della sua strada. Il fatto che ora scatena le Guardie rosse indica che non ha altra alternativa che la forza per mantenere il comando. È l'ultima risorsa. Mao e le sue guardie vogliono distruggere la nostra cultura; ma tutti i cinesi saranno contro Mao, contro le sue Guardie rosse, fino alla morte.»

Si alza, e mi stringe la mano. Gli portano un pastrano e, accompagnato da Madame, esce in giardino per la consueta passeggiata. È in piedi dall'alba. Stacca un ramo fiorito e lo porge a Mei-ling. Gli è stata devotamente vicina, nel bene e nella sconfitta, anche se qualcuno la giudica una mediocre consigliera.

KARL DÖNITZ

Aumuhle è una cittadina, tra boschi di faggi e di abeti: il paesaggio fa venire in mente certe delicate e romantiche pitture dell'Ottocento. Qualcosa di immobile e di estenuante.

Il Grande Ammiraglio abita sempre nello stesso appartamento, poche stanze, arredate con gusto borghese: qualche vecchio mobile, qualche quadro di famiglia. Ricordavo la targhetta sulla porta; soltanto il nome: Dönitz.

Venni a cercarlo che aveva lasciato da non molto Spandau. Allora c'era la signora Inge, che si occupava di lui: è morta. Durante i dieci anni di carcere, si era trovata un lavoro da infermiera in un ambulatorio di Amburgo, e ogni tre mesi prendeva il treno per andare a trovarlo. La figura è sempre eretta, il volto duro di nordico impenetrabile, più magro, più stanco. Toccò a lui, il 30 aprile 1945, dare la straordinaria notizia: «Uomini tedeschi, donne tedesche, il nostro Führer è morto».

Nella voce si sentiva una sincera costernazione. Gli aveva voluto bene. Della sua fedeltà, Hitler non aveva mai dubitato, e nell'ora estrema si era sentito in obbligo di promuoverlo al ruolo di successore.

Per tre settimane Dönitz fu dunque a capo del Terzo Reich e dovette anche accettare la sconfitta. Aveva combattuto fino all'ultimo, senza dubbi, senza perdere i nervi. Diceva Churchill: «È l'unico che mi fa paura». Diceva Hitler: «I nostri U-Boote sono l'arma decisiva».

Dönitz l'aveva adoperata con incredibile abilità; era lui l'inventore della tattica del «branco di lupi». I suoi sommergibili attaccavano i convogli alleati da ogni parte e milioni di tonnellate di naviglio finivano sui fondali dell'Oceano Atlantico. Predicava ai suoi ufficiali: «Il cervello, la furbizia e la sorpresa restano sempre i fattori determinanti dell'arte della guerra», e i risultati gli davano ragione.

La Kriegsmarine non deluse le aspettative di Adolf Hitler. Karl Dönitz approvava anche la politica nazionalsocialista; gli pareva che la Germania dovesse tutto sia alle croci uncinate sia al loro capo, ma non sapeva nulla di Auschwitz e di Dachau. Quando gli mostrarono le fotografie, confessò sbigottito: «Come è potuto accadere tutto questo?». A Norimberga lo hanno condannato perché «colpevole della preparazione di una guerra di aggressione».

Le trattative per l'incontro non sono state facili: ha chiesto le domande in anticipo (qualcuna l'ha cancellata) e ha risposto leggendo. Non c'era nulla del dialogo: pareva quasi tenesse una lezione.

– Signor ammiraglio, ricorda l'ultimo incontro con Hitler?

«Lo vidi il 21 aprile 1945, a Berlino. La sua energia mentale non sembrava ancora indebolita. Fisicamente, però, dava l'impressione di essere malato: un uomo invecchiato, esausto ed eccitabile. Lasciai la città la mattina dopo, alla volta di Plön per eseguire la mia missione: contribuire alla difesa della Germania del Nord.»

– Come reagì quando seppe che il Führer l'aveva nominato suo successore?

«Ne fui sorpreso. Mai avevo udito da lui una parola che alludesse a questa possibilità. Ma non dubitai per un istante se accettare o meno. Avevo temuto, negli ultimi tempi, che il centro di comando di Hitler nella capitale non reggesse, circondato com'era, e che scoppiasse il caos travolgendo e rovinando centinaia di migliaia di civili. I miei compiti erano chiari. Volevo porre fine al conflitto il più presto possibile, salvando il maggior numero di vite umane. Pensavo, cioè, di realizzare la capitolazione secondo i miei piani, che prevedevano prima un accordo con le potenze occidentali, per permettere poi al maggior numero di profughi dell'Est di mettersi in salvo.»

– Quali sono ai suoi occhi le colpe o, eventualmente, le benemerenze dei nazisti?

«I loro delitti, la liquidazione di persone compiuta nella massima segretezza, senza che la gente ne fosse a conoscenza. D'altro canto, quando hanno agito nell'interesse del popolo, avranno pure avuto qualche pregio o merito.»

– Quali errori militari sono stati commessi dalla vostra parte?

«Le flotte navali alleate furono l'ostacolo più forte; andava affrontato decisamente. L'esistenza dell'Inghilterra, i viveri, l'industria e l'armamento dipendevano dalle importazioni, dai traffici attraverso l'Oceano Atlantico, e anche il sostegno e l'aiuto degli Stati Uniti potevano arrivare soltanto su quella rotta. Per gli inglesi e gli americani il massimo impegno era di proteggere quelle vie oceaniche. Di conseguenza, il nostro primo obbiettivo avrebbe dovuto essere l'attacco, ma non lo è stato. Fin dall'inizio non disponevamo dei mezzi necessari per sostenere con successo il confronto. Il nostro governo aveva l'obbligo di evitare lo scontro con la Polonia, se c'era la possibilità dell'intervento di Londra. Poi, bisognava costruire alla svelta, e con tutte le risorse a disposizione, il mezzo più efficace: il sommergibile. Ma ciò accadde soltanto nella primavera del 1943: troppo tardi. I nemici avevano già perfezionato le misure difensive e ricostruito le loro unità. Fu anche un calcolo errato supporre che l'Inghilterra sarebbe stata disposta alla pace se avessimo sconfitto l'ultima spada puntata su di noi e sul continente: la Russia.»

– Chi era il nemico più pericoloso della Germania? Quale l'ostacolo più duro?

«Le due potenze navali.»

– Chi stimava maggiormente?

«Non credo che, da un punto di vista emotivo, avessi considerazione per qualcuno. Dopo tutto, erano contro di me, e un avversario non lo si apprezza, no?»

– Sapeva nulla delle atrocità?

«Dei lati disumani, degli assassinii, dei campi di concentramento fui informato solo ai primi di maggio del 1945. Mi trovavo nelle vicinanze di Flensburg per organizzare la resa. Il capoguarnigione mi raccontò che su un battello che ci aveva raggiunti dall'est c'erano trecento detenuti di un lager. Li soccorremmo subito. Due giorni dopo, l'ammiraglio von Friedeburg, che avevo inviato al quartier generale americano, mi portò il giornale dei soldati, *Stars and Stripes*, dove c'erano orribili istantanee scattate a Buchenwald. Questi fatti erano chiaramente criminali, anche se i problemi del vettovagliamento, verso la conclusione del conflitto, potevano avere avuto una certa importanza. Chiesi al generale Eisenhower l'autorizzazione affinché la Corte suprema del Reich aprisse subito un'inchiesta e un'istruttoria. Questo fu il mio atteggiamento. Così venni a conoscere gli aspetti oscuri del nazismo e ciò cambiò anche il mio atteggiamento nei confronti del regime.»

– Crede che, in qualche modo, esista una responsabilità collettiva?

«Quei misfatti furono commessi nell'isolamento più completo. Le masse non ne sapevano niente. Perciò è in contrasto con ogni concezione della legge incolpare un'intera nazione per le crudeltà di una piccola minoranza.»

– Pensa di avere commesso errori nella sua funzione di comandante?

«Tutti possono prendere cantonate o compiere spropositi. Certamente anch'io: per esempio, non ero informato bene della potenza del nemico. Nel complesso, però, ancora oggi, ritengo di avere assolto nel modo giusto quelle che erano le mie mansioni.»

– Il carattere dei tedeschi è cambiato?

«Non ho notato alcun mutamento. Il popolo ha imparato che la Costituzione dello Stato deve essere fatta in modo da escludere l'abuso di potere da parte dei singoli.»

– Che tipo di personaggio era Hitler?

«Hitler fu, per me, un uomo intelligente e dinamico. Dopo quello che sappiamo adesso, lo ritengo una personalità demoniaca, con due aspetti: uno buono e uno cattivo. Era capace di nascondere i tratti negativi senza dovere simulare vistosamente.»

– Lei, chi considerava tra i gerarchi?

«Non sono in grado di rispondere: non ero in contatto con loro.»

– Rommel fu un traditore o un eroe?

«Rommel ha agito secondo la sua coscienza.»

– Vorrei orientarmi: come vede il maresciallo Göring o Heinrich Himmler?

«Ritenevo Göring acuto e preparato, però era egoista. Non ho avuto modo di conoscere il carattere di Himmler; soltanto nel momento del tracollo ebbi qualche rapporto con lui. Per questo non posso esprimermi. Quello che sappiamo ora delle sue azioni mi permette di avere una opinione della sua moralità.»

– Posso chiederle come ha passato il tempo della prigionia?

«Mi comportai in modo distaccato nei riguardi dei guardiani del carcere. Mi ero proposto di bastare a me stesso. Provai a esercitare pienamente le attività fisiche e spirituali che mi erano concesse dai regolamenti. Alla base del mio atteggiamento c'era la convinzione, mai modificata, che non mi ero macchiato di alcuna colpa e che mi avevano condannato per ragioni politiche.»

– Ha mai pensato alla possibilità di uno sbarco in Inghilterra?

«Non credo, e non credevo, che avremmo potuto farcela, perché le nostre truppe avrebbero avuto bisogno di continui rifornimenti e la Raf era abbastanza potente per mandare a monte le nostre operazioni.»

– I suoi due unici figli sono scomparsi in mare. La loro vita è stata sprecata?

«No, il loro sacrificio non è stato vano. Erano imbarcati sui mezzi navali e contribuirono alla difesa della patria tedesca. Tennero impegnate forze avversarie che, altrimenti, si sarebbero abbattute sulla popolazione. Per esempio, centinaia di aerei che attaccavano i nostri sommergibili nell'Atlantico sarebbero volati carichi di bombe verso la Germania. No, non sono caduti invano.»

Gli equipaggi che obbedivano ai suoi ordini contavano 39.000 marinai; soltanto 7000 rientrarono in porto. Ottocentoventuno U-Boote navigavano al suo comando; soltanto 40 attraccarono, alla fine, agli ormeggi. Su un tavolo c'è una statuetta; raffigura due ragazzi nudi, i capelli al vento, che dandosi una mano avanzano, forse su una spiaggia, incontro all'ignoto. C'è appeso alla parete dello studio un dipinto che riproduce due vascelli dalle vele tormentate che navigano nel grigio della tempesta. Le luci dei fanali sono spente. Si pensa che a bordo non ci sia ormai più nessuno.

DWIGHT DAVID EISENHOWER

Il 16 giugno 1944 si mettono in movimento 4000 mezzi da sbarco: 200.000 combattenti vengono imbarcati con la protezione di 284 unità da guerra; sulle piste, 8000 aerei scaldano i motori.

Dieci giorni dopo il generale Eisenhower viene raggiunto dal figlio John, e lo porta con sé sulla costa francese: «Sono emozionato come una sposa novella» scrive a Mamie, poi le racconta: «È stato con me dappertutto, ma è difficile capire quando è contento».

Tra i due non c'è tanta confidenza, si sono visti di rado e forse non sono neppure portati a capirsi. Il ragazzo si invaghisce addirittura di miss Kay e Ike commenta soddisfatto: «Sembra che Johnny se la stia spassando».

Forse l'incomprensione lo rattrista e la confida al giovane sottotenente, che si rallegra per le sue vittorie: «Credo sia più facile per un uomo essere un eroe per un intero popolo che agli occhi del proprio figlio».

John, ora, è generale in pensione. Sono andato a trovarlo a Kinberton, in Pennsylvania: ha un ufficio modesto e lo aiuta una anziana segretaria. Ha scritto un libro sulle imprese di suo padre, il generale Dwight David Eisenhower, intitolato *Allies.* È una persona gradevole e pacata.

– Vorrei parlare di suo padre: che tipo era nella vita familiare?

«Uno tanto preso. C'era un ragazzo solo: io, naturalmente. Era molto attaccato, ma anche severo. Aveva idee particolari sulla mia educazione, sul mio modo di comportarmi e dovevo adeguarmi alle sue aspettative. Era bravo nell'insegnare; la mattina dividevamo il bagno e lui ripassava con me le tabelline, smetteva qualsiasi cosa stesse facendo se io gli facevo una domanda riguardante la storia o qualche altro argomento, non amava molto esternare i suoi sentimenti. Era, come ho già detto, molto impegnato, e forse non eravamo così vicini come dovrebbero invece esserlo padre e figlio.»

– Quali erano le qualità più evidenti del suo carattere?

«Polso e spirito di comando, era piuttosto intelligente ed era un grande lavoratore. Nel suo intimo albergava la forte tradizione del tedesco emigrato in Pennsylvania, sgobbava sodo e ci credeva, amava il suo lavoro.»

– Come visse il giorno di Pearl Harbor, dove si trovava?

«Il 7 dicembre 1941 mio padre si recò a Fort Sam, a Houston, nel Texas, io entrai a West Point proprio quella mattina, per questa ragione non ero con lui. Era capo della 3ª Armata appena rientrata dalle manovre; secondo mia madre, quando ricevette l'annuncio, si infilò in cucina e cominciò a preparare una zuppa di verdure: era una sua maniera di scaricare i nervi, dato che non poteva fare nulla. Si era recato immediatamente al quartier generale per avere tutti i particolari, ma non gli rimaneva altro che attendere istruzioni.»

– Pensava che sarebbe potuto diventare il comandante in capo dell'esercito?

«Credo proprio di no. Chiunque intraprenda la carriera militare ama credere che forse un giorno, se ha fortuna, arriverà all'apice. Direi che è un po' come domandare a un giovane se pensa che diventerà presidente. Quando ero piccolo, mi disse una volta che, secondo le norme che regolavano gli avanzamenti, lui era troppo vecchio; per questa ragione, se non ci fosse stata nessuna guerra, sarebbe andato in pensione con il grado di colonnello; ma nell'ipotesi di un conflitto lo avrebbero promosso subito generale.»

– Che rapporti aveva con Roosevelt?

«Fluttuanti. Quando lavorava al quartier generale dell'esercito lo incontrò un paio di volte prima di andare in Inghilterra, nel giugno del '42. C'era anche Churchill e li vide insieme. Anche in seguito, solo colloqui sporadici, e mai contatti stretti come con Churchill o con il generale Marshall.»

– E con Truman?

«Quando Truman venne eletto alla Casa Bianca, lui aveva già il grado di comandante supremo. Da ciò che ho potuto capire, credo abbia lavorato fianco a fianco con il presidente, soprattutto nell'anno 1949, quando si trattò di mettere in piedi il sistema difensivo americano. Poi avvenne che nel 1951, mentre era a Parigi, alla testa della Nato, Truman scoprì, grazie all'intervento di un uomo politico, che era repubblicano e questo pose la parola fine a un cordiale rapporto.

«Truman era sotto questo aspetto estremamente partigiano. La separazione si acuì maggiormente durante la campagna elettorale del 1952. Per questa ragione, alla fine dei loro giorni, non è che fossero proprio amiconi. Mio padre condivideva il pensiero di Truman sulla politica estera, ma c'è stato un gioco di circostanze sbagliate. Peccato.»

– Cosa pensava di Hitler?

«Tutti avevano un'idea precisa del Führer: era la personificazione stessa del male. Hitler ha reso il nostro compito più facile, poiché non possedeva un lato da salvare. Non abbiamo mai avuto la possibilità di cambiare opinione su di lui: era il diavolo fatto uomo, un elemento da distruggere.»

– E di Stalin?

«Stalin era una personalità ben più complessa; durante gli anni 1942-43, uno dei maggiori sforzi degli Stati Uniti consistette proprio nel tentativo di salvare i russi e di non farli affondare. Nel 1942 abbiamo studiato a lungo un piano ad altissimo rischio che prevedeva il passaggio della Manica per ridurre la pressione sul fronte orientale.

«Stalin, secondo la nostra politica e secondo la visione degli americani, era una figura controversa e mio padre provava nei suoi confronti sentimenti ambivalenti. Nonostante il passato del dittatore, che non conosceva molto bene, nutriva la speranza di un'intesa che durasse anche dopo la vittoria.

«Verso la fine del conflitto, quando ci stavamo avvicinando, in Germania, al fiume Elba, mi disse, durante una mia visita, che i sovietici erano difficili e recalcitranti, e che si augurava di avere più divisioni lungo il fronte centrale piuttosto che passare attraverso l'Austria in direzione di Lubecca. Non era però preoccupato dalla possibilità che la guerra potesse continuare. Nell'agosto del 1945, si recò a Mosca per una cerimonia, andai con lui, siamo stati riveriti, nutriti, festeggiati; questo era il momento della luna di miele fra Stati Uniti e Unione Sovietica, però ebbe breve durata. Quando subentrò la cortina di ferro, mio padre cominciò a considerare Stalin un potenziale nemico.»

– E di Mussolini che cosa diceva?

«Non credo considerasse Mussolini migliore di Hitler. Il fascismo è stato inventato da Mussolini, lo insegnò a Hitler che lo superò. Ma Hitler costituiva la minaccia reale, non Mussolini.»

– Cosa ha provato suo padre il giorno dell'invasione della Normandia?

«Ovviamente era nervoso, tutto il possibile era stato calcolato nel piano, non si poteva aggiungere o fare altro. Si trattava di un progetto intelligente; comunque anche se si è convinti di aver agito per il meglio, non si può evitare una certa tensione. Le circostanze imponderabili erano moltissime e sfuggivano al controllo umano, mi riferisco alle condizioni atmosferiche, alle tempeste sulla Manica: infuriava la burrasca e l'invasione doveva aver luogo con previsioni di trentasei ore di tempo passabile. Questo rendeva mio padre agitato. Scrisse anche un appunto in cui si dichiarava responsabile di un eventuale fallimento; quando l'operazione fu portata a termine con successo lo buttò nel cestino e qualcuno lo raccolse per i posteri. Per cercare di calmare la sua tensione, si recò al campo d'aviazione a vedere la partenza della 101ª divisione di paracadutisti nei loro C 47 e negli alianti, poi si ritirò nella sua tenda a leggere un romanzo poliziesco.»

– Cosa significò per lui l'ingresso alla Casa Bianca?

«Mi trovavo al suo fianco, per la cerimonia ufficiale, ma quel momento non era l'apice della sua vita; l'aveva già raggiunto con la resa della Germania e con la distruzione di Hitler.»

ADOLF GALLAND

Ha sessantatré anni; a trenta, era il più giovane generale delle forze armate tedesche. Hitler lo chiamava «il diavolo in cielo», per Göring era «il più valoroso e il più arrogante dei nostri soldati».

Cominciò da ragazzo con gli alianti; adesso va in giro su un piccolo Executive a vendere aeroplani. Ha detto: «Volare è una passione che riempie di sé la vita». Nel giardino della villetta che ha costruito sulla collina, dove vive con la moglie e due bambini, c'è una manica a vento come nei campi di atterraggio; sulle pareti della tavernetta che ha allestito in cantina, tante fotografie di allora. Ecco gli Stukas delle imprese di Spagna: i biondi giovanotti del Führer, per non soffrire il caldo, andavano a mitragliare a torso nudo e in mutande; ecco i ricordi della grande avventura, *Bomben auf England* diceva la canzone che la radio trasmetteva di continuo, e il ritornello era ritmato dai tamburi e dall'urlo dei propulsori, o quella che cantavano gli equipaggi del Messerschmitt o dei Fokke Wulf che incrociavano sulla Manica, o verso il Tamigi, gli Hurricanes e gli Spitfires della Royal Air Force: «Die stolze Maschine sie wackelt, sie wackelt», il fiero apparecchio ondeggia, vacilla.

C'è, fra tappi di champagne, cartoline, cimeli stravaganti, l'immagine sorridente di un pilota che guarda lontano: «Mio fratello,» spiega «anche lui aviatore. Più di cinquanta vittorie». Poi fu il suo turno.

Adolf Galland è ritratto accanto a Meyer, il fedele meccanico che controllava gli strumenti e caricava le armi; mentre scende dalla carlinga, il grosso sigaro tra le labbra, il fazzoletto di seta gonfio attorno al collo; ecco che osserva i segni lasciati dalle mitragliatrici inglesi nell'ultimo duello; ora è seduto davanti al Führer, capelli lucidi, guanti, decorazioni: Hitler gli ha appena consegnato le «fronde di quercia con spade e brillanti», accanto alle poltrone, sul tavolinetto, c'è un vaso di porcellana trasparente con fiori bianchi. «Hitler» dice Galland «di meccanica non se ne intendeva.» E né lui né il rubicondo Hermann Göring gli diedero retta quando predicava: «Senza aerei da caccia la Germania è come una casa priva di tetto».

Galland capì che i suoi stormi, che dovevano annientare la Raf e preparare lo sbarco sulla costa, erano ormai fuori gioco. Dopo la bruciante battaglia del 1940 cominciò la rimonta dei nemici, che diventarono sempre più abili e più forti. Galland disse la verità e gli tolsero il comando. Fu contento di rientrare nei ranghi, lui che era stato una leggenda, come un qualunque camerata, per battersi fino all'ultimo in un'inutile lotta.

Mentre racconta gli occhi si fanno stretti e la battuta ironica; non c'è in lui né esaltazione né rimpianto. In quelle giornate era inebriato di giovinezza, i nervi vibravano tesi, pareva quasi si spezzassero, la responsabilità del grado più alto gli pesava, si batteva per stordirsi, quasi per non pensare. La morte gli era sempre accanto. Chiacchieriamo.

– Il primo combattimento con i caccia lei lo affrontò durante la guerra di Spagna. Era la prova generale?

«In un certo senso sì. Si trattava soprattutto di un collaudo tecnico.»

– Quali sono le qualità che un pilota da caccia deve possedere?

«Innanzitutto velocità di riflessi; in secondo luogo vista buona e una perfetta percezione tridimensionale. Quindi disciplina e impegno.»

– Il 12 maggio 1940 lei affrontò il primo duello e abbatté il suo avversario. Che cosa si prova quando si colpisce un nemico?

«Prima di tutto si è contenti quando si vede saltare il pilota con il paracadute. Non c'è mai desiderio di uccidere, ma soltanto la volontà di centrare l'aereo.»

– Come ha combattuto la Luftwaffe nell'assalto all'Inghilterra?

«È stata dura, era una lotta che si svolgeva sopra un'isola difesa da gente molto decisa. Gli inglesi erano forti e coraggiosi, noi dovevamo continuamente ritirarci sul mare e un vero pilota da caccia, come si sa, ha molta paura dell'acqua.»

– E come si sono comportati gli inglesi? C'erano due tattiche diverse?

«Naturalmente. Loro preferivano la formazione chiusa, mentre noi, sulla base dell'esperienza spagnola, volavamo già in una formazione più aperta. Loro combattevano a staffetta, noi come minimo in gruppi e coprivamo una zona più ampia. In seguito hanno adottato anche loro le formazioni grandi e il nostro sistema.»

– Il colonnello Peter Townsend mi ha detto che voi eravate tecnicamente più validi, ma non così intraprendenti. Che cosa ne pensa?

«Non ritengo che corrisponda completamente alla realtà. Gli inglesi si avventavano con accanimento. Noi, come ho detto, ci muovevamo sul territorio nemico. Oltre all'aviazione dovevamo tenere a bada anche la contraerea. Vorrei dire che da entrambe le parti non è certo mancato l'ardimento.»

– Che cosa avevano gli aerei inglesi più dei vostri?

«Sia gli Hurricanes sia gli Spitfires erano più manovrabili, più docili nella guida, mentre noi avevamo altri vantaggi costituiti da una maggiore potenza di accelerazione, da una velocità un po' superiore. Gli inglesi prediligevano una disposizione anteriore delle armi, ne avevano molte di piccolo calibro, mentre le nostre erano piazzate nella parte centrale e miravano su un obbiettivo specifico.»

– Il 24 settembre 1940 lei festeggiò la sua quarantesima vittoria e venne decorato. Fu allora che incominciarono i dissensi con Göring?

«Già prima avevamo avuto diversi contrasti. Durante la battaglia d'Inghilterra ci aveva rimproverato aspramente perché non facevamo una buona scorta ai bombardieri e perché avevamo la tendenza ad affrontare noi stessi gli avversari, e per quasi un'ora biasimò con asprezza diversi capisquadriglia, me compreso. Alla fine ci disse: "Non voglio soltanto insultare, che cosa posso fare per voi?". E lo chiese al camerata Mölders. E Mölders gli rispose che voleva avere motori più potenti. E Göring gli disse che glieli avrebbe dati. Poi domandò a me la stessa cosa. E io gli risposi: "Per favore, Reichsmarschall, faccia equipaggiare la mia squadriglia con gli Spitfires". Certo era una battuta molto impertinente, ma in fondo giustificata dal fatto che gli apparecchi inglesi erano migliori per i voli di scorta grazie alla maggiore capacità di virata. E da allora praticamente Göring ha sempre attaccato i caccia, li ha sempre umiliati, e questo ha portato a una spaccatura più grande e ha progressivamente inasprito i rapporti fra noi.»

– La Luftwaffe avrebbe potuto distruggere gli inglesi a Dunkerque?

«No, i fatti l'hanno dimostrato. Ancora oggi rimane un mistero il motivo per cui Hitler ha bloccato l'azione. Credo volesse dargli la possibilità di salvare almeno gli uomini per poi poter trattare la pace. Infatti, nemmeno Hitler sapeva come doveva portare avanti il conflitto contro la Gran Bretagna.»

– Il Führer si intendeva di questioni aeronautiche?

«Pochissimo, pensava soltanto in termini d'offensiva e di conseguenza ha sempre dato la preferenza ai bombardieri.

Non ha mai voluto ammettere che per impiegarli razionalmente è essenziale la superiorità aerea, e che la si conquista con i caccia. Oppure mandando i bombardieri sugli aeroporti e sulle fabbriche di aerei.»

– Göring una volta ha detto: «Galland è un tremendo disfattista», perché lei diceva sempre la verità al Führer.

«Göring non diceva che io ero disfattista perché dicevo la verità a Hitler. Diceva: "Galland è un disfattista, e per di più manifesta il suo spirito corrosivo anche a Hitler".»

– E Hitler diceva che lei era il diavolo in cielo. Quale di questi due giudizi preferisce?

«Be', diavolo in cielo non è molto lusinghiero. Diavolo del cielo va già meglio, e non sono nemmeno un dannato pessimista. Vorrei dire che sono uno che ama la verità e la dice.»

– Ha mai avuto paura?

«Sì, molta, moltissima paura.»

FRIEDRICH PAULUS

Il signor Ernst Alexander Paulus lavora con il suocero, un fabbricante di stufe. Fa l'orario d'ufficio ed è libero soltanto dopo le 5. La sera, quando i bambini riposano e la casa si fa silenziosa, siede al tavolo dello studio: sfoglia vecchie lettere, consulta carte topografiche, riordina quaderni di appunti. Sta preparando un libro su un soggetto difficile: la malinconica avventura del feldmaresciallo Friedrich Paulus. Ventidue divisioni di soldati tedeschi e romeni, che obbedivano ai suoi ordini, furono annientate nella battaglia di Stalingrado, «il più grande esempio nella storia militare» è stato detto «di inutile e deliberato sperpero di vite umane».

Centoquarantunmila soldati tedeschi morirono tra le rovine della città distrutta, nella campagna, falciati dai mortai, assiderati dal freddo, stremati dalla fame; 91.000 caddero prigionieri.

Il signor Ernst Alexander Paulus vorrebbe raccontare il dramma di suo padre, il dramma di un comandante che non seppe dire di no agli ordini del Führer, mentre attorno a lui tutto crollava. Gridava infatti Hitler: «La resa è impossibile, la VI Armata adempirà il suo dovere storico combattendo fino all'ultimo».

Ma Paulus si sentiva abbandonato. Aveva rari contatti con gli alti comandi; avvertiva: «La situazione è insostenibile», ma gli rispondevano: «Resista». Qualcuno dei suoi incalzava: «Facciamola finita, tutto è perduto», ma il generale Paulus era incerto, non si lasciava convincere: «Camerati,» spiegava «che ne sappiamo noi del resto del fronte, delle manovre che si svolgono altrove? Ho avuto degli ordini, e devo ubbidire. Che cosa accadrebbe se i generali smettessero di ubbidire?».

I soldati, intanto, sparavano le ultime cartucce e dividevano l'ultima fetta di pane nero; le cucine da campo non fumavano più, i magazzini erano vuoti, le razioni dovevano essere date solo a chi era in grado ancora di combattere, qualcuno si chiedeva se Dio c'è, qualcun altro recitava i salmi e rimetteva la sua anima nelle mani del Signore, perché così l'uomo non è perduto. Alle Katrine e alle Anneliese che aspettavano a casa venivano indirizzate lettere che erano veri e propri addii, testamenti; però le Katrine e le Anneliese non le lessero mai.

Ma Paulus non aveva in sé la forza per dire di no; non credeva ancora onesto dir di no. In un taccuino che portava con sé, quando lo catturarono, aveva scritto i versi di un ignoto poeta. Dicono: «Anche quando ti sembra che tutto sia chiaro, mettilo in dubbio e non darti pace». Si sentiva solo, isolato: ma gli ordini, per un generale, devono essere ordini. Altrimenti dove si va a finire?

Era una persona sensibile, Friedrich Paulus, una persona delicata, direi. Amava le buone letture, l'arte, la musica classica. «Mio padre» afferma Ernst Alexander Paulus «non faceva che il suo dovere. Mi diceva: "Da altri sono stato messo lì, e lì sono rimasto. Che ne dicono, piuttosto, coloro che hanno tracciato e deciso il piano delle operazioni?".»

Si sentiva anche lui tradito, tradito dai suoi colleghi generali e feldmarescialli, e soprattutto dal Führer, tradito come i suoi soldati che continuavano a cadere senza che lui potesse dire: «Basta». Fino all'ultimo gli era parso impossibile che il Führer potesse lasciarli lì a morire senza uno scopo, il Führer non poteva che decidere per il meglio, egli lo aveva pensato e detto tante volte.

«Friedrich,» gli aveva chiesto la moglie il giorno dell'attacco alla Russia «non credi che questa decisione sia ingiusta, non ti sembra immorale invadere ancora un altro Paese?» «Mia cara,» aveva risposto il generale «la guerra è la guerra, e Hitler sa sempre quello che fa.» Non era scritto anche nel giuramento di fedeltà, che li impegnava a seguirlo fino all'ultimo? «Io so» doveva ripetere il soldato «che il mio Führer non esige nulla di ingiusto.»

Il 31 gennaio 1943, dopo tre mesi di disperata, crudele, inutile battaglia, la bandiera con la croce uncinata cadde; il giorno prima però la radio trasmise ancora un messaggio di devozione al capo del Reich che, proprio quel giorno, celebrava dieci anni di buon governo. I trecentomila di Stalingrado furono paragonati da Göring ai trecento spartani di Leonida; qualche altoparlante fece sentire quella voce esaltata dall'orgoglio ai reparti che gettavano le armi, ai moribondi che, senza soccorsi, aspettavano la fine. Hitler ricompensò il suo fedele generale con un bastone di comando da maresciallo, poi, deluso perché non si era suicidato, lo definì «un essere senza carattere, immeritevole di stima».

E ancora una volta Friedrich Paulus fu un isolato, un uomo solo. Solo lo avevano lasciato andare verso la catastrofe, solo se ne andava – con tutte le responsabilità – verso la lunga prigionia. I soldati lo videro passare assorto, pallido, su una macchina scoperta, non si guardava neppure attorno, ormai tutto era finito. Nessuno, nemmeno in patria, lo difendeva. I sovietici gli mandavano ogni mattina i giornali tedeschi. Egli leggeva gli insulti che lanciavano contro di lui, le calunnie, le accuse cattive. Si sentì sempre più tradito, ancora tradito. I russi lo trattavano con rispetto, con ogni considerazione: cominciò a fare confronti. «Le idee comuniste» dice il figlio «non lo interessavano, ma come uomo d'armi fu fortemente impressionato dall'organizzazione dei sovietici.» Gli diedero anche una dacia, un cuoco, un cameriere; poteva studiare e scrivere: dettò un saggio sull'andamento strategico della battaglia di Stalingrado. Era sempre stato un militare da tavolino; considerò con senso critico la sua esperienza. Studiò anche le due ultime guerre e quelle di Napoleone. Ho visto il manoscritto su Stalingrado: non andate a cercarvi storie di uomini.

ERWIN ROMMEL

Il feldmaresciallo Erwin Rommel riposa nel piccolo cimitero di Herrlingen. Una croce di legno, un nome, due date: 1891-1944. Accanto a lui due coniugi senza storia, i signori Schneider.

Nella villa dove trascorreva la convalescenza, e dove lo raggiunse l'ordine di morire, c'è adesso un asilo; qui i messaggeri di Hitler parlarono per un'ora: di veleni prodigiosi, di tribunali senza legge, di onoranze funebri solenni. I tedeschi, è noto, hanno il mito della precisione; discussero anche il programma finale: banda che suona la marcia del *Crepuscolo degli dèi*, bandiere di tutte le armi debitamente abbrunate, truppe sull'attenti.

Rommel salì la scala, ora trasformata in un deposito di bambole, cavallucci e palloni, per dire alla moglie che, entro pochi minuti, le avrebbero annunciato la sua improvvisa scomparsa. Il cianuro – glielo avevano assicurato – agiva in tre secondi. Manfred Rommel, il figlio, aveva allora quindici anni. «Accompagnavo qualche volta mio padre durante le passeggiate» racconta. «Mi parlava dei suoi pensieri, mi insegnò anche a maneggiare la pistola. "Se vogliono ammazzarmi," diceva "io sono pronto a sparare."

«"Papà," gli dissi quel giorno "tentiamo qualcosa. Difendiamoci." Non capivo perché avesse accettato di uccidersi. "Non posso più dare un ordine" spiegò lentamente. "Impiccherebbero tutti. Una resistenza non avrebbe senso."

«Lo aiutai a indossare il cappotto, poi lui prese con sé il bastone di maresciallo. Davanti alla porta, si fermò un istante e mi strinse la mano.»

– Non vi abbracciaste? – chiedo, forse con ingenuità.

«Da noi non usa» risponde Manfred Rommel e io mi sentivo molto debole. Poi continua: «Mio padre strinse la mano anche al suo ufficiale d'ordinanza Aldinger e lo ringraziò per il buon servizio prestato.»

Si era raccolto, sulla strada, un gruppetto di curiosi, qualche contadino, delle donne. Guardavano il signor maresciallo che partiva, e il maresciallo li salutò militarmente. Salì sulla macchina per primo, restò immobile, fissando le colline che circondano Ulm; quella terra gli piaceva. Se ne andò senza girarsi.

Gli domando: – Come giudica la figura di suo padre?

«Positivamente. L'ho sempre considerato un modello.»

– Per gli italiani Rommel è soprattutto un simbolo; el-Alamein. Come considerava questa impresa?

«L'ha valutata come il punto di svolta, come una delle fasi decisive della lotta; dopo si convinse che un successo dell'Asse non sarebbe più stato possibile.»

– È dovuto molto alla sua responsabilità, oppure l'insuccesso è da attribuirsi a ragioni al di fuori del suo potere?

«Non c'è comportamento umano senza errori. A questa premessa, però, aggiungo anche che i rapporti di forza erano tali per cui non si poteva che perdere.»

– Quando suo padre pensò per la prima volta al disastro?

«Probabilmente sempre, ma con sicurezza dopo el-Alamein.»

– Come spiegò la sua ribellione al Führer?

«Non ne ha parlato molto. Io sono rimasto con lui qualche settimana, poco prima che morisse. In principio mio padre sosteneva che Hitler ci aveva imbrogliati tutti, che non aveva più diritto alla fiducia perché lui stesso aveva ucciso milioni di persone alle spalle del popolo tedesco. Poi soprattutto affermava: "La guerra è praticamente alla fine; e prima questa arriva meglio è".»

– Non parlò mai con lei dei suoi programmi per la Germania futura?

«Ha detto poco. Forse, ecco, che ognuno doveva poter esprimere la sua opinione anche se contraria. Che era una questione di primaria importanza. E che si doveva poter controllare di nuovo il comportamento dei governanti, che i giornali dovevano poter scrivere di nuovo quello che volevano. Queste sono alcune cose che mi sono rimaste impresse. Mio padre, in effetti, non era un politico. Non aveva elaborato programmi.»

– Come nacque la sua opposizione al nazismo?

«La ragione più forte era il fatto che Hitler aveva rinunciato a ogni principio, altrimenti mio padre, da buon soldato, avrebbe continuato fino alla fine, seppur tragica; ma vedendo che ogni giorno si ammazzavano migliaia e migliaia di persone, e alla gente si dicevano tutt'altre cose, semplicemente credette suo dovere intervenire per porre fine alla catastrofe.»

– Von Rundstedt disse nell'orazione funebre: «Il suo cuore apparteneva al Führer». È vero?

«Lo so, ma certamente non è vero. Almeno per quanto riguarda gli ultimi anni della sua esistenza.»

Sulla tomba della «Volpe del deserto» sono fiorite due rose color sangue e il vento che viene dall'Est ha portato ai piedi degli abeti che proteggono il sonno del vecchio soldato le prime foglie gialle.

PETER TOWNSEND

Il colonnello in pensione Peter Townsend abita vicino a Parigi, nella foresta di Rambouillet. Una casa con il caminetto, il giardino, con i fiori sempre curati e l'erba tagliata di fresco, una stalla per i cavalli, molta pace. La caccia, l'equitazione e i cruciverba sono i suoi svaghi. Quando gli chiedono che cosa fa risponde: «Scrivo», ma lo guardano meravigliati, spiega, perché a certuni non pare che sia un lavoro.

Con il suo Paese ha mantenuto pochi legami: «I ricordi di guerra» dice «sono gli unici che conservo del passato». Riceve, ogni mese, un assegno: la scarsa pensione. Ha sessantuno anni, ma li porta molto bene. La faccia abbronzata di chi passa parecchie ore all'aria aperta, sottile, slanciato, i capelli scomposti e appena grigi, il sorriso un po' timido.

La sua conversazione è piacevole e disinvolta, con un certo gusto per il paradosso e l'ironia. È uno dei non molti superstiti della battaglia che salvò l'Inghilterra, un eroe, secondo la definizione, ma il suo nome pare legato per molti a una storia che non sarà mai adombrata nel nostro colloquio, perché appartiene alla sua vita personale, una specie di favola che penso non escluda qualche pagina drammatica. Ha tre ragazzi, una bella moglie che si chiama Mary Luce, molto più giovane di lui, che gli fa anche da segretaria e lo aiuta nelle ricerche.

Come, in genere, i suoi compatrioti, non è portato all'epica e anche nelle imprese gloriose vede il lato comico, e sempre quello umano. È andato a cercare in Germania l'aviatore che lo buttò giù, Werner Borner, e si sono abbracciati. Finì in mare, a una quindicina di miglia dalle bianche scogliere, e venne salvato da un peschereccio. Una lancia andò a ripescarlo: «Il diavolo mi porti» gridò minaccioso un marinaio dall'imbarcazione «se non è uno di quegli stronzi di tedeschi». «Senza esitare un attimo,» racconta Townsend «trovai la voce per rispondergli: "No, sono soltanto uno stronzo inglese".»

– Poi – dico – c'è stata una seconda caduta.

«Mi colpirono in uno scontro molto più duro, e penso di essere stato fortunato a cavarmela. Fui ferito, e quello che mi è rimasto in mente in particolare è la lotta disperata che ingaggiai con un gran numero di Messerschmitt. Fui centrato e dovetti lanciarmi con il paracadute. Quando toccai terra mi portarono in un pub, un piccolo locale che si chiamava "The Royal Oak", la quercia reale, in un villaggio del Kent, e la gente era davvero meravigliosa. Mi offrirono da bere.»

– Che qualità occorrono per essere un buon pilota da caccia?

«Direi prima di tutto un'ottima vista. Un buon pilota deve essere capace di vedere il nemico anche se non c'è. Deve essere capace di distinguere il minimo puntino nel cielo e di non perderlo di vista, perché potrebbe rivelarsi un avversario. Deve avere i riflessi prontissimi e, se mi perdona l'espressione, gli occhi nel sedere, perché bisogna sapersi guardare alle spalle, non c'è nessuno che ti aiuta. Deve essere capace di manovrare bene, di padroneggiare il proprio aereo nelle situazioni difficili per saperne uscire. Penso che debba anche avere una disposizione al buonumore; noi diciamo un *fighting pilot*, un pilota da combattimento, ma in francese si dice *chasseur*, cacciatore, e deve avere appunto questo istinto. E infine, naturalmente, deve mostrarsi in grado di sparare molto bene.»

Peter Townsend abbatté il primo avversario il 3 febbraio 1940: il suo nome è Karl Missy, stava su un Heinkel. I suoi tre compagni morirono, Missy finì in ospedale e gli amputarono le gambe. Il *group captain* Townsend andò a fargli visita; si strinsero forte la mano, Townsend lasciò sul comodino un sacchetto di arance e una scatola di sigarette Players. Sulle tombe dei caduti fu posta una corona con la scritta: «Il 43° gruppo con cordoglio» e un reparto rese gli onori militari.

– C'è odio tra due avversari che si sparano in cielo?

«Mai nel mio caso, e penso comunque ce ne sia in pochissime circostanze. Un mio camerata ha espresso lucidamente, credo, quello che si prova in quei momenti: "Non si tira a una persona, ma si punta a una cosa". Vi sono state alcune eccezioni, purtroppo.»

– Che cosa pensava dei tedeschi?

«Per quanto riguarda i nazisti, per quelli che Churchill ha sempre chiamato educatamente gli "Heil Hitler", tutto il male possibile: pensavamo che erano dei bravacci, e nessuno apprezza un bandito, e che quello che avevano fatto era disgustoso, e ritengo che questo ci spinse a darci dentro più accanitamente. Per quanto riguarda il popolo, non mi pare che avessimo nessun impeto di odio. Naturalmente detestavamo coloro che volavano sulla nostra terra, pensavamo che non avevano nessun diritto di trovarsi lassù; li consideravamo invasori che dovevamo respingere.»

– Che cos'è la paura?

«Penso che, quando si vola, sia un elemento necessario. Certe persone dicono di non sapere che cosa sia, ma è un atteggiamento pericoloso. È necessario avere questo freno condizionatore; se il morale è buono, penso che l'inquietudine o lo spavento non lo alterino, ed era proprio il nostro caso. È solo più tardi, quando si è molto stanchi e sopravviene la sfiducia, che si conosce quell'istinto, basso e terribile, che è lo sgomento.»

– Che cosa si prova quando si vede un avversario precipitare?

«Quando si abbatte un apparecchio, devo ammettere che si è contenti, perché è una scelta inevitabile: o la tua pelle o la sua. Ma penso che, a parte questa differenza, amico o nemico, dispiaccia sempre vedere cadere un aeroplano. È abbastanza strano che, anche quando tutto era finito, uno degli incubi peggiori che avevo fosse la visione di un caccia che andava giù. Me ne restavo immobile limitandomi a gridare: "Salta, salta, salta!". Si vorrebbe sempre che spuntasse un paracadute: qualche volta succede.»

– Quali sono stati i meriti di Dowding, il vostro comandante, e le qualità di Galland, il più popolare asso di Hitler?

«Penso di doverla correggere, se permette, poiché in effetti non è possibile nessun tipo di confronto tra Dowding e

Galland. Galland era un comandante di unità, un tattico, un ottimo capo, un ottimo pilota. Dowding era un professionista di primissimo ordine. Dowding era il nostro superiore in capo, e Galland non lo diventò mai. Dowding era uno molto in gamba, praticamente aveva vinto la battaglia d'Inghilterra prima che cominciassero le operazioni; lottò strenuamente contro i conservatori e contro la gelosia dei suoi colleghi. Le dicevo prima che quando fui beccato per la seconda volta il mio Spitfire venne sforacchiato sul davanti. Le pallottole colpirono anche il finestrino. Ma era a prova di proiettile ed esclusivamente per merito di Dowding. Quando aveva chiesto al ministero dell'Aeronautica che li montassero, gli risero in faccia e lui rispose fermo che se ne avevano sulle loro limousine i gangster di Chicago, non vedeva ragione per cui non li avessero anche i suoi ragazzi. Se la Luftwaffe avesse avuto lui e noi Galland, l'Inghilterra avrebbe perduto.»

– Quanto conta il mezzo e quanto l'individuo nel risultato?

«Penso sia lo stesso anche per un fantino in una corsa, e io ho gareggiato un po' anche in Italia, ed è uno sport molto pericoloso. Un cattivo fantino non può far vincere un cattivo cavallo, ma uno bravo può portare al traguardo anche un brocco. Evidentemente gli aerei dovevano essere buoni, questo è essenziale. Vediamo per esempio i tre caccia impiegati: il Messerschmitt 109 di Göring e i nostri Spitfires e Hurricanes. Tre aerei di prima categoria. Lo Spitfire aveva caratteristiche paragonabili a quelle del 109. Il 109 offriva ottime prestazioni nel prendere quota e nelle picchiate, lo Spitfire era più o meno l'equivalente, l'Hurricane era più lento, ma aveva delle capacità straordinarie nelle virate. E quello che raccomandavo ai miei compagni era di non prendere mai quota e di non tuffarsi, bensì di virare, e il Messerschmitt non ce l'avrebbe fatta. Si potevano vedere le pallottole che ti sfioravano, ma non coglievano il bersaglio. Per quanto riguarda i piloti, direi che più o meno si equivalevano; noi eravamo magari un pochino meglio.»

– Ha poi conosciuto qualcuno dei suoi nemici di allora?

«Sì, due soprattutto: un operatore radio che si trovava su un bombardiere che avevo abbattuto: lo vidi in Germania, era molto espansivo, un tipo amabile, e si rese conto che anche se io cercavo di ucciderlo e lui tentava di farmi fuori, in realtà tutti e due sparavamo a un aeroplano. Ho conosciuto anche quello che mi fece fare un bagno nel mare del Nord e che mi disse: "Sono stato felice di toglierla di mezzo, ma sono ancora più felice di ritrovarla vivo e in buona salute".»

– Cosa crede abbia rappresentato l'estate del '40 per l'Inghilterra e per il Reich?

«Per noi, ma anche per il resto del mondo civile, quell'assalto respinto non fu decisivo per la vittoria degli Alleati, ma certamente impedì il successo dei nazisti. Fu la prima sconfitta di Hitler. Il 19 luglio si trovava all'Operahaus a Berlino e ci intimò di arrenderci, dicendo che era l'ultima opportunità che ci offriva. Prima ancora che Churchill potesse rispondergli, i giornali della sera e la Bbc avevano già detto di no. Cinque anni più tardi il Führer si suicidava a poche centinaia di metri da quello stesso edificio.»

– Qual era il sentimento comune a tutti in quelle ore?

«Che non potevamo essere sconfitti. Dopo tutto la Gran Bretagna non era più stata invasa da nove secoli. C'era chi ci aveva provato, gli spagnoli, ma erano stati battuti. Napoleone non riuscì neppure a tentare, a causa di Trafalgar. Erano giorni splendidi, non si può immaginare come fosse felice la folla, si apprezzava la vita, si godeva la vita. È stato detto che noi gioiamo con tristezza. Forse è vero, ma in quei momenti eravamo in splendida forma.»

– Quanti dei suoi camerati sono sopravvissuti?

«Credo che complessivamente cinquecento o seicento siano stati uccisi. Ecco un dato: a metà della lotta, verso il 19 agosto, con il mio squadrone cambiammo base. Portai con me a Croydon venti piloti e dopo due settimane quattordici erano stati abbattuti, e due per due volte, dunque sedici apparecchi su venti perduti. Alcuni morirono, altri furono feriti.»

– Che cosa le è rimasto dentro?

«Una grande, meravigliosa esperienza: vivere e morire, vivere molto vicini e morire uno accanto all'altro. Sono uno dei pochi che ce l'hanno fatta, e talvolta mi chiedo se è stata davvero una fortuna.»

VITTORIO VIDALI

Vittorio Vidali, comunista, è il mitico comandante Carlos del 5° Reggimento, esule negli Stati Uniti, in Francia, nel Messico, intrepido e discusso, ma di sicuro una forte personalità e un carattere di ferro. Gli ho chiesto: – Quando è andato la prima volta in Spagna?

«Dopo l'insurrezione dei minatori nelle Asturie, nel 1934.»

– E cosa faceva?

«Aiutavo i prigionieri, i condannati a morte, organizzavo, quando era possibile, la fuga all'estero dei ricercati dalla polizia. I lavoratori in Urss avevano raccolto un milione e cinquecentomila franchi, e io li portai a Madrid per distribuirli e organizzare il Soccorso Rosso.»

– Poi diventò il leggendario comandante Carlos.

«Ero a Parigi quando cominciò, e al rientro trovai l'aerodromo occupato; mi presentai al mio partito, chiesi un fucile e me ne andai con un gruppo di miliziani al "Cuartel de la montaña", e poi a formare il 5° Reggimento, in un cortile di un convento salesiano.»

– E si vide davanti i fascisti.

«Non subito. Ce li trovavamo al fronte e in mezzo a noi, come quinta colonna. Il 5° non era fatto di mille uomini; settantamila a Madrid, centoventimila in tutto.»

– Che cosa si prova a sparare su gente delle tue parti?

«È un problema molto serio. Prima della battaglia di Guadalajara ero ispettore nella zona di combattimento. Il generale Lukacs, che era il capo della II Brigata Internazionale, chiamò Barontini e gli altri del comitato per dirgli che non era necessario che andassero a combattere contro i loro compatrioti, ma essi risposero che era loro dovere affrontare le divisioni corazzate di Mussolini. Successe anche un episodio tragico: alcuni garibaldini erano stati fatti prigionieri e li trovammo ammanettati e uccisi a colpi di baionetta; andammo su tutte le furie, ma senza farci trascinare nella vendetta.»

– Come si battevano i fascisti?

«Male. I franchisti bene. Sono d'accordo con Franco. Gli chiesero quali erano i migliori soldati di quella guerra. Naturalmente disse: "I miei", poi aggiunse: "Quelli dell'altra parte". Gli spagnoli erano grandi combattenti, specialmente dal punto di vista del coraggio, e si arrivava anche a cose insensate: Largo Caballero, presidente del Consiglio, quando io sostenni la necessità di costruire fortificazioni, voleva opporsi perché lo considerava un segno di viltà. Feci fatica a convincerlo.»

– Si è parlato di enormi crudeltà da una parte e dall'altra.

«Ho scritto su quei fatti. Arrivò dalla Russia un italiano che si chiamava Pino Gibelli, era stato aviatore, poi si era ammalato ed era finito in una fabbrica a far collaudi. Scoppiata l'insurrezione franchista, venne con noi e durante uno scontro nel cielo di Madrid fu ferito gravemente. Cinque giorni dopo mi chiamarono all'aerodromo: c'era una cassa con dentro Pino Gibelli tagliato a pezzi e sopra un cartello: "Questo succederà a tutti voi". Poco prima io e Di Vittorio eravamo andati a trovare un altro aviatore italiano, un fascista che si era salvato sia pure con una caviglia malandata. Ci ricevette pallido e tremante, dicendo: "Non torturatemi, uccidetemi". Di Vittorio si mise a ridere: "Ma perché dobbiamo ammazzarti? O farti male? Questa è la differenza tra noi".»

– Ma voi comunisti non avete fatto fuori alcune centinaia di anarchici?

«È una vecchia storia. Io vorrei che qualcuno mi desse un esempio.»

– Ne parla anche uno storico, Hugh Thomas.

«Ma la sua fonte è un nemico del Partito, legato alla Cia, che aveva interesse a gettar fango su noi.»

– Gli anarchici, allora, si ammazzavano tra loro?

«Io ho visto zuffe, risse, se vuole anche pittoresche. C'era uno chiamato "il Cileno", un vero delinquente. Morì non si sa come. Decisero di portarlo a Valencia e di fare i funerali in città. Si sparse la voce che avrebbero assaltato la nostra sede. Fu la sola volta che dissi loro che era meglio non tentare avventure del genere perché erano pericolosissime, e quando arrivarono bastò un colpo di pistola per disperdere il corteo; lasciarono sul terreno il povero "Cileno" con la cassa scoperchiata. Dovemmo chiamarli perché andassero a seppellirlo.»

– E García Lorca, chi lo ha ucciso?

«Fascisti. Denunciato da un amico.»

– Hemingway lo ha conosciuto?

«Certo. Aveva molto fegato. Qualche volta prese parte anche ai combattimenti, come all'assedio e alla conquista di Teruel. Ebbi con lui colloqui abbastanza burrascosi per il romanzo *Per chi suona la campana* e per il film che ne ricavarono.»

– Perché?

«Non ero d'accordo. Lui mi disse che aveva dovuto assolutamente contrapporre il fronte dei rossi a quello degli altri cercando un determinato equilibrio per non intimorire la media borghesia che rappresenta uno strato sociale dei più importanti negli Stati Uniti, perché altrimenti l'editore non lo avrebbe pubblicato. Dissi che non era giusto e protestai perché prese, come musica della pellicola, l'inno del 5° Reggimento senza dirmi una parola. Ma restammo amici.»

– E Dolores Ibarruri, chi era?

«Una gran donna, di carattere basco; una oratrice dall'intuito formidabile.»

UN SECOLO DI SCIENZIATI

RENATO DULBECCO

Ho parlato con il professor Renato Dulbecco, premio Nobel per la medicina. Lavora al Salk Institute di La Jolla in California e ha lanciato la proposta di un piano di ricerca internazionale per individuare tutti i geni, circa duecentomila, che costituiscono la base della vita umana. Ha detto: «Quando arriveremo a leggerli, avremo tracciato l'atlante del continente uomo». Al suo progetto, noto appunto come «Progetto Dulbecco», stanno già lavorando gruppi di scienziati di tutto il mondo.

– Professor Dulbecco, che cosa pensa della fecondazione in vitro? La ritiene corretta, morale?

«Ritengo che sia la sola possibilità che rimane a certe coppie che non possono concepire con mezzi naturali, a causa sia di alterazioni dell'apparato femminile, o per la poco abbondanza di spermatozoi nel seme dell'uomo. I risultati sono stati eccellenti e oggi ci sono migliaia di bambini nati con questo sistema. E, che io sappia, non ci sono mai state complicazioni.»

– Lei, professor Dulbecco, sta allestendo con i suoi collaboratori un programma di interpretazione del codice genetico umano. Che cosa è il Dna?

«È una sostanza chimica di grande importanza, perché contiene tutte le istruzioni per formare l'organismo. È paragonabile a un nastro magnetico di una macchina che serve a creare un pezzo. Si tratta di una specie di alfabeto, solo che queste lettere sono segnali chimici. Ce ne sono quattro, ma bastano.»

– E il gene, che cos'è?

«I geni sono una parte di questo Dna e rappresentano una

istruzione unitaria. Seguendo l'esempio della macchina che abbiamo fatto, possiamo dire che il gene è l'istruzione per fare un solo pezzo, mentre il Dna ne può fare molti. Tutta la base dell'organizzazione del nostro corpo dipende dai geni, che determinano le sostanze che fanno funzionare il corpo. Facciamo due esempi. Io muovo una mano. Ciò avviene perché c'è un muscolo, che possiede geni attivi che permettono la sintesi di proteine che si contraggono. Il mio cervello ha altri geni attivi che attuano certi scambi di sostanze e di segnali che si trasmettono da un punto all'altro.»

– Si parla tanto di ingegneria genetica. In che cosa consiste?

«È un termine molto vasto, che include parecchi tipi di interventi. Il più semplice consiste nel prendere un gene da un organismo, che può essere una persona umana, un animale, una pianta, o un batterio, e poi farlo perpetuare in maniera che se ne formi un gran numero di copie, miliardi e miliardi, che possono essere usate per fabbricare il prodotto di questo gene stesso, che magari è raro in natura e che invece ci serve per certe cure.»

– Si può creare la vita? O, almeno, determinarla?

«Creare la vita è impossibile perché è una cosa troppo complicata. Determinarla? Si possono cambiare certi suoi attributi specialmente in organismi molto semplici, come batteri o virus.»

– Si può modificare il gene? Quindi creare un destino, una esistenza?

«Il gene può essere modificato, e questo è un altro degli interventi che si fanno con l'ingegneria genetica. Abbiamo visto che le lettere, i segnali, che compongono il gene, danno un significato completo. È possibile cambiare uno o più di questi segnali, sostituirli, eliminarli in parte o completamente, aggiungerne.

«Tutto questo è molto importante per capire per prima cosa come funzionano i geni e poi per creare quelle sostanze che non vengono prodotte dal nostro corpo.»

– Tutte queste conoscenze ci permetteranno di combattere certe malattie, di evitarle, di prevenirle?

«Non c'è dubbio che l'ingegneria genetica sta acquistando una importanza notevole nel campo delle conoscenze e della terapia. Primo, come abbiamo detto, perché ci permette di fabbricare certe sostanze chiave che altrimenti sarebbe quasi impossibile ottenere e poi perché ci aiuta a identificare i geni che sono responsabili di molte malattie. Per il momento siamo ancora a livello diagnostico. Ma questo è già un successo, perché se sappiamo che due persone hanno lo stesso gene malato, noi possiamo consigliare loro di non avere figli. Speriamo di poter arrivare presto a risultati terapeutici.»

– Lei nel 1975 ha ottenuto il Premio Nobel per i suoi studi sul cancro. Quando crede che questa battaglia potrà essere vinta?

«Non c'è dubbio che occorrerà ancora parecchio tempo. Il cancro è un processo molto complesso le cui basi sono racchiuse nei segreti più intimi della vita. Con l'ingegneria genetica questi segreti vengono via via svelati ed è probabile che si arrivi alla sconfitta dei tumori. Però è difficile fare previsioni. Io di certo non mi azzarderei a dire quanti anni ci vogliono.»

– Ci sono limiti morali nella ricerca scientifica?

«Penso di no. Direi invece che esistono per le applicazioni delle conoscenze a cui la scienza ci può portare.

«Un chimico può scoprire un prodotto che poi viene usato per fare un gas letale. La responsabilità non è sua, ma di chi usa quella scoperta per spargere la morte.»

– Che cosa prevede per l'imminente futuro?

«Aumenteremo in maniera sorprendente le nostre conoscenze scientifiche e come risultati pratici otterremo molte di quelle sostanze che attualmente sono formate dall'organismo in piccole quantità e che sono molto utili in terapia, specialmente nella cura delle malattie ereditarie.»

ENRICO FERMI

Trovai, nella cassetta della posta, un biglietto che diceva: «Il professor Enrico Fermi e signora la invitano, per sabato prossimo, a cena a casa loro».

Fu il professore che venne ad aprire: indossava una giacca grigia, molto larga, e dal taschino sporgevano matite colorate. Disse soltanto: «Buona sera», e mi tese la mano. Entrammo subito in sala da pranzo: la tavola era già apparecchiata. «Dovremo attendere qualche minuto» spiegò Fermi. «Nella, la mia figliola, non è ancora rientrata. Ma non tarderà molto. Il treno arriva alle 7.28. Da qui alla stazione s'impiega un quarto d'ora.»

La stanza era modesta, pochi mobili, un arredamento assai semplice. Una intera parete era occupata da una libreria. Spiccavano i volumi della Treccani, ma c'erano anche romanzi e qualche libro poliziesco.

Dalla cucina una voce avvertì: «Enrico, butto gli spaghetti». «Mia moglie» disse Fermi sorridendo.

La signora Fermi venne a salutare; si tolse il grembiule e si scusò: «Non abbiamo domestica. Sono io che cucino». La ricordo con i capelli grigi, vivace e graziosa. «Enrico,» disse «dovresti andare incontro alla ragazza. Ritarda.» «Prendo la macchina,» rispose Fermi «quattro minuti per andare, quattro per il ritorno.»

Poco dopo Fermi rientrò. Anche Nella, come il padre, portava gli occhiali. Era taciturna, riservata. Ci sedemmo e la signora Laura cominciò a servire.

Chiacchierammo di tante cose. Fermi era un conversatore cortese, misurato, amava i termini precisi: a un tratto il discorso cadde sull'importanza della città e lui si mise a calcolare l'area di Chicago. Poi s'informò minutamente della situazione italiana: soprattutto della politica.

Dissi a Fermi:

– Ho visto qui a Chicago, all'università, il fiasco di Chianti che fu aperto quando lei sperimentò la prima pila atomica, un curioso ricordo dell'Italia.

«Già» commentò lo scienziato.

Non gli piaceva essere oggetto di conversazione. Di quel fatto, ne aveva parlato a Laura solo due anni dopo, le aveva detto delle ore di angoscia passate il 2 dicembre 1942, prima del raggiungimento della «fase critica», degli ignoti pericoli affrontati per la possibilità di un'esplosione o dello sprigionamento di radiazioni letali, infine del momento in cui, tra il silenzio generale, aveva impartito le istruzioni definitive e la prima reazione controllata della storia si era svolta senza incidenti inaugurando l'èra atomica dell'umanità.

La signora Fermi dal 1940 al 1945 non seppe mai nulla dell'attività del marito, non gli domandò mai: «Cosa hai fatto? Per dove parti? Quando ritorni?». Seppe per caso di Hiroshima da un'amica russa, moglie di uno studioso tedesco: «La nostra roba» le disse «è stata gettata sul Giappone».

Durante il pranzo non parlammo quasi mai di problemi nucleari: c'era la «guerra fredda». Pontecorvo aveva passato la cortina per raggiungere Mosca, l'argomento avrebbe creato forse disagio, imbarazzo. Robert Oppenheimer già confidava, ripensando all'esplosione di Los Alamos: «Abbiamo fatto il lavoro del diavolo». Fra i demonî figurava anche Klaus Fuchs.

Solo a un certo momento, e non so a quale proposito, Fermi raccontò: «Quando a Roma iniziai le mie ricerche, mi servii di un pezzetto di ceralacca: eravamo molto poveri». Scandiva le parole lentamente, si sentiva che erano parole pensate, insostituibili, anche se gli argomenti non erano né molto impegnativi, né molto importanti. Gli piacevano i film italiani che cercava di vedere in edizione originale: «Noi e i messicani» disse «siamo oggi i più vivi». Spiegò il perché della sconfitta elettorale del Partito democratico: «I discorsi di Stevenson erano troppo lucidi; forse c'era troppo raziocinio e troppa verità in quello che enunciava».

«Enrico» intervenne la signora Laura rivolta a me «è meticoloso fino all'esasperazione. Calcola sempre. Si figuri che quando abitavamo a Roma, un anno in cui faceva molto freddo, mi pare fosse l'inverno del 1929, lui fece uno studio allo scopo di elevare la bassissima temperatura. Ma sbagliò nel mettere la virgola che doveva separare i decimali e per molti giorni il caldo, nonostante gli sforzi del termo, non raggiunse i sette gradi.»

Verso le 10 mi accorsi che la famiglia Fermi doveva avere abitudini molto patriarcali: gente solita a coricarsi presto e ad alzarsi di buon'ora. Nella, la figliola, s'era ritirata quasi subito, terminato il pranzo.

Venne, dunque, il momento di accomiatarmi. La signora mi disse, congedandomi: «Sto scrivendo la storia della nostra vita. Spero anche di spiegare qualcosa del nostro Paese agli americani. E la prossima estate verremo a passare le vacanze in Italia. Vero, Enrico?». Lui fece di sì con la testa.

È passato un anno, è arrivata l'estate e quelle sono state le ultime vacanze italiane del grande scienziato. Aveva detto una volta a un'amica che lo complimentava per la sua energia, per la grande capacità di lavoro: «Il mio cuore è fuori serie. È più resistente di tutti gli altri».

ROBERT JUNGK

Robert Jungk è nato a Berlino, dove si è laureato in psicologia e filosofia, specializzandosi poi a Vienna. Dopo l'avvento del nazismo, nel 1933, ha lasciato la Germania, e ha vissuto in Francia, in Svizzera e negli Stati Uniti. Ha scritto libri di successo internazionale come *Il futuro è già cominciato, Gli apprendisti stregoni, L'uomo del millennio.*

– Lei ha studiato gli sviluppi della scienza nel futuro, cercando di intuire che cosa ci attende. È pessimista o ottimista?

«Sono ottimista se guardo a un futuro lontano. Sono purtroppo pessimista per il nostro prossimo futuro. Ritengo che l'umanità abbia scelto una strada pericolosa e che non sarà possibile cambiarla se non a prezzo di una catastrofe. Mi auguro di sbagliarmi e non dico che questo disastro sia inevitabile. Siamo ancora in tempo a scongiurarlo o per lo meno a ridurne le conseguenze.»

– A quale catastrofe pensa?

«A uno sconvolgimento atomico. Ma non necessariamente provocato da una guerra. È stato deciso di moltiplicare le centrali nucleari per produrre energia a scopo pacifico, ma questa scelta comporta notevoli rischi e non solo "tecnici". Fino a qualche tempo fa, si affermava che l'uranio di queste centrali non era adatto a costruire un ordigno, ma nel luglio del 1977 gli americani sono riusciti a costruire una bomba con questo materiale e a farla esplodere. Non sono bombe molto potenti, ma quella provata dagli americani era micidiale come quella che distrusse Hiroshima. Ora è già possibile trovare uranio ovunque, e lo sarà ancora più facilmente quando si moltiplicheranno le centrali: ognuno sarà in grado di costruirsi la sua atomica. Inoltre, come si è visto, esiste la possibilità di incidenti in una centrale, e non è questo il rischio maggiore.»

– Qual è il pericolo più grave?

«È un pericolo politico. Uno Stato atomico non può che trasformarsi in un super Stato poliziesco. Le centrali nucleari sono estremamente vulnerabili. È facile colpirle e un attentato sia pure "modesto" può provocare una sciagura immane. Lo Stato è quindi costretto a proteggere gli impianti atomici con misure di sicurezza sempre più rigorose. Deve controllare i dipendenti, e i familiari dei dipendenti, e gli amici dei dipendenti, gli operai che hanno costruito la centrale, e i loro familiari, e i loro amici, e poi gli amici degli amici. Un controllo che si estende a macchia d'olio. Si escogitano sistemi sempre più precisi e raffinati. Già oggi, nelle centrali tedesche, ad esempio, c'è un apparecchio elettronico che "riconosce" la vostra voce. Chi ci assicura che questi controlli verranno limitati alle centrali? Una volta introdotti verranno estesi sempre per ragioni di sicurezza a tutti i cittadini. Non c'è scelta: per proteggersi lo Stato atomico deve controllare tutti, senza eccezioni. Il rischio più grave delle centrali atomiche è la perdita della nostra libertà.»

– L'energia atomica è necessaria alla nostra civiltà?

«Io non sono un tecnico, ma esistono altre fonti di energia. Adesso non sono "convenienti" ma solo perché non si è studiato a sufficienza la maniera di sfruttarle, pensando che l'atomo avesse risolto tutti i nostri problemi.»

– Il singolo uomo può ancora battersi per influire sul suo futuro o la società moderna non lascia più spazio all'individuo?

«Gli uomini possono portare grano alla macina o trasformarsi in granelli di sabbia che possono bloccarla. Ogni uomo, ciascuno di noi, può essere decisivo per la battaglia, per contribuire a creare un futuro diverso. Io continuo a essere ottimista perché credo nell'uomo.»

VLADIMIR ALEKSANDROVIČ NEGOVSKIJ

Vladimir Aleksandrovič Negovskij, pioniere di un nuovo ramo della medicina, la rianimazione, figlio di insegnanti, direttore a Mosca di uno speciale laboratorio di ricerca, ha scritto più di cento saggi e trattati. Uomo dall'aspetto solido e dal sorriso mite, oltre alla passione per l'indagine negli inesplorati campi della fisiologia, ha sempre apprezzato le cose belle: sue un'ottima biblioteca di libri d'arte e una buona raccolta di dischi di musica classica. Appassionato, in particolare, del Rinascimento italiano (Michelangelo e Botticelli gli artisti preferiti) e di musica da camera (Beethoven, Brahms) e assiduo frequentatore del conservatorio o del Bol'šoj. «Non amo il teatro drammatico» ha detto. «Io vedo già tutti i giorni molti drammi dal vero.»

– Professor Negovskij, che cosa l'ha spinto a occuparsi del problema della morte?

«Quando avevo dodici o tredici anni, un giorno andai a camminare sul fiume Desna ghiacciato, il ghiaccio si ruppe e io finii sott'acqua. I miei amici mi salvarono e mi riportarono a casa, ma io caddi malato, di un male molto serio a un piede. Così passai un anno e mezzo nella clinica pediatrica di Kiev. Attraverso le finestre della mia camera potevo vedere l'obitorio. C'erano tanti bambini là dentro, e io ne fui molto colpito. Da quel momento incominciai a pensare se non era possibile evitare che morissero.

«Una volta entrato alla facoltà di medicina, incominciai a interessarmi ai problemi della morte. Più tardi mi impegnai a studiare perché l'organismo decade. Ho fondato, nel 1936, il laboratorio di ricerche dove lavoro. Abbiamo fatto molto. Naturalmente ci sono stati errori e inconvenienti, ma anche tanti progressi e siamo riusciti a capire che cos'è che muore prima e che cos'è che muore dopo. Molti anni fa, mi ricordo di aver letto sulle rovine di un tempio greco questa frase: "Vietato l'ingresso alla morte". Ma purtroppo ho scoperto che si può morire anche prima del previsto, quando cioè il cuore potrebbe vivere ancora e così altri organi vitali.»

– Perché si muore?

«Chiunque sia nato, primo o poi muore. Processi particolari portano alla morte. È un fatto inarrestabile. Si può prolungare l'esistenza umana, ma inevitabilmente si diventa vecchi, più deboli e si muore. Gli organi possono vivere fino a centocinquant'anni, ma l'uomo scompare prima di quella età. Nessuno può essere immortale, solo nelle favole esiste una vita che non finisce mai. Tutte le funzioni del corpo si affievoliscono con il passare del tempo. Certo possiamo fare del nostro meglio per prolungare la fine, arrivare a cento, centoventi, centotrenta anni. È un obbiettivo reale. Quando noi rianimiamo una persona di quaranta-cinquanta anni, noi combattiamo per prolungare la vita.»

– Si può resuscitare?

«No, perché il resuscitato sarebbe un'altra persona, un altro albero, un altro animale. Ciò che muore non rinasce, semplicemente finisce per trasformarsi in elementi più semplici che a loro volta si diffondono nella natura riproponendo il ciclo vitale. La resurrezione non ha basi scientifiche, è solo il prodotto di leggende.»

– Che cosa è la morte?

«La morte è la cessazione delle funzioni vitali. Il cuore non lavora, il cervello cessa la sua attività, il respiro si arresta. Un'altra cosa è quella che noi chiamiamo "morte clinica": un periodo molto breve fra il processo irreversibile nell'organismo e la morte vera e propria. Ad esempio, il cervello può essere rimesso in funzione solo entro cinque-sei minuti dal momento in cui ha cessato di funzionare. Non tutto è ancora perduto quando il cuore si ferma: lo si può rianimare. Il termine "morte clinica" è relativamente nuovo ed è nato con la scoperta delle tecniche di rianimazione, la scienza nella quale io lavoro.»

– Come viveva il cane con due teste?

«Si è trattato di un esperimento. La testa di un cane è stata tagliata e i suoi vasi sanguigni sono stati collegati con quelli di un altro cane. Così queste due teste hanno avuto un cuore solo. La testa del primo cane, quella tagliata e applicata al secondo cane, ha funzionato normalmente, e poteva addirittura leccare. Naturalmente, essa è vissuta un tempo breve, così come è stato difficile al cane con due teste sopravvivere a lungo. Ripeto: si è trattato solo di un esperimento. Ma che ha consentito di provare le possibilità di rianimazione del cervello. Si è trattato di una specie di vita primitiva e il cane è riuscito a vivere solo per due settimane. Ma dal punto di vista teorico, non pratico, il tentativo è stato importante.»

– Che cosa accadrebbe a un uomo se gli fosse trapiantato il cuore di una donna?

«Non ha alcuna importanza il tipo di cuore che è trapiantato, di un uomo, di una donna e persino di un bambino. Il cuore deve provvedere a pompare il sangue, esso è il motore centrale dell'organismo in cui è stato trapiantato. Il carattere non cambia. Solo nelle fiabe si parla del "debole cuore delle donne". Infatti il cuore femminile è solo un po' più piccolo di quello maschile, e per questo incontra difficoltà a lavorare in un corpo maschile.»

ALBERT BRUCE SABIN

Quando mi chiedono: «Fra i tanti che hai conosciuto, chi ti ha più colpito, chi ti porti dietro nella memoria?», io rispondo: Albert Bruce Sabin.

Nel mio studio, accanto alle fotografie di persone che hanno segnato la mia vita, c'è anche la sua: un bel vecchio, la barba bianca dei patriarchi. Il sorriso ironico dietro le lenti. E una dedica affettuosa che nei momenti difficili mi incoraggia.

L'ho incontrato la prima volta tanti anni fa a Cincinnati, la seconda città dell'Ohio; insegnava all'università e continuava le ricerche all'ospedale dei bambini. Fin da allora non amava le interviste e non voleva essere fotografato con ragazzini accanto, lavorava con un solo assistente e una segretaria dall'aria poco cordiale. Mi spiegò che un ricercatore tenta cento volte e poi, magari, una gli riesce. Gli dissi che era così anche per i giornalisti e quella poteva essere la mia occasione.

Sorrise e mi raccontò la sua storia. Che comincia nel ghetto di Bialystok, nella Polonia di prima della guerra. Sulla tempia portava ancora il segno di una sassata tiratagli da un compagno di giochi «solo perché» diceva «ero uno sporco ebreo».

Aveva rivisto quei posti, ma senza emozione; della gente di allora non c'era più nessuno, solo il custode del cimitero: tutti gli altri erano stati uccisi dai tedeschi.

Sbarcò in America nel 1921, il padre aprì un piccolo setificio, ma senza fortuna; uno zio dentista si offrì di mantenerlo agli studi, e sarebbe stato contento se avesse scelto la sua stessa carriera: odontoiatria. C'era già una cugina che si era fatta un nome a Hollywood: si chiamava in arte Sylvia Sidney; è stata una grande attrice.

Ma la lettura di un libro, in altri tempi famoso, *Cacciatori di microbi* di Paul De Kruif, spinse il giovane Sabin verso la medicina e la ricerca; poi l'incontro con il microbiologo William Park, che lo accolse nel suo reparto e gli fece ottenere anche una borsa universitaria, decise del suo destino.

Diceva Sabin: «Gli devo più di quanto un uomo possa mai ripagare». Sabin sapeva che i virus della polio erano presenti lungo il cammino del genere umano, ma diventarono un incubo solo nel XX secolo, dilagarono prima in Europa, poi si estesero ovunque: due terzi delle vittime non avevano ancora compiuto sei anni. Bisognava trovare un vaccino che fosse efficace e innocuo, che desse cioè le massime garanzie di immunizzazione senza far correre al fanciullo alcun rischio.

Scoprì che è nell'apparato digerente il terreno nel quale si sviluppa il male, e lì bisognava colpirlo. Usò per raggiungere la prova delle sue intuizioni i reni di 900 incolpevoli scimmie e di 150 scimpanzè, poi si ricordò di due grandi esempi del passato: di Louis Pasteur che inspira con una cannuccia di vetro la saliva di un cane idrofobo e sconfigge la rabbia, e di Edward Jenner che, all'insaputa della moglie, inocula il liquido di una pustola sul suo primogenito e scopre la natura del vaiolo.

C'era già stato il professor Jonas Salk che aveva trovato un rimedio: tre iniezioni che agivano contro le manifestazioni paralizzanti del morbo.

Albert Sabin ricorreva a una soluzione: tre cucchiaini da caffè di un liquido dolce color ciliegia eliminavano totalmente il pericolo e difendevano non solo l'individuo vaccinato, ma anche quanti gli stavano attorno. «Ho cominciato a prenderlo io,» raccontava «poi alcuni dei miei aiutanti. Dopo trovammo alcuni volontari: giovanotti di un penitenziario. Poi le mie figlie e i figli dei miei vicini di casa.»

Non volle brevetti, non volle un dollaro, non ebbe il Nobel: gli diedero più di 40 lauree *ad honorem* e la massima onorificenza degli Stati Uniti.

Non fece un dramma per il mancato riconoscimento degli svedesi: altre tragedie, tra cui il suicidio della prima moglie, hanno sconvolto la sua esistenza. Le sue maniere erano sempre gentili, le abitudini modeste, aveva qualche passione: la musica, il prediletto Rossini, lo studio («È la mia ricreazione» spiegava), i fiori («Sono qualcosa di magico» diceva). L'ho rivisto ancora: con la terza sposa e nel suo appartamento di Washington, tra i libri e qualche ricordo della sua straordinaria avventura.

Continuava a lavorare, c'è ancora il cancro da battere, l'epatite virale; non gli pareva così sconvolgente l'Aids, ma di più il morbillo che continua a uccidere milioni di creature in Africa. Non temeva le inevitabili polemiche.

Camminava, con passo incerto, verso i novanta, aveva superato crisi cardiache, paralisi, difficili interventi chirurgici, ma con la forza e la serenità del cuore. «Certo,» diceva «noi sappiamo che prima o poi dobbiamo morire, e c'è chi sostiene che non fa differenza se per un carcinoma ai polmoni o per un infarto. Io non sono d'accordo. Non dobbiamo andarcene in maniera troppo miserabile. Anche per questo vale la pena di lottare.»

E così Albert Bruce Sabin, americano nato in una piccola città che adesso è russa, ha chiuso la sua giornata. Non credeva nelle confessioni accettate, ma era sicuro che «Dio è più grande di tutti, Dio ha creato tutto».

E poi ricordava una lontana lettura scolastica che ammoniva: «Non cercare un premio perché tu hai già una ricompensa su questa terra: la gioia spirituale che solo il giusto possiede».

EMILIO SEGRÈ

Il 7 agosto 1945, la radio trasmette l'annuncio del presidente Truman: la prima atomica, equivalente a 20.000 tonnellate di trinitrotoluene, è stata sganciata su Hiroshima. È all'uranio. Poi tocca a Nagasaki: è al plutonio.

Cominciano le crisi personali e le polemiche: barbarie, assassinio di massa, delitto, o si sono risparmiate innumerevoli vite e accorciata la durata del conflitto? Ne ho parlato con Emilio Segrè, a cui si deve la scoperta dell'antiprotone, premio Nobel, uno di Los Alamos, un conservatore che ha il fascino della chiarezza e della sincerità.

– Professor Segrè, lei come altri scienziati arrivò in America nel 1938. Molti fuggirono per le persecuzioni razziali. Perché si orientò verso gli Stati Uniti?

«Noi, e con noi intendo il nostro gruppo di fisici, avevamo una visione abbastanza chiara della situazione politica europea, perché eravamo stati tutti all'estero, a studiare, a vedere e ci aspettavamo, più o meno, quello che poi è successo. In conseguenza, da molti anni, praticamente dal 1930, si veniva spesso oltre Atlantico per fare conoscenze, amicizie, per capire se c'era la possibilità, in caso di tempesta, di trovare un posto. Io ero quaggiù nel 1938, e anche prima. Nel 1936 mi ero fatto dare del materiale radioattivo in California, dal Radiation Laboratory, e vi avevo scoperto un elemento artificiale, il primo, a Palermo, insieme con il professor Perrier, che era un mio caro amico e collega.

«Volevo studiare gli isotopi a vita corta di questa sostanza e naturalmente a quell'epoca, per arrivare dalla costa del Pacifico all'Italia, ci si metteva qualche settimana, quindi arrivavano che erano già morti, già decaduti. Allora decisi di andare a far ricerche sul posto e avevo il biglietto di andata e ritorno.»

– Chi c'era quaggiù fra i fuggiaschi dall'Europa?

«Un buon numero di tedeschi, ungheresi, svizzeri, sparsi un po' dappertutto. Molti di questi io già li conoscevo perché erano stati a Roma quando Mussolini non era antisemita e, anzi, aiutava quelli che scappavano dalla Germania.»

– Era conosciuta la scuola di Roma?

«Sì, perché avevamo lavorato specialmente alla Columbia University di New York, poi anche in altre università, e Fermi era venuto molte volte in Usa, dove aveva tenuto anche corsi estivi.»

– Era difficile per voi ambientarvi?

«Una cosa relativa. Si era quasi alla fine della Depressione, quindi c'erano ancora parecchi disoccupati, specialmente tra gli scienziati. Ma se uno come Fermi sbarcava, c'erano lì i presidenti delle accademie con il cappello in mano a offrirgli incarichi. Uno invece, giovane e sconosciuto, aveva notevoli difficoltà, però se era bravo ce la faceva.»

– Come siete stati arruolati per Los Alamos?

«Non siamo stati arruolati. Tutto il progetto della pila atomica, e poi della bomba, inizialmente, è stato fatto partire, se non del tutto, in larga parte da immigrati. Quindi uno c'era dentro fin dal principio. Per esempio, nel mio caso, avevo assieme ad altri scoperto il plutonio, mi ero reso conto che poteva servire.»

– E allora che cosa è accaduto?

«Quando si è creato il laboratorio di Los Alamos, Oppenheimer è stato scelto come direttore, ma lui già prima si era occupato di queste cose e quindi sapeva chi erano le persone importanti che avevano le mani in pasta.»

– Lei è stato chiamato e con lei Fermi; chi c'era ancora?

«Tra i fondatori di Los Alamos, di italiani c'ero solo io, credo. Però poi ci fu una specie di conferenza di una ventina, o forse trenta esperti, per discutere cosa si sarebbe potuto e dovuto fare, quali mezzi occorrevano, qual era il tempo per fare un programma. C'ero io, c'era Fermi e c'era Bruno Rossi, mi pare.»

– Tutto questo in segreto, naturalmente. E laggiù, nel deserto, come vi siete trovati? Come vivevate?

«Non eravamo nel deserto. Ma a duemila metri, in un altopiano con una specie di foresta, molto bello, dove c'era stata una scuola per ragazzi ricchi e un po' tubercolotici, poi requisita. Si abitava in case di legno militari, tutte uguali.»

– Con le mogli o da soli?

«Con le mogli e i bambini. Il laboratorio era chiuso, aveva una cinta attorno, da cui però si poteva entrare e uscire, ma bisognava avvertire. Il posto di per sé era splendido, tra i più belli che abbia mai visto, montagne e boschi. Ma chi stava a Los Alamos non aveva molto tempo per goderli: c'era da lavorare da mattina a sera.»

– Com'era la vostra giornata?

«Si sgobbava come bestie e alla fine della settimana non se ne poteva proprio più. E allora al sabato o alla domenica uno andava a pescare. Si passeggiava per queste pianure con i fiumi che serpeggiavano in meandri, dove c'era un mucchio di trote.»

– Fermi che parte aveva nel progetto?

«Dunque, Fermi in principio venne a Los Alamos solo in visita qualche volta, come una specie di consulente, perché era ancora impegnato a Chicago al progetto della pila. Quando cominciò a funzionare, cioè nel dicembre del 1942, qualche mese dopo arrivò ed ebbe la sua casa, e il compito che gli fu affidato era, soprattutto, quello di una specie di consigliere generale. Quando c'era qualche pasticcio grosso che nessuno sapeva sbrigare, allora si andava da Fermi. Poi aveva anche un piccolo gruppo operativo con cui costruire un "reattore".»

– Si avvertivano già i primi contrasti ideologici? Per esempio, tra un uomo come Teller e uno come Oppenheimer, erano due mondi, due visioni...

«C'erano controversie, ma non per motivi filosofici, quella era una società chiusa, in cui la gente si trovava tutti i giorni e così nascevano, anche nelle persone intelligenti, forme mentali curiose. Insomma, diventava un affare di Stato se uno aveva l'alloggio un pochino più bello, se stava in una strada o in un'altra, se uno era *division leader* o *group leader*. Qualcuno diventava sensibile a faccende trascurabili. Teller scoppiava, ce l'aveva con tutti; ognuno soffriva di questa malattia, ma lui più degli altri, di non essere considerato abbastanza.»

– E Oppenheimer?

«Oppenheimer faceva il direttore cercando di bilanciare la barca, di non fare inferocire troppo le mogli che non trovavano quello che desideravano, e quando mancava l'acqua, e quando il mangiare non era proprio come si deve, e le abitazioni parevano insoddisfacenti. Aveva tutti questi problemi. Poi gli scienziati; ognuno voleva essere una primadonna.»

– Ma non c'era anche il problema di pensare: stiamo facendo una cosa che può cambiare il destino del mondo?

«Nessuno si preoccupava di quello. Le parrà strano, ma lei deve pensare che si era in piena guerra, 1943, è vero, con cose terribili che succedevano nel Pacifico. Non c'era discussione, perché questa bomba andava fatta, al più presto.»

– Voi immaginavate che i tedeschi e i giapponesi sapessero qualcosa di quello che stavate preparando? Era possibile che si rendessero conto di questi studi, di questa minaccia?

«Tutti sapevano che c'era la possibilità di fare un'atomica. Insomma, è chiaro che sia i fisici giapponesi sia i tedeschi, i francesi, i russi, gli italiani, tutti ne erano al corrente. Ma fra il dire e il fare... Ignoravano a che punto eravamo arrivati.»

– Come ricorda il giorno in cui è avvenuto il grande fatto? C'è stato una specie di messaggio cifrato: «Il navigatore italiano è arrivato...».

«Questo significava che il primo reattore nucleare aveva funzionato, cioè aveva provocato una reazione a catena. Ma la reazione con la bomba è molto più complicata ed è un'impresa colossale, difficilissima, spaventosa, che nessuno credeva possibile. Tuttavia è riuscita. La reazione si può ottenere sia per separazione degli isotopi, sia per un'altra via, scoperta da Kennedy, Seaborg, Wahl e da me, e cioè ottenendo prima un elemento nuovo, il plutonio, e separandolo dalla ganga, cosa che è molto più semplice che per gli isotopi, incomparabilmente, per usare poi questo plutonio purificato. Però le ho detto che è un elemento artificiale. Per fare questo elemento artificiale bisogna avere un reattore che lo possa costruire, che lo possa formare. L'arrivo del telegramma al quale lei si riferiva, l'arrivo del navigatore, voleva dire che il reattore di Fermi a Chicago aveva funzionato per la prima volta. E quindi apriva la possibilità di produrre il plutonio, oltre a quella molto dubbiosa e veramente complicatissima di ottenere l'uranio 235. Questa è una lunga storia.»

– Era una piccola bomba quella che è esplosa nel deserto?

«Mica tanto.»

– E poi cosa accadde?

«Aspetti. Il punto centrale era di avere questi materiali, la polvere, per così dire. Poi bisognava costruire l'ordigno che non è come uno "shrapnel" di artiglieria. Ha i suoi machiavelli dentro, i meccanismi, c'è tutta una tecnica per farlo esplodere. Lo scopo di Los Alamos era, trovato il materiale, escogitare contemporaneamente il modo di utilizzarlo.»

– E come l'avete provato?

«Hanno messo in cima a una torre di acciaio nel deserto una bomba fatta con tecniche completamente nuove agli artificieri ed è stata fatta esplodere.»

– E voi eravate lì a vedere?

«Noi eravamo lì a vedere, insomma, non sotto, perché siamo ancora qua; a una certa distanza.»

– L'atomica è figlia di un padre o di molti genitori?

«Storie di padri, madri, eccetera: sono balle. Naturalmente ci sono tanti passi: per poter fare una bomba atomica lei deve avere la scoperta del neutrone di Chadwick, la scoperta della radioattività artificiale di Joliot-Curie, la scoperta dei neutroni lenti fatta da noi a Roma, la scoperta della scissione fatta da Hahn e Meitner, la scoperta del plutonio fatta a Berkeley o la separazione degli isotopi. Poi il modo di metterli insieme, trovato da varie persone.»

– Come spiega la crisi di qualcuno di questi genitori, dopo, il tormento di alcuni, come Oppenheimer, che se ne sono fatti una colpa?

«Non lo so, esistono tanti tipi umani. Per esempio Truman se la prese molto male quando Oppenheimer gli disse drammaticamente: "Sento sangue sulle mie mani". Truman, almeno così raccontano le sue memorie, rispose: "Portatelo via, non lo voglio più vedere, non lo voglio più sentire".»

BERTOLT BRECHT

Anche lui, quando si rifugiò in Usa, trovò amarezza e diffidenza: «Come si scrive il suo nome?» gli domandavano. Era praticamente sconosciuto: un apolide, senza documenti, che cercava rifugio e lavoro. Hollywood gli commissionò soltanto un soggetto: *Anche i boia muoiono,* regia di un altro tedesco, Fritz Lang. Anche Brecht trovò che il regime comunista, in Urss, era una dittatura non *del* ma *sul* proletariato; la considerò necessaria, per conciliare i differenti interessi degli operai e dei contadini. Indirizzò anzi un omaggio poetico a Stalin. Anche lui non aveva molta considerazione del prossimo; dice una sua ballata: «Non vi fate illusioni, miei signori: / solo se fa il male l'uomo vive».

Anche in lui, la cordialità non era quello che colpiva. Come Grosz, era molto sincero. Parlando di Thomas Mann, lo chiamava: «Quel rettile». Neanche lui era un ottimista: «La pace» diceva «non è altro che un armistizio».

Frederic Ewen, il più attento e acuto biografo, chiudendo il suo racconto scrive: «Lasciò abbastanza contraddizioni e ambiguità da riempire i portafogli e i pensieri di una intera generazione di critici e drammaturghi». Non si iscrisse mai al Partito. «Il comunismo» spiegava «è una cosa facile che è difficile realizzare.» Prendeva del marxismo ciò che gli serviva e «credeva veramente che si scrivono tragedie e poemi per cambiare il mondo». Non si lamentava mai delle sue condizioni materiali, indossava sempre lo stesso abito, apprezzava la cucina viennese della moglie, Helene Weigel; quando ricevette la paga da un produttore americano, commentò soddisfatto: «Posso comprare un paio di pantaloni nuovi». Per Brecht le cose buone erano il cibo, la carne, il formaggio, la birra, i libri; fu contento quando la Rdt gli assegnò il Primo premio nazionale e a Mosca gli attribuirono il Lenin. C'era in lui anche qualcosa di ascetico, nell'aspetto, nei modi. Max Frisch lo vide come «una persona grigia, senza prestanza», con un elemento femminile molto marcato, gli occhi piccoli e tondi, da uccello, la bocca senza labbra. Si difendeva con l'ironia o con il distacco; non rivelava facilmente i suoi sentimenti.

Quando rimise piede in Germania, qualcuno gli disse: «Lei non lo sa, signor Brecht, ma da noi è molto noto». Rispose freddamente: «Troverò un rimedio a questo male». Una notte, osservando le stelle, commentò sottovoce: «Il cielo non è diverso qui». Ha il cuore senza legami. Confida a Frisch: «Forse conoscerete un giorno questa situazione: qualcuno vi dà notizie del vostro Paese, e lo ascoltate come se vi parlasse di una regione africana».

L'esilio, certo, gli è pesato, ma lo sconforto non lo ha sommerso: «Insegnare senza alunni, scrivere senza lettori è difficile». Walter Benjamin, Ernst Toller, Kurt Tucholsky, Stefan Zweig non reggono: si uccidono. Dice un suo verso: «Nelle città d'asfalto sono a casa mia».

Andai di là dal Muro a trovare Helene Weigel. L'avevano proclamata «la Duse delle barricate». Dietro la sua scrivania, al Berliner Ensemble, c'era l'originale della colomba di Picasso. Il Partito l'aveva insignita del titolo di professore. La *liebe Helli*, la cara Helli, come la chiamavano i compagni di lavoro, stava conversando con un giovane assistente. Fu cortese ma sbrigativa. «Bertolt» disse «ammirava in me soprattutto il senso pratico e gli piaceva la mia cucina.»

Con lei la vita non è stata generosa. «Se scrivessi la mia biografia» disse «la censura la proibirebbe.» Nella faccia scavata, tesa, si leggeva la sua vicenda di piccola ebrea viennese, figlia di un modesto burocrate; la madre aveva una bottega di giocattoli e aveva dovuto cominciare presto a difendersi; voleva studiare medicina, ma ricordava ancora l'antisemitismo dei compagni di liceo. Così decise di tentare il palcoscenico. «Ho conosciuto Bert» raccontava «al Deutsche Theater nel 1922. Stava provando *Tamburi nella notte*; io sedevo in platea e non mi fece molta impressione; anzi, lo trovai buffo. Poi ho vissuto trent'anni con lui.»

Trent'anni in giro per il mondo, senza denaro, inseguiti

dalle armate del Führer, Francia, Danimarca, Finlandia, e infine l'America. Qualche amico prestò ai coniugi Brecht i soldi per il viaggio. Erano poveri. Lei recitava parti insignificanti, lui, dice con amarezza: «Lavorava per il cassetto. Il successo è arrivato troppo tardi».

In quel momento, sul nome di Brecht si era scatenata la polemica. Günther Grass aveva appena rappresentato *I plebei provano la rivolta*, una offesa al mito: tentava di demolire il prestigio del grande intellettuale rivoluzionario, al quale non riusciva sempre di conciliare le sconvolgenti teorie che predicava nei copioni con gli avvenimenti che accadevano sulla piazza. Grass metteva in scena la ribellione dei muratori della Stalinallee che nel giugno del 1954 insorsero contro il regime, e la confusa ed equivoca figura di Brecht che in quella circostanza non seppe adeguare la parola alla realtà: si preoccupava di dare un significato al *Coriolano* di Shakespeare, ma non accettava il senso di quella disperata insurrezione che riempiva di spari e di rancore la Berlino «democratica».

Diceva Bertolt: «Come può discutere il tiglio con chi gli rimprovera di essere una quercia?». Ed Helene Weigel, con sdegno: «Il problema è trascurabile, direi volgare. Non ha per me alcun interesse, alcuna importanza».

Il drammaturgo aveva inviato, raccontano, una lettera a Ulbricht, con critiche e suggerimenti, riconfermando in ogni caso la sua lealtà. A chi lo accusava di doppiezza, rispondeva: «Non è vero che ho voluto sedermi su due sedie. Mi sono seduto su una sola e questa si trova in Oriente». Era stata una scelta dura. In un certo momento aveva pensato di risiedere in Svizzera: «Non posso stabilirmi in una parte della Germania e diventare così come morto per l'altra», poi si era trovato al centro di troppe difficoltà. Il 22 ottobre 1948 tornò a Berlino Est; ci fu un pranzo con Wilhelm Pieck e il colonnello sovietico Tulganov; nell'autunno dell'anno dopo fondava con Helene Weigel il Berliner: hanno ricostruito per lui il vecchio Theater am Schiffbauerdamm.

Ma la sua adesione non è totale: come Helene, ha chiesto la cittadinanza austriaca. Le critiche per la sua decisione non lo feriscono. C'è abituato. Tucholsky lo definiva brutalmente «un gangster» perché prendeva senza troppi riguardi le idee e le trame che gli piacevano. Martin Morlok lo chiama «il geniale plagiatore». Lotte Lenja, un'altra vedova incombente, che con la signora Weigel divideva, in nome di Kurt Weill, cospicue percentuali di diritti d'autore, raccontava che un giorno, nella biblioteca di Brecht, tirò fuori dagli scaffali *Il Capitale,* ma dentro la copertina c'era un romanzo giallo di Wallace, e diceva che, se Bertolt fosse stato nazista, anche la *liebe Helli,* che si agitava come missionaria dell'idea di Marx, l'avrebbe seguito. Il che è almeno indice di devozione coniugale, ma non di acutezza politica.

Visse qualche tempo sereno: curava, ogni anno, una nuova rappresentazione; aveva una casa, un armonium e una portatile, una villetta in campagna, dei sigari, delle stampe cinesi, una vecchia auto, libri, fotografie, giornali, poteva viaggiare. Diceva: «Non si può fare a meno di pensare che l'esistenza è troppo breve». Aveva qualche guaio alle coronarie, ma non lo prendeva troppo sul serio. Stava a Milano, per una prima al Piccolo Teatro; guardava, da una finestra dell'Hotel Manin, cadere la neve. Disse: «In ogni caso si può essere certi che sarà una morte serena; un lieve bussare sui vetri».

Accadde il 14 agosto 1956. Ha voluto una bara di acciaio «per evitare di diventare carogna in mezzo a tante altre carogne». In fondo, confessa Max Frisch, «noi non lo abbiamo conosciuto».

WILLIAM FAULKNER

Sono passato da Oxford, nel Mississippi; volevo vedere la sua casa, quello che è rimasto. Il suo nome figura ancora nell'elenco del telefono, Faulkner William Culbert, 3-2-8-4, ma al 719 della Garfield Avenue non abita più nessuno.

Le assi del piccolo portico di legno scricchiolano, la cassetta per la posta è arrugginita, il recinto dei cavalli marcisce. Sul comodino da notte, al motel, c'era un fascicolo dedicato alla città: abitanti 25.000, due alberghi, una stazione radio. I personaggi più importanti: Lynda Mead e Mary Ann Mobley, che furono elette Miss America, e due grandi manifesti ne giustificano gli evidenti meriti, e infine, con una foto ragionevolmente più piccola, un certo William Faulkner, che nel 1950 vinse il Premio Nobel. Non amava i suoi concittadini e solo il droghiere, un lindo e sorridente ometto, riceveva le pacate confidenze di «Bill», poteva addirittura chiamarlo così, ma la gente di Oxford non lo considerava gran che.

Oxford è la tipica cittadina della provincia. Nel centro, c'è la società di assicurazione, l'agenzia di pompe funebri, il negozio di mode per le signore, l'ufficio postale e la drogheria più fornita. Appartiene al signor Red, che con uno stalliere e un professore, fu uno dei pochi amici dell'autore di *Luce d'agosto*.

Gli ho chiesto:

– Signor Red, quando William Faulkner capitava nel suo negozio, di che cosa parlavate?

«Veniva ogni giorno per prendere i giornali e un po' di tabacco. Chiacchieravamo di tutto, dei casi della settimana; quasi mai di politica. L'ultima volta che lo vidi, due giorni prima della sua morte, aveva un libro che voleva spedire a una persona in Svezia; scrisse la dedica e io feci il pacco. Sì, non gli importava niente del successo e non sprecava tempo a immaginare quello che gli altri potevano pensare di lui. Andava per la sua strada e continuava quella che era la sua missione nella vita. Se veniva a casa mia, e si accorgeva che ero triste, William mi metteva un braccio attorno alle spalle, non diceva niente. E ce ne andavamo a passeggiare, in silenzio. Quando non passava tutto il tempo a scrivere, usciva con i suoi cavalli a correre, a saltare. Molto raramente andava a vedere dei film o a teatro. Qualche volta, di sera, accompagnava la moglie a fare la spesa. Ecco tutto. Lei torna in Italia? Venne qui una volta una signora tanto gentile, amica di Bill, aspetti: Fernanda Pivano. La conosce? La saluti tanto per me.»

Mi ha raccontato il professor James Wilson Webb, dottore in filosofia: «Gran parte del tempo Faulkner lo passava nel suo studio, andava a cavalcare, lavorava in giardino, aggiustava la siepe, faceva migliorie alla casa che aveva comprato nel 1929, o se ne stava con i suoi contadini. A una trentina di chilometri a nord-est di Oxford possedeva una fattoria, passava molte ore anche lì, non credo ci guadagnasse con quella terra, però ci stava a lungo. Gli piaceva essere considerato un agricoltore. Quando parlava di sé si presentava come un uomo di campagna, questa è la tradizione del Vecchio Sud; se qualcuno gli chiedeva del suo lavoro di scrittore, allora si chiudeva, preferiva parlare dei suoi cavalli e dei raccolti. Aveva molti amici nonostante il carattere riservato; compagni di caccia, insegnanti dell'università, coltivatori: lui si sentiva uno di loro».

– Quale idea aveva Faulkner dei rapporti tra bianchi e neri?

«Questa non è una domanda facile. Ci sono quelli che diranno che era integrazionista, altri sosterranno il contrario; io penso che fosse un po' tutto. Capiva che c'era questo problema, capiva che era il problema di tutto il Sud e che quelli del Sud avrebbero dovuto risolverlo in tempo, ma non credo che lui avesse molta fretta.»

– Era religioso?

«Sì, ma in una maniera non ortodossa. Era conscio dei problemi morali, credeva nell'uomo; e pensava che potesse migliorare le sue condizioni lottando, magari attraverso le sofferenze e la fatica, come ha spiegato nel discorso che pronunciò quando gli diedero il Nobel.»

Al cimitero, la tomba di William Culbert Faulkner (25 settembre 1897 - 6 luglio 1962) è sotto la seconda collina, isolata, ed è la più brutta. Sopra ci sono donne ritratte con i capelli nascosti da sciarpe ricamate e cippi dedicati «Al nostro bambino».

In una stanza del piccolo museo, che porta il nome di una benefica e paffuta signora, una vetrinetta custodisce le decorazioni dello scrittore, il diploma del Nobel, con dipinta una scena di vita del Deep South, la medaglia d'oro, le insegne della Legion d'Onore, e una fotografia di Faulkner a colori, in marsina rossa, pantaloni e cravatta bianchi, guanti gialli, sguardo fiero, un perfetto cavaliere di un altro tempo.

Lo incontrai una volta che venne a Milano, alcuni amici mi portarono con lui a pranzo al Savini e in giro per la città. Doveva tenere una conferenza. Aveva una giacca con i gomiti protetti dal cuoio, fumava la pipa, pochi ebbero il privilegio di sentire la sua voce. Ricordo gli occhi piccoli e socchiusi e ricordo che non gliene importava nulla dei letterati, dei romanzi che gli facevano firmare e neppure di noi. Mangiò risotto e cotoletta, bevve vino rosso. Annotai alcune frasi: «Vorrei essere un vagabondo. Perché sono andato a Hollywood? Perché mi davano dei soldi. Non scrivo mai cose che non mi sono accadute». Ci sono alcune sue righe che possono essere considerate un testamento: «È mia ambizione di essere, in quanto semplice cittadino, cancellato, soppresso dalla storia, senza lasciare su di essa alcuna traccia, alcun cascame, niente altro che alcuni volumi stampati. Mio scopo, la tensione del mio sforzo, è che il riepilogo e il racconto della mia vita siano racchiusi in una frase che sia anche il mio epitaffio: *Ha scritto dei libri ed è morto*».

ERNEST HEMINGWAY

Prima del mestiere di scrivere, c'è quello di vivere: il più faticoso. Guardate Hemingway. «La sua vita» hanno detto «è una lunga serie di ferite, un tessuto di cicatrici che mostrava con orgoglio.» Caccia, pesca, corrida, guerra, e con sempre presente l'ultima prova, perché il mondo, per Hemingway, è diviso fra quelli che sanno e gli altri. È in quel momento che i suoi personaggi, Robert Jordan o Francis Macomber, dimostrano la loro grandezza, è quella la loro «ora trionfale». «La morte» diceva «è la cosa più facile da trovare che io conosca. Puoi trovarla con una piccola distrazione su una strada di grande traffico, puoi trovarla in un flacone pieno di Seconal, puoi trovarla con qualsiasi tipo di lama di rasoio, puoi trovarla nella tua vasca da bagno, puoi trovarla – a essere imprudente – in battaglia.»

Il suo ultimo gesto, che è anche l'ultima sfida, è una rivolta contro il corpo che lo ha tradito: «Biologicamente, si è sempre presi in trappola» diceva. «È difficile immaginare da che parte entrerà il lupo, ma senti che sta arrivando.»

Sono andato a cercare una giovane donna che lo conobbe verso la fine, quando «Papa», come lo chiamavano gli intimi, cercava, fra i tori di Dominguin, o nelle foreste del Kenya, o discutendo con Castro, o in giro con Gary Cooper nei bistrò, una ragione per tirare avanti. Le giovani donne gli piacevano, ma dovevano avere ogni particolare in ordine. Ne descrive una, per esempio: «Gambe brune, ventre piatto, piccoli seni duri». Una sera conosce Joséphine Baker, che indossa solo una pelliccia, sotto non ha niente, e ballano fino all'alba senza lasciarsi un momento. Conosce Marlene Dietrich, la conquista, ma non trovano mai l'occasione per essere liberi, per fare l'amore. Uno dei due è sempre impegnato.

Si innamora con una certa facilità e di solito gli va bene. «Siamo fortunati» si legge ne *Il vecchio e il mare*. Ha fascino. Ecco come lo presenta Gertrude Stein: «Era allora un giovanotto di una bellezza straordinaria»; e Mary, l'ultima compagna, ricorda: «Aveva una voce così bassa, così delicata». Ci sono state quattro mogli nella sua vita; è Mary Walsh «coraggiosa, deliziosa, spiritosa, eccitante a guardarsi, piacevole a starci assieme» che gli sarà accanto nelle giornate più nere, fino alla conclusione.

Nel 1949, quando gli era ormai difficile scrivere, si sentiva stanco, qualcuno pensava: «Non ha più niente da dire», Hemingway incontra una ragazza che, dice Hotchner, il biografo, «rappresentava nella sua esistenza qualcosa di speciale». Ha diciotto anni e lui cinquanta, è «bella come un buon cavallo o un proiettile lanciato», sta sotto la pioggia, su una strada di fango, dalle parti di Latisana, e ha bisogno di un pettine. Hemingway cerca nel giubbone di cuoio, ne trova uno d'osso, lo spezza e gliene dà la metà.

Si chiama Adriana Ivancich, ha una casa a Venezia, ama leggere, dipingere, ascoltare, comincia appena a vivere. «Aveva» scrive Hemingway «una pelle pallida, quasi olivastra, un profilo che avrebbe fatto battere il cuore di chiunque e i capelli bruni di fibra vivace le cadevano sulle spalle.»

Così nasce il volto di Renata, la protagonista di *Di là dal fiume e tra gli alberi*, e si sviluppa la vicenda del vecchio colonnello Richard Cantwell, che va verso la morte, ma che incontrando la romantica e nobile fanciulla vive «il suo ultimo, il suo vero, il suo unico amore».

Adriana Ivancich è da qualche anno la moglie di un uomo d'affari tedesco, Rudolf Rex, e ha due bambini. Mi parla di Hemingway nel suo salotto, in una villa sulla collina di Varese, nella brughiera. Fuori è buio, una luce calma illumina i ritratti degli antenati, severi e astuti gentiluomini veneti, le porcellane di Bassano, gli argenti, e la signora rievoca quello scrittore famoso e solo che le diceva: «Adriana, tu mi hai dato un soffio di vita. Grazie a te scriverò ancora un romanzo, il più bello».

«Sembrava» racconta «ancora più vecchio, era forte, grosso, ma la barba era chiazzata di bianco; sulla faccia si vedevano i segni delle esperienze. Io ero appena una ragazzina e non capivo il suo dramma, ma sentivo che aveva bisogno, lui così importante, di essere protetto, sentivo che gli ero utile. Avevo in mente i miei amici tornati dalla guerra: anche loro cercavano un rifugio, qualcuno. Parlavamo di cose che ora non ricordo, chissà quali sciocchezze dicevo. Lui mi chiamava in tanti modi, una volta Daughter, figlia, o Partner, socia. Avevamo fondato il Club della Torre Bianca. Membri onorari erano anche Ingrid Bergman, Ava Gardner e la Dietrich. Gli piaceva la gente attraente e coraggiosa, diceva che erano tre grandi donne.

«Mi chiamava anche Black Horse, cavallo nero. Fisicamente, certo, Renata sono io. Sempre spettinata, con la carnagione scura, ma la Renata del libro è, come lui spiegava, un simbolo di quattro ragazze che aveva conosciuto, che avevano idee diverse dalle mie e anche altri sogni, altre malinconie.

«Sì, ricordo, mi parlava anche della morte, ma per riderci sopra, senza presentimenti, senza timore. Era, nei miei confronti, paterno: fu lui che si accorse che soffrivo di anemia. Gli piaceva stare tra i giovani, sentire i resoconti delle loro imprese, ma, quasi con pudore, rimaneva fuori. Posso dirlo: era uno che aveva bisogno di aiuto, mi parlava, mi cercava ed era anche buono, dolce e desiderava farmi felice. Andavamo in giro in motoscafo per il canale, a sparare nelle botti, a cena da Cipriani. Conobbe la mia famiglia: trovava che mio fratello Gianfranco aveva un certo talento di narratore, e con noi c'era sempre anche Mary, minuta, bionda, sorridente, vigile: era lei che l'organizzava, lui di pratico non sapeva far nulla.

«Mary capiva l'interesse che Papa provava per me, ma capiva anche che il mio non era amore, ma tenerezza, devozione, scoperta di un mondo. Mary era molto attiva, era un appoggio per Papa. Vede, qualche volta penso che mio marito sarebbe piaciuto a Hemingway. Lui si preoccupava della scelta che avrei fatto. "Questo" diceva "andrebbe per te, quest'altro no, devi scegliere il meglio, un campione", penso proprio che gli sarebbe piaciuto.

«Io allora non sapevo cosa c'era nel suo cuore, nel suo destino; cosa significava l'incontro di una ragazzina e di uno scrittore alla ricerca dell'ispirazione perduta, in una Venezia autunnale, rarefatta, quasi disperata. Gli sono passata accanto senza conoscerlo. Papa mi ha scritto in cinque anni, a cominciare dal 1950, una settantina di lettere: d'accordo con Mary le ho vendute. Desidero che finiscano in una biblioteca, quello è il posto giusto. Rileggendole, mi sono accorta che spiegano tante cose del suo carattere e della sua arte. Verranno pubblicate fra tanto tempo; allora nessuno di noi ci sarà più, e conteranno solo come pagine letterarie. Quando *Across the River* fu pubblicato, provocò tanti commenti, molte chiacchiere.

«"La gente " mi scrisse Ernest una volta "è gelosa di coloro che sono felici." Ma lui volle tranquillizzarmi: "Tu non sei la ragazza del libro, e non sei responsabile dei suoi peccati e dei suoi errori. La migliore arma contro le bugie è la verità. Non c'è arma contro il pettegolezzo. È come la nebbia, e il vento chiaro lo dirada e il sole lo brucia".

«Per un anno non venne neppure in Europa. "Così vedranno" disse "che non ti corro dietro."

«Gli Hemingway ci invitarono a Cuba. Andai con la mamma e Gianfranco: Papa scriveva, io disegnavo. Furono giornate indimenticabili. Ernest volle anche dare una festa di stile spagnolo, io preparai striscioni di carta, decorazioni, paraventi, la piscina era tutta illuminata e vennero i suoi amici: don Andrés, un prete che è poi morto di cancro, e il marinaio Sinskj, chissà dove è finito, e ci divertimmo tanto. Io, allora, era innamorata di un giovanotto di laggiù, allegro, che mi insegnava a ballare il mambo. Adesso vive in Spagna: è scappato dall'Avana, ha moglie.

«Un giorno Papa mi chiese di accompagnarlo verso la spiaggia, alla piccola baia di Cojimar. Non capivo il perché di quell'invito. "Devi solo guardare l'oceano assieme a me" mi disse. Forse è stato il momento più intenso della nostra amicizia; quel cielo, le grida dei gabbiani, il fragore delle onde, i pescatori che tiravano su le reti: lui taceva, aveva gli occhi pieni di lacrime. Stava vivendo, in silenzio, lo sgomento de *Il vecchio e il mare.* Allora io sentii la sua grande tristezza.»

Disse Hemingway a Hotchner: «Quando la ferita fa veramente male, io piango».

«Tante cose» racconta la signora «sono poi accadute. Mio

fratello non ha pubblicato nulla; amministra i suoi poderi, si occupa di agricoltura, io ho scritto qualche racconto, forse li pubblicherò. Ho già il titolo: *Un giorno qualunque.* Ho due figli, Mary vive a New York, una città che non è la sua, che le è ostile. Qualche volta le scrivo ancora. Guardo avanti, bado alla mia famiglia. La notizia che Papa era morto me la diede qualcuno, una telefonata. No, non pensavo che sarebbe finita così, che come il colonnello Cantwell si sarebbe lasciato andare, solo, lontano da tutti.»

«Uno scrittore serio deve soffrire maledettamente» aveva confidato Hemingway a qualcuno. Ha lottato fino all'ultimo, come doveva, come la sua immagine e la sua morale imponevano. «L'uomo non è fatto per la disfatta» ha detto. «Può essere distrutto ma non vinto.»

Ha combattuto nella coscienza l'ultima battaglia. «Ho sempre pensato che fosse profondamente religioso» spiega Sylvia Beach.

«Le sue lettere» dice la signora «erano la sola cosa che mi apparteneva. Ma non potevo tenerle, le aveva scritte a un'altra donna, tanto diversa da quella che io sono. In una diceva: "Forse non avrei mai dovuto conoscerti, forse sarebbe stato molto meglio per te". Ma non è vero: le persone come lui arricchiscono. Sono contenta che in quella Renata ci sia qualcosa di me e contenta, soprattutto, di essergli stata accanto in quei giorni di pioggia, quando credeva di non aver più niente da scrivere, di non essere più capace né di bere, né di amare e parlava della morte come di uno scherzo. Ma credo in verità che non gli abbia fatto paura.»

La signora si alza, e cerca nella biblioteca un volume. Legge: «"È forse duro, morire, Papa?" "No, credo sia assai facile, Nick. Dipende."».

Per lui era arrivata l'ora. In testa a un suo romanzo aveva posto questa frase dell'*Ecclesiaste*: «Una generazione va e un'altra viene, ma la terra rimane sempre lì».

Lo hanno sepolto a Ketchum, Idaho, in una fossa, una lapide con un nome, e sul fondo c'è un piccolo monte, pieno di arbusti e di felci. «E adesso,» disse il vecchio colonnello Richard Cantwell «andiamo oltre il fiume, e andiamo a riposare tra gli alberi.»

Qualche anno più tardi, Adriana Ivancich morì suicida.

FEDERICO GARCÍA LORCA

C'era, in Andalusia, un poeta che si chiamava Federico García Lorca, che confidava a una bella ragazza di nome Esperanita i suoi timori per la sua incapacità di combattere: «Non mi sono mai interessato di politica, sono troppo pauroso. Per prendere un atteggiamento è necessario un coraggio che mi manca».

Ho parlato, per una lunga sera, con José Maria Cossio, membro della Real Academia de la Lengua, maestro di tauromachia, fedele compagno di Federico. «Veniva» mi ha raccontato «tante volte nella mia casa sui monti. Ero anch'io tra quelli che fondarono la "Barraca". Otto giorni prima che gli sparassero, prese parte a un comizio della sinistra, promosso da Rafael Alberti. "A me, di queste faccende" spiegava "non importa niente, ma come faccio a dir di no a un amico?" Amava le avventure spensierate, la nostra terra, non avrebbe mai potuto andar via, era legato alle cose e ai paesaggi. No, non c'era in Federico solitudine o stanchezza: "Io vivo" confessava "nell'angoscia dell'aldilà". Chi l'ha soppresso non sapeva di uccidere un genio.»

Per anni e anni il silenzio e il mistero hanno soffocato l'ultima vicenda del drammaturgo di *Yerma*. Adesso, si sa che non fu portato via dalla Guardia o dai nazionalisti o dai repubblicani: le menzogne e le accuse della propaganda sono cadute, il nome di chi volle la fine di García Lorca è stato scritto, figura nell'elenco telefonico di Madrid. Il suo volto e il suo aspetto sono conosciuti: «Occhi piccoli, un viso tondo e sensuale».

Ruiz Alonso, ex tipografo, ex deputato della Ceda (Confederación española de derechas autónomas), il più forte gruppo di destra, cattolico, conservatore e clericale, è vivo e va in giro indisturbato, ha figli e una buona posizione, dà ai giornalisti appuntamenti che non mantiene, e per tre volte Marcelle Auclair, che ha ricostruito l'infanzia e la morte di Lorca, ha cercato invano di parlargli.

Non si sa dove Federico sia sepolto, non si sa con certezza se la notte, quella notte dell'estate 1936, in agosto, fu proprio quella che andava dal tramonto del 18 all'alba del 19, perché ancora adesso molti tacciono, qualcuno ha preferito dimenticare. Perché, in fondo, García Lorca non appartiene a nessuno, è una vittima di quelle crudeltà che travolsero operai e vescovi, scrittori e contadini, soldati e miliziani. Tra un milione di fosse c'è anche la sua.

Il poeta Lorca si era rifugiato in un palazzotto di Granada, da ospiti che appartenevano alla Falange, per sfuggire alle minacce, per sentirsi protetto. Aveva respinto l'idea della fuga, nessuno pensava davvero che qualcuno potesse fargli del male. Non dispiaceva ai rossi, non c'era nel suo contegno nulla che potesse provocare i seguaci del Caudillo.

Il destino di García Lorca è legato alla vendetta di Ruiz Alonso, che tenta, durante un colloquio con un camerata, di dare una spiegazione del suo delitto: «Ha fatto più danno con i suoi libri che gli altri con le rivoltelle».

È morto il governatore della città, il generale Valdés, che firmò la condanna, ed è sparita, fra i relitti in demolizione, la Ford modello T che portò Lorca nell'ultimo viaggio; molti testimoni di quelle giornate sono scomparsi, ma si sa che Federico partì con sgomento dalla casa dove si era nascosto, volle fermarsi a pregare davanti a una immagine della Madonna, passò tre giorni in carcere. Si sa che due uomini gli sedevano accanto, quel mattino, mentre l'auto correva sulla strada polverosa, verso Viznar, e cantavano già i galli, l'aria odorava di menta e di aranci, andavano verso un *barraco*, la terra appariva argillosa, coperta di giunchi e di erbe sottili, i due accompagnatori tacevano. Federico voleva un prete, ma gli risposero di no e gli ordinarono di scavare una fossa: il cimitero di Granada era stato ingrandito per le tante esecuzioni, ma molti finivano sepolti sulle colline.

Lorca teneva sulle spalle una coperta, perché faceva freddo, aveva davanti agli occhi gli ulivi e le montagne e «i due fiumi di Granada, l'uno di lacrime, l'altro di sangue». E nel cuore l'angoscia di chi sente l'inutilità della vita.

Lorca riprese a vivere quando le sue opere furono pubblicate in Spagna, e i ragazzi, in ricordo di un poeta che una volta stava in Andalusia, cominciarono a recitare i versi del *Compianto per Ignacio Sánchez Mejías*.

NORMAN MAILER

Diceva Scott Fitzgerald: «Mi piacciono gli scrittori. Se parli con uno di loro, spesso riesci ad avere una risposta».

Norman Mailer mi aspetta. L'apparecchio porta dodici persone. Il pilota è un vecchio indiano dalla faccia segnata: pompa la benzina, carica le valigie, fa tutto. Quattro volte al giorno decolla da Boston per Provincetown: mezz'ora sul mare schiumoso, poi le dune, l'erica, i boschi di abete bianco.

L'appuntamento è per le tre e mi rimane il tempo per andare lungo la spiaggia. Pioviggina e c'è attorno un senso di autunno e di morte. Non mi piace quella surreale immagine di uomo abbozzata con parafanghi di auto contorti al centro di un giardino incolto; non mi piace il busto di una prosperosa, turgida donna di gesso che sbuca dalla facciata di un albergo e che richiama pensieri cimiteriali.

Su questa riva dell'Atlantico si rifugiano, d'estate, turbe di intellettuali e giovanotti dalle barbe rossicce e ragazze dai capelli in disordine, poveri e maledetti ribelli che aspettano la gloria sono qui a cercare l'ispirazione, un impresario o un editore. Mi sembra che recitino una parte.

Norman Mailer, sì, che ha dietro le spalle una splendida, lunga e disperata avventura. A venticinque anni, con *Il nudo e il morto,* era già famoso: raccontò una vicenda che era la sua, la guerra nel Pacifico, tanti uomini con tanti destini, rimpianti e sogni, la casa e le donne; diceva la canzone intonata dal soldato Palack: «Rotolami nel trifoglio, rotolami, coricami...».

Si era arruolato nell'esercito nel 1943, con l'ambizioso proposito di scriver il miglior romanzo sulla grande impresa, e già covava in sé l'irritante convinzione di essere il più forte scrittore del nostro tempo. Aveva appena ottenuto la laurea in ingegneria aeronautica, ma non era bravo: tutti i modelli che progettava precipitavano regolarmente. Non aveva la vista buona per l'aeronautica e fu mandato tra gli artiglieri, ma anche là non lo trovarono idoneo, e lo spedirono al 112° Reggimento Cavalleria, ma, dato che non c'erano cavalli, gli fu offerta l'occasione di scrivere e di vivere le fatiche e i rischi dei soldati di fanteria.

Era poco più di un ragazzo, e fu subito un personaggio, discutibile ma autentico, e uno dei tre, quattro romanzieri che contavano e che contano.

Si occuparono di lui prima i recensori, poi i reporter e i fotografi che girano di notte attorno ai bar o nel lungo corridoio della Corte che giudica ubriachi e violenti; lo pescarono che aveva bevuto, o che aveva ingozzato, nel frastuono del Greenwich Village, qualche pillola eccitante. Dice un suo verso: «Com'era amaro e netto il sapore del Seconal».

Poi le donne, le donne che lo hanno aiutato a pensare o glielo hanno impedito; ci sono quattro mogli nella sua vita: una piccola ebrea, Beatrice, faceva la psicologa; una peruviana, Adele, recitava; la terza so che era una lady inglese, una nipote di Lord Beaverbrook, si chiamava Jeanne – e una, non ricordo quale, fu ricoverata anche all'ospedale per una coltellata, ma spiegò che si era fatta male cadendo su dei vetri –, e gli hanno dato cinque bambine, e la quarta moglie l'ho qui davanti e mi offre il caffè: è bella e gentile, il suo nome è Beverly, faceva l'attrice e gli ha dato Michael, un maschio.

Norman Mailer, capelli corti e ricciuti, tozzo e robusto, gesti a scatto, periodi rapidissimi e ironici, mi porta nel suo studio, di sopra, così staremo tranquilli, e dalla finestra si vede una barca lontana e le onde che si infrangono sui massi neri.

Comincia ridendo e pare quasi che voglia giustificarsi delle bevute e dei matrimoni, delle tentazioni del tossicomane e dell'ultima impresa; lo hanno cacciato dalla Carnegie Hall perché, durante una conferenza, si lasciò scappare qualche efficace ma irripetibile parola: «I migliori scrittori americani sono estremisti» dice. «C'è una lunga tradizione nella nostra letteratura, Hawthorne, Henry Miller, Hemingway e Faulkner erano tutti un po' matti.»

Lo dipingono, infatti, come una specie di Hemingway aggiornato, ma a un giornalista che glielo faceva presente, rispose: «Niente di tutto questo. Ernest era alto uno e ottantatré; io sono solo uno e ottanta».

Le interviste, anche quelle più aggressive e spregiudicate, non lo imbarazzano. «Un cacciatore di premi professionista non può lamentarsi se ogni tanto viene colpito al viso. Serve ad aumentare la mia abilità di impostore» spiega.

Lo chiamano in tutti i modi: l'ultimo è il «demiurgo di Brooklyn»; fa il cronista, l'attore, il regista, il conferenziere, così lo mettono nel circo delle celebrità, con Andy Warhol, il principe del Pop, o con Jackie Onassis, la principessa caduta. Lo hanno arrestato per risse o per dimostrazioni contro il Pentagono; nel 1969 si è presentato candidato al posto di sindaco di New York, promettendo di fare della città il 51° Stato della federazione: «Se gli hippies vogliono girare nudi per l'East Village, ebbene che lo facciano» prometteva. Per la sua descrizione dell'allunaggio dei primi astronauti ha guadagnato un milione di dollari. Solo Johnson e la figlia di Stalin avevano ottenuto di più da un editore. È l'eroe di tutti i giovani contestatori, dei drogati, dei neri, dei paria. «Amaro, comico, ribaldo» si legge in un profilo. È di origine ebraica, come Saul Bellow, il silenzioso rivale. Le sue convinzioni politiche sono molto instabili e passano dal marxismo ortodosso al conservatorismo di sinistra, all'esistenzialismo anarchico. Volendo parafrasare Arthur Koestler, «l'America è come gli altri paesi, solo un po' più», si può dire che Norman Mailer è come gli altri americani, solo un po' più.

Mailer mi spiega che c'è molta differenza fra un intellettuale europeo e uno americano. «Gli europei» dice «sentono di appartenere a un club, sono uniti tra loro, l'americano lotta con se stesso, per se stesso, non ha la vostra sensibilità sottile, un giorno si considera un genio, un giorno niente. Poi ci dividono grandi odi. Noi, in America, abbiamo idee basilari sul potere, tutto quello che è potere è giusto. Così anche gli intellettuali lo vogliono e trovano eccitante cercarlo. Perché uno scrittore, in America, può esercitare un influsso enorme sulla società; qui tutto si basa sulla comunicazione. Certo, contiamo meno di prima, con Kennedy influivamo di più, abbiamo creato il clima per cui un presidente della sua statura ha potuto pensare di far finire la guerra fredda e alla legge sui diritti civili, alla povertà, a una certa politica estera.»

Accende una sigaretta, c'è un attimo di silenzio. Credo insegua pensieri lontani, ricordi. È un reduce, un superstite dell'altro diluvio. «Il Vietnam. Per noi che siamo rimasti qui, per quasi duecento milioni di americani, il Vietnam non possedeva un volto. Quanti di noi lo hanno visitato, chi può dire che lingua si parla da quelle parti, se ci sono industrie, a che cosa assomiglia quella terra? Non ce ne importava niente. Non ci interessavano i vietnamiti. Se avessimo dovuto combattere una guerra contro il pianeta Marte, il popolo d'America vi avrebbe partecipato con maggior emozione di quanto non abbia fatto per il nostro impegno laggiù.»

La conversazione si muove senza ordine. Gli chiedo se il lavoro va bene, se rende, chiacchieriamo come si fa in un giorno di domenica, quando c'è foschia e il mare è brutto, e non c'è fretta, ci si può lasciare andare: «Ho fatto un sacco di soldi con *Un sogno americano*, il mio ultimo romanzo, ma molti se ne vanno in tasse. Truman Capote ha guadagnato due milioni di dollari. Se sei popolare, anche le conferenze rendono mica male: in un anno puoi incassare qualcosa come quindici milioni di lire».

Gli chiedo quando, secondo lui, uno scrittore è grande: «Quando ha una influenza profonda sul suo tempo e sul tempo futuro. Dostoevskij è grande, e anche Tolštoj, perché arrivano a tutti, sono anche più grandi di Shakespeare, che agisce solo su gente di una certa cultura. Io credo di influire sulla società in cui vivo, non so quanto, ma non penso che la mia opera sia senza effetto».

Gli domando chi preferisce, Hemingway o Faulkner: «Non so rispondere, è troppo difficile. Sono stato sposato molte volte, è come se mi chiedesse se preferisco la seconda o la terza moglie».

Gli dico come spiega l'isolamento di Faulkner, non si mosse mai dal Sud, non voleva nemmeno andare a Stoccolma a prendere il Nobel, partì solo per l'insistenza della figlia che desiderava fare un viaggio in Europa; come spiega la morte di Hemingway.

«Non sono stato vicino a Faulkner; Hemingway, invece, ha avuto una parte importante per tutti noi. Aveva deciso di vivere una leggenda, e più diventava vecchio e più si sentiva stanco, anche moralmente, stanco di dentro, ed è questo che lo ha ucciso. Io non credo sia stato un suicidio: credo a una specie di gioco, qualcosa come la roulette russa; un'arma mezzo carica, si tira e si sta a vedere quello che succede. Tutte le mattine si alzava e giocava con il fucile, lui di fucili se ne intendeva bene. Aveva il cancro, la mattina si svegliava malato e allora scherzava con il grilletto, spingeva sempre un po' di più, sempre un po' più in fondo, e una volta il colpo è partito. Sì, la sua morte è stata un gioco, ma per noi era come se avessimo perduto nostro padre, ha avuto un effetto straordinario su quello che siamo, su quello che abbiamo fatto, anche se pareva che vivesse lontano, sulle montagne.»

Gli domando cosa manca all'uomo americano per essere felice; ha quasi tutto, il benessere, la sicurezza, la forza, l'orgoglio di appartenere a un mondo che avanza. «Gli mancano» dice Mailer «la tradizione, le radici, la cultura, il senso delle proporzioni, la filosofia, in una parola. C'è una forza nascosta, misteriosa, nella vita americana, che tende a distruggere il dramma. Mancano i rapporti umani, quando ricevi il mangiare da una macchina che ti impacchetta il pane nel cellophane; manca qualcosa quando è una macchina che ti dà il sandwich.»

Qualcuno ha detto che la vicenda di Mailer è una serie di errori, un condensato di sconfitte: fallito come uomo politico, fallito come romanziere, rispetto, si intende, ai traguardi che si proponeva, fallito come marito, fallito come antieroe, e sono forse proprio queste disfatte che lo rendono così vero, suggestivo e umano.

Ho letto su *Newsweek*: «Le sue avventure e le sue buffonate non interesserebbero nessuno se egli non fosse capace di sedersi a un tavolo e scrivere, con una grafia illeggibile e su carta senza righe millecinquecento parole al giorno, accuratamente collocate in modo da creare le frasi più eccitanti della letteratura moderna. Pieno di idiosincrasie, talvolta perverso, egli è però il più generoso scrittore della sua generazione».

THOMAS MANN

La villa è a Zurigo, sulla collina di Kilchberg. Sulla porta c'è una targhetta di ottone: Thomas Mann. Dalla grande finestra si vede il lago; le luci dei vaporetti forano la nebbia. Katharina, detta Katia, mi parla della sua lunga vita. Ha conosciuto molta gente, sono accadute tante cose. «Non era facile essere sua moglie» dice.

Racconta quella sera al Grand Hotel di Stoccolma; gli consegnarono il Premio Nobel. Lui ne fu lusingato, ma non stupito. Aveva coscienza del suo valore. Parlò dei tedeschi, di «questo popolo ferito e spesso incompreso», con simpatia. Il denaro lo usò per comprare un grammofono, due automobili (una Buick e una Limousine) e una casetta in campagna.

Sì, in America furono ospiti prima di Roosevelt, alla White House. Quando insegnava a Princeton, Einstein, «simpatico, tranquillo, con qualcosa di molto infantile», era loro vicino. Nel 1924 andarono a Londra; qualcuno organizzò un banchetto. Lei sedeva tra H. G. Wells e George Bernard Shaw. Mann conobbe Nehru e ne rimase affascinato. «La figura più significativa e luminosa del politico di oggi» affermava. La regina Giuliana d'Olanda li invitò a prendere il caffè. In California vide Charlie Chaplin: era entusiasta del comico che satireggiava le dittature. I discorsi di Charlot «lo facevano ridere fino alle lacrime». A Monaco, Bruno Walter li accompagnava ai concerti nella sua carrozza trainata da splendidi cavalli. Il grande Feuchtwanger era vanitosissimo; Hauptmann ambiguo. Le faceva la corte. Confessava a Thomas: «Sa, quando cammino accanto a sua moglie mi esalto talmente...». Stefan Zweig non gli piaceva. Musil, di cui aveva esaltato *L'uomo senza qualità*, ricambiò scrivendo «cose estremamente spiacevoli».

Hanno trascorso mezzo secolo insieme. «Nel corso di cinquant'anni non si sono annoiati un istante» ha detto la figlia Erika. «Il loro matrimonio» ha scritto il figlio Klaus «fu un'alleanza tra due persone sensibili e sole.»

Nel salotto di Katia Mann c'è la riproduzione di un quadro che una volta era famoso. Si intitola *Carnevale di bimbi* e rappresenta quattro ragazzini in costume; sono i figli del professor Pringsheim e la fanciulla vestita da Pierrette è lei.

«Thomas vide questo dipinto stampato su un calendario e lo ritagliò» racconta. «La scena graziosa lo colpì; ma non pensava che qualche tempo dopo quella mascherina sarebbe diventata la sua sposa. Si accorse di me viaggiando su un tram; vide che litigavo con il bigliettaio e la disputa lo divertì.

«Nell'intervallo di una rappresentazione di *Hänsel und Gretel* pregò un amico di presentargli quella vivace studentessa. Ci ritrovammo da comuni conoscenti, facemmo alcune gite in bicicletta. Ma non mi conquistò subito: era più anziano di dieci anni, e molto serio, e quasi celebre. Poi, cominciai a star bene con lui, a capirlo e gli dissi di sì.»

Ebbe inizio così una vicenda che doveva svolgersi con momenti splendidi e dolorosi, ma sempre chiara, normale, un amore fatto di rispetto e di comprensione, senza crisi, senza esaltazioni. Hanno goduto, ha commentato Klaus, di «una severa felicità».

«Sono sposato con una giovane donna» scriveva Mann nel 1907 «straordinariamente bella; una principessa.»

Katia aveva trecce brune, occhi vivi, lineamenti nitidi; un aspetto gentile e un carattere forte. Organizzava l'ordinata esistenza della famiglia con una regola precisa: tutto era in funzione di Thomas, della sua missione di scrittore, nessuno doveva turbare la quiete del suo mondo, il raccoglimento di quel complesso personaggio che i figlioli avevano battezzato «il Mago».

La definizione non aveva alcun riferimento alle cose dell'arte, ma solo a un gioco che «Tommy», come lo chiamavano gli intimi, aveva organizzato durante una festa per tenere tranquilla la tumultuante prole: indossava una tunica nera e faceva l'indovino. Katia, ammalata, stava trascorrendo un periodo di riposo in un sanatorio svizzero, a Davos; dalle sue lettere e dalle sue confidenze, Mann trasse lo spunto per scrivere le pagine di *La montagna incantata.*

Era sempre la vita che gli suggeriva le vicende da narrare, che poi la sua arte trasformava: è all'Hôtel des Bains che intravede il bellissimo giovinetto Tadzio, e gli ispira *Morte a Venezia.* Ricorda Katia: «Ebbe un *faible* per quel ragazzo... che lo aveva letteralmente affascinato e ci pensava molto spesso», provò la passione morbosa del vecchio Aschenbach. Disse allora: «Sto scrivendo una storia molto strana. Si potrebbe credere... ma non è».

Ogni mattina Thomas Mann si chiudeva nello studio per lavorare, con metodo, con continuità. Tre ore di seguito: scriveva a mano. Non c'erano deroghe. Dedicava il pomeriggio alla corrispondenza e agli affari domestici, la sera alla musica, al teatro e allo svago. «Amava le cose buone;» dice Frau Katia «dava, per esempio, molta importanza al pranzo di Natale. Aveva un vivo senso dell'umorismo, gradiva la compagnia, ma non sopportava i discorsi banali.» Diceva infatti: «La profondità deve essere sorridente».

Vengono fuori dal racconto anche i piccoli piaceri: la tazza di cioccolata, il bicchierino di Cinzano, i sigari, gli aspetti meno noti di un carattere chiuso e apparentemente gelido; l'indifferenza per le questioni di denaro, le sue incertezze politiche, le contraddizioni affettuose. «Quando aspettavamo il primo bambino,» ricorda Katia «mi diceva sempre che voleva un maschio, perché le femmine non servono a nulla, invece le sue preferite furono poi Erika ed Elisabeth.»

Il ritratto di Thomas Mann che esce dalle parole della moglie è inconsueto: umano, limpido, coerente. Non un temperamento altero, incapace perfino di soffrire, di partecipare all'esistenza degli altri, isolato dall'egoismo della creazione («A pochi arrivai a dare del tu» scriveva in una breve confessione), ma un uomo che visse tutti i drammi e le debolezze della sua stagione e che forse poteva dire, come il suo *Tonio Kröger*: «Io amo la vita».

Era nato con Bismarck cancelliere; inneggiò alla prima guerra mondiale, che considerava «profondamente giusta», ma non vi prese parte. Il medico militare gli mise una mano sulla spalla e lo congedò dicendogli: «Lei deve stare in pace». Non capì subito il pericolo di Hitler, gli pareva anzi che il nazismo fosse «uno strumento per mantenere l'ordine economico e sociale» minacciato dai socialisti; poi scelse l'esilio, e chissà quanto era stata faticosa la decisione di lasciare il suo Paese, i lettori, i paesaggi e le consuetudini della giovinezza. «Dove sono io,» scrisse con fierezza al fratello Heinrich «lì è la cultura tedesca.»

Nella lettera che indirizza a Walter von Molo, che nell'autunno del 1945 lo invita a tornare «per portare aiuto e consiglio», racconta le angosce dell'esilio: «Fu abbastanza duro, abbastanza opprimente, nel '33, lo shock costituito dalla perdita di una vita ormai abituale, della casa e del Paese, dei libri, dei ricordi e del patrimonio, accompagnato da miserabili azioni in patria, defenestramenti, degradazioni...», «Ho invidiato Hermann Hesse, nella cui frequentazione trovai consolazione e conforto durante quelle prime settimane, quei primi mesi: l'ho invidiato perché era libero da un pezzo, si era staccato in tempo con una motivazione anche troppo esatta: "Un popolo grande, cospicuo, i tedeschi. Chi lo nega? Forse sono il sale della terra. Ma come nazione politica sono impossibili! Una volta per sempre non voglio più aver nulla a che fare con loro, come tali". E abitava, in bella sicurezza, nella sua casa di Montagnola, nel cui giardino giocò a bocce con me sconvolto». Non dimenticherà mai «l'asma cardiaca dell'esilio, lo sradicamento, le trepidazioni nervose del vagabondaggio».

Katia gli era sempre vicina. «Gli sono stata fedele» mi dice «per tutta la vita.»

Era lei che amministrava i diritti d'autore, che correggeva le bozze, che dettava le lettere, che provvedeva alla cura dei figlioli e a incrementare anche la gloria di Thomas. Aveva insegnato ai ragazzi a rinunciare allo zucchero, perché piaceva al Mago: così Mann non si accorse mai delle restrizioni; quando volarono dalla Svezia verso l'Inghilterra, in cerca di salvezza, si mise vicino al finestrino perché gli aviatori del Führer non scorgessero nell'apparecchio l'odiato nemico del Reich; cercò sempre di attenuare i contrasti che dividevano il marito da Klaus o da Heinrich – l'autore de *Il professor Unrat* da cui fu tratto il film *L'angelo azzurro*.

«Non è semplice essere il figlio di un genio» ha scritto Klaus.

La personalità di Thomas era troppo grande perché attorno a lui, anche tra i congiunti, non si insinuasse il malessere. Da Heinrich, battagliero, pacifista, ardente, più immerso nella realtà, lo separavano concezioni estetiche e, soprattutto, l'impegno politico; e anche con Klaus avvertiva, pur non potendo far nulla per evitarla, una rivalità di mestiere. «Alla fine,» racconta Katia «il nostro figliolo si era rappacificato, e un giorno anche Heinrich mi disse: "Dopo tutto, è meglio che Thomas sia il più importante".»

«Thomas» dice sempre Katia «non aveva alcuna fede religiosa e aveva abbandonato la Chiesa protestante, ma possedeva una forza stoica: lo dimostrò quando perdemmo Klaus e in molte altre tristissime circostanze.»

Come Socrate, considerava l'esistenza una malattia che andava accettata, anche se i contrasti, le incomprensioni, gli attacchi, la perdita di persone amate (tre suicidi pesarono sul suo destino) lo fecero soffrire.

Annotava, dopo una stroncatura: «Sono stato male per giorni interi», e si consolava pensando ad Andersen che piangeva leggendo una critica ostile o a Flaubert che confessava: «Ogni mattina devo trangugiare almeno un rospo avvelenato».

Thomas Mann si era sposato a ventinove anni e solo Katia è stata la compagna devota della sua laboriosa giornata. «Ci fu» dice Frau Mann, ridendo, «un'inglesina, una certa Molly, mi pare, che aveva incontrato in una pensione di Firenze, ma non rappresentò che un trascurabile incontro di gioventù.»

Dell'artista consacrato da tanti tributi: diciotto lauree *ad honorem*, ed era stato un cattivo studente, appena la scuola media; a ventiquattro anni aveva già scritto *I Buddenbrook* («Il mondo» ricordava «mi abbracciò fra applausi e auguri»); dell'edizione popolare Fischer stampò un milione di copie e occorsero 40 camion per distribuirla a Berlino; nella sua corrispondenza ci sono le lettere di ammirazione di Croce e di Freud, di Gide e di Hermann Hesse, rimangono vive le vicende più nascoste, quelle che lo rendono più avvicinabile e fanno di un classico, di una natura goethiana («Sottraetevi a tutto ciò che è morto,» suggeriva l'inventore di Faust «bisogna amare la vita»), una creatura comune, con slanci sentimentali e inconsolabili amarezze.

Soffrì per la scomparsa della madre, alla quale assomigliava e che gli aveva insegnato l'amore per la musica e per i libri (suonava assai bene il violino; gli sarebbe piaciuto anche diventare direttore d'orchestra), per le due sorelle folli ed esasperatamente romantiche che cercarono il nulla e la pace con il veleno, per il suo stravolto ragazzo, Klaus, che non aveva saputo trovare il posto sognato per l'ostilità dei compatrioti. «Una grande angoscia, una grande malinconia,» confidò a Erika, poco prima del tramonto «pesa sulla fine dei miei giorni.»

Ovunque lo festeggiavano, ma si era ritirato sempre più nel cerchio familiare. Disegnava per Frido, il nipotino che lo divertiva, treni, falene, suonatrici di violoncello; volle andare a trascorrere con Katia le ultime vacanze al mare. E il mare fu la patetica immagine della vita che portò con sé nell'ora del congedo, perché lo riportava alla spiaggia dell'infanzia, a Travemünde, con i capanni di vimini e le onde grigie e i voli pazzi dei gabbiani.

Chiese gli occhiali e si addormentò nella stanza 111 dell'Ospedale cantonale di Zurigo. Katia gli era, come sempre, accanto. La pendola, nella sua casa sul lago, segnava le 8.10. «Noi rimarremo insieme, la mano nella mano, anche nel regno delle ombre» aveva scritto in un brindisi dedicato alla sua sposa.

La sua scrivania, che lo seguì ovunque, è rimasta come l'ha lasciata. Il calendario è fermo al 12 agosto 1955, a quel giorno. C'è una scatola di legno russa, con dipinte sul coperchio troijke che corrono sulla neve, c'è un Buddha, un paio di lenti, una fotografia di Katia, una dei nipoti, e tra le carte il passaporto cecoslovacco che gli fu concesso quando Hitler gli tolse la cittadinanza. Alla voce professione è scritto: *écrivain.* Mai qualifica fu più giusta: a quella vocazione fu fedele fino all'ultimo, anche se sapeva, come scrisse ad Heinrich, che «la letteratura è la morte».

Anche lui riposa lontano dalla sua terra: come Joseph Roth e Stefan George, come Erich Maria Remarque e Georg Kaiser. Aveva detto Heinrich Mann nei giorni bui: «Tutti i dittatori trovano la loro Waterloo», ma a qualcuno non era stato concesso di assistere alla lugubre scena della caduta.

GIUSEPPE PREZZOLINI

Giuseppe Prezzolini è stato testimone di quasi un secolo di vita italiana. È stato anche un protagonista: la nostra cultura gli deve molto. Lasciò il liceo a diciassette anni per ribellarsi all'infelice frase di un insegnante, ma più tardi ebbe una cattedra alla Columbia University. A venticinque creò una rivista che ebbe una funzione fondamentale nell'aprire al nostro sapere, un po' provinciale, la civiltà letteraria e filosofica europea: era idealistica, laica e crociana. Giuseppe Prezzolini, fondando *La Voce,* ha espresso i fermenti e le ribellioni di un'epoca: quella che doveva morire con le rivoltellate di Gavrilo Princip a Sarajevo.

Gli ho chiesto: – Com'era la vita nei primi anni del secolo?

«A me pareva sbagliata. Quando ero ragazzo mi dichiaravo anarchico, volevo anzi andare a Ginevra dove c'era il covo. Figlio di un prefetto del regno, per reazione mi sentivo libertario. Ho sempre vissuto in una casa dove non mancava nulla. Mio padre partì volontario nel 1859, poi diventò segretario del ministro Peruzzi, che aveva una moglie molto intelligente e il cui salotto, a Firenze, era frequentato da Pareto, da De Amicis che lui conobbe lì. Entrò in carriera, così ho girato mezza Italia. Ho visto tante città, ma da privilegiato, grandi ambienti, palazzi principeschi. Il mio babbo morì che ero ancora minorenne, mi aveva lasciato come tutore un suo amico che non ne volle sapere perché mi considerava un ribelle. Ebbi una fortuna immensa: fui affidato a un ex colonnello dei carabinieri che capì il mio carattere e non mi creò nessun ostacolo. Gli dissi che non volevo stare con mio fratello e lui mi rispose di trovarmi una camera. Gli dissi che volevo andare a Parigi, per imparare la lingua, e lui mi precisò che potevo disporre di 120 franchi; soltanto se mi fossi ammalato mi avrebbe mandato altri soldi. Mi trattò sempre con tolleranza e sento ancora per lui una riconoscenza infinita.»

– Com'era la vita letteraria a Firenze?

«Eravamo giovani, io insegnavo il latino a Papini, lui ricambiava con lo spagnolo. Discutevamo sempre. Ci separammo da Ercole Luigi Morselli, il commediografo, perché era per la letteratura e noi per la filosofia. "È il pensiero che conta" sostenevamo noi; "No, è l'arte" rispondeva l'autore del *Glauco.* Papini sposò una contadina, venuta a servizio in città. Per molti anni lui ha vissuto ospite dei suoceri, in campagna. Prendeva dieci lire per un articolo, fu una giovinezza eroica. Nel 1912 pubblicammo *Un uomo finito*: se ne vendettero subito mille copie e ne stampammo altre duemila. Un grande successo. Tutto era dominato da D'Annunzio e dalla rivista *Il Marzocco.* Non l'ho mai voluto incontrare. Era l'emblema della vita senza pensiero, godereccia, era quello del *Piacere.* Noi, da idealisti, sostenevamo che il mondo esterno non esisteva.»

– È vero che hai giocato a carte con Carducci?

«Mio padre era suo compagno di scuola; si davano del tu. Aveva modi molto familiari. Ho giocato una partita con lui e, purtroppo, ho perso.»

– E De Amicis?

«Venne a Novara, ma era sotto sorveglianza della polizia perché noto come socialista. Si erano incontrati nel salotto della signora Emilia Peruzzi, per la quale egli sentì un'attrazione che durò tutta la vita. Una mattina di non ricordo quale giorno, tornando dalle lezioni, incontrai un signore che mi chiese dov'era la prefettura. Gli dissi che proprio ci andavo e lo accompagnai fin là; salimmo insieme per lo scalone e lo affidai a un usciere. Faceva visita a mio padre. Fu invitato a colazione. Non so più che cosa si dissero a tavola. Ai ragazzi importano poco i discorsi dei vecchi. Certamente non parlavano di politica. Mio padre era liberale, ma conservatore, e De Amicis era diventato socialista. A quel tempo questa parola faceva paura a molti. Mio padre dovette invitare il delegato di polizia a sospendere quel giorno la sorveglianza e gli disse sorridendo: "Rispondo per lui".»

– Era il momento di Giolitti. Come giudichi l'uomo, e il suo governo?

«Al tempo di Salvemini sono stato contro, a causa di come faceva le elezioni del Mezzogiorno, a forza di soldi e bastonate, ma quando ho avuto lo sguardo più libero, mi sono convinto che ha rappresentato qualcosa.»

– Nel 1908 esce *La Voce*: come è nata e che cosa ha apportato alla nostra cultura? Chi erano i principali collaboratori?

«Era una rivista stampata su carta di un leggero colore avorio, usciva ogni giovedì, puntualmente, in numeri di quattro pagine. Non aveva molta pubblicità. La sua tiratura iniziale fu di duemila copie, raggiunse il massimo nel 1911, quando subimmo l'aggressione di alcuni ufficiali di cavalleria: cinquemila, poi tornò sulle tremila. Si trovava in vendita in cento città d'Italia. La testata fu disegnata da un collaboratore, Ardengo Soffici, un artista allora sconosciuto, reduce da Parigi. Io ne fui direttore. Ci scrissero Croce, Einaudi, Gentile e Fortunato, Lombardo-Radice, Serra, Salvemini, gli anziani, i noti, quelli che avevano un pubblico, poi Papini, Amendola, Cecchi, Soffici, e io stesso, i reduci dal *Leonardo*, poi i nuovi: Slataper, Borgese, Jahier, Pizzetti, Bacchelli, De Robertis, De Ruggiero, Longhi, Govoni, Lucini, Palazzeschi, Saba, Sbarbaro, Giani Stuparich.»

– Quando hai conosciuto Benedetto Croce?

«L'ho conosciuto a Firenze, in un caffè, poi il rapporto si è approfondito a Perugia, dove veniva a passare l'estate. Giovanni Gentile era allora così amico di Croce che battezzò un suo figliolo Benedetto. Gentile era forte, serio, Croce divertente.»

– Cosa fu la guerra di Tripoli?

«Noi fummo contro. Spiego l'inizio della nostra polemica.

Risiedeva a Firenze Bernard Berenson, ebreo e sionista e celebre critico d'arte, e mi mandò la relazione di un comitato israelita che aveva esaminato dove poter fare una colonia per portarci i correligionari che non potevano vivere in Europa e negli Stati Uniti, e si fissarono sulla Cirenaica, ma scoprirono che l'acquedotto di Cirene poteva soddisfare le esigenze di cinquemila persone, non di mezzo milione. Allora scrissi tre articoli, per spiegare come era sbagliato pensare a una occupazione laggiù per risolvere il problema degli emigranti.»

– Chi erano allora i signori?

«Non lo so; ma l'unico che diede soldi alla *Voce* fu Alessandro Casati di Milano. Ci scrisse: "È impossibile che andiate avanti senza pagare gli articoli".»

– Come si presentavano i primi socialisti?

«Il primo che ho conosciuto fu Camillo Prampolini, mio padre non poteva andarci e mi mandò a sentirlo nel palco riservato al prefetto, accompagnato da un messo. Il teatro era pieno di gente. Mi sono rimaste impresse due cose: l'eloquenza bonaria e il pubblico che impazziva; l'usciere, che era un reduce di Garibaldi, pianse e questo mi fece molta impressione. Avevo dodici anni.»

– Com'era Papini, allora? Come vivevate?

«Tante volte mi pare un angelo, altre un demonio. La sua famiglia era dell'aristocrazia artigiana. Il padre faceva mobili, poi diventò mercante e vendeva anche quelli degli altri. Giovanni si diplomò maestro elementare e dal reddito del negozio gli passavano trenta lire al mese. Stava in una casa così malandata che si salivano le scale al buio. Quando arrivava una lettera che gli offriva un posto di insegnante, la buttava via.»

– E Salvemini?

«Dipendeva dai momenti: dava entusiasmo, persuadeva. Era un ottimo professore, simpatico, attivo, convincente.»

– E Amendola?

«Un carattere poco conosciuto, con tremendi scrupoli di coscienza e di indignazione, molto sensibile.»

– E Soffici?

«Era un magnifico uomo, nobile, generoso, modesto, stravagante se vuoi. Poteva parlare di tutto, dire cose sbagliate, ma c'era sempre qualcosa dentro.»

– Tra i collaboratori della *Voce* figura anche Benito Mussolini.

«Lo sentii a un comizio dei socialisti, e mi colpì profondamente: quando prese la parola lui, si fece un silenzio assoluto, sembravano tutti soggiogati. Aveva del magnetismo, l'ho provato anch'io.»

FRANS EMIL SILLANPÄÄ

«Questo è il mio mondo,» diceva Sillanpää «e queste fotografie appartengono alla storia della mia vita.»

Sfogliavamo, accanto al caminetto spento (era un dolce pomeriggio, si avvertivano appena i segni dell'autunno), le pagine di una rivista. Si vedeva un cavallo dalla lunga criniera bianca che trainava l'aratro in un campo sfumato dalle prime nebbie; poi un ragazzo che spingeva la barca fra l'intrigo di un canneto, in mezzo alle ninfee; poi un fiume dopo il disgelo, la corrente trascinava gli alberi dalla foresta alle segherie; poi due donne che chiacchieravano.

Ascoltavo la voce profonda del vecchio, guardavo incantato la lunga barba candida da patriarca, gli occhi allucinati, la papalina nera che gli proteggeva il capo, le mani forti, da contadino, che tremavano un poco. Mi tornava in mente un personaggio di Čechov, il comico che recita la sua ultima scena e ritrova, per un attimo, le parole e le passioni delle creature che ha impersonate – Re Lear, Boris Godunov, Otello –, ma quei sentimenti non lo rianimano, perché sa che tutto è inutile, non c'è che da aspettare la fine.

Ecco Sillanpää studente universitario. Era un giovanotto dal franco sorriso, portava un berretto di traverso e una cravatta svolazzante. «Studiavo il corpo, allora,» spiegava «poi decisi di occuparmi delle anime»; eccolo con una bella fanciulla dai capelli chiari. «E Sigrid Maria,» diceva «è mia moglie, morta tanti anni fa: abbiamo avuto otto figli e venticinque nipoti. Questo bambino scalzo è l'ultimo arrivato, è Mikko – Mikko stai fermo – in Italia come si chiamerebbe? Michele, giusto Michele.» Ecco Sillanpää che alza allegramente un barile, è un omone che ha l'aria del fattore di campagna, si vedono sullo sfondo mucchi di fieno. «Quando è pieno di birra,» raccontava «ci si attacca e si beve tutto, fino in fondo. Allora ci si sente forti e ci si batte con il primo che capita, tanti pugni e poi si cade a terra sfiniti.» Eccolo con Selma Lagerlöf; hanno vinto tutti e due il Premio Nobel. «*Santa miseria* è un bel libro,» gli disse la scrittrice svedese quando s'incontrarono «ma è feroce, amaro.» «La verità è sempre amara» sospirava Sillanpää, e guardava cupo, assente, un punto della stanza, la libreria, forse, o una dalia che sfioriva di là dai vetri, in giardino.

Sillanpää nacque, in un lontano 16 settembre nella casa di legno di un salariato agricolo in un povero villaggio finlandese. La memoria di quei paesaggi, di quella gente, lo ha accompagnato nel tempo. «Ogni vicenda che ho raccontata» diceva «è un capitolo della mia esistenza.» La fame dei braccianti che fanno il pane con la scorza della betulla, non hanno sementi da gettare nei solchi, né possono comprare la medicina per il figlio malato; la decadenza di certi piccoli proprietari che si rifugiano nella grappa o fra le braccia di una donna, ma senza amore, per non sentire tutto il peso della casa che crolla, della gramigna che ha invaso la terra, le voci dei creditori che battono insistenti alla porta e solo la morte li libera dalla loro pena; la fine dei miserabili come Jussi, l'eroe del suo libro più famoso, che cerca inutilmente il suo posto nel mondo e finisce, senza ragione, dentro una fossa, con una fucilata nella schiena, mentre bianchi e rossi si uccidono nella turbolenta Finlandia del 1917. Ha raccontato la lotta contro le difficoltà di ogni giorno, e gli amori disperati, gli incontri senza domani.

Mi faceva impressione il grande vecchio che ricordava, con un dolore non sopito, e con una struggente nostalgia, le tre donne che aveva amate, con gioia o senza felicità. «La prima ragazza» diceva «si chiamava Lüli, ha capito bene? Lüli: nella mitologia vichinga questo nome vuol dire "vittima". Mi respinse, non ero abbastanza importante per lei. Se le avessi dato retta, avrei fatto il commerciante; e guadagnato molti soldi, ma non sarei mai stato uno scrittore. Io le volevo tanto bene, la mia passione era tanto forte che non potevo portarla tutta dentro di me, così l'istinto mi spinse a raccontarla agli altri, volevo che anche gli altri sapessero quanto può soffrire un uomo. Lüli sposò un incisore, però il giorno che ricevetti il Premio Nobel andai a trovarla e le dissi: "Adesso ti andrei bene? Mi vorresti, adesso, Lüli?". È morta, tanti anni fa. Come Sigrid Maria. Vede questo quadro della Vergine? Lo ha dipinto un amico, il volto della Madonna è quello di Sigrid Maria, mia moglie, una serva. Era una serva, le ho detto: io pensavo a Lüli e non mi ero accorto di quella ragazza che portava le vivande in tavola, nella mia casa, laggiù, al villaggio; pensavo a Lüli e piangevo, ma Sigrid si stancò della mia indifferenza e mi buttò addosso un portafiammiferi d'argento, non le sfuggirà il simbolo, la fiamma, una fiamma che si accende. Così io scoprii Sigrid Maria, l'abbracciai e diventò mia moglie. Morta anche lei, tanti anni fa. Quando Sigrid Maria se ne andò, conobbi... Ma non voglio parlarne, non lo merita. Che cosa erano gli uomini per lei? Passava dall'uno all'altro, come un portafogli, dico bene?, un portafogli.»

Gli occhi del patriarca fissavano immobili un punto della stanza, e si creava fra noi un lungo, penoso silenzio: «Portefeuille» ripeteva a tratti, in un lento francese, «portefeuille», e io pensavo a Sillanpää che prende le corone del Premio Nobel e comincia a bere, senza tregua, e beve per dimenticare la casa del padre, con le assi che marcivano: marciva la vecchia sedia del nonno, le stoppie incolte; si dissolvevano i segni della passata prosperità; beve per dimenticare la sua faticosa giovinezza, la stanzetta in una casa di operai, a Tampere (era andato lì per studiare, per scordare Lüli, che gli disse di no); beve per non sentire più la grande fatica, le angosce sopportate per tirar su otto bambini, scrivendo, una parola dopo l'altra, migliaia di parole. «Otto bambini sono tanti» gli diceva Sigrid Maria «e nove con te, il più capriccioso»; beve come Sibelius, come Waltari, l'altro scrittore, quello di *Sinuhe l'egiziano,* per affogare un po' la tristezza, la solitudine, perché, mi disse un amico finlandese, ma senza ironia, senza cattiveria, «i nostri grandi vecchi, nell'alcol, si mantengono meglio».

Un giorno la sua mente si fece confusa, era come se fosse avvolta nella foschia che stagna sulle paludi, tutte le immagini, tutti i ricordi – Lüli, la seggiola del nonno, i capelli chiari da Madonna di Sigrid Maria, i rossi e i bianchi che sparano – si accavallano, in disordine, nella sua vecchia, stanca testa. Lo portarono in una clinica, rimase là dentro per giorni e giorni. «Portefeuille» ripeteva a tratti, in un lento francese.

Poi ricominciò a parlare, le idee si seguivano, erano pensieri forse strani ma gentili, intuizioni curiose, era piacevole ascoltare il patriarca. «Io la sto osservando,» mi diceva «io osservo sempre tutti. Poi scrivo qualunque cosa mi passi per la testa, ogni mattina un poco. I libri, per me, sono come i fiori, non li studio, li guardo, li godo. Anche il mondo, per me, è un grande giardino, e il sole è un altro mondo. Sì, ci sono state in Finlandia alcune guerre, ma che cosa contano? La guerra, a pensarci bene, non è nulla. È un rapporto momentaneo fra i destini degli uomini e quelli delle masse. Esatto? Il maresciallo Mannerheim era di certo importante, io l'ho visto, ma non gli ho parlato. Lui si chiama Carl Gustaf Emil, io Frans Emil, siamo Emil tutti e due. Lei dice che i finlandesi mi vogliono bene: lo credo, in un modo giusto. La vigilia di Natale, ogni anno, e da tanti anni, io vado alla radio e leggo un sermone e in ogni casa della Finlandia c'è gente che mi ascolta. Ormai lo pretendono. Sono una tradizione, sono come l'abete con le candeline e il coro di mezzanotte. Anch'io, lo sa, ho una fede: quando mi hanno dato il primo sacramento ho detto: "Credo. Sì, credo".»

Uscimmo a passeggiare nel breve giardino della semplice casa di Herthoniemi. Nei vialetti incolti correvano i bambini di Anna, la figlia che lo assisteva; i panni del bucato si asciugavano al sole. Le mani da contadino del vecchio Sillanpää si posavano leggere sulle tremule foglie screziate di un alberello, sembrava le accarezzasse. Mormorava: «La canzone è già finita, chi lo ha scritto?, la canzone è già finita».

Aveva la faccia severa degli uomini antichi, sembrava un profeta.

ISAAC B. SINGER

La Polonia di Isaac B. Singer è tutta nei suoi libri. È quella degli ebrei religiosi che aspettano la venuta del Messia: il suono di un corno di ariete darà il fatale annuncio. Studiano la Torah, rispettano il Sabato, e in quel giorno santo non fanno nulla, non toccano neppure il denaro. Hanno lunghe barbe, indossano gabbani di raso e portano in testa copricapi di pelliccia. Vivono e trafficano nelle umide case del ghetto, con i fantasmi e le antiche paure: il mondo è «un immenso scannatoio», e nella mente rivivono i *pogrom* e le lance dei cosacchi.

Isaac è un ragazzino «dal volto pallido, dagli occhi azzurri e dai riccioli laterali», che cresce in una famiglia povera e rispettosa del volere di Dio; ma si angoscia con molti dubbi e interrogativi senza risposta: se il Signore fosse buono non permetterebbe ai lupi di divorare gli agnelli e ai gatti di catturare i topi innocenti.

Non ha neppure molta fede nell'uomo. «Oggi i polacchi» annota «tormentano gli ebrei; ieri i russi e i tedeschi tormentavano i polacchi.» Le piazze sono piene di monumenti ad assassini patriottici o rivoluzionari.

La giovinezza a Varsavia trascorre nel primo dopoguerra: già il compagno Stalin comincia a farsi un nome, un ex imbianchino, Adolf Hitler, tenta in Germania un colpo di Stato, e in Italia Mussolini distribuisce agli avversari randellate e olio di ricino. È tempo di *charleston* e di *foxtrot*, e le ragazze a passeggio per Novy Swiat sfoggiano giacche di pelle, quelle che in Russia sono indossate dalle donne della Čeka.

E anche a proposito di fanciulle, Singer ha le sue convinzioni: gli piacciono molto, e ne parla con franchezza, perché «gli organi sessuali esprimono l'anima umana meglio di tutte le altre parti del corpo». Non si pone limiti: «Perché mai un'ape dovrebbe legarsi a un solo fiore?».

Si sente estraneo ai polacchi, che hanno una storia e un Dio diverso, e ha l'orgoglio degli israeliti che «quando sanno che una cosa è giusta osano opporsi persino all'Onnipotente». Hitler è un discendente di Amalek, il persecutore, ma a Singer non piacciono neppure i comunisti: il suo amico Isaac Deutscher che è diventato trockijsta, rivela le violenze che affliggono Mosca.

Insegue il successo: è convinto che un narratore deve attirare a sé i propri lettori, ma le sconfitte lo amareggiano. Sente che sta arrivando la tempesta, e vede nell'America una mano tesa, che lo aiuterà a ottenere amore, denaro e riconoscimenti, e decide di andarsene. Taglia, nel 1935, i ponti con la terra che lo ha visto nascere, ma sa già che anche oltre l'Atlantico sarà sempre uno straniero, fino al termine dei suoi giorni.

La Varsavia che lascia è quella del Castello Reale, che vide gli amori di Napoleone con Maria Walewska, delle architetture immortalate nelle tele di Bernardo Bellotto, detto il Canaletto, una città di oltre un milione di abitanti che si estende sulle rive della Vistola.

L'antisemitismo ha, più che motivi confessionali o di razza, ragioni economiche e sociali: oltre la metà dei medici, degli avvocati, degli insegnanti sono ebrei, e così due terzi degli iscritti al Partito comunista: nel 1938, il 90 per cento dei dirigenti hanno origini semite.

La borghesia è chiusa e codina: non si ricevono attori o divorziati, nessuna signorina per bene può frequentare i bar degli alberghi. Sono aperti 20 teatri e 75 cinematografi, e ristoranti raffinati come «Pukier» o «Laugner», e poi caffè letterari, dove i gentiluomini baciano la mano anche alle cameriere, pasticcerie, locali notturni.

Il 1° settembre 1939, per dirimere una controversia impostata su Danzica, alle 4.49 del mattino le divisioni corazzate della Wehrmacht scattano all'attacco. Diciotto giorni dopo, è la volta dell'Urss, che invade la parte orientale con un atto che, secondo Alain Decaux, «è il più immorale dei tempi moderni».

Il maresciallo Rydz-Smigly, una amabile nullità, che durante le manovre dipinge acquerelli e ha una smodata passione per il bridge, dovrebbe guidare la difesa: eroici assalti di cavalleggeri si infrangono, con le loro bottiglie «Molotov», contro i carri armati tedeschi.

In meno di tre settimane, l'assedio si conclude. La fame è più forte di tutto: anche dell'indignazione. Il 1° ottobre, in una capitale senza acqua, senza pane, senza luce, senza trasporti, entrano i reparti di von Brauchitsch e distribuiscono subito zuppa di piselli e pagnotte nere, mentre gli operatori della Propaganda Staffel girano la scena. Gli ebrei, naturalmente, sono respinti. Poi, più nulla.

Sono andato a trovare Singer nella sua casa di New York: un decoroso appartamento, che ha l'aria del provvisorio. I libri sono sparsi un po' ovunque, come se fossero in attesa di sistemazione: sul caminetto c'è il candelabro rituale.

Isaac B. Singer è come si descrive: «calvo, le guance incavate, bianco, le orecchie a sventola», ma lo sguardo è dolcissimo; e il suo racconto sincero e vibrante. «Le passioni» ha scritto «non hanno finestre» e le sue parole sono sempre pietose.

– Che cosa vuol dire essere ebreo?

«Ha lo stesso significato che essere italiano o spagnolo, o cattolico o protestante. Uno nasce in un ambiente, viene allevato secondo un certo stile di vita, non è una questione di scelta, non si decide nulla venendo al mondo. I genitori, o gli antenati, lo hanno fatto anche per noi.»

– Com'era la sua vita prima di lasciare la Polonia?

«Mio padre era un rabbino e con l'aria respiravamo il Talmud. Mi spiegava che essere ebreo è un gran privilegio e un gran dovere per un uomo. Ho frequentato una scuola dove mi hanno insegnato soltanto materie sacre, non ho avuto nessun'altra educazione. Poi ho imparato per conto mio. Ovviamente, tutto questo mi è rimasto dentro.

«A un certo punto avevo rifiutato quelle dottrine: quando ero giovane mi sono detto: non esiste alcuna prova dell'esistenza di Dio e nessuna dimostrazione che Egli provi molto interesse per noi. Mi consideravo un libero pensatore. Ma oggi che ho raggiunto la vecchiaia non riesco ad abituarmi all'idea che l'universo sia soltanto un incidente fisico o chimico, che l'evoluzione sia partita da una esplosione cosmica, oggi credo, come credevano i miei genitori e i miei nonni e i miei bisnonni, che ci sia un Essere che ha dato inizio al tutto, e che lo segue. Che ciò sia per noi un bene o un male non ha importanza, esiste e dobbiamo tenerne conto.»

– Quando ha lasciato la Polonia, nel 1935, Hitler era già al potere da due anni. Che idea aveva allora del Führer e del nazismo?

«Credevo, mi dicevo che Hitler era un gran bugiardo, ma che quanto prometteva in senso negativo lo avrebbe mantenuto. Ero certo che sarebbe accaduta una enorme catastrofe al mio popolo e ai popoli di tutta Europa, e in modo egoistico ho cercato di salvarmi. Questo è il motivo per cui ero molto ansioso di emigrare in America. Ero più passionale della maggior parte dei miei colleghi.

«Ricordo che quando sono andato a comprare un biglietto per la nave che andava a New York in agenzia mi dissero che se avessi aspettato due settimane avrei potuto avere una cabina sul *Normandia,* nave sulla quale tutte le persone snob d'Europa desideravano viaggiare. Ma io mi dissi che nel frattempo Hitler avrebbe potuto invadere la Polonia e andai negli Stati Uniti con un piccolo piroscafo francese. Non mi interessava il prestigio, desideravo fuggire da quell'inferno che stava per arrivare.»

– Che rapporti c'erano fra gli ebrei e i polacchi a Varsavia?

«Le dirò, nonostante gli ebrei si trovassero in Polonia da sette, ottocento anni, e anche più, esisteva ancora una separazione. Naturalmente le nostre religioni erano diverse. I polacchi parlavano la loro lingua e la maggior parte degli ebrei l'*yiddish*, molti erano arrivati dalla Germania. Le nostre abitudini erano differenti e così le nostre leggi: non ci era permesso di sposare figlie di polacchi, come ai polacchi non era consentito di sposare figlie di ebrei. Per ottocento anni abbiamo tentato di vivere in un Paese restando non soltanto una minoranza, ma veri e propri stranieri, anche se in molti momenti abbiamo sperato e lavorato insieme. Hitler era altrettanto nemico dei polacchi come degli ebrei.»

– Che impressione le fece l'America degli anni Trenta?

«Sono arrivato in questo Paese nel bel mezzo della Depressione; molta gente mi raccontava di quanto denaro aveva perso, si parlava ovunque di fallimenti e di cose del genere. Ma non me ne preoccupavo molto, non ho perso soldi perché non ne avevo, ero quasi senza un centesimo.

«L'unica cosa buona era che mio fratello maggiore, A. J. Singer, si trovava qui e naturalmente mi accolse a braccia aperte. Pensavo che la lingua *yiddish*, nella quale scrivevo, non avrebbe avuto lunga vita né in Polonia né altrove; io ero un narratore senza una lingua propria e ciò mi fece una tale impressione che smisi di lavorare, per qualche anno non ho più scritto, non ci sono più riuscito. Ma dopo un certo periodo di tempo mi sono detto: se ho qualcosa da dire, qualcosa da raccontare, devo raccontarlo come so, e il resto verrà da sé. E ho cominciato.»

– Come si guadagnava da vivere?

«Ho subito trovato un lavoro, scrivevo per il *Jewish Daily Folio*, gli promisi un romanzo su un falso Messia. Più tardi, quando lo terminai, e fu un grosso insuccesso, scrissi una serie di articoli: insomma me la cavavo. Potrei raccontarle della mia situazione finanziaria: la mia unica speranza era quella di riuscire a guadagnare quindici dollari alla settimana. Se riuscivo a guadagnare quindici dollari alla settimana avevo sufficiente denaro per mangiare nei self-service e per pagare l'affitto della mia camera ammobiliata. Ma per anni non mi è stato possibile raggiungere neanche questo obbiettivo.»

– Perché non è andato in Israele?

«Avevo avuto un figlio da una donna: quando i miei parenti si trasferirono a Tel Aviv, lei era diventata comunista. Andò quindi con il bambino in Russia, e io negli Stati Uniti.»

– Qual è, secondo lei, la definizione di sionismo, e perché c'è gente che odia gli ebrei?

«Per duemila anni, dopo che gli ebrei sono stati cacciati da Israele, i loro nemici usavano dire: ritornate in Palestina. Questo era lo slogan di tutti gli antisemiti: tornate in Israele, tornate laggiù. Un certo numero di giovani ebrei si sono decisi: bene, cerchiamo di farlo. Ma nel momento in cui arrivarono fu loro detto: tornatevene in Polonia, tornatevene in Russia, tornatevene in Germania. Direi che da sempre il mio popolo non ha mai avuto pace, non l'ha neppure adesso. Alcuni arabi, non tutti, dicono al popolo ebraico: torna in America, torna in Russia, torna in Polonia; e ancora i polacchi e i russi ripetono: tornate in Israele, anche se in effetti non consentono che ciò avvenga. Si tratta di crudeltà umana. Questo è il sionismo.»

– Dopo un certo tempo anche l'America è entrata nel conflitto; qual era allora il clima di questo Paese?

«Gli Stati Uniti non potevano permettere che Hitler conquistasse l'Inghilterra, la Francia, la Polonia, la Russia; non potevano permettere che i nazisti raggiungessero il potere che si prefiggevano.

«Quando ero ragazzo, dovevo avere sette o otto anni, alcuni miei compagni parlavano di politica e uno di loro diceva che avrebbero vinto gli inglesi, non i tedeschi. Io chiesi: "Come fai a saperlo?". Mi rispose: "Se l'Inghilterra le prende, l'America l'aiuterà". "Ma perché dovrebbe aiutarla?" fu la mia domanda. E il ragazzino: "Perché entrambe parlano inglese". Era dotato di maggior buonsenso dei generali tedeschi.

«Ciò si è verificato nella prima guerra mondiale e anche nella seconda, e può accadere ancora. Comunque spero che non ce ne sia una terza così presto.»

– Sapeva ciò che avveniva nel ghetto di Varsavia?

«Non ne sapevo tanto quanto quelle persone che avevano

avuto la sfortuna di trovarvisi, comunque ero abbastanza al corrente di quanto accadeva. Sapevo che Hitler intendeva mantenere la sua promessa di eliminare tutti coloro che poteva distruggere.»

– Quando ha sentito parlare per la prima volta di Auschwitz e Dachau?

«Ho sentito parlare di Dachau già prima di partire. Degli altri campi, diversi anni dopo; leggevo i giornali, ascoltavo la radio e avevo un'idea piuttosto precisa di ciò che stava accadendo in Europa.»

– Non c'era un sentimento di disagio nel sentirsi salvi e al sicuro, mentre gli altri rischiavano la vita solo perché si chiamavano Levi o Cohen?

«Provavo un senso di colpa per non essere rimasto in Polonia; ero uno scrittore e avrei dovuto restare con i miei lettori. Tuttavia nei momenti di pericolo il nostro egoismo ci dice di fuggire, di salvare se stessi.»

ALEKSANDR ISAEVIČ SOLŽENICYN

Aleksandr Isaevič Solženicyn ha sfidato lo Stato sovietico e le sue leggi, di cui non riconosceva neppure la validità. Lo hanno giudicato in vari modi: «coscienza del popolo russo», «traditore». La prima moglie, Natal'ja Rešetovskaja, dalla quale si è diviso nel 1971, ha definito il suo carattere «complicato, contradditorio e incostante» e *Arcipelago GuLag* (GuLag è la sigla di Amministrazione centrale dei campi di lavoro correttivo) una «descrizione folcloristica dei campi di concentramento». Ma non è una testimone serena. «Quando l'ho vista l'ultima volta nella sua dacia di Mosca,» ha detto Žores Medvedev «aveva costruito una finta tomba di Aleksandr Isaevič nel giardino e la mostrava come l'ultimo riposo che sognava per lui. *Arcipelago GuLag* è spietatamente vero.»

Sono andati a ripescare, per screditarlo, in un villaggio del Caucaso, un suo vecchio amico, Nikolaj Vitkevič. Lo han fatto parlare con il corrispondente del *Christian Science Monitor*. Erano compagni d'armi, quando Solženicyn comandava un reparto di artiglieria dell'Armata Rossa. Nella corrispondenza che si scambiavano la censura lesse alcuni ironici apprezzamenti su Stalin. Il tribunale condannò il futuro scrittore a otto anni di lavori forzati e all'esilio perpetuo; e Vitkevič a dieci, senza altre pene accessorie.

Spiega Solženicyn: «I miei undici anni trascorsi in prigionia li ho assimilati dentro di me non come qualche cosa di vergognoso e neppure come un incubo da dimenticare. Quasi sono arrivato ad amare quell'universo deformato e distorto. Non è forse qui, nelle nostre carceri, che si può ritrovare la grande fede?».

Nikolaj Vitkevič ha detto che Solženicyn si è macchiato delle stesse colpe di cui, nel suo ultimo libro, accusa gli altri: è stato, anche lui, una spia. La veridicità di quanto afferma Vitkevič è dubbia; gli esperti han trovato parecchie lacune nella sua versione: Solženicyn si è limitato a rispondere: «Per ventinove anni non mi ha mai rimproverato nulla, ma ora ha trovato conveniente unirsi al coro generale».

Sono cose che accadono. Spiegava un ufficiale delle guardie di custodia di un lager del Kazachstan, nel 1944: «Se è necessario ucciderti, anche se sei assolutamente innocente, sarai ammazzato, non importa perché. Se c'è invece una qualsiasi ragione per farti passare per puro, anche se sei colpevole, sarai rilasciato o riabilitato».

Solženicyn è stato espulso «per avere sistematicamente condotto azioni incompatibili con la condizione di cittadino dell'Urss». Una sola volta nell'Unione Sovietica era stato deciso un provvedimento così drastico: nel 1929. Fu allora che Stalin cacciò il suo rivale Lev Trockij. Quando uscì *Una giornata di Ivan Denisovič* la *Pravda* lo proclamò «un capolavoro», adesso Solženicyn è diventato un «autore maledetto». Il cerchio si chiude. Il Cremlino si è liberato di una grossa spina; non potevano ricorrere agli antichi metodi, non avevano risposte né pratiche né ideali da opporre nella polemica.

Così un pomeriggio due auto Volga si sono fermate al numero 12 di corso Kožickij. Sette poliziotti, di cui due in borghese, hanno salito correndo le scale che portano all'appartamento 169. Solženicyn stava nel suo piccolo studio, due metri per cinque, nel quale è rimasto spesso anche per dodici ore ogni giorno. I due figli più grandi, Ermolaj e Ignat, giocavano davanti a casa, tra la neve sporca, il piccolo Stepan dormiva. Gli dissero che era in arresto, prese una borsa con poche cose, indossò un vecchio cappotto foderato di pelliccia, si mise in testa il colbacco, baciò Natal'ja e i bambini e uscì. Lo portarono alla prigione di Lefortovo, fu privato degli abiti e di ogni effetto personale. Poi gli comunicarono il decreto del Soviet Supremo che lo privava della cittadinanza e lo imbarcarono sul primo jet in partenza per Francoforte. Quando scese dalla scaletta, una hostess tedesca gli andò incontro e gli porse una rosa.

«L'esilio» disse Heinrich Böll, che lo accolse nella sua casa «è la cosa peggiore che possa capitare a uno scrittore...» Uno dei personaggi di Solženicyn lo paragona alla «castrazione spirituale», ma adesso Aleksandr Isaevič si consola: «Non è una cosa disperante. Anche i vecchi alberi quando vengono trapiantati mettono radici nel nuovo posto».

Con *Arcipelago GuLag* Solženicyn ha narrato vicende di fronte alle quali le rivelazioni di Chruščëv al XX Congresso impallidiscono. Rivaluta lo zarismo, che trova più umano e illuminato del Partito, dà una spiegazione, con la crudeltà del regime, alla formazione dell'armata del generale Vlasov, che si batté accanto a Hitler, calcola in quaranta milioni le vittime delle repressioni e sostiene che nessuna tragedia del passato può essere paragonata a queste stragi, afferma che nessun popolo ha mai dovuto affrontare tanti dolori per colpa dei suoi capi. Anche il mitico Lenin ne esce malconcio: è lui il primo tiranno. Solženicyn ricorda l'ammonimento di un bolscevico che fu accanto a Il'ič e che lo esortò: «Tu sei un matematico. Non dimenticare Cartesio. Dubita di tutti, di tutto». Ha tenuto presente il consiglio, mettendo in discussione affermazioni che ormai parevano dogmi: la sua analisi indaga le passioni della giovinezza («Allora» spiega «mi bastava il marxismo per capire la Rivoluzione»), gli ordini del governo, l'andamento della guerra. Asserisce che i combattenti sono stati traditi tre volte: dalla strategia di Stalin, che si dimostrò impreparato allo scontro, e permise alla Wehrmacht di catturare un numero enorme di soldati, che poi furono abbandonati e morirono nei campi di concentramento nazisti, e i superstiti, al ritorno, vennero condannati a dieci anni di lavori forzati. «La guerra» conclude «ci ha dimostrato che la peggiore cosa del mondo è nascere russo.»

Non tutto ciò che riferisce, o tutto ciò che sostiene, anche se il suo motto è: «Pesa più una parola di verità di tutto il mondo», può essere accettato. C'è nelle sue pagine foga e rancore. Dice George Feifer: «Come tutti i geni, anche Solženicyn ha una buona dose di dispotismo. Non ammette opinioni o versioni dei fatti in contrasto con le sue».

C'è una poesia di Anna Achmatova che certamente Aleksandr Solženicyn conosce:

Io ho sentito la voce che mi diceva:
«Vieni qui, lascia il tuo paese di peccato,
lascia la Russia per sempre.
Io laverò il sangue dalle tue mani,
io prenderò le pene del tuo cuore,
io chiamerò con un nome nuovo i tuoi dolori,
le tue sconfitte».
Ma io ho chiuso con le mie mani le orecchie,
io le ho chiuse con indifferente tranquillità,
per non farmi offendere
da quelle parole indegne.

Lui ha sentito questo richiamo, ma l'ordine del Kgb, più forte, lo ha coperto.

UN SECOLO DI MAFIA

TOMMASO BUSCETTA

Allora Tommaso Buscetta non ha mentito. Ne ero sicuro. Penso non abbia raccontato tutto quello che sa, ma sono certo che non ha inventato menzogne. Allora ha fatto bene il giovane questore Gianni De Gennaro a indurlo a liberarsi dei pesi che gravavano sulla sua coscienza e i giudici Falcone e Ayala a dar credito alle rivelazioni di «don Masino».

Lo chiamano «il teorema Buscetta»: afferma che le cosche sono collegate tra loro e che al di sopra, a decidere per tutti, c'è la «Cupola», che valuta gli affari e ordina gli assassinii. Lo hanno definito in tanti modi: «boss dei due mondi», il primo «gola profonda della mafia», ma anche – ed è un poliziotto che lo conosce molto bene – «un uomo pieno di dignità».

Può sembrare un giudizio esagerato per un seguace di Cosa Nostra: ma io credo che della sua parola ci si può fidare; non è un pentito, è un deluso.

Ha una sua idea terribile e generosa della giustizia: in nome della quale si può anche uccidere. «Non sono un santo, ho commesso anch'io i miei peccati» ammette, e la sua deposizione comincia con una affermazione: «Sono un mafioso... Non ho niente di cui dolermi. Sono stati ammazzati innocenti che non avevano nulla a che fare con i nostri affari».

La sua confessione è un fatto storico: detta per 45 giorni e subito scattano 366 mandati di cattura. Rivela l'esistenza del terzo livello, misura le parole e valuta i confini che considera invalicabili, dove è difficile ottenere il sostegno delle prove. Non odia nessuno anche perché non vuol perdere, per gli impeti del rancore, la lucidità. «Io non sono un vostro avversario» svela a Geraci e a Falcone, i magistrati che lo ascoltano.

La Commissione, i dieci capi che comandano, lo ha certamente condannato a morte; è un «infame», un «traditore». Se per caso ritratta, se si finge pazzo, ci sono per lui milioni di dollari. Ma non cambia una virgola, non cerca appoggi o compromessi, sa che «chi gioca da solo non perde mai».

Adesso la Corte di cassazione riconosce che quei libroni che Tommaso Buscetta ha riempito con i suoi racconti contengono alcune verità fondamentali, che non è stata barattata l'indulgenza con menzogne utili alle inchieste giudiziarie. Per alcuni imputati si riaprono le celle dell'ergastolo e molte sentenze che in passato suscitavano perplessi e amari commenti ora sono viste in una luce nuova.

Come mai ci sono voluti cinque anni per concludere che Cosa Nostra non è per nulla «un'accolita di bande spesso in conflitto», ma un'organizzazione con regole ferree e capi decisi a farle rispettare, non solo ai nemici, ma anche agli «amici» troppo autonomi o troppo invadenti? Forse qualcosa sta cambiando nella lotta contro la criminalità. Tommaso Buscetta ha ottenuto la sua piccola rivincita, ma nella battaglia ha pagato un prezzo altissimo. Gli hanno ammazzato due figli, un fratello, un nipote, un cognato, un genero.

Ho ascoltato per giornate don Masino, fissando il suo viso impenetrabile, che non denuncia le emozioni con un autocontrollo da gentiluomo britannico: impressionò, per la compostezza, una Corte di New York e il procuratore gli si rivolse chiamandolo «Sir».

Una volta mi disse: «La mafia non è più l'onorata società, è svergognata, ha dato troppi cattivi esempi. Potranno reclutare anche nuove forze nell'ambiente dei ladri, degli sfruttatori di prostitute, perché le persone perbene non li accetteranno mai. Nessun popolo può sopportare tanta ferocia senza difendersi. Io non credo che i siciliani continuino a tollerare passivamente queste storie spietate. Verrà il giorno in cui apriranno gli occhi. Non c'è bisogno dei mafiosi per vivere da cittadini. Forse una volta era necessaria qualche protezione; ora no». Tommaso Buscetta ha fatto la sua parte. Ha buttato se stesso sul piatto della giustizia, senza nascondere le sue colpe. È figlio della sua terra, di una cultura e di una stagione disperate.

Questa intervista è stata raccolta la sera del 21 luglio 1992, in un albergo di New York, mentre in Italia si svolgevano i funerali dei poliziotti della scorta del giudice Paolo Borsellino, dilaniati da una bomba.

Non vedevo Tommaso Buscetta da parecchi anni, da quando scrissi la sua confessione. Non è cambiato: niente operazioni di chirurgia plastica, la solita faccia da indio, attenta, ironica e a momenti impenetrabile. Non so dove vive: mi manda gli auguri a Natale e riappare con una telefonata quando succede qualcosa di grosso. La morte di Giovanni Falcone lo ha colpito: ha perduto un amico. Il suo discorso ha l'impaccio di qualche parola: ma è lucido, pensato. Buscetta sa.

Va ricordato che don Masino è stato il primo «uomo d'onore» che ha parlato e ha svelato le regole e la burocrazia di Cosa Nostra: com'è fatta, chi comanda. Vive con il sussidio del governo italiano, gli americani lo hanno mollato. Non c'è esperto di mafia che lo valga: lui era ed è un grande mafioso. Deluso, non pentito.

– Tommaso, Buscetta, come vive un ex mafioso che ha parlato?

«Angosciato, pieno di mille paure.»

– Cosa l'ha indotta a parlare prima con il questore Gianni De Gennaro e poi con Giovanni Falcone?

«Non ci sono stati né primi né secondi. Il dottor De Gennaro è stato una parte attiva degli interrogatori che io subivo attraverso il dottor Falcone.»

– Lei un giorno ha detto con Falcone: «Decidiamo chi di noi due deve morire per primo». Perché?

«Giovanni Falcone, poverino, che riposi in pace, voleva intraprendere una strada che parlasse di politica. Se già è un problema parlare di Cosa Nostra perché non ci sono prove, perché non esistono tessere, non esistono atti di notaio, se già è una difficoltà parlare di mafia, immagini un po' parlare di politica. Dove sono le prove? Sarebbe stato come esserci inventate, io, lui, delle storie. È per questo che non ho mai parlato. Io non avrei avuto remore se ci fossero state prove, ma io non le ho. Io posso dire: "Quel giorno si parlò", ma sono delle cose astratte.»

– Chi era Salvo Lima, secondo lei?

«Lima era un politico che ho conosciuto negli anni 1960-61, quando era sindaco di Palermo, quando non era ancora entrato nel grande giro degli onorevoli. Io l'ho conosciuto, ma quello che posso dire di Lima... In quell'epoca Lima ancora non conosceva cosa era la tangente e lui non ne riceveva.»

– E Vito Ciancimino che tipo è?

«Guardi, di Ciancimino io non so cosa dire, anche se credo di essere stato causa delle sue disgrazie avendo detto che Pippo Calò mi disse che Ciancimino era nelle mani delle...»

– Di recente aveva parlato con Giovanni Falcone?

«No. Ho parlato con Falcone credo intorno all'89, 1988-89, e poi mai più.»

– Si aspettava quello che è successo?

«Per dire la verità, sì. E credo che quando ho visto Falcone per l'ultima volta, o per la penultima, gli dissi di stare attento. Era accompagnato, mi sembra, da un sostituto procuratore che si chiamava Garofalo e da un giudice istruttore che si chiamava Natoli, e anche a loro io dissi di stare attenti a Falcone, perché Falcone era un condannato.»

– Nel suo libro Falcone parla di lei con molto rispetto, anzi posso dire con amicizia. Per lei chi era Falcone? Cosa lo rendeva diverso dagli altri giudici?

«Ho conosciuto tanti giudici in vita mia, americani, argentini, brasiliani, ne ho conosciuti di tutti i tipi. Però di Falcone io vedevo la dinamicità del pensiero. Con la sua mente, direi da elefante, subito percepiva il valore di quello che io intendevo dire. E difatti era l'unico che aveva perfettamente capito quanto intendevo dire sul significato della Cupola.»

– Che cosa significa Cupola?

«La Cupola è così: ogni tre famiglie (sono gruppi che comprendono dalle cinquanta alle trecento persone) si riuniscono ed eleggono un capo che va a rappresentarli nella Commissione provinciale. La Commissione provinciale era capeggiata dal signor Greco, Michele Greco. Quindi quando io parlai di Cupola fu, lui, Falcone, a capire per primo che cos'è. E non si commette omicidio in Sicilia senza che la Cupola... Ma non sono stato io che ho inventato la parola Cupola, sono stati i giornali.»

– Lei come la chiamerebbe?

«Commissione. La Commissione si riunisce e stabilisce quello che si farà nel futuro o quello che si farà l'indomani. Senza il permesso della Commissione non si fa niente.»

– Possiamo immaginare perché la Commissione ha ordinato di uccidere Lima?

«Sono cose in cui non posso addentrarmi perché non voglio creare presupposti per far dire: “Ecco, ha cominciato a parlare di politica”.»

– Posso parlare io un po’ di politica?

«Sì.»

– Allora posso supporre, per esempio, che si uccide un politico se non ha rispettato certi accordi o certi patti. Si uccide un giudice o un poliziotto se si sta comportando in modo molto deciso, se ha capito tante cose e se può andare avanti a procurare tanti guai. Ho detto una cosa attendibile?

«Lei ha detto un cosa giusta, anche se nel mio passato non si ricordano queste decisioni di ammazzare poliziotti o di ammazzare giudici. Assolutamente.»

– Ma nel suo passato esiste, per esempio, la determinazione di uccidere qualcuno dei vostri che non vi andava bene.

«Di politici, no.»

– Non di politici, di mafiosi.

«Certamente.»

– È vero che quando la mafia vuole far fuori qualcuno ci riesce sempre?

«Ci riesce sempre, ma non ha premura. È questo che gli organi dello Stato non hanno capito: Cosa Nostra è unica, non ha copie perché nessuno riesce a imitarla. La mafia aspetta, la mafia non ha fretta.»

– Lei mi ha raccontato che una volta avete condannato uno e lui usciva sempre...

«Con il bambino.»

– Com’è andata?

«Io dovevo spararagli. Lui era sempre con il figlio e io non potevo far spaventare il bambino. Se l’avessi fatto, gli altri avrebbero detto: “Hai fatto male, tu hai spaventato il bambino”. E abbiamo aspettato dodici anni, e poi non è toccato a me dopo dodici anni, ma abbiamo atteso che il bambino crescesse.»

– Lei ha sparato?

«Sì.»

– E in quel momento cosa c’era di fronte a lei? Si sentiva un giustiziere o un assassino?

«Io mi sentivo come uno che stava andando a fare il suo dovere nei confronti di una comunità, una fratellanza. Io stavo facendo quello che era giusto fare. Non ero il giudice, naturale, stavo facendo quello che avevano ordinato di fare. A mia volta ho dato anche ordini di farlo.»

– Quando si affronta l'argomento mafia-politica, lei ha qualche problema. Ce l'ha perché non riesce ad avere le prove di quello che dice o perché le è rimasto dentro qualcosa...

«No, no, no, assolutamente. Io non ho niente da aggiungere tranne che dire che conosco il tizio, io so che questo tizio è..., ma non ho niente da dire. Né conosco politici che siano uomini d'onore. Attualmente non ne conosco. Nel passato c'erano.»

– Senza la politica, la mafia ce la farebbe?

«Sì. Non ha mai vissuto attraverso la politica, la mafia. La mafia si è servita della politica perché è una forza granitica. Se lei, per esempio, prende un mafioso, lei dice ma questo qua è un ignorantone. Ma tutti questi ignorantoni messi assieme formano un grandissimo esercito, perché fra loro esistono quelle paratie stagne dove non filtra niente. I mafiosi non sono terroristi. Non ho niente contro i terroristi, non voglio offenderli. Avevano un ideale, per loro è finita la guerra... Il mafioso no, il mafioso tramanda ai figli.»

– Lei ha conosciuto Paolo Borsellino?

«Lo conoscevo, attraverso Falcone, che mi diceva: "Guardi, Buscetta, io ho il suo interrogatorio, poi quando lei ha finito io lo passo a Paolo Borsellino. Lui lo leggerà, lui lo correggerà e lui vedrà tutte quelle cose in cui lei si è contraddetto". Può darsi che lo dicesse con un tono...»

– Come per dire: «Sta' attento che lo vediamo in due»?

«Ecco.»

– Perché la catena degli omicidi continua con Borsellino?

«Io posso dirle questo, e sono dati storici: cade chi ha intralciato il passo ai corleonesi. Posso elencarli. Uno era il procuratore capo di Palermo nel '71, Scaglione. Un altro è il colonnello Russo, un altro è il capitano Basile, un altro è il giudice Terranova. Un altro ancora è un maresciallo in pensione che si era ritirato e che viveva con la sua famiglia tranquillamente. Tutte queste cose gli uffici che indagano dovrebbero farle risaltare.»

– Luciano Liggio conta ancora?

«Io credo che conti meno di niente. Io ho i miei dubbi anche su Riina.»

– Lei già nel 1985 mi ha detto: «Totò non è andato via dalla Sicilia, non può lasciarsi alle spalle tutti i guai che ha fatto. Io direi che fa una vita quasi normale, perché non si impegnano molto per pescarlo. Non si può supporre che un uomo agisca, cammini per quindici, diciotto, vent'anni, nella stessa città, e non venga preso. Non credo che non siano proprio riusciti ad arrestarlo». Io l'ho scritto, ed era vero: Riina ha continuato a stare a Palermo.

«Forse avrei bisogno di fare dei seminari per insegnare agli altri che cosa è la mentalità mafiosa. Loro non vanno a sparare a Roma o a Milano, non perché non ne abbiano la capacità. Possono andare a uccidere anche a Roma. Ma sono presi dagli impegni che hanno in Sicilia, per cui aspettano l'opportunità che si presenterà in Sicilia per ammazzare il loro obbiettivo.»

Adesso, invece, il colpo è andato diritto: Salvatore Riina è stato catturato, disarmato, nel traffico di Palermo, mentre andava in giro con una banalissima auto e senza alcuna protezione. Sono convinto che in passato ne ha avute anche troppe.

– Le scorte servono a qualcosa?

«A pochissimo. Credo che quello che servirebbe veramente è che il Palazzo di giustizia, che io ho conosciuto, e che poi si è trasformato in palazzo dei veleni e la giustizia è scomparsa, ritornasse a essere quello che era. Perché senza quei veleni, quei sotterfugi, quei tranelli, quei trabocchetti, quelle umiliazioni che hanno saputo procurare al povero Giovanni Falcone, credo che la giustizia li ha i mezzi per combattere i mafiosi. Io credo che la giustizia sia a un passo dal vincere i mafiosi. Se la giustizia trattasse meglio i pentiti, sa quanta gente direbbe a Totuccio Riina, o a chi adesso sta al posto di Riina: "Basta, non ne posso più".»

– Si può battere Cosa Nostra? O non ce la faremo mai?

«No, si può battere.»

– Come? Abbiamo mandato l'esercito adesso in Sicilia...

«Ma che va a fare l'esercito? Io mi ricordo quando lo mandarono per Giuliano. Poi per ammazzare Giuliano è servito il cugino, tutto quell'esercito di carabinieri e di soldati non è servito a niente. Io non credo che serva. Quello che conta è fare terra bruciata intorno a loro e smetterla con questo garantismo. Il garantismo è una cultura bellissima, però non quando si è in guerra. Il garantismo è valido per tutte le persone perbene, ma non per gli assassini prezzolati come questi. Non ne hanno il diritto.»

GIOVANNI FALCONE

L'aereo dell'Ati atterra e i viaggiatori applaudono. Accadeva, una volta, ma dopo la traversata dell'Atlantico. Siamo a Palermo e un cartellone informa che la Sicilia porge il benvenuto. Percorro la strada che conduce in città e altre tabelle assicurano: «Viaggiate tranquilli».

Questa è l'uscita di Capaci: avvenne qui l'esplosione. Non è rimasto alcun segno: tranne l'asfalto fresco e nero. Gli oleandri, avviliti dal vento caldo, sfioriscono. Lassù in alto, nella casetta accanto a una torre, stavano gli uomini sconosciuti: aspettavano il piccolo corteo e provocarono lo scoppio.

Era il tardo pomeriggio del 23 maggio 1992. Morirono Giovanni Falcone, la moglie Francesca Morvillo, gli agenti della scorta: Rocco Di Cillo, Antonio Montinaro, Vito Schifani. «Una strage» scrissero i giornali. E forse per la prima volta anche la gente dell'isola si sentì profondamente ferita. Quella sera la madre di Francesca l'attendeva a cena con Giovanni, sapeva che stavano arrivando da Roma: accese il televisore e vide. Da allora la vecchia signora non parla, non vuole incontrare nessuno.

Giovanni Falcone sapeva. Quando uccisero Salvo Lima, disse a un amico: «Adesso tocca a me». Nelle massime di Cosa Nostra sta scritto: «La mafia è come una banca: paga con denaro contante. Chi deve avere avrà; chi ha avuto ha avuto. I debiti si pagano».

Giovanni Falcone non si illude: tutti quelli che hanno guardato dentro Cosa Nostra senza indulgenze, magistrati o poliziotti, hanno pagato per il loro coraggio o per l'esasperato senso del dovere: e nella sua mente si alternano facce e nomi, Dalla Chiesa e Giuliano, Basile e Chinnici. A quanti funerali ha assistito e a quanti vertici; e quanti «cadaveri eccellenti».

Prima intimidivano le giurie popolari: i modi sono molti. I soliti bigliettini, le lettere, con la data di nascita del destinatario e alla voce «deceduto» tanti puntini. O anche: «I suoi bambini frequentano l'Istituto Jean-Jacques Rousseau», e a uno che aveva la famiglia sul continente mandarono una pagina gialla della guida del telefono con segnata una agenzia di pompe funebri che garantiva: «Trasporto delle salme ovunque».

Falcone – in una specie di bunker, pareti di cemento e di acciaio, la sfibrante luce del neon, mai una passeggiata, un pranzo in trattoria, sempre in allarme anche sapendo che, quando vogliono, arrivano – tiene fede al suo impegno.

Lo vedono partire per Roma e gli «uomini d'onore» esultano: si sono liberati del nemico. E ci fu la notte del «triunfu»: i boss escono dall'Ucciardone e tornano a casa: li scarcera la solita sentenza della Cassazione e si fa gran festa.

Ma il Consiglio dei ministri, per suggerimento di Falcone, con un decreto legge li ributta dentro; all'alba si presentano le solite Alfa con i lampeggiatori e capi e gregari devono porgere ancora i polsi alle manette.

«U triunfu» si spegne in fretta e poi le assoluzioni di Roma vengono smentite; le tesi di Falcone e di Buscetta – Cosa Nostra è una società criminale, che ha una struttura a piramide, sopra tutte le cosche c'è la Cupola, o Commissione, che decide e comanda – è vera, è accettata.

Ma la vita di Falcone non è serena. È tormentato dall'invidia dei colleghi, dalle rivalità della carriera, dalle maldicenze. Lo accusano di protagonismo: e non ha mai portato via un processo; di trasformismo politico: venduto a Lima, ad Andreotti, a Craxi; perfino di aver fatto mettere i candelotti di dinamite nella casa dove va a villeggiare, purché si parli di lui. Ma Falcone è chiuso e diffida della stampa: «Non sono un personaggio» dice.

Sono andato a trovare la sorella Maria, coniugata Di Fresco; insegna diritto, è nonna, gli assomiglia tanto, nel volto deciso e fiero, nelle parole misurate che il rimpianto rattenuto rende ancora più amare.

– Sono passati quasi due mesi dall'assassinio di Giovanni

Falcone – le chiedo. – Che cosa è successo da allora? Riceve lettere: che cosa dicono?

«Da un punto di vista sociale c'è stato un grande risveglio; nella gente comune, non nelle istituzioni. Mettono fiori e biglietti sulla magnolia davanti alla sua casa; lo chiamano "albero Falcone". Ne ho raccolto qualcuno: "Al nostro defunto benefattore giudice"; un bambino: "Da grande vorrei essere come eri tu"; e ancora: "Spero che dopo di te ci sia un altro uomo coraggioso".»

– Perché lo hanno ucciso?

«Lo avevano deciso da anni; era il simbolo della lotta alla mafia. E avevano il terrore che la superprocura nelle sue mani potesse colpirli con una forza e una organizzazione che non c'erano mai state. È anche un avvertimento agli altri magistrati: lui era il bersaglio più ufficiale da colpire; state attenti, arriviamo dove vogliamo. A Roma, Giovanni se ne andava qualche volta anche in giro da solo, o con un amico, si liberava dalla scorta. Sarebbe bastato anche un killer per ucciderlo. Invece hanno voluto dimostrare la loro potenza: e lo hanno inseguito in Sicilia, e assieme alla moglie. Sapevano che c'era con lui Francesca.»

– Le disse niente dopo il primo attentato?

«Tantissime cose. La frase più triste: "Tu non lo capisci, Maria, che ormai sono un cadavere ambulante?". Per un certo periodo diventò molto nervoso: non voleva che Francesca rientrasse con lui la sera, voleva che tornasse a Palermo. Diceva: "Io devo essere lucidissimo, sempre presente a me stesso, non posso avere il pensiero di mia moglie". La paura era una costante della nostra vita.»

– Come visse l'andata a Roma? Perché decise di andarsene da Palermo?

«Se ne è andato, come si capisce dagli appunti che ha lasciato, perché gli era impossibile lavorare a Palermo in una atmosfera che non gli consentiva di raggiungere quegli scopi che si era posti. Tra lui e il procuratore capo c'era completa divergenza di vedute. Non esisteva più quell'armonia dei tempi di Caponnetto: sentiva che le cose stavano andando in una direzione sbagliata, ma non voleva provocare un nuovo dibattito che la stampa avrebbe trasformato in una montagna di veleni, che avrebbe delegittimato, a vantaggio della mafia, il Palazzo di giustizia. Partendo mi disse: "Sono sicuro di poter fare a Roma molto di più di quello che ormai posso fare qui a Palermo".»

– Chi erano i suoi amici?

«Pochi. Alcuni colleghi, tra cui certamente Caponnetto e Borsellino, e poi qualcuno fuori: anche alcuni giornalisti.»

– E quelli che l'avversavano?

«Tantissimi. Sia nella magistratura sia nella politica.»

– Quali attacchi lo hanno più amareggiato?

«La contesa con il giudice Meli per il posto di consigliere istruttore; gli attacchi ingiusti di un suo ex amico, il giudice Geraci, che l'osteggiò dentro e fuori il Consiglio superiore e che adesso dice: "Era il migliore di tutti noi", e la posizione del *Giornale*, e infine le accuse di Leoluca Orlando che gli attribuiva di tenere chiusa nei cassetti la verità sui grandi delitti. Gli dicevo spesso: "Perché non ti difendi? Perché non li quereli?". E lui, sempre pacato: "Maria, le cose vanno fatte nelle sedi istituzionali appropriate".»

– Giovanni Falcone diceva: «Il pensiero della morte mi accompagna ovunque». Si sentiva condannato?

«Sì. Ma ripeteva: "Il coraggioso muore una volta sola, il codardo cento al giorno". Non dimostrava nessun timore, ma rispettava le regole della sicurezza.»

– Politicamente come si considerava? Era vicino ai socialisti?

«È sempre stato di sinistra. Parlava molto bene del rapporto che si era creato con Martelli, e gli siamo riconoscenti, ma non era socialista.»

– Parlò mai di minacce ricevute?

«Le solite bare, con la data di nascita e quella di morte in bianco. Un giorno all'Ucciardone stava interrogando un detenuto e un altro prigioniero, armato di pistola, tentò di irrompere nella stanza dei colloqui, ma Giovanni fu più svelto e chiuse la porta.»

– In che cosa si sentiva siciliano?

«Quasi in tutto. Nel modo di pensare, nel pudore dei propri sentimenti, nella tenacia dell'operare, meno che nell'omertà.»

– Si riconosceva un forte istinto. I fatti, diceva, confermavano sempre la sua diffidenza. Perché, allora, è caduto in un agguato?

«Le modalità erano imprevedibili e poi, in questo ultimo periodo, con l'andata a Roma, si era un pochino rilassato. Il suo punto debole erano i ritorni a Palermo. Credo però che più di una leggerezza sua si sia trattato di una trascuratezza di chi doveva proteggerlo.»

– Lei, signora, che cosa si aspetta dal futuro?

«Che la tensione creata da Giovanni possa ispirare una reazione che non si estingua in breve tempo, ma faccia compiere un passo avanti.»

LOUIS GIGANTE

Di tutte le definizioni, la più riuscita mi sembra quella di Mario Puzo: «La mafia è un business come un altro, con la differenza che ogni tanto spara». Per saperne qualcosa di più scrissi a Edgar Hoover, il vecchio capo dello Fbi. Nella lettera di risposta la frase più lunga era la firma.

L'argomento è sempre di grande attualità: hanno pubblicato anche un libro di cucina, attribuito a un certo Joe Cipolla, che insegna come preparare i pomodori alla «don» e l'agnello alla «consigliori».

Ci sono specialisti, come il reporter Nicholas Pileggi, o l'ex poliziotto Ralph Salerno, che non si occupano d'altro. Il film *Il Padrino*, che narra le imprese di Vito Corleone, uomo d'onore e pezzo da novanta, ha cancellato dalla classifica degli incassi Rossella O'Hara, la struggente fanciulla di *Via col vento*. Ha detto il superstite Meyer Lansky, considerato il banchiere dell'organizzazione: «Siamo importanti, siamo più grossi dell'United Steel».

Mi sarebbe piaciuto dare un'occhiata all'impresa, chiacchierare con qualcuno, osservarla un po' da dentro. Ricordai una frase di Puzo, letta in qualche intervista: «Amicizie e favori: incontri un tipo simpatico, ti dà una mano quando ne hai bisogno, lo ripagherai un giorno o l'altro».

Telefonai a un collega, un cronista svelto, che a Little Italy e a Brooklyn ha buone conoscenze; fu lui che combinò l'incontro.

«Father» Louis Gigante mi diede appuntamento una sera da Rafaela, al Village; è il classico ristorante italo-americano, con il juke-box che suona soprattutto dischi di Frank Sinatra, i quadri con il Vesuvio e i Faraglioni, i fiaschi di Chianti, nell'aria un sottile e penetrante odore di aglio e soffritto.

Padre Louis sta nel Bronx, amministra una parrocchia di portoricani invasa dalla droga. È un robusto giovanotto dalla faccia aperta, fuma grossi sigari, ride di cuore; ha tentato anche la politica, voleva entrare al Congresso ma non ce l'ha fatta.

Arrivò su una lunga macchina guidata dalla segretaria; nel locale si muoveva come uno di casa, la padrona gli fece molta festa. Ci mise in una saletta e, quando entrava uno sconosciuto, la musica di un nastro che andava di continuo saliva di volume. Una precauzione. «Padre,» osservai «tra poco non ci sentiremo neppure tra noi.» Il diluvio di note si placò.

Gli dissi come vedevo la storia: ero pronto ad ascoltare e a riferire con scrupolo, niente scherzi, forse sarebbe stato bene spiegare perché, fra tanti immigrati, c'era chi non voleva fare il sarto o il barbiere o pulire le strade, chi non sopportava di essere tenuto fuori dal mondo e sfruttato.

Avevano capito che in America (e anche dalle altre parti, per la verità, ma qui soprattutto) senza soldi non sei nulla. Ne vollero tanti, e alla svelta. Molti non sapevano né leggere né scrivere, molti dicono ancora adesso «carusi» per bambini e «giobbo» per lavoro. Citai, con un po' di vergogna, Enrico Fermi e Al Capone: non siamo tutti uguali. Ci sono stati anche un Dillinger, e Bonnie e Clyde, e non erano di Castellammare del Golfo.

Ricordai le offese che i piccoli siciliani, i piccoli napoletani sbarcati con la valigia di fibra e il bottiglione dell'olio a Ellis Island avevano sopportato. Li chiamavano «testa di brillantina», per quei capelli lucidi e divisi dalla riga, come li portava Rodolfo Valentino nel *Figlio dello sceicco*, «dago», che vuol dire uno che viene dall'Italia, o «ginzo», individuo di razza latina, o «macaroni», che non ha bisogno di spiegazioni.

Un ragazzo su cento andava a scuola; gli altri crescevano sui marciapiedi di Hell's Kitchen, picchiandosi con i polacchi o gli irlandesi, andando a rubare alla ferrovia o ai carrettini della frutta. Anticipai, insomma, le ragioni della difesa.

«Well» disse Father Gigante, soffiando verso il soffitto anelli di fumo e fissando il bicchiere opaco di whisky. «Chi vuoi vedere?»

– Qualcuno che abbia un nome o dei fatti da raccontare. È morto da poco Joe Adonis, da mesi nessuno sa niente di Joe Colombo, ho visto che il libro di Gay Talese, *Onora il padre*, marcia forte.

«Proverò.»

– Magari Frank Costello; sarebbe bello se parlasse.

«Ha ottant'anni» disse padre Luigi. «Non sta più a Central Park, ma si è spostato verso Long Island. È una specie di pensionato, un pensionato multimiliardario. È molto stimato. Ma non ho niente a che fare con lui. Vive solo, con la moglie: è stato un buon marito.»

– Lo sono quasi tutti: ho letto che la signora O'Bannion, vedova del noto gangster di Chicago, ha fatto scrivere sulla tomba del compianto una sola frase: «Amore mio».

«Costello aveva cervello, molto cervello; a un tizio che gli chiese qual era stato il suo primo delitto, rispose: "Nascere italiano". Fu combattuto dai politicanti, e molti dovevano a lui il posto.»

– Certo è un personaggio che sa sempre controllarsi.

«D'accordo.»

(Padre Luigi non entrò in particolari, lasciò cadere il discorso sul grande Frank. Padre Luigi ha un fratello di nome Vincent, ex pugile, ex detenuto, che faceva parte, dicono, della banda di Vito Genovese e sarebbe stato il killer, dicono, che tirò due rivoltellate in testa a Costello, gridandogli, a scanso di equivoci e per il gusto della precisione: «Sono per te», ma colpendolo appena di striscio.

Lo chiamano *The Chin*, il Mento; ma, come mi spiegò poi la signora Jolanda, la madre, sono stati quei mascalzoni dei giornalisti ad appioppargli lo sgarbato nomignolo; Chin, per lei, è invece il delicato diminutivo di Cenzino. Davanti ai giudici, il boss di Cosa Nostra non riconobbe lo sparatore. «Mai visto» disse, e si tenne per un po' la fasciatura e per sempre il segreto.)

Cercai di divagare:

– Ha conosciuto, per caso, Lucky Luciano?

«Per caso. Mi trovavo a Napoli, in vacanza. Non so come, ma gli dissero che ero di passaggio e mi invitò a cena, da Giuseppone del Mare. Non so perché volle vedermi. Fu una serata estremamente piacevole: parlammo di tante cose e mi spiegò perché Vito Genovese doveva lasciare l'America e ritornare al paese; prima o poi, avrebbero montato accuse contro di lui per cacciarlo dentro. E così fu.

«Luciano era una persona notevole; tutti, infatti, lo chiamavano "capo", anche i big degli affari, per intenderci. Lo chiusero in carcere perché gestiva bordelli; non riesco a credere che un individuo capace di accumulare milioni e milioni di dollari con attività illegali finisca dai magistrati perché manovra prostitute. Ma a quei tempi c'era Tom Dewey, il giovane procuratore generale che voleva mettersi in luce con un processo clamoroso. Per tre volte riuscì infatti a farsi eleggere governatore.

«Luciano rese apprezzati servizi agli Stati Uniti in guerra: con il suo intervento evitò sabotaggi e fastidi alle navi che attraccavano a New York, facilitò lo sbarco alleato in Sicilia, stabilì collegamenti con gli amici dell'isola. In cambio ottenne la libertà e il rimpatrio. Meglio, in tutti i modi, che cinquant'anni di penitenziario. Raccontano che, al momento della partenza, quando il piroscafo cominciò a staccarsi lentamente dalla banchina, tutti i portuali si erano schierati sui moli, agitando le mani come per dire: "Arrivederci, torna presto, Lucky".»

– Commovente. Non lo sapevo. E Vito Genovese, il don Vito Genovese descritto da Mario Puzo che aveva quella curiosa morale: «Può rubare più un avvocato con le sue scartoffie di mille uomini armati di pistola», lo ha mai visto?

«Lo conoscevano i nostri padri, perché lo incontravano per strada, viveva nel quartiere. Era molto gentile, non attaccava briga, non cercava di farsi notare. Tutti lo rispettavano. Per Natale faceva regali, pacchi e cestini, e aiutava a sfamare la famiglie bisognose. Nessuno manifestava mai sentimenti di ostilità nei suoi confronti.»

– Ma perché lo hanno condannato? Pare fosse impegnato nel gioco, nelle corse, nei sindacati, sembra che la sua potenza si facesse sentire anche a Hollywood.

«A noi non ha mai fatto del male, non ha mai fatto nulla contro gli italiani della comunità. Non so quale fosse il suo lavoro; forse era contrario al modello di vita che il governo voleva imporre. Fu ritenuto colpevole in base alla deposizione di un unico testimone; giurò che Vito vendeva stupefacenti ed era un grosso trafficante di droga. Ma non è vero. Può darsi che abbia fatto altre cose, ma quella no. Tra noi, polverine e siringhe non circolavano. Se qualcuno ne faceva uso o c'era in mezzo, veniva guardato con sospetto e spesso anche punito: non volevamo che quella merce penetrasse nel nostro quartiere, ed era Genovese che controllava. Accadde nel 1960, e nel giudizio erano coinvolte diciassette persone, tra le quali mio fratello Vincent. Particolare strano: il caso scoppiò clamorosamente all'avvicinarsi della Convenzione repubblicana. Si sbarazzarono di Vito Genovese, ma non riuscirono a provare nulla.»

– Quando morì, ai funerali ci fu un solo prete: lei.

«Già. Fu una bella messa, con tanti poliziotti attorno e molti osservatori che prendevano nota di chi arrivava e dei mafiosi presenti. Ma lei sa, è vero, che la mafia non esiste?

– Come no! È una invenzione della stampa e dei piedipiatti.

«Accettai anche di fare il discorso. Pensai che, a prescindere dalle accuse e dalla condanna, aveva passato dietro i cancelli quasi dodici anni: bisognava lasciare che fosse Dio, e non gli uomini, a pronunciare l'ultima sentenza.»

– Che ne pensa del *Padrino*? C'è del vero?

«Mi è piaciuto moltissimo. Mi piace il carattere di don Vito Corleone. Sul punto di essere rovinato da un ricattatore, lo uccide per difendere la moglie e la famiglia. Mostrando la sua forza, comincia a diventare qualcuno. Non dico sia questo il modo di trattare il prossimo, ma a volte la giustizia non può essere amministrata soltanto in tribunale. Ho visto molte persone morire sulla sedia elettrica e mi sono sempre chiesto se la società aveva il diritto di decidere.»

– Padre Luigi, ma noi siamo meglio o peggio degli altri?

«Sa qualcosa della storia degli Stati Uniti? I genitori e i nonni dei presidenti americani si sono comportati in modo tale da non venire impiccati per un miracolo. Sa cosa diceva Al Capone, questo compaesano diventato il simbolo del peccato? "Mi hanno accusato di tutti i morti, tranne di quelli registrati durante la guerra mondiale."»

– Padre Luigi, ma perché non ci vogliono bene?

La voce di Sinatra, il fumo, l'odore di aglio, rendevano ancora più cupa la notte e più tristi e stanche le parole.

Padre Gigante chiacchierava lentamente, controllava i suoi pensieri. Forse inseguiva la giovinezza, la vita in famiglia: una botteguccia da orefice, cinque fratelli, la madre che cuciva *coats*, vestiti da uomo, buona lana, buona paga, cappotti da donna.

Ricordava il frastuono di Little Italy, nelle vetrine trionfi di provole, lattine d'olio marca Cuore mio, Violetta, Pace o Signore; poi gli sporchi marciapiedi della Cucina dell'inferno, al West Side: l'aria sa di benzina, di muffa, di salsicce bollite; e le file di edifici neri, oltre il ponte, giù a Brooklyn.

Parecchi erano venuti fuori da lì: Al Capone, ad esempio, che si lasciò distruggere dalla lue perché aveva paura delle iniezioni (era anche un sentimentale, compose una canzone intitolata *Mamma*, e anche un buon patriota, faceva parte del Comitato d'onore per i festeggiamenti a De Pinedo, l'aviatore).

C'era un ballerino magro e un po' torvo, un certo George Raft, figlio di una siciliana, che era finito a Hollywood, giocatore e biscazziere, avventure a non finire, e adesso è un vecchietto che soffre d'asma e non ha un soldo.

C'era un tale Joe Valachi, una brutta figura, non valeva niente e venne battezzato «Mela marcia» perché, per salvarsi, si lasciò andare con quelli dello Fbi; una spia, comunque uno la pensi.

«Tutti quelli che conoscevo,» racconta Mario Puzo «avevano passato un po' del loro tempo nell'isola sul fiume. Era come andare in collegio. Poi tornavano a casa, prendevano moglie e tutto ritornava come prima...» Il posto si chiamava Sing Sing.

«Noi» diceva Father Louis «vivevamo nel ghetto, dove c'erano solo italiani; eravamo abbandonati a noi stessi, i genitori dovevano sgobbare. Crescevamo sulla strada: lì si faceva di tutto, si giocava, si mangiava, si imparavano le trovate dei grandi. La nostra inferiorità consisteva nell'essere sempre confinati tra quei blocchi. Facevamo lega solo con la nostra gente. Eravamo poveri.»

Chiesi:

– Padre Louis, perché anche lei s'arrabbia, protesta, quando sente parlare di mafia, di Cosa Nostra? Perché avete voluto che il produttore del *Padrino* eliminasse questi nomi dal film? Padre, che cosa gliene importa?

«Non mi offendo quando la cronaca è onesta, quando descrivono un episodio realmente accaduto, anche un delitto. Mi colpisce, invece, se identificano la nostra comunità con il crimine. Del resto, basta visitare i penitenziari per accorgersi che la percentuale italo-americana è minima. Pensano sempre agli anni Trenta, alla Chicago dei gangster, al proibizionismo. È una specie di persecuzione, e non mi va.»

– Possiamo accennare a un compaesano, a Vito Genovese?

«Possiamo.»

– Era, anche lui, una vittima?

«Quando sbarcò a New York, nel 1920, che cosa trovò? Una città molto dura, nella quale i nostri emigranti venivano sfruttati; li collocavano sul gradino più basso e instabile della scala sociale. Dovette imparare ad arrangiarsi. Come tanti altri, durante il regime secco, fece l'allibratore. E fu proprio la facilità con cui il denaro veniva guadagnato e la noncuranza con cui veniva speso a trasformare molti dei nostri in delinquenti. E una volta entrati nel sistema i dollari chiamavano altri dollari.»

LIBERO GRASSI

Pina Maisano Grassi è una donna minuta dagli occhi di un azzurro intenso e dalla parola misurata. Credo che nessuno l'abbia vista piangere. Non penso si faccia illusioni: Libero è morto perché aveva respinto i ricatti e perché era solo. Chissà se gli aiuti promessi ai figli e alla fabbrica arriveranno.

C'è anche Alice, la figlia appena sposata, che ascolta i nostri discorsi. Pina Maisano Grassi racconta, forse per la prima volta, quella mattina.

«Libero aveva paura,» ricorda «ma nei limiti del ragionevole. Considerava una polizza di assicurazione avere reso pubblico il suo atteggiamento. C'erano problemi con l'azienda; i rapporti con le banche erano ormai sempre più difficili. A un certo momento aveva deciso: pago i fornitori e chiudo. L'Inps, per un cavillo, minacciava istanza di fallimento.

«Era un caldo mattino di fine agosto. Si annunciava un giorno come tutti gli altri. Libero è uscito a fare una passeggiata sul terrazzo. Era contento: c'era una piantina di vinca che prometteva poco, ma lui si ostinava a curarla. Si accorse che aveva messo le foglie, anzi era spuntato il primo fiorellino viola. Poi è uscito. Dopo un attimo il telefono ha squillato. Sono andata a rispondere; silenzio, non c'era nessuno. Mi sono messa a riporre delle cose nei cassetti. Ho sentito due colpi di pistola. Il portiere ha citofonato: "Signora, c'è la polizia". Sono saliti: "Vi faccio andare sul terrazzo," gli ho detto «ma io non ho visto niente". Allora uno ha parlato: "È stato colpito suo marito".

«Mi sono chiesta: e adesso che cosa faccio? Non ho letto un giornale, non ho aperto il televisore. Non l'ho visto nella bara. Quando mi hanno parlato della camera ardente, ho dato il mio consenso: "Sta bene, in fabbrica". I suoi operai l'hanno vegliato.

«All'ora del funerale hanno suonato la campanella, quella che segna l'inizio del lavoro. C'è stata anche la corsa per accaparrarsi il cadavere: i politici pensavano ai discorsi. Ma Libero non era, e non voleva, essere un simbolo.»

Siamo usciti sul balcone, mi ha mostrato dove lo hanno abbattuto: tra la bottega del tappezziere e quella del parrucchiere per uomo; proprio sotto le finestre di casa sua. Due spari e via.

Poi ho incontrato un personaggio importante e abbiamo chiacchierato della Sicilia e anche di lui. A un tratto, ha aperto una busta e mi ha mostrato una lettera dalla grafia elementare e dalla sintassi arbitraria. L'ho letta. Diceva più o meno così: «Signore, sento il dovere di informarvi che alcuni politici hanno deciso che dovete morire. Hanno assoldato per cinquanta milioni l'assassino: è del mestiere, e non ha ideologie. Si chiama..., sta in via..., interno..., nel cortile. Una sera sì e una no lavora di notte. È deciso, quei cinquanta milioni li vuole».

Tra i fogli c'è una fotografia formato tessera del sicario: collo robusto, fronte bassa, spalle larghe, sguardo senza luce.

L'hanno data al personaggio importante i carabinieri, ma ormai quella istantanea si è fissata ossessivamente nella sua testa.

Quando va in giro, quando è tra la gente, lo cerca, quel ritratto, sa che prima o poi farà in modo di non mancare all'appuntamento. È cattolico e si ripete spesso, ma forse non è una consolazione, quel proverbio che dice: «Assai megghiu addiventirai si a la morte pinsirai».

UN SECOLO DI RAZZISMO

JAMES BALDWIN

Ho conosciuto il nero sottile e complicato: James Baldwin. Sono stato nel suo piccolo appartamento al Greenwich Village. Baldwin è il nero che ha successo, come l'attore Sammy Davis jr. o il cantante Harry Belafonte. Del suo romanzo *Un altro mondo* si sono vendute un milione di copie, *Time* gli ha dedicato una copertina.

Stava in compagnia di un amico, suonatore di jazz, e si servivano di continuo scotch con molto ghiaccio e ascoltavano dischi.

Io guardavo la faccia da grossa lucertola di Baldwin, gli occhi un po' a telescopio, osservavo i gesti nervosi e i titoli dei libri negli scaffali: c'erano Voltaire, Spinoza, Seneca, Mann, Orwell e Čechov. Ma tanti, tanti libri su una sola materia, di cui mi divertivo a segnare qualche titolo: *Storia delle anomalie e delle perversioni, Psicologia del sesso, Storia della prostituzione, Storia psicoanalitica delle nevrosi, La perversione del sesso e i suoi crimini.*

Baldwin parlava, muoveva le mani con grazia, con troppa dolcezza e diceva cose gravi e terribili.

Mi parlava della sua infanzia in un grigio edificio, di bambini che aspettano dietro la finestra il ritorno del padre che porta pochi dollari, di marciapiedi, di androni bui dove si commercia, senza ritegno, il peccato, mi parlava di una ragazza bianca con la quale andò una volta a passeggiare al Central Park, e discutevano e litigavano, come fanno i giovani, per niente, e lei gli diede uno schiaffo per fargli sentire la sua superiorità, solo per quello, e James scappò sgomento. Gli è rimasto un segno di quell'episodio e ha scritto: «Un mondo tutto bianco guarda ogni giorno la mia faccia nera, e mi fa la colpa di esistere».

Mi diceva James Baldwin: «Il futuro del nero, in questo Paese, è legato a quello degli Stati Uniti»; mi diceva che un milione di neri hanno fatto la guerra, mi diceva: «Siamo più di venti milioni e sono sicuro che si arriverà prima o poi alla integrazione, ci si arriverà per forza, ci si arriva già anche nel Sud,» spiegava ridendo «ma dopo il tramonto», e rideva delle solite parole dei bianchi, della solita frase dei bianchi: «Daresti tua sorella a un negro?». «Ma bisogna» spiegava ridendo «che al negro tua sorella piaccia, e che lui piaccia a lei, e in questo caso, a te, che te ne importa?»

Raccontava: «La prima volta che ti trattano da sporco negro, sei ancora un bambino, forse cinque, forse sette anni. Non capisci cosa vuol dire, ma senti che non ti vogliono bene, che sei disprezzato. Vorresti sapere perché e scopri che la ragione è soltanto una: non sei bianco, ti guardi attorno e ti accorgi che anche tuo padre, tua madre, i tuoi fratelli sono degli sporchi negri. Poi i maestri con te sono diversi, poi i poliziotti. Allora cerchi di essere come gli altri, come i bianchi voglio dire, e stiri i tuoi capelli cercando di farli diventare lisci, ti lavi di continuo. Non gridi, non ti agiti, sei proprio perbenino. Ma non c'è niente da fare: resti uno sporco negro. Non puoi farci nulla.

«Guarda il caso di Mahalia Jackson. Travolgeva la platea, migliaia di persone piangevano, deliravano per lei, la amavano. Sono le stesse persone che le spaccarono i vetri, cercarono di bruciarle la casa, scrissero oscenità sui muri perché aveva osato comprare un appartamento in un quartiere bianco. Era una grande celebrità, ma non doveva vivere tra loro».

«Il negro» ha scritto qualcuno «è un americano esagerato.» E loro spiegavano che la morte è il solo momento di autentico lusso, ma i neri poveri mangiano trippa, garretti di maiale, code, le cose che il bianco rifiuta, e quelli con la pelliccia di visone e gli anelli che brillano non contano, fanno poca storia.

MARTIN LUTHER KING

Il «piccolo predicatore timido», come lo chiamavano i giornali, se ne è andato. Non credo che la morte gli facesse paura. L'aspettava. Ad Harlem, una povera squilibrata cercò di pugnalarlo. A Montgomery, lanciarono una bomba contro la sua casa, e trovò Coretta e i bambini che piangevano tra le macerie. Disse alla gente che era accorsa: «La mia persona e la mia vita non contano nulla».

Martin Luther King era cresciuto nel dolore. Aveva imparato da bambino cosa vuol dire sentirsi *colored*. Una volta era entrato con altri ragazzi in un magazzino e una signora bionda l'aveva schiaffeggiato, gridando: «Bada dove metti i piedi, *nigger*». Una volta era andato in giro con il padre a fare una gita in automobile e un poliziotto li aveva fermati, urlando al vecchio: «Dammi la patente, *boy*». E il vecchio aveva risposto con pacatezza: «Lei è un ragazzo, io sono un uomo».

L'infanzia gli era rimasta nel cuore: gli slum di Atlanta, alla fine degli anni ruggenti, durante la Grande Crisi, quando la Depressione economica avviliva gli Stati Uniti; la tristezza del suo popolo, che cercava nel canto, nei sermoni e nel whisky un coraggio perduto. Poi aveva scoperto la miseria e il rancore dei ghetti di Chicago e di New York, gli edifici sporchi e cadenti infestati di topi, le famiglie scombinate, i quartieri nei quali c'è doppia disoccupazione e il bianco gestisce il banco dei pegni, le lotterie clandestine, riscuote le tasse, tiene l'ordine, comanda.

Aveva camminato lungo le autostrade del Sud, sui treni che portano grano e bestiame verso il mare, sui vapori del Mississippi, in quei paesi dove Dio, racconta Faulkner, ha dato agli uomini «boschi per cacciare e fiumi per pescare, e una terra ricca e profonda da seminare», ma dove i neri sono più neri che altrove.

Per liberare quella società segregata, il pastore battista Martin Luther King, dottore in filosofia e pedagogia, aveva studiato la lezione di Gandhi e l'insegnamento di Cristo. Diceva: «La protesta non violenta è l'arma più potente degli oppressi», e spiegava che la frase più bella del Vangelo è quella che invoca: «Signore, perdonali, perché non sanno quel che fanno».

Non tutti lo amavano e lo comprendevano, neppure tra i suoi. C'era chi lo definiva, come un senatore dell'Alabama, «un esempio e un gangster», chi lo considerava «l'individuo più pericoloso degli Stati Uniti».

Attentati, minacce, carcere (lo spedirono anche ai lavori

forzati) non lo mutarono. John Kennedy dovette intervenire un giorno per liberarlo, ma alle proteste dei suoi seguaci King oppose il Nuovo Testamento: «Siate prudenti come serpenti e semplici come colombe».

Il reverendo Martin Luther King correva da ogni parte, teneva anche trecentocinquanta discorsi in un anno, guidava le marce per i diritti civili, capeggiava gli scioperi, organizzava i boicottaggi, portava avanti la «Black Revolution».

Viveva felice con la moglie e i quattro bambini, e Coretta aveva abbandonato, per seguirlo, la carriera di cantante e il benessere della sua condizione borghese, e i fedeli ascoltavano il loro pastore nelle chiese e negli stadi, mentre auspicava, nel nome di Dio, «la grande comunità d'amore che provvede luce e pane per i viaggiatori solitari della mezzanotte».

L'hanno ucciso a Memphis, l'orgogliosa città circondata dai campi candidi di fiocchi di cotone, dove il nero chino nella raccolta è da sempre considerato «una schiena robusta e un cervello debole». Coretta ha detto: «Questa è la volontà del Signore». A spararagli fu un bianco, James Earl Ray, il 4 aprile 1968. E un amico del reverendo Martin Luther King ha riletto alla folla che stava davanti all'obitorio le parole che egli pronunciò, come congedo, una sera, in un altro posto del Sud: «Ora io vi auguro una buona notte citando una vecchia preghiera degli schiavi, che diceva: "Noi non siamo ciò che dovremmo essere, e non siamo ciò che vogliamo essere, e non siamo ciò che un giorno saremo. Ma grazie a Dio non siamo ciò che eravamo"».

Lo portarono via a mezzogiorno, mentre il sole bruciava. Fu la sua ultima marcia. Senza fiori e senza musiche, su uno sconquassato carretto da campagna, trainato da due muli. Sul marmo che protegge la bara hanno inciso questo versetto: «Libero alfine, libero alfine, grazie Dio Onnipotente, io sono libero alfine».

MALCOLM X

Io lo incontrai, un giorno di novembre del 1963, allo Shabbazz, alla 125ª Strada, e bevemmo caffè perché il buon musulmano deve lasciar perdere il whisky, le donne, i dadi e le lotterie; c'era in giro odore di patate fritte, di nafta bruciata e di brillantina. Tutti lo guardavano con rispetto.

Aveva un'aria intelligente e maniere composte, parlava con grande proprietà anche se, mi spiegò, aveva frequentato soltanto le prime classi. Diceva: «Sono nato a Omaha, Nebraska, quando il Ku Klux Klan era molto forte da quelle parti. Diedero a mio padre l'ordine di partire e così ce ne andammo».

Lo stanzone era dominato da un ritratto in smoking di Elijah Muhammad detto «il messaggero di Allah», un ometto rinsecchito, guida rispettata dei «Black Muslims».

Nella storia di Malcolm c'erano il dolore, il delitto e la prigione: sette anni. La madre era figlia di una nera violentata da un bianco e poi finita al manicomio; il padre glielo avevano buttato sotto un tram. Era cresciuto con tanta fame e tanta paura. Nel certificato penale, i giudici avevano annotato le sue colpe: sfruttatore di sgualdrine, spacciatore di droga, rapinatore.

Dietro le sbarre aveva imparato a studiare e a odiare i bianchi, la società razzista. Racconta Betty, la vedova: «Malcolm voleva che la crudeltà dell'uomo verso l'uomo finisse. E diceva che, per farla cessare, occorreva ricorrere a qualsiasi mezzo».

Lo chiamavano «il negro più arrabbiato d'America»; quando attentarono a Kennedy, disse che la faccenda gli era del tutto indifferente. «Si tratta» spiegò «di un caso di polli che vanno a farsi arrostire.»

Più tardi, un suo discepolo, ancora più acceso e intollerante, Eldridge Cleaver, ministro delle Informazioni delle «Pantere Nere» dichiarò ai giornalisti: «Io sarei molto soddisfatto se Richard Nixon venisse assassinato. Sarebbe proprio una bella cosa».

E «Rap» Hubert Brown non fu più tenero con Lyndon Johnson: «È un cane selvaggio, un fuorilegge del Texas». E incitava ad agire di conseguenza, giustificandosi: «La violenza è necessaria; è americana come la torta di ciliege».

Malcolm X diceva che l'America è una grande prigione, basta nascere con la pelle scura ed è come stare sempre a Sing Sing; diceva che Allah è giusto, mentre i cristiani sono ipocriti e per questo lui si era convertito alla grandezza dell'Islam; diceva che il nero è superiore, anche fisiologicamente, perché da un nero può nascere un bianco, mentre non è mai accaduto il contrario. «How Beautiful we are», come siamo belli, canta il poeta laureato Langston Hughes.

Diceva anche: «Non fidarti della donna perché ti metterà nei guai», ma non esprimeva soltanto la sospettosità delle dottrine islamiche, forse c'era anche un riflesso delle esperienze carcerarie.

Disprezzava Martin Luther King, perché incitava alla pacifica convivenza, all'amore verso l'oppressore e voleva seguire l'esempio di Gandhi.

«Ma Gandhi» spiegava Malcolm X «era l'elefante nero che schiaccia il topo bianco, mentre Martin Luther King è un topino nero sotto le zampe di un elefante bianco.»

Non aveva alcuna fede nel governo, nelle leggi, nella comprensione. Gridava ai suoi seguaci: «Al diavolo la politica. Levatevi in piedi e combattete le vostre battaglie perché solo così il bianco imparerà a rispettarvi. E se egli non vi permetterà di vivere da uomini, non potrà impedirvi di morire».

L'hanno abbattuto a colpi di rivoltella in una moschea di Harlem. Stava predicando. Era il 21 febbraio 1965.

UN SECOLO DI LUCI DELLA RIBALTA

LALE ANDERSEN

Incontrai Lale Andersen, la figura alta e magra, i capelli biondo cenere, la voce accorata, in un albergo di Amburgo, una grigia mattina di autunno; si sentivano lontane le grida dei gabbiani. Mi parve fragile e gentile, come l'avevo sognata allora, 35° fanteria, Divisione Pistoia. Sì, proprio la «Lili Marleen» che aspettavano in tanti, quelli dell'Afrika Korps di Rommel e quelli di Montgomery, gli americani e i russi, ognuno a modo suo. Era la ragazza di tutti, ogni soldato le dava appuntamento in un suo paesaggio, ma sempre «Vor der Kaserne, vor dem grossen Tor».

> «Tutte le sere sotto quel fanal,
> presso la caserma ti stavo ad aspettar»

aveva tradotto il paroliere Rastelli. Dicevano gli inglesi: «Underneath the lantern by the barrack, Darling I remember, the way you used to wait»; e i francesi precisavano: «Et dans la nuit sombre nos corps enlacés» (e nella notte cupa i nostri corpi allacciati); mentre noi, sentimentali, ci limitavamo a più composte richieste: «Dammi una rosa da tener sul cuor, / legala col filo dei tuoi capelli d'or».

Conversammo pacatamente; il suo tono era sommesso, sembrava parlasse di un'altra. «L'hanno suonata» diceva «seicentomila volte. Cominciò per caso, non volevo neppure saperne. Erano versi scritti durante l'altro disastro, nel 1915, da un poeta che indossava la divisa di Guglielmo II. Mi piacque la musica, ma non credevo, non pensavo a quello che sarebbe accaduto. Sa, pacchi di lettere, migliaia di lettere da tutti i fronti. Anche Eisenhower, pensi, volle conoscere il maestro che aveva composto quella melodia triste e io andai poi a ripeterla in Inghilterra, quando tutto fu finito, davanti a migliaia di reduci che l'avevano ascoltata nel deserto. Nessuno immaginava che *Lili Marleen* sarebbe stata la canzone di una guerra. Incisero, pensi, meno di mille dischi e, come tutti sanno, uno finì a Radio Belgrado, nella primavera del 1941, e un sergente della Wehrmacht, al quale piaceva quella innamorata che accompagnava ovunque il suo povero ragazzo ("Che cosa mai sarà di me?" diceva quel combattente, ricorda?), la mise in onda. E se lo chiedevano anche i *Tommies*, i G.I., i *Poilus*: "Che accadrà?".

«No, per me non è stato tutto bello, tutto semplice. La mia vicenda sentimentale, ad esempio: ho alle spalle un altro matrimonio fallito. Ho anche tentato di uccidermi, con il sonnifero. Avevo, in Svizzera, alcuni amici ebrei, non piacevo a Goebbels, volevo fuggire, misi in allarme la Gestapo. Mi pescarono mentre viaggiavo su un treno verso Lugano. "Signora", mi disse un uomo dalle maniere decise "ha sbagliato direzione: lei deve andare a Berlino."

«Allora mi sentii vinta, senza vie d'uscita. Scrissi una lettera prima di vuotare il tubetto. Dicevo: "Il fanale si spegne. Ma io non sono disperata. Nella mia esistenza c'è stata molta gioia. Non mi pento di nulla". Mi salvarono. Il mio nome era troppo conosciuto; mi fecero comparire in un grande music hall, la Skala, perché ormai si diceva in giro che i nazisti mi avevano chiuso in un campo di concentramento. Io impersonavo qualcosa, ero qualcosa. Sa, c'è chi ha scritto che *Lili Marleen* è stata "l'unica vittoria tedesca". E dire che mi accusavano di disfattismo. Troppo onore; certo, a molti ho fatto compagnia.»

Le chiesi se ancora c'erano vecchi soldati che andavano a sentirla, se il postino, a Langeoog, nell'isolotto sul mare del Nord dove si era ritirata, le portava i saluti dei superstiti del diluvio. «Sì, arrivano da ogni parte e mi ringraziano.»

Mi regalò uno spartito di *Lili Marleen*, con una frase garbata: riproduceva un lampione, un cerchio chiaro come la luna, due ombre, lui e lei, e sul fondo una sentinella con il fucile a tracolla che faceva la guardia ai suoi rimpianti.

Lili Marleen è stata la lenta, rassegnata marcia che ha accompagnato la ritirata tedesca e la fine di un'epoca.

JOSÉPHINE BAKER

Joséphine Baker figura tra i protagonisti di una grande stagione: portò il «charleston» e i ritmi del Mississippi e lanciò un mondo e una moda; tra i boys che la circondavano quando si presentava in scena c'era un giovanotto che era stato anche con Mistinguett, un certo Jean Gabin; René Clair stava girando *Sotto i tetti di Parigi*; trionfavano sui boulevards le commedie di Marcel Pagnol e a Hollywood, nei primi film sonori, Maurice Chevalier, in divisa da ufficiale di qualche inesistente staterello balcanico, cantava con una voce un po' alterata: «Paris, je t'aime»; nelle librerie comparvero due romanzi che fecero molto parlare: *La condizione umana* di Malraux, *Viaggio al termine della notte* di Céline. I disegnatori satirici sfottevano Herriot, Blum, Caillaux e Laval, e un ometto allucinato e con i baffetti che stava facendo un fracasso d'inferno a Berlino.

Joséphine animava le cronache con i suoi successi, le sue battute e le sue stravaganze. «Sono una donna al mille per cento,» diceva «mi getto tra le braccia del pubblico e lo amo»; e a chi la criticava, scandalizzato per le sue mosse ardite, per quegli ammiccamenti erotici, rispondeva ironica: «Circolano tante paia di natiche talmente sceme e insignificanti che sono appena adatte a sedercisi sopra».

Ma aveva sempre presente la sua condizione e il suo passato; tra gli ammiratori c'erano prìncipi, finanzieri, politici; Pirandello scrisse un articolo per elogiarla, Cocteau le dedicò nientemeno un'ode; Max Reinhardt, il famoso regista del Deutsches Theater, voleva scritturarla, ma lei non dimenticava i giorni poveri e le umiliazioni della intolleranza.

L'emigrato Einstein, compilando un modulo ai dock di Long Island, alla domanda: «Razza?», rispose: «Umana». A Marcel Sauvage, che la intervistava per compilare una sua biografia, Joséphine confidò: «Bisogna credere in Dio».

Viveva in appartamenti lussuosi, con piscine pompeiane, circondata da pappagalli, un piccolo giaguaro, molte lettere, molti fiori, molti regali, numerose pellicce di visone azzurro e bianco, e non so quante paia di scarpe di coccodrillo, ma aveva dovuto aspettare tanto un paio di calze di seta; dimenticava un anello prezioso in una scatoletta, non le piacevano i gioielli. Rappresentava la «stella».

Non era felice. «Da piccola,» raccontava «adoravo soprattutto i re e le regine. Li sognavo tutte le notti. A volte piangevo perché volevo diventare anch'io una sovrana.»

Le dispiaceva che corressero a vederla come uno strano animale selvatico e faceva tutto seguendo l'istinto, ubbidendo soltanto ai suoi desideri: camminava sui calcagni, saltava, faceva ruotare le spalle; con le gambe, con le mani, raccontava quello che sentiva in quel momento. «Ballerò tutta la vita» prometteva. «Mi piacerebbe chiudere cadendo sfinita, al termine di una danza.»

Allevava conigli nel suo camerino, creando qualche inconveniente, conservava una zampa come portafortuna e guai se qualcuno fischiava in palcoscenico: «È il serpente che lo fa: ed è segno di morte» diceva; era superstiziosa e candida, e coraggiosa. Una volta si presentò sul palcoscenico dell'Opéra stringendo al petto una scimmia. Fu un disastro. L'inquieta bestiola saltò dal palco nel golfo mistico e si posò sulla testa pelata del flautista.

Quando i tedeschi invasero la Francia giurò: «Non canterò fin che ci sarà un nemico». Entrò nel servizio di collegamento e di informazione, rischiò, ebbe prima una medaglia d'argento poi la Legion d'Onore, e una fotografia di Charles De Gaulle con la dedica.

Quand'era molto giovane, e il futuro le sembrava carico di promesse, aveva detto: «Avrò bambini, molte bestie; li amo, voglio vivere in pace in mezzo a loro. Sono stanca di questo artificio, stanca di essere frustata dai riflettori».

I figli se li era cercati: un piccolo ebreo e una piccola araba, un coreano e un congolese, di tutti i colori, di tutte le lingue e li faceva vivere in un castello, crescere e studiare; i guadagni si erano consumati, doveva ancora restare alla ribalta, sotto le luci crudeli e le occhiate indiscrete. «Ciò che mi piace mi ferma», era un suo motto.

I costumi fastosi coprivano i segni del tempo, quando Joséphine si presentava soltanto con una sottile collana di penne blu e rosse attorno alle reni e attorno al collo, le unghie argentate, le labbra vivide, i denti scintillanti nel sorriso che esaltava la giovinezza: «Oh, vorrei non invecchiare mai e marciare al suon di tamburo».

Si ritrova ancora povera come agli inizi, ma con il fascino

che ogni stagione, anche l'autunno, porta con sé. Di tutti i motivi, quello che preferiva era *Always*. Dice: «Non solo per un'ora, non solo per un giorno, non solo per un anno, ma per sempre, per sempre».

I BEATLES

Non torneranno più insieme, ma hanno lasciato un segno e sono stati un simbolo. Scrive lo psicologo Vance Packard: «Hanno incarnato una rivolta di giovani contro il mondo degli adulti, liberandoli da inibizioni inconsce e dal peso delle convenzioni sociali». Hanno fatto sognare, scatenare follie collettive, scandalizzato, contribuito a equilibrare la bilancia dei pagamenti britannica, diffuso la gioia di vivere e di stare insieme. *Newsweek* li giudicava «un disastro» e trovava i loro versi «addirittura una catastrofe», eppure doveva ammettere: «Nel cuore dei nostri ragazzi hanno preso il posto che aveva James Dean».

Il *Times* li difendeva: «Le canzoni dei Lennon e dei McCartney sono i più immaginosi esempi di uno stile nuovo». La regina nel 1965 li nominò baronetti.

John Lennon era considerato la mente. Il padre, operaio, lo abbandonò quando era piccolo. Adesso ha preso la cittadinanza americana e passa molti mesi in Giappone. Una volta lui e la moglie, Yoko Ono, si esibivano nudi e fumavano marijuana; ora passeggiano per Central Park spingendo la carrozzina di Jean Ona. John restituì a Elisabetta le insegne, per protestare contro l'intervento inglese nel Biafra e per solidarietà con il Vietnam.

Paul McCartney poteva considerarsi quasi un privilegiato: i suoi avevano un negozio di mercerie all'ingrosso. La madre racconta: «Non era cattivo, ma voleva vivere a modo suo». Figura nel Guiness dei primati come il compositore più felice che si conosca, l'artista che ha conquistato il maggior numero di «dischi d'oro» (è arrivato a 42 e ce ne vuole mezzo milione per entrare in classifica), vive tra la California e la Scozia, dove possiede una grande villa, con quattro figli e ogni sorta di animali. Ha creato un nuovo gruppo: The Wings e ha molto successo. La moglie, Linda, canta discretamente, ma andava poco d'accordo con Yoko: ecco una delle cause della separazione.

Ringo Starr (Richard Starkey), il batterista (piccolo, brutto, maleducato), è figlio di uno scaricatore del porto. Era il più rozzo. Sta a Montecarlo, cambia mogli o fidanzate in continuazione. Vende discretamente e si amministra con saggezza. Maureen, la sposa, lo ha piantato e se ne è andata con i bambini. Lui soffre di crisi depressive e cerca la forza per superarle bevendo. «Il passato» dice «è per me un ricordo doloroso e una nostalgia struggente. Credo che non sarei più capace di sostenere il mio ruolo. Sono sempre stato un debole pieno di paure.»

George Harrison, garzone elettricista, suonava la chitarra. Il genitore faceva il conducente di autobus. «Ogni mattina» racconta «dovevo mandarlo fuori di casa a calci perché andasse a lavorare, e a calci lo riportavo a casa la sera perché non si perdesse con gli amici.» George ha divorziato dalla prima moglie e ha sposato una messicana, che gli ha dato un maschietto; è appassionato di filosofia orientale e di auto da corsa; vive a Los Angeles e ammette il ricorso a certe sostanze inebrianti, «ma solo la canapa indiana e l'Lsd».

È morto l'impresario che li lanciò: Brian Epstein, che li scoprì al Cavern Club di Liverpool. Se ne è andato quando ormai non serviva più, ucciso dai barbiturici. «Erano terrificanti» diceva. «Suonavano in un modo da far paura.» Il primo disco si intitolava *Love Me Do*; vendette 80.000 copie in poche settimane: un record. Al momento di lasciarsi, avevano da spartirsi 62 miliardi. Ciò rendeva meno triste il congedo.

Allen Klein fu con loro fin dall'esordio; forse nessuno li conosce meglio.

– Allen Klein, lei ha seguito i Beatles fin dall'inizio. Vuol provare a dire in poche parole che cosa sono stati?

«Avevano una personalità impressionante, non solo per la musica, ma anche per il modo di vivere. Hanno dato avvio a una rivoluzione anche sociale. Purtroppo negli anni Settanta ci si è buttati nella direzione completamente opposta. Il risultato è che oggi c'è il deserto, è come un terreno sterile dove non si vede né uno stile, né talenti.»

– I Beatles che cosa hanno rappresentato per l'Inghilterra?

«Sono riusciti a introdurre non solo Liverpool, ma la Gran

Bretagna in quella grande fortezza musicale che senza dubbio era allora l'America, con Elvis Presley, Bing Crosby e con Sinatra. Se lei va in Russia, in Siberia, li conoscono. A memoria d'uomo nessun artista è riuscito a ottenere tanto.»

– È vero che le canzoni dei Beatles hanno portato all'erario britannico più entrate dell'esportazione del whisky?

«Non so se le posso rispondere, io non bevo scotch. Anzi, sto diventando alcolizzato, ma questo grazie solo alla birra. Ma sono certamente sicuro che i Beatles hanno dato moltissimi soldi al governo. E poi pagavano le tasse e non si rifugiavano nei paradisi fiscali, non stavano all'estero, come fanno molti personaggi, oggi.»

– Hanno cambiato qualcosa nel mondo? In modo positivo o negativo?

«In modo molto positivo. Vede, John Lennon lo ha spiegato in poche parole quando ha detto che i Beatles erano più grandi di Gesù. Per darvi una idea di quello che significava la sua affermazione, se lei va in qualsiasi chiesa la domenica vedrà al massimo venticinque persone, ma se va a un festival dei Beatles ne trova anche venticinquemila. La religione ha fallito completamente, grazie a Dio. Oh, non dovrei dire grazie a Dio, perché non ci credo.»

– Chi era il più bravo dei quattro e chi invece aveva il senso degli affari?

«Questa è una domanda abbastanza delicata. Per quanto ne so, hanno contribuito in eguale misura a creare un gruppo così eccezionale e unito. Ora sto facendo un giro in America per tenere conferenze sui primi anni dei Beatles e molto spesso mi hanno fatto questa domanda: chi era il migliore. Guardando i film dei loro concerti, vedo che, per esempio, quando John suona una parte del pubblico si mette a gridare e a strillare, poi quando comincia Paul ecco un altro settore che comincia a eccitarsi. Ecco, la scelta tra Paul e John Lennon.»

– Perché si sono divisi?

«Era naturale: sono stati insieme per cinque, sette, otto anni e quindi è ovvio che a un certo punto ognuno volesse fare le proprie cose. Poi, quando morì il loro manager, cominciarono a permettersi sbagli, a imbrogliarsi, e c'era così tanta gente che ne approfittava, che ricavava più quattrini dai Beatles che i Beatles stessi, poi venne chi cercò di prendersi cura di loro, ma John e Paul si separarono. Perché Paul voleva fare entrare la sua famiglia, sì, sua moglie Linda. I Beatles non si metteranno più insieme perché ognuno di loro si sente un po' come una vacca sacra e quindi c'è paura di un conflitto di personalità.»

– Sono ancora molto ricchi?

«Sì, direi di sì. Vede, io ho appena finito una storia su di loro, quindi ho fatto un bel po' di ricerche, e si pensa che dal '65 fino ai giorni nostri abbiano fatto guadagnare all'industria della musica settanta milioni di sterline; io non so quale percentuale gli tocca, ma sicuramente se la passano bene.»

– Quanti milioni di dischi hanno venduto?

«Mi hanno detto intorno ai cinquanta.»

– Un sociologo americano ha scritto che l'intelligenza degli ammiratori dei Beatles era sotto la media. Pensa che sia vero?

«No, no, quel sociologo dovrebbe tornare a scuola, imparare a fare i conti di nuovo. La maggior parte degli ammiratori dei Beatles è andata all'università, conosco gente che ha studiato economia e hanno ottenuto lauree in altri campi. Il loro pubblico praticamente andava da chi era ancora nella culla a quelli che avevano già un piede nella fossa.»

– È vero che i Beatles, almeno ai loro inizi, non sapevano neppure leggere la musica?

«È così. Ma ora sanno comporre e fare arrangiamenti, ma ai primi tempi le loro note venivano direttamente dal cuore.»

– Se lei dovesse scrivere una storia della musica moderna, che posto darebbe ai Beatles?

«Mi è permesso dire parolacce? Grazie. Be', io penso che il mondo musicale oggi è pieno di merda. Negli anni Settanta il livello è caduto completamente. Quello che si sente non è altro che una stronzata, ma sono sicuro che qualcosa di rispettabile ne verrà fuori. Si ricomincia da zero. Sono sicuro che se qualcosa di buono uscirà dalla musica punk non sarà che dopo il 1980.»

– Qualcuno ha detto che soltanto Hitler ha avuto sulle folle un potere maggiore dei Beatles. Lei è d'accordo?

«No, credo che Gesù Cristo abbia battuto Hitler, e i Beatles hanno sorpassato tutti e due.»

FRANCESCA BERTINI

Quando incontro Francesca Bertini ha quasi novant'anni, ma la sua età resterà sempre un mistero. Si può dire che è venuta al mondo con il cinematografo: è per lei che inventano la parola «diva». Ha rispettabili concorrenti, come Lyda Borelli, la Fatale, ma solo lei è considerata l'Inimitabile. Esordisce nel 1904, accanto al grande Ermete Novelli, in *Re Lear*. Il maestro consiglia la trepida debuttante: «La naturalezza è la scelta più difficile, ma tu ci riuscirai perché sei giovane e intelligente. Non fissare con gli occhi spauriti la macchina da presa, ma davanti a essa agisci come se non esistesse». La ragazzina esegue con scrupolo, decisa ad arrivare.

In un decennio gira più di cento film. Preferisce interpretare le eroine della storia e della leggenda, in ogni caso figure femminili passionali e romantiche: Lucrezia Borgia e Pia de' Tolomei, Beatrice Cenci, e poi Tosca, Fedora, Giulietta. Se lo può permettere: quando esordisce ha quindici anni, quando si ritira, al culmine della gloria, ventisei. Nessuna certezza sulle sue date.

Allo stato civile risulta Elena Vitiello, nata il 5 gennaio 1882, ed è Salvatore Di Giacomo che la vuole protagonista di *Assunta Spina*, primo esempio di realismo, perché le riprese sono effettuate per la strada, in tribunale, nelle carceri. Trova che «in lei c'è la vera anima di Napoli, però il profilo è greco». Dal palcoscenico dialettale agli schermi internazionali. «Di Giacomo» racconta la signora «mi presenta a un avvocato che si chiamava Losavio. Era il direttore generale delle Pathé Frères di Parigi e gli serviva una Leonora per il *Trovatore*. Ero una ragazzina e dicevo due parole, non di più. E di tante belle donne che c'erano lui scelse proprio me. Non si è mai capito perché. Forse perché le altre erano molto esuberanti, formose. Io, invece, un cosino che appena si vedeva. Quelli di Parigi dissero: "È stata una bella idea". Era il 1910.»

È intrattabile, capricciosa e dispotica: anche ai suoi partner, sul *plateau* (così chiamano il set), dà rigorosamente del lei. Non concede confidenze, ma interviene anche nel montaggio e nella regia.

Nessuno sa dove abita. Soltanto un portiere del Grand Hôtel riesce a pescarla. Un po' vive a Roma, un po' a Ginevra.

«Pochissimi» racconta «erano coloro che potevano affermare di avermi vista di persona.» Se mostra il passaporto, copre con falsa disinvoltura la scritta rivelatrice; una volta disse che era venuta al mondo «in una calda notte d'estate», adesso ha deciso per il 6 febbraio 1892.

Sposa un gentiluomo elvetico, Paul Cartier. Lo incontra, ovviamente, a cena al Grand Hôtel e scatta la scintilla. Dice: «Mi piaceva perché era forestiero. Gli italiani mi facevano paura». Paul le porta in dono la villa che Vittorio Emanuele aveva scelto in Toscana per la «bela Rosin»: guarda come cammina la storia. La figlia di un mercante di stoffe, con poca voglia di lavorare, e di una casalinga diventa una figura di spicco della società europea: due cuoche, tre cameriere, viaggi, monili.

Veste unicamente con tre colori: bianco, nero, rosso rubino, Chanel al mattino, Worth la sera. I nobili le piacciono moltissimo, come i begli anelli, i bei bracciali, le belle case. Ma l'avvincente Cartier si stanca e la molla con un ragazzino da tirar su, Jean-Bénédicte.

Del passato le sono rimaste sette casse di ritagli di giornali. Niente più ville, cuoche, cameriere, gioielli. Ma lo sguardo ha conservato una antica magia e il sorriso ha ancora la gioia della lontana giovinezza. Muore il 13 ottobre 1985. L'età resta ancora un mistero.

MIKE BONGIORNO

Mike Bongiorno è indubbiamente il personaggio simbolo della televisione italiana. Non solo perché è ancora sulla breccia, e con successo, ma anche perché la televisione in Italia è nata con lui.

– Perché ha lasciato la radio per la televisione?

«È una storia piuttosto lunga da raccontare. Comunque, la dirò in poche parole. Io ho lavorato per tanti anni alla radio a New York dove facevo il corrispondente della Rai. Eravamo alla fine degli anni Quaranta, principio anni Cinquanta. Poi venni in Italia per fare alcuni documentari per la Radio italiana di New York e Vittorio Veltroni, che allora era il responsabile delle trasmissioni in collegamento con l'estero, mi disse:

«Mike, perché non rimani qua in Italia anziché tornare negli Stati Uniti? Sta per nascere la televisione. Tu l'hai già fatta un po' e sai come funziona. Forse potresti avere successo". E così mi lasciai convincere.»

– E quando ha avuto la sensazione del successo?

«Con la prima trasmissione che si chiamava *Arrivi e partenze*, in cui bisognava parlare due lingue: in italiano e in inglese. Io intervistavo tutti i "vip" di passaggio per Roma. Allora c'erano pochissimi televisori, però mi accorgevo, quando andavo per la strada, che tutti mi guardavano. Io pensavo che lo facessero perché portavo le giacche lunghe, le cravatte colorate (ero arrivato da poco dall'America) e, invece, era perché cominciavo già a diventare personaggio. Mi accorsi di diventarlo veramente in un secondo tempo, quando feci *Lascia o raddoppia?*.»

– Quando *Lascia o raddoppia?* ha raggiunto il momento più alto?

«Si tratta di un periodo abbastanza lungo, che è durato due anni. In quei due anni abbiamo avuto anche i personaggi più famosi, quelli che hanno veramente lasciato traccia di sé. Poi, gli ultimi due anni un poco meno, ma anche perché ormai la gente aveva capito cos'era *Lascia o raddoppia?*, che è andata avanti per altri due anni perché cominciava a diffondersi anche nel Sud dell'Italia, dove non l'avevano vista.»

– Cosa succedeva in Italia quando andava in onda il suo programma?

«Succedevano cose molto strane. All'inizio non me n'ero reso conto, ma ricordo che, quando uscivo dagli studi del Teatro della Fiera di Milano, vedevo che c'era molta gente che chiacchierava davanti ai bar, davanti ai locali pubblici. Dicevo: "Mah, sarà successo qualche cosa", perché allora era anche un periodo politico abbastanza delicato. Invece scoprii che quella gente si radunava davanti ai bar perché aveva appena finito di vedere *Lascia o raddoppia?* e tutti dovevano parlare e dire la loro a proposito della trasmissione o dei personaggi che avevo presentato.»

– Di quei concorrenti chi ricorda?

«Direi, tre o quattro. La prima grande concorrente è stata la Bolognani, che rispondeva a domande sul calcio. Ma quello che ha fatto nascere *Lascia o raddoppia?* è stato il professor

Degoli con la sua famosa contestazione del controfagotto. Però, poi, ho avuto due personaggi veramente straordinari. Uno è Marianini, che era il *viveur.* Andava sempre vestito in modo molto eccentrico. E l'altra era la Garoppo, nota perché era molto abbondante qui davanti. Difatti avevamo qualche problema, allora, in televisione perché la direzione generale diceva: "Per favore, state attenti. Dovete inquadrarla da qua in su". Il regista aveva notevoli difficoltà quando la prendevano di profilo, poiché non ci stava dentro.»

PAOLA BORBONI

Se raccontasse la sua storia sarebbe un recital straordinario. Conosco solo due persone che sanno parlare come lei: Andreotti e Fellini. Non declama, si confida, convinta com'è che la confessione ci libera e ripulisce da tutti i peccati. Dice quello che pensa, e per questo si è creata la reputazione di donna terribile. Neppure da giovane soffriva di inibizioni: figuriamoci adesso. È stata bella, appassionata, indipendente; ora, se proprio non è saggia, è serena. Molti l'hanno desiderata ma, nella tumultuosa vicenda, ci sono anche alcuni veri amici. Si è sposata con un giovanotto che aveva oltre quarant'anni meno di lei: «Una specie di angelo,» sospira «un folle poeta». Lei aveva già preparato il vestito con il quale desiderava essere sepolta. È morto lui.

Ho passato un paio d'ore a conversare con Paola Borboni nella piccola casa che ha in affitto a Roma. Bei libri rilegati, un ritratto fiero che le fece Mario Vellani Marchi, nel Trenta, suppongo, e appare vivace ed elegante: ha avuto anche un guardaroba con più di quattrocento abiti e molte pietre preziose, che sono finite in scene e costumi.

Una volta, in Argentina, per salvare la compagnia, naufragata nell'insuccesso, sacrificò un po' della sua virtù al presidente di quella tumultuosa Repubblica. L'avventura comincia con l'invito per un tè, lei che va con un cappotto verde foderato di *petit-gris,* cappellino grigio, allora si usava. Una fila di sale e di stanze, tutte rosa, e finalmente un salotto stessa tinta, con qualche divano e un tavolino apparecchiato e su una tazza un astuccio, naturalmente, con qualche cosa dentro.

Lei, è ovvio, capisce subito, pensa alla madre dei Gracchi, questi sono i miei gioielli, ma avevano avuto un tale fiasco, per cui apre la custodia, si infila il braccialetto di brillanti e zaffiri e dice a se stessa: «Adesso tocca a te». Lui mormora: «A tra poco». Torna e ha addosso un pigiama, ovviamente rosa, e anche la testa, senza un capello, è dello stesso esangue colore, e Paola ha l'impressione di essere la Pompadour. E va di lungo, per undici settimane, undici tè, undici venerdì, e bisogna sapere che nel Sudamerica usano sofà larghissimi, avete presente quelli del *Gattopardo*?

Paola Borboni sostiene che il pudore è un'invenzione, dipende da come le cose si fanno. Secondo le storie, è stata la prima che, almeno da queste parti, si è spogliata del tutto in palcoscenico. Testo: *Alga marina* di Veneziani. «No,» precisa «non mi sono spogliata, era la parte. Facevo la sirena: ne ha mai vista una con il paltò? Erano contenti, oh, se erano contenti!» Del resto, prima di arrivare a Pirandello, a lei toccavano sempre, nelle commedie brillanti, i ruoli di cocotte, allora si chiamavano così, o di amante.

È nata dalle parti di Parma, con il segno dell'eccezionale: il padre faceva l'impresario lirico e andava spesso in Turchia; la madre, che passò il secolo, una altoatesina, era figlia di un cacciatore d'orsi. La Borboni esordì nel 1916 al Filodrammatici, a Milano, con Alfredo De Santis; si era ammalata la prima attrice e ci voleva una ragazza per sostituirla. Poi passò con Armando Falconi, ed ebbe il prestigio della primadonna. Allora si facevano le serate d'onore e una sera a Firenze ha ricevuto tanti fiori che non passavano più dall'ingresso degli artisti.

È stata una applaudita e generosa interprete di Pirandello e, per rappresentare le opere del maestro, ci ha rimesso parecchio, e del suo. Lo ha conosciuto: «Facevo *L'uomo, la bestia e la virtù* e mi stavo aggiustando il trucco. Era appoggiato allo stipite della porta e mi guardava. Non mi sono voltata e ho parlato con l'immagine che vedevo nello specchio. "Oh," dico "che gioia, è venuto a vedere quello che abbiamo fatto per lei." E lui: "Sono contento, perché mi mettono in tutte le salse, però stasera sono soddisfatto, siamo a posto", e continuò a sorridere. Mi diedi un'altra spazzolata, poi mi sono voltata e l'ho visto non più riflesso. Sembrava una di quelle sue evocazioni; era nel mio camerino e non c'era. Fu un momento magico. Dopo poco se ne è andato».

Impavida e decisa, per poter recitare *Tovarich*, una commedia di Deval, che era proibita dalla censura, pensò di andare direttamente da Mussolini. Racconta: «Mando una gran lettera e mi vedo assegnata una giornata. Come mi vesto? Di nero, ho quel giaccone di astrakan con i bottoni d'argento, va bene un collettino, una piccola veletta perché così l'occhio rimane un po' appannato. Sono arrivata fino a un metro dal tavolo, mi sono inchinata il giusto, perché andavo a chiedere e non a mendicare. Lui mi interroga e parliamo di teatro, e di Marco Praga, un famoso critico che si era ucciso, e lui disse: "È un gesto che non bisogna fare", e io: "Eccellenza, bisogna anche riflettere, i momenti, le malattie", ma non accolse bene questo discorso. "Voi credete che questo copione vi possa portare fortuna?" chiese. Io sentivo, sentivo che andava bene. Mi sembrò morbido, morbido: era pronto al divertimento? Ecco, è una cosa delicata, non so dirla meglio, non saprei dirla peggio. Ma è così». Divertimento non ci fu.

Non ha rimpianti: è sola, ma non le manca il coraggio. Lo splendore si spegne, ma non ha paura né delle parole né delle rughe: è la decana, nessuna teatrante ha sulle spalle tante esperienze. Diceva il prediletto Pirandello: «Un romanzo o lo si scrive o lo si vive». Ha vissuto.

TRE DE FILIPPO TRE

Abbiamo avuto anche una «famiglia reale» del palcoscenico, i nostri Barrymore. Dico Titina, Peppino ed Eduardo De Filippo. Certo, Eduardo è il più grande: non solo attore, ma ha scritto copioni che resteranno, che verranno rappresentati ovunque. Ho in mente l'articolo di un giornale: "Profuma Londra il ragù di Eduardo", Laurence Olivier rappresentava sulle illustri tavole dell'Old Vic *Sabato, domenica e lunedì*. Nell'Unione Sovietica si sono stampate due milioni di copie di *Filumena Marturano*, forse il suo capolavoro. Quaranta compagnie hanno inscenato contemporaneamente *Una famiglia*; di *Questi fantasmi* a Madrid si diedero cento repliche.

Per più di cinquant'anni Eduardo è stato alla ribalta, inventando trame sempre tratte dalla cronaca del tempo e dalla vita: «Io osservo,» confessava «osservo continuamente». Esperienze e dolori non gli sono stati risparmiati; l'ultima commedia, che ha quasi il senso di un bilancio, si intitola *Gli esami non finiscono mai.* Il nome De Filippo è ormai consacrato nella nostra storia: scriveva Eugenio Ferdinando Palmieri: «Sono maschere improvvise e abbaglianti non di un Paese, ma di una umanità»; e Corrado Alvaro diceva che raccontavano «la favola della vita italiana».

Cominciarono con l'avanspettacolo, al Cinema Kursaal, una platea rumorosa e popolare. «Scrivevamo i nostri copioni in camerino, negli intervalli» racconta Peppino «e la testa rimbombava dei dialoghi e dei sospiri dei primi film sonori. I napoletani sono esigenti: ogni settimana bisognava cambiare repertorio. E sono terribili: ti capiscono prima che parli, e devi stare molto attento per poterli imbrogliare. Anche *Natale in casa Cupiello* era un atto unico, bellissimo. Quando arrivammo a Milano, al Teatro Puccini, appena si alzava il sipario e si scopriva la scena, ci riempivano di fischi. Odiavano la prosa, volevano subito le ballerine. Ottenevamo un clamoroso insuccesso e l'impresario ci pagava poco e mal volentieri. Avevamo in cartellone *Sik Sik, l'artefice magico* e, per rappresentarlo, erano assolutamente indispensabili un colombo e una gallina. Una notte, spinti dall'appetito, ci rivolgemmo a un trattore perché ci cucinasse i due cari compagni di lavoro. Li mangiammo, ma con molta pena.»

«Nel 1932,» raccontava Eduardo «decidemmo di passare proprio al teatro con una compagnia nostra e con commedie scritte da noi. Firmavamo, quasi con pudore, con degli pseudonimi. Debuttammo all'Odeon. Ma chi ci conosceva? Le poltrone erano per metà vuote, però alla fine il pubblico urlava: "Viva Napoli". Renato Simoni fece un lungo articolo e, nei giorni seguenti, tutte le file si riempirono. Cominciò così la conquista del Nord.»

«Noi siamo una dinastia» dice Peppino «abbiamo dietro la gloria del San Carlino. Camminavo appena e mi han cacciato fuori dalle quinte: "Canterai davanti al re" mi avvertirono, perché davamo uno spettacolo per invito di Vittorio Emanuele III. Miagolai chissà che cosa, ma ricevetti in premio una moneta d'oro. La conservo ancora. Quattro anni aveva

Eduardo quando raccolse il primo applauso con la compagnia Scarpetta. A sedici anni Titina era già una bravissima soubrette. Una dinastia, siamo. Anche il mio Luigino ha scelto il mestiere di papà e all'inizio l'ho costretto a fare infinite volte la parte del cameriere: bisogna cominciare così, due battute sole, e via.»

Se chiedete a Peppino: «Che cosa preferisce: scrivere per il palcoscenico o recitare?», risponde senza incertezze: «Recitare, attore comico sono e attore comico desidero rimanere».

Rivolta a Eduardo la stessa domanda, egli rispondeva senza perplessità né ombra di dubbio: «Scrivere. Ma ho deciso di smettere. Non ti vogliono sentire, hai dei problemi, delle tristezze, sei noioso. Vede, porto in giro soltanto riprese.

«Eppure è nella mia città che ho provato la più profonda commozione della mia vita. Fu alla prima di *Napoli milionaria.* Quasi tutti i teatri erano requisiti. C'era il fronte fermo verso Firenze. C'era la fame e tanta gente disperata. Ottenni il San Carlo per una sera. I professori dell'orchestra, per assistere allo spettacolo, si erano infilati nel golfo mistico. Vedrete che ci diffamerà, pensava qualcuno allarmato dal titolo. Lei sa la vicenda. Io facevo Gennaro Esposito, un povero e bravo uomo che viene portato via dai tedeschi e, quando ritorna, trova un figlio ladro, la moglie, che si è data al mercato nero e si è arricchita, lo ha tradito e la figlia ha fatto l'amore con un soldato americano. Sono diventati cinici, ma Gennaro Esposito, con tolleranza, con comprensione e tanta saggezza fa capire ai familiari che non è finito niente, che la vita continua. Arrivai al terzo atto con sgomento. Recitavo e sentivo attorno a me un silenzio assoluto, terribile. Quando pronunciai l'ultima battuta, la battuta finale: "Ha da passà 'a nuttata", e scese il pesante velario, ci fu silenzio ancora, per otto, dieci secondi, poi scoppiò un applauso furioso e anche un pianto irrefrenabile; tutti avevano in mano un fazzoletto, gli orchestrali del golfo mistico che si erano alzati in piedi, i macchinisti che avevano invaso la scena, il pubblico che era salito sul palcoscenico, tutti piangevano, e anch'io piangevo, e piangeva Raffaele Viviani che era corso ad abbracciarmi. Io avevo detto, interpretato, il dolore di tutti».

La tristezza, il rassegnato pessimismo di Eduardo; l'irresistibile comicità di Peppino. «Quando diedi *Il bandito sono io,* al terzo atto mi fischiarono. Avevano riso fino a pochi istanti prima, ma alla conclusione, che aveva una cert'aria moralistica, cominciarono a fare un fracasso d'inferno. Ero meravigliato e mi rivolsi al pubblico: "Sono perplesso," dissi, "non capisco." E quelli, andandosene: "Cambiate finale, don Peppì, cambiate finale". Così feci. In effetti avevano ragione loro. Hanno sempre ragione loro. Bisogna conoscerli. Una sera, in piazza San Ferdinando, salgo su una carrozzella. Il vetturino, un tipo assorto e silenzioso, manco mi guarda. Stiamo per andare, ma arriva una guardia. "Dammi il libretto" dice. Il vetturino, senza parlare, porge il libretto. "Sai che non puoi stare qui? Domani ti aspetto al comando. O paghi la multa o vai dentro un paio di giorni." Silenzio. La carrozza, finalmente, parte. E dopo un poco il vetturino mi dice: "Quello crede di avermi fatto un dispetto, ma io così mi riposo". Bisogna proprio conoscerli. I napoletani sono ipocriti, sembrano allegri, invece sono molto tristi. La gente li osserva e loro fanno finta di essere gai e spensierati. Non s'impegnano, perché da quando avevano in casa i mori sanno ormai come va a finire. Mi fanno pensare a Walter Chiari. Credo che la sera, quando va a letto, dopo aver fatto l'allegro per tutta la giornata, sia ben felice di distendersi e di abbandonarsi – almeno in privato – a un po' di malinconia.»

È anche il pensiero di Eduardo che odia il Vesuvio, le canzonette, le cartoline e che ha distrutto con le sue parole spesso acri, con le sue immagini appannate dallo sconforto, la retorica della felice città del sole. Dicono certi suoi versi:

Napule è un paese curioso
è nu teatro antico... sempre apierto;
ce nasce gente ca senza cuncerto
scenne p' strade e sape recità.

FEDERICO FELLINI

C'è stato Rossellini, poi De Sica, c'è Antonioni, Visconti, ma penso che il cinema italiano sia soprattutto lui, Federico. È rimasto legato al suo paese, la provincia; lo accusano di raccontare sempre se stesso, ma non fanno più o meno tutti così, e c'è forse un soggetto migliore? Ha detto un critico: «Fellini è uno dei pochissimi cineasti che hanno saputo conciliare la fedeltà al proprio mondo interiore con le esigenze divulgative di un mezzo di espressione popolare qual è il cinema. Per un segreto istinto di uomo di spettacolo, riesce quasi sempre a trovare il punto di coincidenza fra l'ispirazione e l'interesse del grande pubblico. Spesso addirittura precorre i tempi, anticipando gli orientamenti del gusto e indicando strade nuove».

Dico a Federico che sono passato da Fano e ho visto il collegio dove studiava da ragazzo. Lo mostrano ai forestieri. Adesso anche la cittadina è cambiata, han costruito tante case che in qualche punto nascondono il mare. Sono andato a bere all'osteria dei pescatori, sul porto, e in quella pasticceria del centro dove i pensionati distinti e le vecchie contesse si ritrovano per discutere di politica, o per confidarsi amori scandalosi, all'ora del tè.

«Il dottore» come lo chiamano gli addetti alla produzione, quando lavora è circondato dalla sua devota corte: Luciano, l'autista, Bevilacqua, un ex pugile piccolo e fortissimo, che mi costringe a toccare i suoi muscoli, e la segretaria. Porta un cappellone nero, come i severi magistrati del West, e una sciarpa di lana tanto lunga che sembra una stola. Dispone di un appartamento dove si ritira negli intervalli. Facciamo colazione: è Bevilacqua che serve in tavola, silenzioso discreto: prosciutto, bistecca, insalata e mandarini.

Conosco questo abbonato ai premi Oscar, il Maestro, voglio dire, da quasi trent'anni. Capitò nella redazione di un settimanale che si stampava a Bologna. Venne a offrire alcuni articoli e a chiedere un anticipo. Non ebbe i soldi (non ce n'erano) e non mandò i pezzi. Credo sia anche un grande giornalista. Il lettore avvertirà, in queste righe e in quelle che seguono, un fondo fazioso, che non mi imbarazza ammettere: perché siamo amici, della classe del '20 (lui sei mesi di più), delle stesse parti.

Mi sento un po' come i protagonisti di quei memorabili incontri che venivano pubblicati da un diffuso mensile: «Una persona che non dimenticherò mai». Ma questo rispetto, che anche i contemporanei manifestano per le creature destinate alla memoria dei posteri, non complica il nostro discorso. Anzi.

– Quali sono i difetti che ti senti più spesso rimproverare?

Ho letto, ad esempio, che Giulietta ti accusa di essere un tenace, strepitoso bugiardo. C'è del vero?

«Riconosco: sono incapace di riferire obbiettivamente. Non è un vizio, ma una vocazione: come si fa a pretendere da uno che fa il narratore, che racconta fatti, che li inventa, di diventare d'improvviso un altro? La faccenda del pallonaro non merita neppure di essere contraddetta. Faccio una professione come la tua e le sollecitazioni, le raccomandazioni si susseguono a ritmo infernale, mi premono. Vedi, io tendo, per temperamento, all'armonia, astrologicamente appartengo alla Bilancia, sono portato, insomma, a conciliare; un po' anche per non essere guardato con rancore, con odio, perché non dicano che non mi frega niente degli altri, e magari per un pizzico di megalomania, prometto, e se poi non mantengo, si scatenano. Ma sono come un padre di famiglia che cede per far contento il figliolo. Mi sembra di essere schietto, sincero, posso dire che dalle mie, come spiegarmi, trovate, non ricavo alcun vantaggio.»

– Se dovessi farti un processo, che cosa metteresti a tuo carico?

«Mi guardo con molta simpatia. Sono un giudice di una tolleranza, di una solidarietà totali. La mia è una vita fantastica; quando entro nel teatro di posa, è come se scrivessi una storia. Vera; l'altra non esiste. È qui che io divento Federico, non Federico Fellini, il regista. Mi identifico nel mio lavoro. Fuori, mi pare sia una specie di vago sogno: lì si potrebbero anche trovare le prove per una condanna a morte.»

– Qual è il peccato che merita più comprensione?

«La generosità, oggi.»

– E qual è l'errore, il traviamento, nel quale ti piacerebbe cadere con più frequenza?

«La mia concezione cattolica della colpa è molto fragile, di tipo infantile. Li faccio quasi tutti, ma è un problema che non esiste.»

– Dal punto di vista religioso, come ti descrivi?

«Un uomo che è portato a considerare il segreto, l'arcano, avvincente e fondamentale. L'inatteso, l'inaudito, lo sconosciuto è un sentimento da coltivare. Ti arricchisce, ti rende più completo. Einstein, che ha tentato di indagarlo anche sul piano scientifico, ha concluso: “Niente è più affascinante del mistero”.»

– Hai dei rimorsi? Verso chi?

«Uno che è nato in Italia, come fa a non averne? L'educazione cattolica è una ammaccatura che ti trascini dietro, per sempre. Vorrei fare quell'accidenti che mi pare e che tutti fossero contenti. Ma siamo cresciuti con delle regole che hanno alterato il rapporto con la realtà, che l'hanno anzi nascosta. Fin da quando eravamo bambini è cominciata un'operazione orrenda di estraneamento. Ti hanno obbligato a essere un buon scolaro, un buon marito, un buon cittadino, un buon genitore, un individuo irreale, ti hanno messo davanti un modello idealizzato nel quale eri costretto a specchiarti e che hai tradito a ogni occasione. Per questo ti senti colpevole.»

– Dicono che non riesci a liberarti di te stesso e della Romagna. Io, modestamente, sono d'accordo con te e con Flaubert: «La signora Bovary sono io». Ma ti vorrebbero più impegnato.

«Sarei preoccupato se mi liberassi di me stesso: non saprei con chi sostituirmi. Che c'entra la Romagna? È una premessa, una specie di grosso alibi che mi auguro resista a lungo, che non si consumi. Il discorso dell'impegno mi sembra un po' sciocco, non capisco bene a che cosa ci si riferisca. Qui si tratta di averne sempre meno, non di crearsene.»

– Che cosa si prova a essere considerato quasi un genio?

«Prima di tutto quel “quasi” lo toglierei decisamente, dal momento che sei così sfrontato. Accetto l'apprezzamento con il buonumore con il quale da ragazzino ti dicevano prete perché avevi i capelli lunghi; è una questione che non mi sono mai posta. E poi, chi è un genio? Uno che capisce le cose che agli altri sfuggono. Allora, quando leggo le dichiarazioni dei miei colleghi io non le afferro per niente. Ho il senso dei miei limiti. Ho dovuto vincere, dentro di me, dubbi, insicurezza, sfiducia. Da scolaro non sapevo fare le parallele e il professore di ginnastica mi prendeva in giro, e questo mi aveva creato un complesso verso le donne di cui mi sono poi abbondantemente riscattato. Guardavo quei monumenti ai caduti che ci sono sulle piazze: nudi, con il cappello da bersagliere in testa, un'ala spezzata e sconfortato mi dicevo: Io non ci riuscirò mai. "Fallo per la mamma," predicavano "fallo per l'Italia". Nessuno ci ha mai insegnato: "Fallo per te".»

– A un certo momento sei stato così male, tutti dicevano: «È molto grave, forse non ce la fa». Come ti sentivi? Hai paura di morire?

«Ho avuto la percezione che potevo essere molto vicino al passaggio. Tutto è nato da una iniezione contro l'influenza. Il dolore cresceva, ero schiacciato da un peso enorme al petto. Abitavo in una camera d'albergo. Non sono riuscito a suonare il campanello, ho rovesciato il telefono, sono caduto disteso per terra, riverso sulla moquette. Per anni ho sentito l'odore della polvere, mi prendeva il ricordo angoscioso di quella mezz'ora passata sul pavimento, i pensieri erano lucidissimi, com'erano strane le cose viste da quel punto. Mi dicevo: "Sto per morire", e lo ritenevo anche giusto, perché rimandavo da un anno e mezzo un film, mi pareva di non saper più fare il mio mestiere, non c'era quindi più ragione di vivere, e mi sembrava che tutto accadesse nella scenografia necessaria, una stanza qualsiasi, anonima, perché mi sono sempre sentito zingaro, viandante.

«Poi, da dov'ero, vedevo il telefono ribaltato e una poltrona, ma non riuscivo a sapere bene che cos'erano, mi venne in mente un'esperienza mistica come quella provata con l'Lsd, l'acido lisergico, l'estasi, il nirvana; avevo pianto come un vitello. Vedevo dei dischi con delle buste colorate, ma non sapevo più dire busta, disco, colore, guardavo una mano, e non riuscivo a identificare quella medusa fluttuante, vagante, che veniva verso la mia faccia. Immagini mostruose e sconosciute.

«Sto proprio per andare, mi dicevo. Attraverso la finestra, era una notte di luna, scorgevo il Palazzo dei Congressi, surreale, come una pittura di De Chirico. Già, mi dicevo, volevo raccontare il viaggio di Mastorna nella morte. Ho cercato di aprire il portone proibito, adesso si richiude e mi stritola. Poi, per la prima volta, l'idea di Dio. Dio geometra, scienziato: un principio di estrema esattezza, come un teorema. Non mi facevo pena per niente.»

– Che cosa ti consola? Che cosa ti fa disperare?

«Non capire mi dà una grande protezione. Continuare a sentire che, tutto sommato, la penombra diventa più fitta attorno a te, mi rende fervido. Che cosa mi addolora? Certi rigurgiti di fascismo, inteso soprattutto come una componente del costume, la tendenza ineluttabile a scivolare nella stupidità, nel conformismo, nelle idee generali degli altri, questa implacabile pigrizia, questo desiderio inconscio di non essere liberi, di rimandare le decisioni al Papa, al ministro, al Padre Eterno.»

– Che cosa ti è mancato per essere felice?

«Nulla, tutto a posto. Questo miscuglio di inappagato e di soddisfazione, questo rinviare al giorno dopo, questa attesa, queste tenere illusioni, queste nostalgie, questo fatto di essere contento e scontento, deluso e soddisfatto, incerto e spavaldo. Perché dovrei avere di più?»

– Qualche personaggio, di ieri o di oggi, che ti piace.

«Giordano Bruno e Cagliostro, Picasso, che mi pare una incarnazione della creatività allo stato puro. Quando sono depresso e ho momenti di sfiducia, me lo sogno e mi parla tutta la notte, mi parla, e ruota davanti a me, nel mare prospiciente la sua villa, a Cannes, oppure mi fa da mangiare. Una volta ero nei guai e lui mi disse: "Adesso ti faccio una frittata di ventiquattro uova". Indossava i bermuda, quei pantaloncini corti, e friggeva, aveva la schiena nuda e io pensavo: "Quanto è forte questo vecchio".»

– Come vorresti essere definito, o riconosciuto, da quelli che verranno?

«Ha vissuto come una prova generale, in attesa del debutto.»

PAOLO GRASSI

Venticinque anni al Piccolo, cinque alla Scala, Paolo Grassi se ne va. Porterà via la sua raccolta di ricordi: le fotografie di Verdi e di Toscanini; un manifesto che annuncia, a San Siro, nel 1849, corse e grandi feste, organizzate d'accordo con il comune di Parigi; un'istantanea che lo ritrae accanto a Brecht, con Strehler, e sembrano due ragazzini; una lettera che Gramsci scrisse alla madre; un carillon che suona l'*Internazionale*; la locandina del Teatro del Corso, in Bologna, di due secoli fa, per invitare la cittadinanza al veglione mascherato.

È un pomeriggio di domenica, c'è poco traffico in via Filodrammatici e le guide scarlatte dei corridoi che portano ai camerini, all'ufficio del sovrintendente, spengono il rumore dei passi. Chiacchieriamo delle cose che furono, con alle spalle esperienze comuni, e il dialogo è facile; nel '38, io impacchettavo volumi da Michelangelo Testa Editore e li spedivo a un certo Paolo Grassi, un giovanotto di Milano, che cercava di piazzarli. Anche lui era iscritto al Guf, «ma fui espulso» racconta «perché rompevo le tasche». Scriveva su *Pattuglia*, un mensile degli universitari di Forlì, diretto da Walter Ronchi. «Adesso fa il medico.»

Chiedo:

– Hai in mente quando Giovanni Centazzo vinse i Littoriali con la commedia *La fontana sulla strada*?

«Adesso è avvocato, a Udine.»

E quando diedero la medaglia d'oro a Zardi?

«Arrivò secondo Roberto Rebora, andai alla stazione a prendere Federico.»

Penso che potremmo continuare per ore a rievocare compagnie drammatiche e soubrettes della rivista, esordi tempestosi e polemiche sull'arte, Premio Bergamo o Premio Cremona, letture che per noi, che avevamo pochi maestri, rappresentarono un problema, uno spiraglio, un orientamento.

– Non divaghiamo: come è saltata fuori la tua vocazione per il teatro?

«È nata da sempre, non lo so; è una istintiva passione per lo spettacolo, per la competizione, il gioco, la gara. Ho visto morire Brilli Peri, ho visto l'Inter di Demaria, Ferrari, Frossi e Levratto, che con un calcio sfondava la rete. Il cinema per me è Norma Shearer, Leslie Howard, Chaplin, non so che faccia abbia Belmondo, mi sono fermato. Quando uscì *Il dittatore*, dall'estero mi arrivarono fotogrammi tagliati: era un modo patetico di fare dell'antifascismo. Prendevo un biglietto di seconda per Roma, erano concesse tre fermate: scendevo a Parma, mi aspettavano Carletto Mezzadri, Pietro Bianchi, Macrì, aprivo la borsa e tiravo fuori opere misteriose: *Das expressionistische Theater*, l'architettura di avanguardia sovietica, chissà come le avevo trovate. A Bologna c'erano Minguzzi, Zardi, Meluschi e la Renata Viganò, in quella casa di via Mascarella piena di gatti. Nasceva la consapevolezza delle cose serie.»

– E le adunate, e le riunioni del Guf?

«Non ci andavo. Erano gli anni di "Corrente", per me, di Treccani, Joppolo, De Grada, Birolli, di Migneco, di Luciano Anceschi, di Alberto Lattuada. Il *Gruppo Palcoscenico,* del quale facevo parte, attaccò *Libro e moschetto* e mi cacciarono perché non militavo culturalmente; non era opposizione attiva, ma volontà di essere libero. Ho sempre cercato i talenti, le intelligenze, non gli schieramenti.»

– E quando è avvenuta la scoperta del socialismo?

«Ho percorso una certa strada, ho visto *Jedermann* con Moissi, poi al Manzoni, nel '37, l'Old Vic che dava l'*Amleto* con Guinness, in abiti borghesi, il principe portava l'ombrello. Erano esperienze che ti aprivano la testa. Un giorno, in una bancarella di via Cesare Correnti ho comperato *Il capitale,* andavo appena al liceo, io non capii, ma mi resi conto che ero stato truffato, che quello era un genio, che tutte le chiacchiere sui demoplutoliberalgiudaici erano un imbroglio, e provai tanta rabbia.»

– Il tuo primo incontro con Strehler?

«Mi trovavo inesorabilmente alle prime, ero il vice di Angelo Frattini al "Sole", tutte le sere mi infilavo in platea. Vedevo sempre tra la claque un giovane dalla capigliatura leonina, stava dalle parti di corso Buenos Aires, abitava vicino a me. Mi avvicinai: "Scusi, tanto vale che ci conosciamo; permette?". Da allora fummo amici.»

– Perché nacque il Piccolo?

«Facciamo il nostro "come eravamo": 1945. Il 25 aprile mi trovavo all'*Avanti!* con Guido Mazzali, cinque giorni dopo uscì un mio articolo intitolato "Teatro e popolo". Era un giornale esile, due facciate; c'era ancora piazzale Loreto e le SS all'Hotel Regina. Non si rifà la società senza cultura, la cosa peggiore del nazismo, non vorrei essere frainteso, furono i falò dei libri proibiti, poi arrivarono i lager, chi distrugge il sapere distrugge anche l'uomo. Nel maggio rientrò Giorgio dalla Svizzera, dal campo di internamento, ci trovammo in un caffè di piazza Oberdan con le nostre mogli, Rosita Lupi ed Enrica Cavallo, pensavamo di prendere uno scantinato e di fondare l'Officina 45.

«Ma il momento non era giusto, non volevamo fare dell'avanguardia, ma un complesso stabile. Lui andò a *Milano Sera,* io continuai a fare il redattore nel quotidiano del partito. Girammo per trovare il locale adatto, lo pescammo in via Rovello, era stato il dopolavoro civico, poi c'era entrata la Muti, poi uno spaccio degli Alleati. Tutto in condizioni deplorevoli, in abbandono, tristezza.

«"Giorgio, te la senti di fare qualcosa su questo palcoscenico, in questa sala?" domandai. Ci togliemmo la giacca. Il 31 marzo 1947 lasciai la rubrica di critica, la tessera del giornalista; con Strehler e Nina Vinchi – senza questa donna non avremmo combinato nulla – ci chiudemmo là dentro. Il 14 maggio si alzò il sipario sulle prime battute dell'*Albergo dei poveri*; Giorgio faceva Alëša, suonava la fisarmonica, c'era una fame di cultura immensa, tutto da fare. La gente che oggi è illustre ha lavorato con me: da Gianni Ratto a Luciano Damiani, a Frigerio, a Gino Negri, a Fiorenzo Carpi, alla Brignone, Santuccio, Randone, Franco Parenti, Valentina Cortese: settecento.»

– Com'era Brecht?

«Affascinante. L'ho letto nel '39, quando mi capitarono i suoi scritti completi. Non faceva mai delle affermazioni, aveva la singolare capacità di tirar fuori dall'interlocutore ciò che, coscientemente o no, nascondeva dentro di sé. Scatenava il piacere di pensare. Ecco: l'esercizio del dubbio, il metodo sperimentale, la ricerca di Galileo: guarda anche a te stesso con immensa curiosità, cerca, per indagare la realtà. Era un umorista, con il gusto dell'ironia che ti spinge ad andare avanti, si difendeva. Ho passato con lui sere intere; per niente duro, ma tenero, da proteggere.»

– E Thornton Wilder?

«Molto umano. Si è sentito a casa sua con noi. Gli sarò sempre grato per aver dato una staffilata con *Piccola città*, come Moravia con *Gli indifferenti*.»

– Che cosa credi di aver portato con Strehler nel teatro italiano? C'è qualcosa in più che avresti voluto fare?

«Io sono uno Scorpione tipico, quindi aggredisco perché non so bene salvaguardarmi, non è che creda all'astrologia, ma ho riconosciuto questa identità, sono insoddisfatto, sono stato e resto un animatore, non so amministrare. Credo di aver dato un contributo non cancellabile alla politica culturale, al teatro non come mezzo, ma come fine, luogo di incontro, di aver portato la scena italiana nel mondo. So che in altre condizioni, senza tanti logorii, avrei saputo fare di meglio.

Ho gratitudine per tanti, e non solo per i potenti: nei ritratti dei morti, in questa parete, accanto a Bertolt Brecht c'è Bruno Colombo; era il capo macchinista.»

– Qual è l'accusa più forte che ti hanno fatto e che ti ha maggiormente indignato?

«Cito l'ultima; io sono un ambizioso, questo sì, ma non ho mai pensato una cosa per trarne un vantaggio personale, economico o anche politico. La gente crede che io sia furbo: dire una bugia, per uno orgoglioso come me, significa mettersi nelle mani del mio contraddittore. Non ho invidie.»

– Hai dei nemici?

«Credo più in passato che attualmente, comunque alcuni di sicuro.»

– Se fai un bilancio, che cosa ne viene fuori?

«Non ho mai chiesto niente per me, tutto quello che ho avuto mi è stato offerto, mi è arrivato sul terreno della stima e della professionalità. Non ho portato via niente a nessuno. I fatti hanno voluto che tanto lavoro, sul piano economico, mi lasciasse molto poco.»

– Che cosa pensi di noi, classe '19, '20, '21 e così via?

«Tutto sommato, molto meglio di quanto la valutino i successori; nelle qualità, errori, sconfitte, è una generazione con una grande *richesse* umana, come dicono i francesi.»

– E dei nostri figli?

«I venticinquenni io dico sempre che sono come gli arabi: bravi, stupendi, incantevoli, altrimenti tragici.»

– Hai mai avuto davanti agli occhi un modello?

«Sì, più di uno: Riccardo Bauer, Raffaele Mattioli, Luigi Morandi, perché ho sempre cercato di guardare i più bravi di me. Persino certi pastori di Orgosolo mi hanno fatto sentire provinciale, e con la loro civiltà hanno smontato certe mie sicurezze. Un altro personaggio che amo molto è Nenni.»

– Cosa hai sacrificato alla tua scelta?

«La mia vita privata, il senso della famiglia, del gusto anche del sodalizio umano, il piacere della serata conviviale con gli amici, più volte mi sono sentito una macchina produttiva.»

– Una volta hai detto: «Io ho sposato il palcoscenico». È stata davvero una decisione felice?

«Direi di sì, gravi difficoltà e immense soddisfazioni: senti l'aristocrazia di un mestiere che sappiamo fare in pochi, come il mosaicista o il costruttore di trulli.»

– Cosa vuol dire per te comandare?

«Ho sempre comandato, ma quando mi si è presentata l'occasione di ubbidire sono stato il più leale e diligente collaboratore degli editori Francesco Ballo e Achille Rosa.»

– Chi conta nella prosa?

«Strehler, Eduardo, Ronconi, Squarzina, Zeffirelli, Salvo Randone e, se non facesse il rivoluzionario di professione, Dario Fo, che è comunque un grosso personaggio. Il solo che ha dato un contributo singolare all'avanguardia è Carmelo Bene. Sono i primi nomi che mi vengono in mente, vorrei dire anche Franz De Biase, un funzionario, un vero galantuomo e un autentico teatrante.»

– Quali sono i valori in cui credi?

«L'amicizia, la dignità della persona umana, a qualsiasi classe appartenga, il senso dello Stato.»

– Che mancanze ti riconosci?

«Tendenza all'accentramento, pensare talvolta che il mondo sia fatto come voglio io e non come è realmente, e chiedere al mio prossimo involontariamente, non per crudeltà, più di quello che è tenuto a dare.»

– Ce la faranno i giovani?

«Se sapranno essere fedeli a certe stupende qualità che li fanno amare, accantonando atti di viltà, di fuga, come la droga e la degradazione sessuale. Con i cortei, gli slogan, le sfilate, le bandiere rosse usate come fazzoletti non si cambia nulla, occorre il lavoro accanito, la rivoluzione è pazienza, diceva Lenin, il tutto e subito dei Nanni Balestrini mi fa ridere.»

Il sorridente milanese Paolo Grassi, nato per fare, per tentare o per imporre, se ne va; forse con qualche rimpianto o con la fierezza di chi è sempre pronto a tentare ancora un'avventura. Guarda lentamente gli oggetti che adornano lo studio: «Mi porto dietro tutto» dice «come la lumaca».

MARILYN MONROE

Andai, una sera, al 1218 del Wilshire Boulevard. Il luogo si chiama Westwood. È un cimitero: un muro lo isola dal fracasso del traffico. Qui è sepolta Marilyn. Il collega che mi accompagnava spiegò che era il solo personaggio importante che aveva la tomba in quel posto. Una lapide, il nome, due date, 1926-1962, alcune rose rosse. «Joe Di Maggio» disse «ha dato ordine di cambiarle tre volte la settimana. Ai funerali c'era lui solo dei suoi uomini. La fece vestire con un abito di seta bianca.»

Pensai ad Arthur Miller e a *Dopo la caduta*: a Maggie, la donna-bambina che è incapace di fare il male e che vorrebbe aprirsi al calore dei sentimenti veri; e a Quintin, l'intellettuale orgoglioso, il Pigmalione fallito, che quando l'ex moglie si uccide, si processa inutilmente, per ricercare la sua parte di responsabilità, lui che credeva di avere dato «un cuore alla statua».

Pensai anche che con quella ragazza infelice si chiudeva, forse, un capitolo di Hollywood; la fine di una leggenda.

Aveva rappresentato, per milioni di spettatori, il sex-symbol, l'immagine di una certa America drammatica e stordita: figlia illegittima, violentata quando era una ragazzina, sposa a sedici anni per sfuggire alla fame, tre divorzi, un successo clamoroso, il declino. Una carriera che comincia con una foto nuda su un calendario e con una battuta: «Che cosa indosso la notte? Chanel numero 5», e finisce con un desiderio inappagato: «Vorrei recitare la parte di Grušenka nei *Karamazov*». In mezzo c'è un marito poliziotto, un campione di baseball, un drammaturgo, l'Actor's Studio, un po' di Freud, un po' di Dostoevskij e forse un amore impossibile per Robert Kennedy.

Prima di andarsene manda una lettera a un amico, Norman Rosven, e la conclude citando un verso: «Amami per i miei soli capelli biondi». Scrive anche qualche poesia. Una dice: «Io sento che la vita si avvicina, quando tutto ciò che voglio è morire».

Chi era Marilyn Monroe? Ricorda Billy Wilder, il regista che la diresse in *A qualcuno piace caldo*: «Difficile stabilire se si trattava di una persona autentica o di uno dei migliori prodotti inventati dalla Du Pont. Esibiva due seni sodi come il granito, ma un cervello pieno di buchi come il formaggio Emmental. Vagava nel vuoto, al di fuori della legge di gravità».

Robert Mitchum, che girò con lei *La magnifica preda*, racconta un episodio che rivela, in fondo, l'innocenza di Marilyn e il suo proposito di migliorare. Le avevano messo in testa che doveva leggere libri importanti e stava affrontando un dizionario di psicoanalisi. Mitchum le chiese perché faticava proprio su quell'opera tutt'altro che leggerina. «Penso sia utile per poter sostenere una conversazione» rispose Marilyn. «E dove sei arrivata?» incalzò l'attore. «Alla voce "Erotismo anale"» ribatté lei. «Interessante. Credi che ti capiterà di trattare questo argomento in qualche salotto?»

La signorina Monroe non rispose e continuò a sfogliar pagine, ma dopo qualche istante alzò la testa e domandò: «Che cosa è l'erotismo?». Ottenuta la spiegazione ripiombò nella lettura, ma dopo qualche minuto insistette ancora: «Che cosa vuol dire anale?».

Uno degli attori che si trovava lì vicino, e che aveva ascoltato il dialogo, non poté trattenersi e sbottò: «È un clistere...».

Diceva Harry Lipton, suo primo agente: «Lei recita una parte, quella del sesso». Per questo, sostengono le propagandiste del Women's Lib, «fu vittima dell'alienazione femminile». In chi l'ha conosciuta, lasciava una forte impressione di candore e di onestà. «Ispira nella gente» dicevano «la voglia di proteggerla, di aiutarla, di farle da padre e da madre.» Poteva sembrare, nello stesso tempo, un uccellino sperduto e il presidente di una grande società.

È stata l'ultima diva, l'ultimo scandalo e l'ultimo rimorso di Hollywood; «questo mercato che fabbrica menzogne» come diceva Bertolt Brecht. Adesso, i turisti che con un biglietto da quattro dollari sono ammessi a visitare i teatri della Universal, o le costruzioni dei colossal dei *golden years*, dell'epoca d'oro, possono ammirare la carrozza che correva sulle praterie del West, la nave *Bounty*, la casa leziosa di Rossella O'Hara in *Via col vento*, il balcone al quale si affacciò Norma Shearer, attempata Giulietta, per ascoltare i sospiri di un maturo Romeo, Leslie Howard, possono contemplare, nientemeno, il letto della Monroe, che ha anche il malinconico onore di essere esposta, con la sottana sollevata dall'aria sopra i ginocchi, nel locale Museo delle cere.

La sua firma, e le orme dei piedi e delle mani, sono eternate sul cemento del Grunman Chinese Theater, ma si capisce che anche questo rito non ha più senso. Ha detto Jane Fonda: «Le impronte delle mani e dei piedi le lascerei volentieri sulle facce e i sederi di chi penso io».

WANDA OSIRIS

Incontro spesso, in un piccolo bar del centro, la nostra stella del varietà: la signora Osiris. Porta a passeggio un cagnetto e compare di solito all'ora del tè. Si è fatta più minuta, un po' curva; e io la ricordo sul palcoscenico, sfolgorante di luci, le gambe lunghissime, immensa. La testa è sempre nascosta dal turbante.

Dopo tanti anni di lavoro (più di trenta, affermano i crudeli biografi) gli uscieri del tribunale l'avevano costretta a lasciare il palcoscenico. Il padrone della compagnia non aveva saldato il conto delle scene né la sarta dei costumi e non pagava gli scritturati. Non sempre il pubblico accorreva ad applaudire «la regina della passerella». Così se ne andarono, inseguiti dalle note d'albergo, i cantanti neri che tanta importanza avevano nel cartellone; le svettanti e disciplinate ballerine inglesi rifecero, con gesti ordinati, con ritmici sospiri, le meste valigie, e anche il giovane comico, più attaccato all'idea di un pasto caldo che al sogno di una eventuale celebrità, prese congedo dalla «Wandissima».

L'atmosfera dei camerini era satura di cipria e di insulti e non bastava il cerone per nascondere sulle facce degli attori lo scarso desiderio che avevano di inneggiare, sia pure per semplici ragioni di copione, alla felicità, ma la Wanda continuava a distribuire, con ostinata indifferenza, e come esige la tradizione, fiori e sorrisi. «Sono sempre stata senza malizia» diceva. «Alla mia età ho il cuore di un bimbo.» Non voleva andarsene, le sembrava indecoroso lasciare il suo posto alla ribalta.

Ogni sera si trovava attorno volti nuovi, nuove citazioni, nuovi sigilli sui bauli, ma continuava a lanciar rose alla platea e sguardi grati al non sempre affollato loggione. Alla fine anche Riccardo Billi cedette, il botteghino chiuse gli sportelli e i malinconici treni della notte riportarono alla loro città soubrettine avvilite, macchinisti blasfemi e la disperata signora Osiris, piena di freddo e di amarezza.

Qualcuno, forse raccogliendo gli sfoghi di quelle ore buie, scrisse che la Wanda aveva deciso di ritirarsi: non se la sentiva più di affrontare, dopo una onorata carriera, certi rischi o mortificanti esperienze. Ma la Wanda non poteva, non può congedarsi così: «Io voglio finire in bellezza,» aveva risposto «non tra le umiliazioni».

Anna Menzio, in arte Wanda Osiris, è nonna. Uno degli interrogativi, ai quali gli italiani non sono riusciti a dare una precisa risposta, è l'età, la vera età della «signora della rivista». Si sa che ha cominciato a canticchiare qualche motivo a sedici anni, che ha recitato nelle operette, che per cinque stagioni è stata con Macario. C'è chi la ricorda – era appena una figurante – all'Eden di Milano, chi l'ha vista con Fineschi e con Maria Donati, con i capelli alla *garçonne*, quella frangetta sulla fronte che riporta alla mente il 1929, la crisi di Wall Street, un inverno terribile, Joséphine Baker.

Wanda Osiris si presentava al pubblico scendendo da un albero, da un cammello, da uno scrigno posto su una scaletta d'oro, con alle spalle la fontana di Trevi, accompagnata da levrieri, da ragazze con in testa gabbiette che contenevano spiritati pappagalli, da stuoli di giovanotti che indossavano attillati pantaloni bianchi e mostravano il torace scoperto, senza mai suscitare un dubbio, un'ironia, un rattenuto scoppio di ilarità. Pensate a come scelse il suo nome d'arte. «Sei un tipo slavo» le disse, dopo averla bene considerata, il direttore di scena. Furono elencati alcuni nomi appropriati al modello: Sonia, Fedora, Katiuscia, ma l'interessata si fermò sul più domestico Wanda.

«Hai occhi orientali» aggiunse un acuto osservatore. Allora le venne in mente una zia che si chiamava Iside, ma una persona colta che assisteva al dialogo ricordò che Osiride, per gli egizi, era il Sole, e aggiunse però che la venerata divinità era ritenuta comunemente di sesso maschile. Osiris, invece – furono tutti d'accordo – poteva essere un cognome abbastanza appropriato e curioso anche per un'attrice della rivista.

Ha rappresentato a ogni modo, nel capitolo della nostra esistenza, nella storia del nostro costume, una nota, un motivo, una figuretta. La immaginavamo leggera e inconsistente, con le sue canzoni, le sue piume, le sue eccentriche toilettes; le scoprimmo una pudica malinconia, un rattenuto sconforto. «Mi dispiace» disse andandosene «che il pubblico abbia saputo delle nostre piccole miserie.»

ROBERTO ROSSELLINI

Ci siamo incontrati in casa di un amico. Rossellini parlava con abbandono e la notte si consumava. Hanno ragione quelli che dicono che gli piace incantare la gente: diffonde, attorno a sé, molta simpatia. Ha passato i settanta, ma non si commemora. Racconta la sua vicenda, questa lunga avventura, con ironia. È il padre del neorealismo, e fu anche una scelta morale, ha creato una scuola, ha avuto, accanto a sé, donne bellissime, è stato sempre inseguito dalle cambiali e dalla fama, è un classico, e in certi momenti sembrava anche un simbolo: della nostra genialità, della nostra incosciente gioia e anche della comune leggerezza.

Rossellini spiega che aveva girato *Roma città aperta* a forza di espedienti: rubavano la luce alla Sala Corse di via Avignonesi, il negativo non esisteva, comperavano spezzoni da venti, trenta metri dagli scattini, i fotografi ambulanti. Sospira: «Ho fatto sei milioni di debiti, che mi sono tirato dietro per la vita».

Marcello Paglieri, il protagonista, era suo compagno di scuola. Anna Magnani aveva alle spalle soltanto una particina in un filmetto di De Sica; una sciantosa invadente e crudele. «Quando uscì vidi le recensioni. Una diceva: "Bruttissimo e banalissimo". Un'altra: "Questo cretino che confonde la cronaca con l'arte". Sono sempre stato coperto di insulti. I critici hanno il loro schema, se lo sono fabbricato amorevolmente, guai se ne esci fuori. La prima di *Paisà* fu a Venezia. Mi era morto un figlio, avevo dei guai, non uscii di camera. Il portiere dell'albergo mi portò un pacco di giornali. Lessi: "La mente ottenebrata del regista". Per *Germania anno zero* furono più gentili: ero diventato involuto.»

Chiedo:

– Ci patisce?

«No. Sono perfettamente cosciente che la mia indipendenza rompe le scatole a tutti. Sono anche rispettato da un sacco di persone, odiato da altre.»

– Ha fatto molte cose che contano, e nessuno dimenticherà le albe livide e le facce disperate di quella Roma nazista.

«Ho conosciuto Fellini allora. Fu un rapporto molto fecondo, chiacchieravamo all'infinito. Gli altri sceneggiatori erano Amidei e Alberto Consiglio. Un soldato americano, in un bar in via Frattina, comperò la pellicola senza contratti, per ventottomila dollari. La programmarono in una piccola sala di New York per trentotto mesi di fila. Ingrid la vide lì. Voleva scrivermi una lettera, ma non sapeva dove indirizzarla. Un italiano, per la strada, le chiese un autografo e le consigliò di mandarla alla Società Minerva. Diceva: "Se avete bisogno di un'attrice svedese che parla bene in inglese, che ha dimenticato il suo tedesco, che si esprime in un francese non molto comprensibile e che in italiano sa dire solo t'amo, sono pronta a venire con voi". Io non l'avevo mai vista; la Minerva fu distrutta dalle fiamme di un terribile incendio, ma quella busta spedita da Hollywood arrivò. Facemmo *Stromboli* e la stampa disse: "Rossellini ha rovinato la Bergman per sempre".»

Ha confidato la signora: «Mi fece sentire viva, umana. Insieme girammo cinque soggetti e tutti e cinque furono clamorosi fiaschi. Ma io ero troppo calma o borghese per lui, e lui troppo impulsivo e irresponsabile per me. Aveva paura di volare e guidava la sua Ferrari a duecento».

– Cos'è per lei il successo?

«Una scocciatura; è disturbante, perché ti lega. Gli attacchi sono sempre condizione di sfida. Quando realizzai *Viva l'Italia*, fui stroncato anche dall'*Unità*. A Togliatti era piaciuto e mi scrisse per scusarsi: "Si dice che siamo un partito monolitico. Come vede, non è vero". Io anelo alla libertà, io voglio essere veramente libero.»

– È stato duro?

«Nel '47 mi hanno chiamato per ritirarmi il passaporto, perché ero l'autore di *Roma città aperta* e di *Paisà*; sostenevano che i panni sporchi si lavano in casa. Lavorare con dignità ha un prezzo altissimo, non ho mai avuto un momento di tregua. Ma sono riuscito a non essere vendicativo. Rifarei tutto.»

– Qualche modello?

«Bisogna dire Marx, Engels, Cristo, Leon Battista Alberti, che è poco conosciuto, e il mio caro Comenio. Bisogna insegnare a riflettere e non quello che si deve pensare. Siamo alla fine di una civiltà e in uno stato di smarrimento. Anche nella Roma della decadenza si discuteva di divismo, di emancipazione, di pornografia.

«Non sono stati i barbari a far crollare quel mondo. Sant'Ambrogio predicava contro uomini e donne che vestivano in modo uguale, e siamo all'unisex. Quando scoppiano i movimenti di rivolta, indossano sempre gli abiti dei primitivi.»

– Lei teme qualcosa?

«No, io non ho nessuna paura.»

Ho sottolineato qualche sua massima: «Non c'è fantasia più grande di quella della storia»; «i messaggi li lascio portare ai postini»; «la vera rivoluzione sarà la verità». Non so nulla del suo caro Jan Ámos Komensky, detto il Comenio, ma ho visto che un suo tomo importante si intitola: *Il labirinto del mondo e il paradiso del cuore.* Ha un'aria attuale, e capisco perché a Roberto Rossellini piace.

GLORIA SWANSON

La trovai a New York, recitava in teatro la commedia *Le farfalle sono libere*; c'era gente ad ascoltarla. Mi ricevette dopo lo spettacolo in camerino.

Tutto mi pareva eccessivo: i suoi occhi troppo grandi, quei trentadue denti troppo bianchi e troppo regolari, le scarpe di coccodrillo troppo alte e le gambe troppo scoperte; confesso che provai rispetto e soggezione, un po' come davanti all'Altare della Patria. La sua storia di donna era cominciata con uno sposalizio con l'indimenticabile Wallace Beery, la sua carriera di attrice si era conclusa con un filmetto da scordare: *Mio figlio Nerone.*

Bastava, come si dice nel gergo, darle la battuta; poi era difficile piazzare la seconda domanda: si abbandonava.

Attaccai:

– Signorina Swanson [le attrici, qui, sono sempre signorine], lei è un simbolo del cinematografo. Vorrebbe ricordare qualcosa di quel mondo, dei suoi primi lavori?

«Di quanti secoli vuole che ritorni indietro? Stavo giusto pensando a qualcosa che accadde quando avevo quindici anni, recitavo la parte di una donna di ventotto, era una scena altamente drammatica, io piangevo. Quando lasciai il set passai davanti a due colleghe e una mi disse: "Un giorno diventerai un'ottima attrice!", e io risposi: "Grazie signora, lo so, sarò molto famosa". Dopo, ero talmente imbarazzata e confusa che avrei voluto sparire nel pavimento, mi misi a correre, piena di vergogna. Continuai a lavorare per il cinema, ma in realtà il mio desiderio era diventare una cantante d'opera. Perché allora le stelle di Hollywood erano chiamate con diversi appellativi: il Corpo, le Cosce, e non con il loro nome. C'era, mi intende, un certo rischio. Consideravo quel mestiere alla stregua del cabaret e tenga presente che avevo anche una bella voce.»

– Com'era Rodolfo Valentino?

«Era un tipo diverso, era il tipo latino. Il cinema, allora, traboccava di biondi, ed ecco che arriva lui, sinuoso, occhi scuri, bello, aveva modi estremamente eleganti, era estremamente educato. Io lo conobbi prima del trionfo, noi due andavamo a cavallo nei dintorni di Hollywood; ricordo che un giorno, era il mio compleanno, venti o ventuno, ci arrestammo in cima a una collina a guardare la città, che da quell'altezza era una piccola macchia. A quell'epoca Rudi non aveva ancora interpretato *I quattro cavalieri dell'Apocalisse*, ma godeva di una certa reputazione. Sapete come è la gente che ama fare chiacchiere: mi piaceva molto Rudolph, che male c'è? Il secondo film Valentino lo girò con me, si intitolava *Dietro le rocce*, ed era tratto da un romanzo inglese. Allora era considerato un libro un po' spinto, forse, oggi, è una storia che viene letta al giardino d'infanzia.»

– Chi erano le sue rivali, le sue concorrenti?

«Che discorso: ma allora, chi ci pensava? A quei tempi ogni persona era diversa da un'altra. Nessuno si assomigliava, e oggi invece stanno a cercare di ricreare un'altra Monroe, un'altra Jean Harlow. Allora ogni individuo aveva le sue caratteristiche, se una non aveva la faccia uguale alla mia, se la teneva così, punto e basta. Adesso, invece, devono rifarsi anche i denti. Tutti devono avere le stesse labbra, le stesse sopracciglia. Ma è semplicemente ridicolo. Prendete, ad esempio, le sorelle Talmadge: una era bionda, completamente l'opposta di Norma che aveva i capelli neri e a nessuno saltava in mente di volerle rendere identiche. Ricordo che quando ero molto giovane Mack Sennett mi disse che voleva fare di me una seconda Mabel Normand e io risposi: "No, grazie, non desidero essere la copia di nessuno, signor Sennett". Egli allora strappò il contratto ed è stata la cosa migliore che mi sia mai capitata. Io non ero certo il tipo adatto, io non ho mai voluto imitare nessuno, nemmeno il modo di vestire. Non è che fossi tanto presuntuosa da considerarmi perfetta, non ero per niente soddisfatta del mio naso che consideravo troppo lungo, i miei occhi si notavano troppo e ciò non mi piaceva, i miei denti erano troppo grandi, per questa ragione coprivo la bocca quando ridevo, non volevo mostrarli e soltanto sui vent'anni riuscii a liberarmi di questo vizio. Che stupida.»

– Raccontano che, nel 1926, lei guadagnava ventimila dollari la settimana.

«Da dove ha preso questa informazione?»

– Da un libro.

«L'ho forse scritto io? No. Generalmente persone del tutto sconosciute scrivono libri su persone che non hanno neanche mai visto. Dunque: in quel periodo, quando terminò il contratto con la Paramount, percepivo settemilacinquecento dollari la settimana, e me ne offrirono diciottomila che rifiutai, e avevo ottime ragioni per farlo. Andai alla United Artists e mi davano, per un film, duecentocinquantamila dollari, e mi sbrigavo in trentacinque giorni. Faccia un po' lei i conti.»

– Complimenti. Com'era il mondo che la circondava?

«Era lo stesso che circondava tutto, negli anni Venti. La vostra Roma era molto più divertente di adesso, Berlino era molto più allegra, Parigi era certamente più gaia, New York non era di sicuro la porcheria che vedete oggi. Tutto era eccitante, avevamo avuto una guerra e nessuno se ne aspettava un'altra, vi era un senso di libertà e di abbandono in ognuno di noi, compresi i taxisti: "Diventeremo milionari", cantavano "forse diventeremo presidente degli Stati Uniti". Tutti allora possedevano almeno sogni e agivano, oggi nessuno sogna più, nemmeno i giovani.»

– Signorina Swanson, nella storia del cinema c'è scritto che Joseph Kennedy, padre del presidente John, le fu molto vicino.

«Avrei scommesso che mi sarebbe stata fatta questa domanda.»

– Ha vinto. Si dice dunque che Joseph Kennedy fosse assai interessato alle sue interpretazioni.

«Vorrei che lei arrivasse al sodo: eliminerei tutte queste sciocchezze.»

– Si dice che il vecchio Kennedy finanziò alcuni suoi film e diventò anche suo amico.

«Cosa intende dire con "diventò suo amico"? Mi sembra che, se tirava fuori dei soldi perché facessi del cinema, doveva già esserlo. Che cosa intende per "amico"?»

– Be', amico.

«Io penso che, se uno vi odia, non vi presta dei dollari. Allora, quelli che, come me, producevano i loro film, si rivolgevano a Giannini, alla Bank of Italy. Il problema è sapere se siamo stati noi del cinema a fare la Bank of Italy, o se è stata la banca a creare noi. Dunque: io diventai cliente del signor Kennedy, e il fatto che mio figlio si chiami Joseph, Joseph Swanson, è da attribuire alla circostanza che anche mio padre aveva questo nome. Ciò accadeva nel 1923. E fino al 1927 non conobbi alcun uomo che si chiamasse Joseph Kennedy. E questa, lo giuro, è l'ultima volta che lo ripeto. Capito?»

– A dare retta ai cronisti, pare che lei abbia litigato con molti grossi nomi di Hollywood, ad esempio con Erich von Stroheim.

«Con chi mai avrei dovuto bisticciare? Con l'uomo addetto all'apertura dei cancelli? Dovevo combattere il portiere? Io conoscevo tutti, grossi e meno grossi. Il signor Erich von Stroheim; già. Io producevo un film, egli non seguiva il copione come avrebbe dovuto, mi resi conto che venivano spesi male i miei soldi, i banchieri li prestano e in più esigono interessi, capii che la maggior parte della pellicola sarebbe stata tagliata perché era in contrasto con la censura, per cui abbandonai il set e pregai i finanziatori di venire a dare una occhiata dato che alcuni chilometri di celluloide sarebbero finiti nel cestino. Ecco perché pensai di non continuare. Si trattava di ottocentomila dollari, che vennero restituiti, ricavandoli dal film che feci dopo, la mia prima interpretazione con il sonoro. Quasi tutti i profitti servirono a saldare i debiti di *Queen Kelly*. Parlando di banchieri si dice che hanno gli occhi di vetro ma, le assicuro, anche il cuore.»

– Che rapporti ha avuto con Greta Garbo?

«La conoscevo, buongiorno, buonasera, una chiacchiera ogni tanto. Cosa avrei mai dovuto fare? A Parigi abitavamo nello stesso albergo, quando io ero nella vasca da bagno potevo picchiare sul muro e lei dalla sua camera mi rispondeva. Di tanto in tanto veniva a trovarmi con un amico per bere una coppa di champagne.»

– Che cosa ha rappresentato per lei *Viale del tramonto*?

«Una conclusione, credo. Ha molto influenzato quelli che fanno il mio mestiere. Probabilmente pensano: "Se una donna, che è stata fuori dallo schermo per anni, ha potuto godere di un simile ritorno, ce la faremo anche noi". Vede: dopo un buon film si ha sempre paura, è un po' come essere in cima a una scala: dove si può andare? Cosa si fa? Si salta giù, ci si ammazza? Per questo tutti sono terrorizzati da una accoglienza troppo calorosa. Se siete ancora alla ricerca del successo vi sono sempre delle possibilità, ma una volta che lo si è raggiunto? Si può solo ripercorrere la strada verso il basso, almeno è quello che generalmente accade. Quando il film venne proiettato in anteprima, erano presenti almeno trecento grandi personaggi, produttori, registi, scrittori, attori e attrici. Alla fine il silenzio era talmente spesso che lo si sarebbe potuto tagliare. Poi scrosciarono gli applausi, gridavano, mi chiamavano, mi abbracciavano, tutta gente che un mese prima molto probabilmente non mi avrebbe dato un centesimo, e nemmeno un sorriso.»

– C'è qualcosa, signorina Swanson, che suscita o accresce la sua nostalgia di allora?

«Niente, caro; non ho tempo di vivere nel passato.»

LUCHINO VISCONTI

Sta seduto su una poltrona accanto al caminetto. Nella stanza ci sono tanti fiori: rose tenui, bocche di leone. Sulle tende di lino candido esplodono delle azalee: le ha disegnate il sarto Valentino. Gli ricordo il nostro primo incontro: c'era la guerra, stava girando *Ossessione*. Venne a Bologna: cercava una copia del romanzo di Cain, *Il postino suona sempre due volte*, ma non riuscimmo a trovarla. Dice di quando andò in Francia, a fare l'aiuto di Renoir, e in casa del regista, in una cameretta abbandonata, scoprì una piccola tela di cui nessuno si era accorto: due bagnanti, splendide, dipinte dal grande Auguste. «Che stupido,» ride «potevo portarmela via.» La malattia lo ha reso ancora più acuto, più sensibile: «Adesso, la vita mi ha insegnato anche a spendere una lira; prima buttavo via, senza guardare indietro, un milione». Due sole fotografie in cornici d'argento: Helmut Berger, la faccia perfetta, intensa, e Marlene Dietrich, con un sorriso autunnale, e una dedica: «Io ti penso».

Luchino Visconti vuole vivere: e questo, per lui, significa lavorare, pensare, leggere, muoversi, fare progetti. «Io non accetto,» dice «io non sopporto», e ogni giorno cammina per tre ore, appoggiandosi al bastone, nella campagna romana, fa lunghi esercizi di ginnastica, rispetta le cure, le medicine, gli ordini dei dottori: «Ma non mi arrendo».

Dico: – C'è una battuta di Luigi II di Baviera: «Voglio restare per me e per gli altri un eterno enigma». Trova in queste parole qualcosa di suo? C'è, anche in lei, un po' di mistero?

«Io non credo, però me lo attribuiscono. Tutti abbiamo, verso la gente, un lato impenetrabile, oscuro. Io vorrei avere con gli altri legami molto chiari. Luigi II non si conosceva; io ritengo di sapere cosa sono. Nelle mie opere tutto è molto evidente, non c'è ambiguità. So quello che voglio per gli anni che mi restano.»

– Che cosa l'aiuta a vivere? Il gusto della lotta, la gioia di fare? Qualcuno ha detto che nei suoi film non c'è speranza, ma soltanto decadimento e rinuncia.

«Certamente mi soccorre il piacere di combattere, il desiderio di battermi fino in fondo. Lo dovremmo sentire tutti come compito; è un impegno. No, non è vero che nei miei racconti non c'è fede, non c'è sogno; bisogna saperli vedere. Sono storie di vinti, ma ha in mente come finisce *La terra trema*?: "Oggi siamo stati sconfitti, ma domani saremo tutti assieme e ce la faremo".»

– I suoi atteggiamenti, spesso, hanno scandalizzato le belle anime. Un esempio: il conte Luchino Visconti fa il comunista.

«Non sono responsabile di essere nato in un certo modo. E se fossi venuto al mondo con la pelle nera? I miei genitori mi hanno dato la testa, mi hanno insegnato a ragionare; non dovevo supporre che la condizione e il titolo significassero diritti, vantaggi o privilegi.»

– Le sue idee politiche hanno subìto cambiamenti? Non mi sembra il tipo di militante senza problemi.

«Molti. Quando andai a Parigi a far l'aiuto di Renoir, che era parecchio a sinistra, capii tante cose. Prima ci mancava poco che diventassi fascista. Non fui d'accordo con i fatti d'Ungheria, ho discusso e sofferto per i carri armati a Praga, ma so che gli errori si correggono, che sono i princìpi, invece, che contano.»

– Chi è fascista?

«È la gente chiusa a qualunque apertura di libertà, vorrebbero che tornassimo indietro di quarant'anni. Hanno delle formule e tutto dovrebbe girargli attorno. Quando feci *La caduta degli dèi* mi domandarono perché ero andato a cercare soggetto e ambienti in Germania. Spiegai che il nazismo era un dramma e il fascismo spesso commedia, e anche melodramma buffo, e io volevo fare una tragedia, ero partito addirittura da un Macbeth moderno: tanti morti e tanti massacri dove li avrei trovati, se non fra i tedeschi?»

– Cosa rievoca con piacere dell'adolescenza, la Milano delle famiglie illustri, dei teatri, delle feste, poi la fine dell'epoca liberale, poi il 1940?

«L'odore di Milano, che nessuno mi restituirà mai, i giardini, le carrozze, il profumo che usciva dalle botteghe dei prestinai, lo stridio delle rondini verso sera, che volavano attorno a casa nostra, in via Cerva, le campane di San Carlo, i signori che uscivano dal Bar Canella. Mia madre ci portava a passeggio sui bastioni, sento ancora il sudore dei cavalli. All'ora di cena, la luce del lampadario nella sala da pranzo andava giù e mio padre diceva: "Hanno acceso alla Scala".»

– In ogni vicenda ci sono giornate memorabili. Nella sua?

«La malattia, la liberazione di Roma: ci sentivamo tutti fratelli.»

Dietro le spalle di Luchino Visconti c'è un enorme quadro: è di Galileo Pini, un pittore toscano, amico di Puccini; disegnò anche le scene di *Manon* e di *Turandot.* Rappresenta un giovane che ha le ali, e precipita in un mare immobile e terso.

– Un angelo caduto? – chiedo.

«No. È Icaro. Bello, vero?»

Lo osservo: nel volto del ragazzo non c'è sgomento. Bisogna conservare sino all'ultimo le proprie illusioni. «Non arrendersi» ripete Visconti. Oltre le tende di lino c'è il verde della primavera.

INDICE DEI NOMI

Abramo 157
Achmatova (Gorenko), Anna Andreevna 140, 249
Acquarone, Pietro 85
Adenauer, Konrad 9-13
Adenauer, Konrad jr. 11
Adenauer, Paul 9
Adonis, Joe (Joseph A. Doto), detto Mister A. 263
Adžubej, Aleksej Ivanovič 15
Alberti, Leon Battista 308
Alberti, Rafael 221
Albertini, Luigi 89
Aldinger, Hermann 184
Alighieri, Dante 139
Allah 273
Alliluev, Iosif 100, 102
Alliluev, Pavel 102
Allilueva, Anna 102
Allilueva, Nadežda S. 14, 102, 104
Allilueva, Svetlana Iosifovna 14, 99-102, 104
Alonso, Ruiz 221-22
Alvaro, Corrado 91, 289
Amendola, Giovanni 235-36
Amidei, Sergio 307
Anceschi, Luciano 298
Andersen, Hans Christian 58, 231
Andersen, Lale 275-76
Andreoni, Carlo 89
Andreotti, Giulio 85-87, 258, 286
Andrés, don 219
Antonescu, Ion 61
Antonioni, Michelangelo 291
Armand, Inessa (Elizaveta Fëdorovna) 40
Auclair, Marcelle 221
Ayala, Giuseppe 250
Babel', Isaak Emmanuilovič 138
Bacchelli, Riccardo 235
Badoglio, Pietro 80, 86, 96, 98, 112-13, 123
Baker, Joséphine 216, 277-79, 305
Baldwin, James 269-70
Balestrini, Nanni 301
Ballo, Francesco 301
Balzac, Honoré de 38
Barmine, Alexander 101
Barontini, Anelito 191
Basile, Emanuele 255, 257
Bauer, Riccardo 300
Baur, Hans 59-68
Beach, Sylvia 220
Beatles 279-82
Beaverbrook, William Maxwell Aitken 105, 224
Beery, Wallace 308
Beethoven, Ludwig van 200
Beetz, Frau (Burkardt, Hildegard, detta Felicita) 112
Belafonte, Harry 269
Bellotto, Bernardo 242
Bellow, Saul 225
Belmondo, Jean-Paul 297
Below, Otto von 73
Bene, Carmelo 301
Benelli, Sem 93
Benjamin, Walter 211
Berenson, Bernard 236
Berežkov, Valentin Michailovič 104-107
Bergamini, Alberto 85
Bergelson, David 131
Berger, Helmut 313
Bergman, Ingrid 218, 307
Bergson, Henri 142

Berija, Lavrentij Pavlovič 14, 19, 99, 103, 129-31, 142
Bernanos, Georges 5
Bertini, Francesca (Vitiello Elena) 283-84
Bianchi, Pietro 297
Bidault, Georges 27
Billi, Riccardo 304
Birolli, Roberto 298
Bismarck, principe 77
Bismarck, Otto von 230
Blok, Aleksandr Aleksandrovič 140
Blum, Léon 277
Böhm, maggiore 116
Boissieu Dean de Luigné, Alain Henri Paul Marie Joseph 26-28
Boissieu Dean de Luigné, Anne 27
Böll, Heinrich 248
Bolognani, Paola 285
Bongiorno, Mike 284-86
Bonnie e Clyde (Bonnie Parker e Clyde Barrow) 262
Bonomi, Ivanoe 85-86
Borboni, Paola 286-88
Borelli, Lyda 283
Borgese, Giuseppe Antonio 235
Boris, re di Bulgaria 61
Bormann, Martin 66-67, 74, 82
Borner, Werner 186
Borsellino, Paolo 252, 255, 260
Bottai, Giuseppe 87
Botticelli (Sandro Filipepi detto il) 200
Brahms, Johannes 12, 200
Brandt, Willy (Herbert Karl Frahm) 12-14
Brauchitsch, Walter von 242
Braun, Eva 64-66, 70, 74
Brecht, Bertolt 58, 129, 144, 210-13, 296, 299-300, 303
Brežnev, Leonid Il'ič 140
Brignone, Lilla 299
Brilli Peri, Gastone 297
Brodskij, Iosif Aleksandrovič 143
Brown, Hubert «Rap» 273
Brüning, Heinrich 76
Bruno, Giordano 296
Buber Neumann, Margarethe 129
Bucharin, Nikolaj Ivanovič 19, 101, 129, 138
Budënnyj, Semën Michajlovič 19
Buhle, Werner 73
Buranello, 88
Burdonskij, Aleksandr Vasil'evič 102
Buscetta, Tommaso 250-58
Bussoli, 88

Caballero, Largo 192
Cacciapuoti, Salvatore 95
Cagliostro, Alessandro, conte di (Giuseppe Balsamo) 296
Caillaux, Joseph Marie Auguste 277
Cain, James 313
Calò, Pippo 253
Canaletto (Giovanni Antonio Canal detto il) 160
Capone, Alphonse (Al) 262, 265-66
Caponnetto, Antonino 259-60
Capote, Truman 226
Cardin, Pierre 45
Carducci, Giosuè 124, 234
Carnera, Primo 84
Carpi, Fiorenzo 299
Cartesio (René Descartes) 248
Cartier, Jean-Bénédicte 284
Cartier, Paul 284
Cartier, Raymond 138
Caruso, Pietro 116
Casals, Pablo 35
Casati, Alessandro 236
Castro, Fidel 216
Caterina II la Grande 15, 42
Cavallero, Ugo 112-13
Cavallo, Enrica 298
Cecchi, Emilio 235
Čechov, Anton Pavlovič 139, 142, 237, 269
Céline, Louis-Ferdinand 277
Centazzo, Giovanni 297
Chadwick, James 209
Chang-tsu 48
Chaplin, Charlie 45, 103, 142, 228, 297

Charlot v. Chaplin, Charlie
Ch'en Tu-hsiu 43
Chevalier, Maurice 277
Chiang Chiang-kuo 166
Chiang Ch'ing (Lang Ping) 48-52
Chiang Kai-shek 43, 46, 165-69
Chiari, Walter 291
Chinnici, Rocco 257
Chruščëv, Nikita Sergeevič 14-20, 50, 103, 139, 166, 248
Chruščëv, Sergej 103
Chruščëva, Elena 103
Chruščëva, Rada Nikitovna 15-20
Churchill, Winston 21-24, 45, 72, 84, 105-107, 160, 166, 170, 175, 188, 190
Churchill, Winston (nipote) 21-24
Ciancimino, Vito 253
Ciano, Galeazzo 112
Cicerone, Marco Tullio 84
Cipolla, Joe 261
Ciu En-lai 46, 50-51
Clair, René 277
Cleaver, Eldridge 273
Clementis, Vladimir 133, 144
Cocteau, Jean 277
Colombo, Bruno 300
Colombo, Joseph (Joe) 263
Confucio 165, 167
Connally, John 33
Connally, Nelly 33
Conquest, Robert 131, 138, 143
Consiglio, Alberto 307
Cooper, Gary 6, 216
Corleone, Vito 261, 265
Cortese, Valentina 299
Cossio, José Maria 221
Costello, Frank 263
Craxi, Bettino 258
Criminelli, Arturo 84
Croce, Benedetto 232, 235
Cronkite, Walter 32-33
Crosby, Bing 281

Dalla Chiesa, Carlo Alberto 257
Damiani, Luciano 299
D'Annunzio, Gabriele 234
Davies, Joseph E. 130
Davis, Sammy jr. 269
De Amicis, Edmondo 234-35
Dean, James 279
De Biase, Franz 301
Decaux, Alain 242
De Chirico, Giorgio 295
De Filippo, Eduardo 288-91, 301
De Filippo, Luigi 290
De Filippo, Peppino 288-91
De Filippo, Titina 288-91
De Francisci, Pietro 87
De Gasperi, Alcide 24-26, 85-87
De Gasperi Catti, Maria Romana 25-26, 55
De Gaulle, Charles 26-28, 101, 115, 278
De Gaulle, Elisabeth 26-27
De Gennaro, Gianni 250, 252
Degoli, Lando 286
De Grada, Raffaele 298
De Kruif, Paul 203
Demaria, Attilio 297
Demostene 84
De Robertis, Giuseppe 235
De Ruggiero, Guido 235
De Santis, Alfredo 287
De Sica, Vittorio 291, 306
Deutscher, Isaac C. 241
Deval, Jacques 288
Dewey, Tom 264
Di Cillo, Rocco 257
Dietrich, Marlene 216, 218, 313
Di Giacomo, Salvatore 283
Di Jesi, 149
Dillinger, John Herbert 262
Di Maggio, Joe 302
Di Vittorio, Giuseppe 192
Dollfuss, Engelbert 119
Dollmann, Eugen 110
Dominguin, Miguel 216
Donati, Maria 305
Dönitz, Karl 64, 72, 77, 83, 169-74
Dostoevskij, Fëdor Michajlovič 226, 302
Dowding, Hug Caswall 188-89
Dulbecco, Renato 194-96

Duncan, Isadora 140
Dzeržinskij, Feliks Edmundovič 38
Džugašvili, Gula Jakovlevna 99-104
Džugašvili, Jakov Iosifovič 99-100
Džugašvili, Iosif Vissarionovič v. Stalin
Džugašvili, Vasilij Iosifovič 100-102, 104

Edelman, Marek 145-46
Einaudi, Giulio 149
Einaudi, Luigi 89, 235
Einstein, Albert 101, 142, 228, 277, 293
Eisenhower, Dwight David 22, 106, 172, 174-77, 275
Eisenhower, John 174-77
El'cin, Boris Nikolaevič 37
Elisabetta II d'Inghilterra 15, 279
Engels, Friedrich 308
Epstein, Brian 280
Erenburg, Il'ja Grigor'evič 14, 17, 100-101, 138-44
Erlander, Tage Fritiof 15
Esenin, Sergej Aleksandrovič 139-40
Evtušenko, Evgenij Aleksandrovič 15, 138
Ewen, Frederic 210
Ežov, Nikolaj Ivanovič 131-32

Falcone, Giovanni 250, 252-53, 255-61
Falcone Di Fresco, Maria 258-61
Falconi, Armando 287
Fantini, 111
Farinacci, Roberto 116
Faulkner, William 213-16, 224, 226, 271
Federico II il Grande 72
Fegelein, Hermann 64-65
Feifer, George 249
Fellini, Federico 286, 291-96, 307
Fenulli, Dardano 111
Fermi, Enrico 196-98, 206-207, 262
Fermi, Laura, 197-98
Fermi, Nella 197-98
Ferrari, Giovanni 297
Feuchtwanger, Lion 228
Fillach, Walter 88
Fineschi, 305
Fitzgerald, Francis Scott 223
Flaiano, Ennio 84
Flaubert, Gustave 231, 294
Fleming, Ian 35
Fo, Dario 301
Fonda, Jane 304
Fortunato, Giustino 235
Franco Bahamonde, Francisco 80, 120, 191
Frank, Anna 157
Frattini, Angelo 298
Freud, Sigmund 232, 302
Friedeburg, Hans Georg von 172
Frigerio, Enzo 299
Frisch, Max 211, 213
Fromm, Friedrich 73
Frossi, Annibale 297
Fuchs, Klaus 198

Gabin, Jean 277
Galilei, Galileo 299
Galland, Adolf 177-81, 188-89
Gamelin, Maurice 27
Gandhi (Mohandas Karamchand) 84, 271, 274
Garaudy, Roger 101
Garbo, Greta 312
Gardner, Ava 218
Garibaldi, Giuseppe 236
Garofalo, Gianfranco 253
Garoppo, Maria Luisa 286
Gasparri, Pietro 88
Genovese, Vito 263-65, 267
Gentile, Giovanni 235
George, Stefan 233
Geraci, Vincenzo 250, 260
Gesù Cristo 41, 47, 271, 282
Gheddafi, Muammar 29-32
Gherardesca, Giuseppe della 124
Gibelli, Pino 192
Gide, André 232
Gigante, Iolanda 263
Gigante, Louis 261-67
Gigante, Vincent 263, 265
Gilas, Milovan 101

Giolitti, Giovanni 235
Giuliana d'Olanda 228
Giuliano, Salvatore 256-57
Goebbels, Joseph Paul 63-64, 71-72, 74, 78-79, 81-82, 276
Goebbels, Magda 63-64, 74
Gogol', Nikolaj Vasil'evič 139
Gonella, Guido 86
Gorbačëv, Michail Sergeevič 37
Göring, Hermann 61, 66, 81, 120, 173, 177-78, 180-81, 189
Gor'kij, Maksim (Aleksej Maksimovič Peškov) 142
Govoni, Corrado 235
Graf, Walter 160-61
Gramsci, Antonio 25, 296
Grant, Eva 34
Grass, Günther 13, 212
Grassi, Alice 267
Grassi, Libero 267-68
Grassi, Paolo 296-301
Graziani, Rodolfo 113
Greco, Michele 253
Greim, Robert Ritter von 60
Gromyco, Andrej Andreevič 130
Gronchi, Giovanni 85
Grossi, Enzo 90
Grosz, George 144, 210
Guglielmo II 275
Guikoyaty, Emile 51
Guillame, Günther 13
Guinness, Alec 298

Hahn, Otto 209
Harlow, Jean 309
Harriman, Averell 105
Harris, Arthur 159-60
Harrison, George 280
Hauptmann, Gerhardt 228
Hawthorne, Nathaniel 224
Haydn, Franz Joseph 12
Hegel, Georg Wilhelm Friedrich 84
Hemingway, Ernest 192, 216-20, 224, 226
Herriot, Edouart 277
Hess, Rudolf 61, 71-72, 77
Hesse, Hermann 230, 232
Heuss, Theodor 114-15
Himmler, Heinrich 64, 66, 79, 82, 109, 145, 173
Hinton, William 46
Hitler, Adolf 11-12, 22-24, 28, 42, 45, 58-83, 106, 112, 115, 117, 119-20, 151, 159, 169-70, 172, 176-78, 180-86, 188, 190, 212, 230-31, 233, 241, 243-46, 248, 282
Hoffmann, Heinrich 66
Hoover, Edgar J. 261
Hopkins, Harry 101
Horthy von Nagybánya, Miklós 61, 123
Hotchner, A.E. 217, 219
Ho Tsu-Ch'en 49-50
Howard, Leslie 297, 303
Hsüan-T'ung (P'u Yi) 47
Hua Kuo-feng 50
Hughes, Langston 274
Hung Hsin-ch'uan 41-42

Ibarruri, Dolores 193
Iotti, Leonilde 55
Irving, David 159
Ivancich, Adriana 217-20
Ivancich, Gianfranco 218-19

Jackson, Mahalia 270
Jagoda, Genrich Grigor'evič 131
Jahier, Piero 235
Jakir, Pëtr Ivanovič 133
Janiki, Tadeusz 157
Jenner, Edward 204
Johnson, Lyndon 225, 273
Joliot, Jean 44
Joliot-Curie Frédéric 209
Joliot-Curie, Irène 209
Joppolo, Beniamino 298
Jungk, Robert 199-200

Kafka, Franz 142
Kaiser, Georg 233
Kamenev (Rozenfel'd), Lev Borisovič 129-31
Kapica, Pëtr Leonidovič 44

Kaplan, Fanny 38
Kappler, Herbert 108-18
Keitel, Wilhelm 72, 81
Kennedy, Jacqueline 32-33, 35, 225
Kennedy, John Fitzgerald 5, 14, 32-36, 225, 272-73, 311
Kennedy, Joseph 311
Kennedy, Joseph W. 208
Kennedy, Robert 302
Kesselring, Albert 111-12, 115-16, 126-27
Keynes, John Maynard 76
King, Coretta 272
King, Martin Luther 270-72, 274
Klein, Allen 280
Koestler, Arthur 225
Kollontaj, Aleksandra Michajlovna 40
Komensky, Jan Ámos (Comenio) 308
Konev, Ivan Stefanovič 160
Konstantinovna Krupskaja, Nadežda 36, 39-40
Korolëv, Sergej Pavlovič 17
Kosygin, Aleksej Nikolaevič 140
Kracht, Fritz von 67
Krogolec, 157-58
Kroll (ambasciatore) 15
Krupp, Alfried 76
Kubi, Erich 10
Kuznecov, Aleksej Aleksandrovič 16, 18
Kuznecova, Alla Alekseevna 18

Laghi, Dervis 91-92
La Guardia, Fiorello 25
Lang, Fritz 210
Langer, Walter C. 58
Langerlöf, Selma 238
Lansky, Meyer 261
Larghi, Marco 84
Lattuada, Alberto 298
Laval, Pierre 277
Lenin (Vladimir Il'ič Ul'janov) 5, 14, 36-40, 44, 46-47, 104, 142-43, 248, 301
Lenja, Lotte 213
Lennon, Jean Ona 279
Lennon, John 279, 281-82
Leoncavallo, Ruggero 84
Leonida 183
Levi, Primo 84, 149-53
Levitan, 104
Levratto, Felice 297
Liberman, Evsej Grigor'evič 14
Liggio, Luciano 256
Lima, Salvo 252-54, 257-58
Linge, Heinz 68-74
Lin Piao 51, 169
Lipton, Harry 303
Litvinij, Michail Nikolaevič 130
Liu Shao-chi 44
Lollobrigida, Gina 45
Lombardo-Radice, Giuseppe 235
London, Artur (Gérard) 133-37
London, Jack (John Griffith) 6
Longhi, Roberto 235
Lorca, Federico García 192, 221-22
Losavio, avvocato 283
Löss, 112, 125
Lucini, Gian Pietro 235
Lucky, Luciano (Salvatore Lucania) 263-64
Ludwig, Emil 58
Luigi II di Baviera 313
Lukacs, 191
Lupi, Rosita 298

Macario, Erminio 305
Mackensen, August von 116, 126
Macrì, Oreste 297
Mafalda di Savoia, principessa 93, 112
Maffi, Fabrizio 87
Magnani, Anna 306
Mailer, Adele 224
Mailer, Beatrice 224
Mailer, Beverly 224
Mailer, Jeanne 224
Mailer, Michael 224
Mailer, Norman 223-227
Maisano Grassi, Pina 267-68
Majakovskij, Vladimir Vladimirovič 138, 140
Malcolm, Betty 273

Malcolm X (Little Malcolm) 272-74
Malenkov, Georgij Maksimilianovič 19
Malraux, André 43, 277
Mältzer, Kurt 111, 116, 126
Mandel'štam, Osip Emil'evič 138
Manizer, Matvej Genrichovič 100
Mann, Elisabeth 230
Mann, Erika 228, 230, 232
Mann, Golo 74-77
Mann, Heinrich 230-31, 233
Mann, Katharina (Katia) 74, 227-33
Mann, Klaus 228-29, 231-32
Mann, Thomas 58, 74-75, 210, 227-33, 269
Mannerheim, Carl Gustav Emil 61, 240
Manstein, Erich von 121
Mao Tse-tung 40-52, 166-69
Mao Fu-Chi 49
Marianini, Gianluigi 286
Marshall, George Catlett 175
Martelli, Claudio 260
Marx, Karl 46, 137, 213, 308
Masi, Edoarda 51
Masina, Giulietta 293
Matisse, Henri 140
Matteotti, Giacomo 87-89
Matteotti, Isabella 88-89
Matteotti, Matteo (figlio Giacomo) 87-90
Matteotti, Matteo (fratello Giacomo) 89
Matteotti, Silvio 89
Mattioli, Raffaele 300
Mazzali, Guido 298
McCartney, Linda 279, 282
McCartney, Paul 279, 281-82
Mead, Linda 213
Medvedev, Žores (Jaurès) 246
Meitner, Lise 209
Mejerchol'd, Vsevolod Emil'evič 20
Meli, Antonino 260
Meltzer, Julija Isaakovna 99
Meluschi, 297
Meyer, Sepp 178
Mezzadri, Carletto 297
Michajlov, Nikolai Aleksandrovič 19
Michelangelo Buonarroti 93, 200
Michoels (Vovsi), Solomon Michajlovič 142
Migneco, Giuseppe 298
Mikojan, Anastas Ivanovič 15, 18-19
Mikojan, Sergo Anastasovič 16
Milhaud, Darius 142
Miller, Arthur 302
Miller, Henry 224
Minguzzi, Luciano 297
Missy, Karl 187
Mistinguett (Jeanne-Marie Bourgeois) 277
Mitchum, Robert 303
Mobley, Mary Ann 213
Modigliani, Amedeo 140, 142
Moissi, Alessandro 298
Mölders, Werner 180
Molo, Walter von 230
Molotov (Skrjabin), Vjačeslav Michajlovič 18, 129
Monroe, Marilyn 301-304, 309
Montand, Yves 133
Montezemolo, Giuseppe 111
Montgomery, Bernard Law 22-23, 275
Montinaro, Antonio 257
Morandi, Luigi 300
Moravia, Alberto 84, 299
Morgagni, Manlio 98
Morlok, Martin 212
Moro, Aldo 85
Morselli, Ercole Luigi 234
Morvillo, Francesca 257, 259
Muhammad, Elijah 273
Musil, Robert 228
Mussolini, Anna Maria 90
Mussolini, Arnaldo 93
Mussolini, Benito 61, 72, 80, 84-98, 106, 115, 177, 191, 206, 237, 241, 288
Mussolini, Bruno 90, 93
Mussolini, Rachele 90-94

Nahmal, 65

Napoleone Bonaparte 42, 183, 190, 242
Natoli (giudice) 253
Negovskij, Vladimir Aleksandrovič 200-202
Negri, Gino 299
Nehru, Jawaharlal 228
Nenni, Pietro 89, 300
Neumann, Werner 67
Nietzsche, Friedrich 84
Nixon, Richard 45, 273
Normand, Mabel 310
Novelli, Ermete 283
Nussbaum, Tvusi 153-56
Ny Tsi-zé 44

O'Bannion, Viola 263
Olivier, Laurence 288
Onassis, Jackie v. Kennedy, Jacqueline
Oppenheimer, Robert 198, 206-209
Orlando, Leoluca 260
Orwell, George 269
Osiris, Wanda (Anna Menzio) 304-306
Oswald, Lee Harvey 32-34, 36
Oswald, Marguerite 33-34

Packard, Vance 279
Paglieri, Marcello 306
Pagnol, Marcel 277
Paine, Ruth 34
Pajetta, Giancarlo 94-97
Palazzeschi, Aldo 235
Palmieri, Eugenio Ferdinando 289
Papini, Giovanni 234-36
Parenti, Franco 299
Pareto, Wilfredo 234
Parfënovič, Vladimirov Pëtr 49
Park, William 203
Pasternák, Boris Leonidovič 138-40
Pasteur, Louis 204
Paulus, Ernst Alexander 181-83
Paulus, Friedrich 181-83
Pavlov, Ivan Petrovič 114
Payne, Robert 49
Pearson, Drew 54
Perrier, Carlo 206
Pertini, Sandro 89
Peruzzi, Emilia 234
Peruzzi, Ubaldino 233
Pétain, Henri Philippe Omer 27, 120
Picasso, Pablo 139-40, 211, 296
Pieck, Wilhelm 212
Pileggi, Nicholas 261
Pil'njak (Vogau), Boris Andreevič 138
Ping Peng 51
Pini, Galileo 315
Pini, Giorgio 84, 97-98
Pio XI (Achille Ratti) 88
Pio XII (Eugenio Pacelli) 85
Pirandello, Luigi 277, 287-88
Pivano, Fernanda 214
Pizzetti, Ildebrando 235
Platten, Fritz 39
Polo, Marco 165
Pontecorvo, Bruno 198
Powers, Dave 35
Praga, Marco 288
Prampolini, Camillo 236
Presley, Elvis 281
Prezzolini, Giuseppe 233-37
Princip, Gavrilo 233
Pšaveli, Važa 100
Puccini, Giacomo 315
Puškin, Aleksandr Sergeevič 129
Puzo, Mario 261, 264, 266

Quaroni, Pietro 101

Rabagliati, Alberto 116
Radek, Karl Berngardovič 19
Radiguet, Raymond 6
Raft, George 266
Rahn, Rudolf 110
Randone, Salvo 299, 301
Rastelli, 275
Rastrelli, Bartolomeo 141
Ratto, Gianni 299
Raubal, Geli 59
Rauschning, Hermann 76
Ray, James Earl 272
Rebora, Roberto 297

Reder, Franziska 118
Reder, Rudolf 118
Reder, Walter 108, 117-28
Reiners Adenauer, Ria 9-12
Reinhardt, Max 277
Remarque, Erich Maria 233
Renoir, Auguste 313
Renoir, Jean 313-14
Rešetovskaja, Natal'ja 246, 248
Rex, Rudolf 217
Ribbentrop, Joachim von 120 ,129
Ricol, Lise 134-37
Riina, Salvatore 256
Robespierre, Maximilien 42
Robotti, Paolo 25
Romanov, dinastia 15, 38
Romita, Giuseppe 89
Rommel, Erwin 23, 81, 173, 184-86, 275
Rommell, Manfred 184-86
Ronchi, Walter 297
Ronconi, Luca 301
Roosevelt, Franklin Delano 52-55, 72, 105-107, 166, 175, 228
Roosevelt, James 52-55
Rosa, Achille 301
Rossellini, Roberto 291, 306-308
Rossi, Bruno 207
Rossini, Gioacchino 204
Rosven, Norman 302
Roth, Joseph 233
Rubinowicz, David 156-58
Ruby, Jack 34, 36
Ruffo, Titta 89
Rundstedt, Gerard von 186
Russo, Giuseppe 255
Rydz-Smigly, Edward 242

Saba, Umberto 235
Sabin, Albert Bruce 203-05
Sakuma, Minoru 162-64
Salerno, Ralph 261
Salk, Jonas 204
Salvemini, Gaetano 235-36
Santuccio, Gianni 299
Satonovskaja, Ol'ga Grigor'evna 19
Saundby, Robert 159
Sauvage, Marcel 277
Sbarbaro, Camillo 235
Scaglione, Pietro 255
Schifani, Vito 257
Schipa, Tito 116
Schirach, 83
Schlamm, 113
Schleicher, Kurt von 77
Schlesinger, Arthur M. 35
Schweitzer, Albert 115
Seaborg, Glenn Theodore 208
Sedova, Natalja 102
Segrè, Emilio 205-209
Seneca, Lucio Anneo 269
Senise, Carmine 112
Sennett, Mack 310
Serra, Renato 235
Severi, Leonardo 86
Shakespeare, William 157, 212, 226
Sharkey, Jack 84
Shaw, George Bernard 84, 228
Shearer, Norma 297, 303
Shih Huang-ti, 47
Sibelius, Jean 239
Sidney, Sylvia 203
Sillanpää, Anna 240
Sillanpää, Frans Emil 237-40
Sillanpää, Mikko 237
Sillanpää, Sigrid Maria 239
Simon, Max 123, 125-27
Simoni, Renato 289
Sinatra, Frank 262, 265, 281
Singer, A. J. 244
Singer, Isaac B. 240-46
Sinskij (marinaio) 219
Sironi, Mario 97
Skorzeny, Otto 115
Slánský (Salzmann), Rudolf 133
Slataper, Scipio 235
Smirnov, Aleksandr Petrovič 131
Snow, Edgar 48
Socrate 231
Soffici, Ardengo 235-36
Solženicyn, Aleksandr Isaevič 143, 246-49
Solženicyn, Ermolaj Aleksandrovič 247

Solženicyn, Ignat Aleksandrovič 247
Solženicyn, Stepan Aleksandrovič 247
Soong Mei-ling 167-69
Soutine, Chaïm 142
Spataro, Giuseppe 85-86
Speer, Albert 59, 71, 77-83
Spinoza, Baruch de 269
Squarzina, Luigi 301
Stalin (Džugašvili, Iosif Vissarionovič) 5, 14, 16-20, 24, 37-38, 44, 46, 72, 99-107, 129-39, 142-43, 151, 160, 167, 176-77, 210, 225, 241, 247-48
Starkey, Maureen 280
Starr, Ringo (Richard Starkey) 280
Stauffenberg, Klaus Schenk von 73
Stein, Gertrude 217
Stellacci, 127
Stendhal (Henry Beyle detto) 139
Stevenson, Adlai 167, 198
Stilwell, Joseph Warren 166
Stone, Oliver 32
Strauss, Franz Josef 14
Strehler, Giorgio 296, 298-99, 301
Stroheim, Erich von 311
Stroop, Jurgen 146
Stumpfegger, Ludwig 67
Stuparich, Giani 235
Sun Yat-sen 42, 46, 168
Svanidze, Ekaterina 104
Swanson, Gloria 308-12
Swanson, Joseph 311
Szlufik, Franciszka 157-58

Tagliavini, Ferruccio 116
T'ai-tsung 48
Talese, Gay 263
Talmadge (sorelle) 310
Teller, Edward 207-208
Terranova, Cesare 255
Testa, Michelangelo (Editore) 297
Thomas, George 35
Thomas, Hugh 192
Thyssen, Fritz 76
Tito (Josip Broz detto) 14, 96
Togliatti, Palmiro 25-26, 55-57, 134, 307
Toller, Ernst 58, 211
Tolstoj, Aleksej Nikolaevič 140
Tolstoj, Lev Nikolaevič 141, 226
Toscanini, Arturo 296
Townsend, Mary Luce 186
Townsend, Peter 179, 186-90
Treccani, Ernesto 298
Trockij (Bronštejn), Lev Davidovič 20, 101-102, 129, 138, 166-67, 247
Truman, Harry Spencer 25, 175-76, 205, 209
Tuchačevskij, Michail Nikolaevič 19
Tucholsky, Kurt 211-12
Tulganov, colonnello 212
Turati, Filippo 89
Tzu-hsi 46

Ulbricht, Walter 212
Ul'janov, Dmitrij Il'ič 36
Ul'janov, Vladimir Il'ič v. Lenin
Ul'janova, Anja 36, 39
Ul'janova, Marija 36, 39
Ul'janova, Ol'ga 36-40

Valachi, Joe 266
Valdés, Cabanillas, generale 222
Valentino (Sarto) 313
Valentino, Rodolfo 262, 309
Vassalli, Giuliano 89
Vecchietti, Tullio 89
Velani, 6
Vellani Marchi, Mario, 286
Veltroni, Vittorio 284
Veneziani, Carlo 287
Verdi, Giuseppe 84, 296
Vidali, Vittorio 84, 191-93
Viganò, Renata 297
Vinchi, Nina 299
Virgilio, Publio Morone 93
Visconti, Luchino 291, 312-15
Vitkevič, Nikolaj 246-47
Vittorio Emanuele II di Savoia 2, 84
Vittorio Emanuele III di Savoia 289
Viviani, Raffaele 290
Vlasov, Andrej Andreevič 248

Voltaire (François Marie Arouet) 269
Vorošilov, Kliment Efremovič 102
Voss, ammiraglio 64
Voznesenskij, Nikolaj A. 19
Vrangel', Pëtr Nikolaevič 142
Vyšinskij, Andrej Januar'evič 129-30

Wahl, A.C. 208
Wales, Nym 48
Walewska, Maria 242
Waley, Arthur 45
Wallace, Edgar 213
Walsh, Mary 217-20
Waltari, Mika Toimi 239
Walter, Bruno 228
Warhol, Andy (Andrew Warhola) 225
Washington, George 42
Wehner, capitano 113
Weidauer, Walter 159-60, 162
Weigel, Helene 210-13
Weill, Kurt 213
Wells, Herbert George 101, 228
Wilder, Billy 302
Wilder, Thornton 299
Wilson Webb, James 214
Witke, Roxane 50
Wronowski, giornalista 89

Yoko Ono 279-80

Zagari, 89
Zanardi, 97
Zardi, Federico 297
Ždanov, Andrej Aleksandrovič 16, 104
Zeffirelli, Franco 301
Zerbini, Benvenuto 90
Zoli, Adone 91
Zonne (reverendo) 34
Zweig, Stefan 211, 228

Indice generale

AVVERTENZA 5

RACCONTO DI UN SECOLO 7

UN SECOLO DI POLITICI 9

Konrad Adenauer 9
Willy Brandt 12
Nikita Sergeevič Chruščëv 14
Winston Churchill 21
Alcide De Gasperi 24
Charles De Gaulle 26
Muammar Gheddafi 29
John Fitzgerald Kennedy 32
Lenin 36
Mao Tse-tung 40
Franklin Delano Roosevelt 52
Palmiro Togliatti 55

UN SECOLO DI DITTATORI 58

ADOLF HITLER 58
Hans Baur 59
Heinz Linge 68
Golo Mann 74
Albert Speer 77

BENITO MUSSOLINI 84
Giulio Andreotti 85
Matteo Matteotti 87
Rachele Mussolini 90

Giancarlo Pajetta 94
Giorgio Pini 97

IOSIF STALIN 99
Gula Stalin 99
Valentin Michailovič Berežkov 104

UN SECOLO DI SANGUE 108

GOTT MIT UNS 108
Herbert Kappler 108
Walter Reder 118

L'«INGEGNERIA DEL TERRORE» 129
Gli anni dello stalinismo 129
Il'ja Grigor'evič Erenburg 138

L'OLOCAUSTO 145
Marek Edelman 145
Una donna di nome Israel 147
Primo Levi 149
Tvusi Nussbaum 153
David Rubinowicz 156

LA MORTE DAL CIELO 159
Dresda 159
Hiroshima 162

UN SECOLO DI CONDOTTIERI 165

Chiang Kai-shek 165
Karl Dönitz 169
Dwight David Eisenhower 174
Adolf Galland 177
Friedrich Paulus 181
Erwin Rommel 184
Peter Townsend 186
Vittorio Vidali 191

UN SECOLO DI SCIENZIATI 194

Renato Dulbecco 194
Enrico Fermi 196
Robert Jungk 199
Vladimir Aleksandrovič Negovskij 200
Albert Bruce Sabin 203
Emilio Segrè 205

UN SECOLO DI LETTERATI 210

Bertolt Brecht 210
William Faulkner 213
Ernest Hemingway 216
Federico García Lorca 221
Norman Mailer 223
Thomas Mann 227
Giuseppe Prezzolini 233
Frans Emil Sillanpää 237
Isaac B. Singer 240
Aleksandr Isaevič Solženicyn 246

UN SECOLO DI MAFIA 250

Tommaso Buscetta 250
Giovanni Falcone 257
Louis Gigante 261
Libero Grassi 267

UN SECOLO DI RAZZISMO 269

James Baldwin 269
Martin Luther King 270
Malcolm X 272

UN SECOLO DI LUCI DELLA RIBALTÀ 275

Lale Andersen 275
Jhoséphine Baker 277
I Beatles 279

Francesca Bertini 283
Mike Bongiorno 284
Paola Borboni 286
Tre De Filippo Tre 288
Federico Fellini 291
Paolo Grassi 296
Marilyn Monroe 301
Wanda Osiris 304
Roberto Rossellini 306
Gloria Swanson 308
Luchino Visconti 312

Indice dei nomi 317

Finito di stampare
nel mese di maggio 1999 presso il
Nuovo Istituto Italiano d'Arti Grafiche - Bergamo

Printed in Italy